图解汽车新技术快速入门丛书

图解汽车发动机新技术入门

阙广武　张　汛　田勇根　编著

中国电力出版社
CHINA ELECTRIC POWER PRESS

内 容 提 要

本书是《图解汽车新技术快速入门丛书》之一，即《图解汽车发动机新技术入门》分册。本书以图解形式，讲述了汽车发动机新技术的基本知识。主要内容包括：现代汽车发动机新技术发展概述、汽油发动机电子控制技术、汽车柴油发动机新技术、新型发动机及控制技术。

本书主要特点有：① 零起点起步。本书从入门讲起，适合汽车维修技术的初学者，即使无任何基础也同样适用。② 图文并茂。本书以图解形式编写，一目了然，简明实用。

本书可作为掌握和提高汽车维修基本技术的自学读本，也可供汽车维修培训机构和相关院校作为培训教材使用。

图书在版编目（CIP）数据

图解汽车发动机新技术入门／阙广武，张汛，田勇根编著．北京：中国电力出版社，2009.7（2014.7 重印）
（图解汽车新技术快速入门丛书）
ISBN 978－7－5083－8354－5

Ⅰ．图… Ⅱ．①阙…②张…③田… Ⅲ．汽车－发动机－图解 Ⅳ．U464－64

中国版本图书馆 CIP 数据核字（2009）第 002598 号

中国电力出版社出版、发行
（北京市东城区北京站西街 19 号 100005 http://www.cepp.sgcc.com.cn）
北京市同江印刷厂印刷
各地新华书店经售
*
2009 年 7 月第一版 2014 年 7 月北京第三次印刷
710 毫米×980 毫米 16 开本 19 印张 371 千字
印数 5001—7000 册 定价 **34.00** 元

前 言

随着汽车技术和电子技术的发展，汽车上使用的新技术不断增加，汽车设计人员围绕汽车的行驶性、安全性、舒适性进行了大量的电子化的研究和应用。发动机的电子控制技术日趋完善，同时转子发动机、燃气涡轮发动机、斯特林发动机、六冲程发动机、混合动力电动汽车、分层充气发动机、燃料电池动力汽车、太阳能汽车、氢燃料汽车等新技术层出不穷，这就急需大批具备相关专业知识和实际操作技能的维修人员不断加入，以满足日益增长的市场需求。

为此，我们编写了《图解汽车新技术快速入门丛书》。本套书根据汽车三大部分来划分，包括《图解汽车底盘新技术入门》、《图解汽车车身电控系统新技术入门》、《图解汽车发动机新技术入门》。

本套书主要有如下特点：

一、零起点起步。本套书从入门讲起，适合汽车维修技术的初学者，即使无任何基础也同样适合。

二、图文并茂。本书以图解形式编写，一目了然，简明实用。

本书可作为掌握和提高汽车维修基本技术的自学读本，也可供汽车维修培训机构和相关院校作为培训教材使用。

本书由阙广武、张汛、田勇根编著，信悦、吕玲、虞少敏参与编写。本书在编写过程中得到了杭州交通职业高级中学、杭州市汽车技工学校、绍兴市技工学校、山东淄博职业学院等单位的大力支持，同时参阅和引用了许多公开出版和发表的文献资料，在此一并表示感谢。

由于编者水平有限，书中不妥之处在所难免，在此敬请广大读者批评指正。

编者

目 录

前言

第一章　现代汽车发动机新技术发展概述 ······ 1

第二章　汽油发动机电子控制技术 ······ 6

　第一节　概述 ······ 6

　第二节　电子控制燃油喷射技术 ······ 14

　第三节　点火系统电子控制技术 ······ 55

　第四节　发动机辅助控制系统 ······ 75

　第五节　其他控制 ······ 137

第三章　汽车柴油发动机新技术 ······ 161

　第一节　汽车柴油发动机电控技术 ······ 161

　第二节　柴油机电控燃油喷射系统 ······ 163

　第三节　柴油发动机的其他控制技术 ······ 227

第四章　新型发动机及控制技术 ······ 258

　第一节　转子发动机 ······ 258

　第二节　燃气涡轮发动机 ······ 263

　第三节　斯特林发动机 ······ 264

　第四节　六冲程发动机 ······ 268

　第五节　混合动力电动汽车（HEV） ······ 269

　第六节　分层充气发动机 ······ 279

第七节 燃料电池电动汽车（FCEV） …… 281
第八节 太阳能汽车 …… 289
第九节 氢燃料汽车 …… 291

参考文献 …… 295

第一章 现代汽车发动机新技术发展概述

一、现代汽车发动机新技术的发展方向

自汽车诞生以来的百余年，科学技术的发展不断推动着汽车技术的进步，无论是其生产能力，还是产品性能、技术水平都得到了很大的提高。发展至今，汽车已日益成为人们生活中不可缺少的工具。在汽车给人们带来方便的同时，也给人类社会带来了诸如能源消耗加剧、排放污染严重等一些负面影响。随着汽车产销量的迅速增长，汽车的节能和排放控制问题已日益引起人们的关注，一些发达国家开始研究制定法规对汽车的排放进行限制，对汽车的节能提出要求，并且随时间推移日趋严格，强化了人们对汽车节能和环保的认识，使得高效率、低排放车用发动机技术的开发受到高度的重视，从而促使传统的内燃机技术不断创新。

现代电子技术的飞速发展也为发动机的技术突破提供了可能，很多用机械方式解决不了的问题，通过应用电子技术可得到有效的解决，从而有力地加速了现代发动机技术的发展。如汽油机直喷技术、可变气门正时技术、可变进气管技术、燃烧速率控制滑片技术、可变排量技术、柴油机高压共轨直喷技术等，无一不是在电子控制技术平台上发展起来的，现代汽车发动机技术已迈入了电子时代，使汽车更具控制智能化，节能、环保技术的运用将成为未来汽车发动机技术发展的主旋律。

二、现代汽车新技术的应用现状

人们为了解决日渐严重的石油能源危机和石油燃料所带来的大气污染问题，不断结合现代新技术对发动机进行改进，并积极寻找新的燃料，开发出了很多实用技术。当前在汽车上所采用的发动机新技术主要有以下几种。

1. 汽油机电控燃油喷射技术

汽油机电控燃油喷射系统以燃油喷射装置取代传统发动机的化油器。

燃油喷射控制装置由空气系统、燃油供给系统和电子控制系统组成，利用微电子技术对系统进行多参数控制，实现燃油喷射的适时、适量，以此来提高发动机的燃烧质量和稳定性，降低废气排放，有效提高发动机动力性、经济性和排气净化程度。

基本工作原理：汽油机电控燃油喷射系统通过传感器检测发动机进气量、发动机转速及曲轴转角等信号，由电控单元根据发动机运行工况计算出每循环的基本供油量；同时通过节气门位置、冷却水温度、空气温度和氧含量等发动机运行工况参数，对供油量进行修正，并转换为喷油器喷油时间控制参数对喷油器喷油量进行控制，以此达到对发动机空燃比的精确控制，使发动机能在各种工况下始终具有一个最佳的空燃比，从而提高发动机的动力性和经济性，降低发动机废气排放。与化油器式发动机相比，电控燃油喷射系统可使汽车发动机的功率提高5%～10%，燃油消耗率降低5%～15%，废气排放量减少34%～50%，同时也能大大提高汽车的加速性和对道路的适应性。到目前为止，欧、美、日等主要汽车生产地的轿车燃油供给系统95%以上安装了电控燃油喷射装置。

2. 柴油机电控燃油喷射技术

基本工作原理：柴油机电控燃油喷射系统由传感器、执行器和发动机电控单元组成。它通过传感器对发动机或喷油器本身的运行状态进行实时检测，利用微电子技术由发动机控制单元对各个传感器的信息进行计算后，对执行器发出控制指令，最终由执行器实现对柴油机最佳喷油量、最佳喷油时间的控制，以达到提高柴油发动机动力性和经济性，降低废气排放的目的。柴油机电控燃油喷射系统中的传感器主要检测柴油机转速、加速踏板位置、车速、进气压力、进气温度、冷却液温度等信号，传感器的数量和种类在不同机型中有所不同。通常，柴油机电控系统对柴油机的控制精确度要求越高，则系统中的传感器数量和种类也就越多。

柴油机电控燃油喷射技术起步较晚，比汽油机燃油喷射技术迟了十几年，直到20世纪80年代中叶，柴油机电控燃油喷射技术才开始在市场上出现。柴油机燃油喷射控制技术的发展经历了由“位置控制模式”、“时间控制模式”到现在的“时间—压力控制模式”三个发展阶段。目前国际上最先进的柴油喷射控制系统是电控高压共轨喷射系统。电控高压共轨喷射系统彻底摒弃了传统的“油泵—油管—喷油器”的脉动供油形式，在一个高压油泵在柴油机的驱动下，将高压燃油输送入一个公共容器（即高压共轨），根据柴油机负荷和转速要求将共轨中的油压控制在预定值，实现反馈控制。有一定压力的燃油经共轨分别通向各缸喷油器。而且高压油泵并不直接控制喷油，而仅仅是向共轨供给燃油以维持所需的共轨压力，喷油正时和喷油量由喷油器上方的高速电磁阀控制。共轨系统的采用，使喷油压力与发动机转速无确定关系，只取决于共轨腔中按要求调整的压力，彻底解决了传统喷油泵在发动机高、低速转动时喷油压力差别过大性能难以兼顾的矛盾。电控高压共轨喷射系统能通过电控单元对喷油要素进行优化，实现对喷油压力、喷油量、喷油正时的灵活控制，使柴油机的燃烧更加充分，减少燃烧产物中有害物质的形成，使柴油机的有害排放、噪声排放和冷起动性能都得到较大的改善。电控高压共轨喷射技术是现代车用柴油机发展的必然趋势，目前在美国、日本、德国、意大利等发达国家已经开始了大量应用。

3. 进气增压技术

增压技术是一种提高发动机进气能力的方法。它通过采用专门的压气机，预先对进入汽缸的气体进行压缩，提高进入汽缸的气体密度，增大进气量，更好地满足燃料的燃烧需要，从而达到提高发动机功率、降低废气排放的目的。

小贴士：

发动机进气增压的方法根据驱动增压器所用能源的来源划分，一般可分为机械增压、废气涡流增压和复合增压（同时采用机械增压和废气涡流增压）等三种。此外还有惯性增压、气波增压等其他增压方式。

4. 可变气门正时技术（VVT）

可变气门正时技术是汽油发动机技术发展的一个里程碑。普通发动机的气门是由发动机的曲轴通过凸轮轴带动的，气门的配气正时取决于凸轮轴的转角，气门的开闭时刻和时间是固定不变的，这种固定的气门正时很难兼顾到发动机在不同工况时的需求，而可变气门正时技术能使发动机气门升程和配气相位正时根据发动机工况的变化进行实时调整。这一技术使发动机设计师无需再在低速扭矩与高速功率之间选择，实时的气门正时调整使得兼顾低速扭矩与高速功率成为可能。连续可变气门正时技术加上先进的发动机控制策略，可以巧妙地实现可变压缩比。如在大负荷时，发动机容易发生自燃引起的爆震，通过推迟进气门关闭的时间来达到降低有效压缩比的目的，从而避免爆震；而在中小负荷时，爆震不再是个问题，可以通过调整气门关闭时间达到提高有效压缩比的目的，从而使发动机在中小负荷时有优异的热效率。同时，采用可变气门正时技术可以提高发动机进气量，使充量系数增加，使发动机的扭矩和功率得到进一步的提高，排放品质达到更好的水平。

小贴士：

可变气门正时技术的最大特点是在大幅提高了燃油的经济效益的同时增加发动机的功率，是目前热门的发动机新技术之一，正被越来越多地应用于现代轿车上，如本田雅阁、本田CR－V、丰田花冠、马自达6、新欧蓝德、宝马325等车型都已应用了可变气门正时技术（VVT）。

5. 冷却废气再循环（EGR）技术

燃料在发动机内燃烧时出现富氧和高温条件就会导致氮氧化物的生成。冷却废气再循环（EGR）技术就是引出一部分发动机排出的废气（10%～20%），进行冷却后再次送回发动机燃烧室进行二次燃烧，以达到减少发动机氮氧化物排放的目的。

小贴士：

当冷却过的发动机废气与新鲜空气和燃油混合后，峰值燃烧温度被降低，破坏了发动机内氮氧化物的生成条件，从而降低氮氧化物的排放，但将引起颗粒物和碳氢化合物排放的增加。所以冷却废气再循环（EGR）技术应与其他技术相结合，如结合发动机电控多点喷射加三元催化技术、粒子捕捉器（DPF）及再生技术、排气后处理技术、高压共轨燃油喷射技术、可变几何截面的增压技术等，来改善发动机整体性能，使柴油机排放性能达到最佳。目前，汽油机EGR技术已经比较成熟，EGR在柴油机上的应用也正在推广。

6. 燃料蓄电池与混合动力技术

燃料蓄电池是把氢、甲醇等燃料和空气中氧气的化学能通过电化学反应直接转变成电能的能量转换装置，这种装置的最大特点是由于反应过程中不涉及燃烧，其能量转换效率不受“卡诺循环”的限制，具有能量转换效率高的特点，燃料电池的能量转换效率在理论上可达100%，实际效率已达60%～80%，是普通内燃机的2～3倍。另外，燃料电池还具有适应多种燃料、排气干净、噪声低、对环境污染小、可靠性及维修性好等优点。燃料蓄电池主要用在近几年发展起来的电动汽车上，在节能和环保方面为世界汽车工业展示了光明的前景。

燃料电池按电解质分为五类：磷型燃料电池（AFC）、磷酸型燃料电池（PAFC）、固体氧化物燃料电池（SOFC）、熔融碳酸盐燃料电池（MCFC）和质子交换膜燃料电池（PEMFC）。

与燃料蓄电池电动汽车相媲美的是混合动力电动汽车，这种车在起动和低速行驶时，可由电池提供动力；当超过一定速度后转由内燃机驱动；在加速和高速行驶时，可由内燃机和电动机联合驱动；正常行驶或减速制动时，可回收制动能量对电池充电。故在正常情况下，混合动力电动汽车不需通过外部电源充电或只需较短的外部充电时间。同时由于电动机在起动的瞬间能产生强大的动力，混合动力汽车比普通汽车具有更优的起步和加速性能。与电动汽车和燃油汽车相比，混合动力电动汽车具有高性能、低能耗和低污染的特点以及技术、经济和环境等方面的综合优势。

据丰田公司的测试数据表明，混合动力电动汽车与常规汽油车相比，CO_x 的排放大约降至后者的1/2，而CO和 NO_x 的排放可降至约1/10。混合动力电动汽车对电池的比能量要求较低，能大幅度降低电池组的质量和成本（串联式混合动力电动汽车的电池质量仅是纯电动汽车电池质量的1/3），其性价比明显优于纯电动汽车。国际汽车制造业普遍认为混合动力电动汽车是目前最具开发和推广前景的新型交通工具之一。

7. 生物燃油与代用燃料技术

环境保护对汽车排放提出了越来越严格的要求，生物柴油以其优越的环保性、润滑性、安全性和可再生性受到各国的普遍重视。用甲醇或乙醇等短链醇和菜子油进行酯化反应，再经洗涤干燥即可得到生物柴油，生物柴油可从各种生物物质中提炼得到，是一种取之不尽、用之不竭的能源。采用生物柴油，柴油机尾气排放中有毒有机物仅为石油柴油的1/10，颗粒物仅为石油柴油的20%，CO、CO_2 排放仅为石油柴油的10%，因而生物柴油又是一种优质的清洁柴油。目前生物柴油使用最多的地区是欧洲，份额已占成品油市场的5%；美国能源政策法也已把其正式列为一种汽车替代燃料。在亚洲的一些国家和地区已开始建立商品化生物柴油生产基地，并把生物柴油作为代用燃料广泛使用。随着世界石油能源的日益枯竭，生物柴油作为一种重要的清洁燃料将在缓解石油能源危机、降低汽车废气排放方面发挥重要作用。

在汽车燃料方面的另一个发展是使用代用燃料发动机，它可以实现汽车燃料多样化，使能源结构合理化，减少人类对石油的依赖，又可以降低有害物的排放，这既是解决石油能源危机的要求，也是内燃机自身排放性能发展及人类维护自身健康的要求。目前开发的代用燃料主要有液化石油气（LPG）、压缩天然气（CNG）、醇类燃料、合成燃料、氢燃料等。由于醇类燃料（甲醇、乙醇）可以从煤、天然气和植物中提炼，能源资源十分丰富，加之它们是液体燃料，可以沿用传统石油燃料的运输、储存系统，醇类燃料被认为是未来汽车最有发展潜力的代用燃料。

第二章 汽油发动机电子控制技术

第一节 概　　述

发动机电子控制（简称电控）技术包含的内容很多，形式各异，但都遵循一个相同的控制原则：以电控单元（ECU）为控制核心，以空气流量和发动机转速为控制基础，以喷油器的喷油量、喷油正时、怠速和点火装置等为控制对象，保证发动机在各种工况下都能获得与所处工况相匹配的最佳空燃比和点火提前角，同时适时调整发动机怠速。

一、电子控制系统的基本组成

发动机电子控制系统主要由传感器（信号输入装置）、电子控制单元（ECU）、执行器等组成，如图 2－1 所示。

（一）传感器

发动机控制系统的信号输入主要是通过各种传感器及其他开关信号输入电子控制单元，主要信号有以下几种。

1. 空气流量计

在 L 型 EFI（电控燃油喷射系统）中，空气流量计检测发动机吸入的空气量，将此信号输入 ECU，ECU 将该信号和发动机转速作为燃油喷射和点火控制的主控制信号之一。

2. 进气歧管绝对压力传感器

进气歧管绝对压力传感器用来检测进气管压力（在 D 型 EFI 中），并将此信号输入 ECU，ECU 将该信号和发动机转速作为燃油喷射和点火控制的主控制信号之一。

> 速度密度法（D 型 EFI）：D 是德文“压力”一词的第一个字母。
> 质量流量法（L 型 EFI）：L 是德文“空气”一词的第一个字母。
> 这两种空气测量方式的典型代表分别是波许公司的 D-Jetronic 系统和 L-Jetronic 系统。

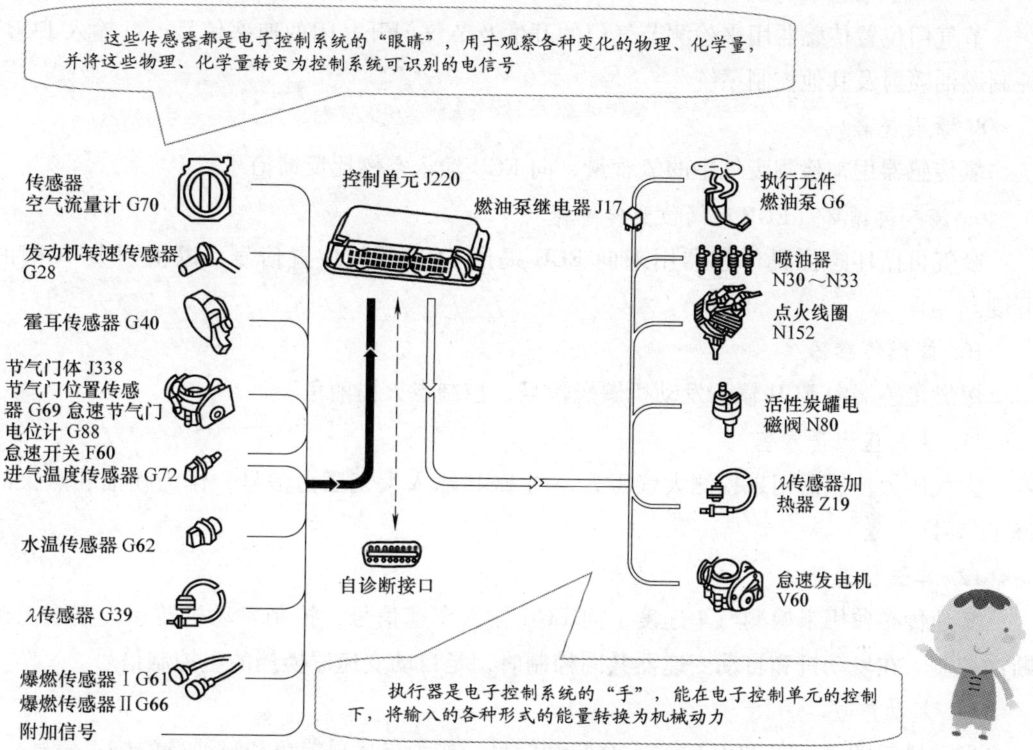

图 2－1 发动机电子控制系统的组成

3. 转速和曲轴位置传感器

转速和曲轴位置传感器用来检测曲轴转角的位置及转速信号，并输入 ECU，作为点火和燃油喷射控制的主信号。

4. 凸轮轴位置（上止点位置）传感器

凸轮轴位置传感器用来检测凸轮轴位置及提供一缸上止点信号，并输入 ECU，作为点火控制的主信号。

5. 冷却水温度传感器

冷却水温度传感器检测发动机冷却水温度，向 ECU 输入冷却水温度信号，为点火和燃油喷射的修正信号，同时也是其他控制系统的控制信号。

6. 进气温度传感器

进气温度传感器检测发动机进气温度，并向 ECU 输入温度信号，作为点火和燃油喷射的修正信号。

7. 节气门位置传感器

节气门位置传感器用来检测节气门的开度及节气门开、闭的速率信号，并输入 ECU，控制燃油喷射及其他控制系统。

8. 氧传感器

氧传感器用来检测废气中的氧含量，向 ECU 输入空燃比反馈信号。

9. 废气再循环（EGR）阀位置传感器

废气再循环阀位置传感器用来向 ECU 提供 EGR 阀的位置信号，以检测 EGR 阀的开度。

10. 爆燃传感器

爆燃传感器向 ECU 输入发动机爆燃信号，控制点火提前角。

11. 大气压力传感器

大气压力传感器用来检测大气压力，向 ECU 输入大气压力信号，作为喷油和点火的修正信号。

12. 车速传感器

车速传感器用来检测汽车速度，向 ECU 输入车速信号，控制发动机转速，实现超速断油控制。在发动机和自动变速器共同控制时，是自动变速器换挡的主控制信号。

13. 起动信号

发动机起动时，向 ECU 输入一个起动信号，作为点火提前角和喷油量的修正信号。

14. 发电机负荷信号

当发电机负荷因开启用电量较大的电器设备而增大时，向 ECU 输入此信号，作为喷油量和点火提前角的修正信号。

15. 空调开关信号（A/C）

当空调开关打开时，发动机负荷加大，空调开关向 ECU 输入空调作用信号，作为喷油量和点火提前角的修正信号。

16. 挡位开关信号和空挡位置信号

当自动变速器挂挡时，发动机负荷增加，挡位开关向 ECU 输入信号，作为喷油量和点火提前角的修正信号。当挂入 P 或 N 挡时，空挡位置开关提供 P 或 N 挡位置信号，此时，允许发动机起动。

17. 动力转向开关信号

采用动力转向的汽车，当转向盘中间位置向左、右转动时，由于动力转向油泵工作而使发动机负荷增大，此时动力转向开关向 ECU 输入一个信号来修正喷油和点火提前角。

18. 巡航控制开关信号

当进入巡航控制状态时，由巡航控制开关向 ECU 输入巡航控制状态信号，由 ECU 自动控制车速。

19. 蓄电池电压信号

当 ECU 检测到蓄电池和电源系统的电压过低时，将对喷油量进行修正，以补偿由于电压过低造成喷油量减少。

不同类型的发动机，由于控制方式不同其控制系统的信号输入装置也不同，随着控制功能的扩展，输入信号也将不断增加。

（二）电子控制单元（ECU）

ECU 的功能是用来采集和处理各种传感器的输入信号，根据发动机工作的要求，进行控制决策运算，并输出相应的控制信号。电子控制单元是发动机电子控制系统的核心，它用于分析处理各种信息，并操作各个执行器来完成整个系统的工作。

电子控制单元应具备的基本功能：

（1）接受传感器或其他装置输入的信息，给传感器提供基准（参考）电压，将输入的信息转变为微机所能接受的信号。

（2）存储、计算、分析处理信息；计算输出值所用的程序；存储该车型的特征参数；存储运算中的数据（随存随取）、存储故障信息。

（3）运算分析。根据信息参数求出执行命令数值；将输出的信息与标准值对比，查出故障。

（4）输出执行命令。把弱信号变为强的执行命令；输出故障信息。

（5）自我修正功能（自适应功能）。当前电控发动机中除了控制喷油外，还控制点火、EGR、怠速和增压发动机的废气阀等，由于共用一个 ECU 对发动机进行综合控制，所以也被称为发动机管理系统。

（三）执行器

在发动机电子控制系统中，接收信息的元件是传感器，而接收控制信息产生作用的则是由执行器来完成。

执行器的任务是根据控制信号去执行规定运作以完成控制目标，在汽油发动机的电子控制系统中，执行器主要有以下各种形式。如电磁式喷油器、点火控制器（点火模块）、怠速控制阀、怠速电动机、EGR 阀、进气控制阀、二次空气喷射阀、活性炭罐排泄电磁阀、燃油泵继电器、冷却风扇继电器、空调压缩机继电器、增压器释压电磁阀、自诊断显示与报警装置、故障备用程序起动装置、仪表显示器等。

二、电子控制系统的控制功能

电子技术用于控制发动机的初期是为了满足日益严格的排放法规要求和获得最佳的燃油经济性。随着微电子技术的飞速发展，经历了从单一的化油器电子控制、点火控制和燃油喷射控制的过程，到今天用一个 ECU 进行以汽油喷射为主的多项控制，是当代汽油机控制的基本模式。

（一）汽油发动机控制功能

1. 电控燃油喷射（EFI）

为了使混合气空燃比与发动机实际工况相适应，实现提高发动机功率、降低燃油消耗、减少排气污染等，电子控制系统必须对燃油进行定量控制；当采用与发动机转动同步的顺序独立喷射方式时，ECU 还要根据发动机各缸工作次序，将燃油喷射时间控制在一个最佳的时刻；另外控制系统还能进行断油控制和对燃油泵的控制。

燃油喷射控制主要包括对喷油量、喷射正时、燃油停供及燃油泵的控制。

2. 电控点火装置（ESA）

发动机在不同转速、不同负荷条件下，都有最佳的点火提前角和足够的点火能量。为了使混合气充分燃烧，使发动机输出的功率和转矩最大，使油耗和排放最低，必须对点火时间和点火能量进行控制。

电控点火装置的控制主要包括对点火提前角、闭合角（一次绕组通电时间）及爆震的控制。

3. 辅助控制

（1）怠速控制（ISC）。

发动机如果在空调压缩机工作、变速器挂入挡位、发电机负荷加大及暖机工况等不同怠速运转工况下运行时，由 ECU 控制怠速控制阀，都能使发动机处在最佳怠速转速下运转。

怠速控制能使发动机始终处于最佳怠速转速下运行。

（2）排放控制。

汽车所造成的环境污染，已被人们日益关注，各国的废气排放标准也日趋严格。发动机燃烧后所排放的有害成分主要有三种：CO、CH、NO_x。当前控制的方式大致分为燃烧过程控制和发动机外部废气控制。

排放控制项目主要有：废气再循环（EGR）控制，氧传感器及三元催化转换器开环、闭环控制，二次空气喷射控制，燃油蒸发排放（EVAP）控制等。

（3）进气控制。

进、排气系统对发动机性能的影响主要体现在充气效率方面，而配气相位则对充气效率的影响很大。在传统发动机中，配气相位是固定的，因此不能兼顾高、低速时的充气效率特性，只能根据对性能要求的不同侧重面进行折中，直接影响发动机的动力性。为了提高发动机的动力性、经济性及低排放，人们通过各种途径来提高发动机的充气效率。

进气控制项目有：可变气门正时控制，进气量控制，进气惯性增压控制，废气涡轮增压控制等。

（4）自我诊断与报警系统。

汽车工程师们在进行现代汽车电子控制系统设计的同时，在微机内增设了故障自诊断功能和故障运行功能。自诊断就是电子控制系统自己监测运行情况，诊断系统有无故障。

当控制系统出现故障时，仪表板上的“检查发动机”（CHECK ENGINE）灯亮，提醒驾驶员注意，发动机已经出现故障，并将故障信息储存到 ECU 中，通过一定程序，能将故障码及有关信息资料调出，供检修用。

（二）汽油发动机电控系统的优点

相对于传统机械控制而言，汽油发动机（简称汽油机）电子控制技术的应用，使汽油机的综合性能得到了全面的提升，其主要优点如下。

1. 控制精度高

由于电子控制元件的性能偏差相对较小，而且不存在磨损问题，同时，电子控制对转速、负荷等工况参数的分辨率高，因此电子控制比机械控制精度高。

传统的机械控制其控制元件的机械加工尺寸偏差和磨损造成的尺寸偏差都会带来较大的控制偏差，使控制精度下降。

2. 改善了各缸混合气的均匀性

采用多点燃油喷射，每一汽缸都有一个喷油器，喷油量是由电控单元通过计算精确控制，能根据发动机运行工况及时调整混合气空燃比，这对控制排放和提高燃油经济性十分有利。

在化油器式发动机中，当混合气在经过不同宽度、不同长度及具有一定弯曲弧度的进气歧管时，由于空气和汽油颗粒的密度不同，空气比较容易改变方向，而汽油颗粒受惯性力的作用则继续向歧管末端运动，由此造成各缸混合气浓度的不均匀。

3. 可以控制更多的控制变量

电子控制系统的传感器可以从发动机提取几乎全部的状态信息供 ECU 处理。执行器也可以执行机械执行机构很难、甚至无法执行的许多任务，例如怠速转速电子控制、爆燃电子控制、可变进气系统电子控制等。这就使得汽油机电子控制比机械控制具有更高的精度和更强的功能。

在机械控制汽油喷射中，有些变量如转速、负荷、温度、压力等能利用机械的探测器来探知。但是发动机其他许多状态信息，如节气门位置、是否爆燃、空燃比大小等却是很难甚至无法用简单的机械装置探测到的。

4. 减少排气污染

在电控燃油喷射系统中，无论发动机转速、负荷如何变化，都能连续地、精确地对空燃比进行调节。特别是采用燃油闭环控制，如氧传感器反馈控制，能精确地将空燃比λ控制在理论空燃比附近（即空燃比等于 14.7），使汽油机有害物的排放量进一步减少。

在化油器式发动机中，虽然配有各种工况下混合气浓、稀装置，但发动机转速、负荷的不断变化，混合气浓度都会短暂失调，导致燃油经济性和排放性能变坏。

5. 加速性能好

在电控燃油喷射系统中，燃油喷射在各缸进气门附近，汽油又以一定的压力从喷油器喷出，良好的雾化极易与空气混合，蒸发速度快，在各种工况下混合气都具有最佳的空燃比，能迅速响应节气门的变化。

流体有摩擦，特别是气体还有可压缩性。所以，气体和流体的控制系统往往会产生信息传递和处理的迟延。这种迟延虽然是极其短暂，却会对发动机性能产生不良影响。

6. 改善了汽油机对地理及气候环境的适应性

当汽车在不同地理环境或不同气候条件的地区行驶时，对于采用体积流量方式测量进气量的电控喷射系统，电控系统能够根据大气压力、环境温度及时对空燃比进行修正，从而使汽车在各种地理环境及气候条件下运行时，无需调整都能保持良好的综合性能。

三、电子控制系统的控制原理和控制方式

（一）电子控制系统的控制原理

在发动机运转过程中，传感器把发动机运行的工况和状态，转变为电信号，输送给电子控制单元。电子控制单元根据这些变化的电量（或数据），判断发动机当前所处的运行条件，并从计算机内部存储器中查取相应的控制参数数据，经中央处理器（CPU）的计算和必要的修正后，产生新的控制指令输出到各执行器，以完成所需的控制任务。

（二）电子控制系统的控制方式

以计算机为控制核心，将传感器输入的信号称为输入量，控制对象执行的状态或过程信号称为输出量。所谓控制方式，就是指输出量与输入量之间的关系。发动机电子控制系统的控制方式主要有开环控制和闭环控制两种。

1. 开环控制

发动机工作时，ECU根据传感器的信号对执行器进行控制，而对控制的结果（如燃烧是否完全、怠速是否稳定、是否有爆燃发生）是否达到预期目标则无法作出分析，控制的结果对控制过程没有影响，这种控制方式称为开环控制。

开环控制的特点：在控制器与被控制对象之间只有正向控制作用而没有反馈控制作用。这种开环控制比较简单，但是控制的精度不够高。要达到精确控制，其控制系统ECU的ROM中必须预先储存发动机可能遇到的各种工况及运行条件所需控制参数的精确调整数据，这样才能保证输出的控制信号能产生预期的发动机响应，而控制数据一旦存入ROM中就不能再变动。

2. 闭环控制

闭环控制也叫反馈控制。这种控制系统将控制对象的输出信号通过反馈环节送到控制器，以便根据输出情况随时修正控制量。以燃油喷射为例，为了使控制更加精确有效，可以在排气管上安装一个氧传感器，它能根据排气中的氧含量来判断混合气中各组分的体积浓度，以氧传感器作为反馈环节，将它的输出信号反馈到电控单元，电控单元就可以据此修正空燃比。闭环控制的特点是在控制器与被控制对象之间，不仅存在正向作用，而且存在着反馈作用，即系统的输出量对控制量有直接影响。

喷油量控制由计算机根据氧传感器输出的氧含量信号来判断进入汽缸中的可燃混合气的空燃比是否合适，从而修正燃油供给量，使混合气空燃比保持在理想状态下，如图2－2所示。

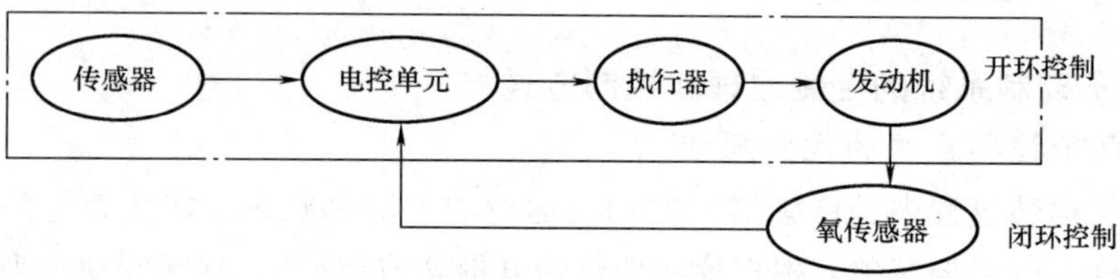

图2－2　开环控制与闭环控制示意图

第二节　电子控制燃油喷射技术

汽油机燃油供给系统的主要任务是根据发动机不同工况的要求，配制相应空燃比和数量的可燃混合气供入汽缸。燃油的供给方式有化油器式和喷射式两种。

化油器式燃油供给系统供油时，节气门上方有一喉管，空气流动时在喉管产生负压，浮子室内燃油在压差作用下流出，如图2－3 所示。

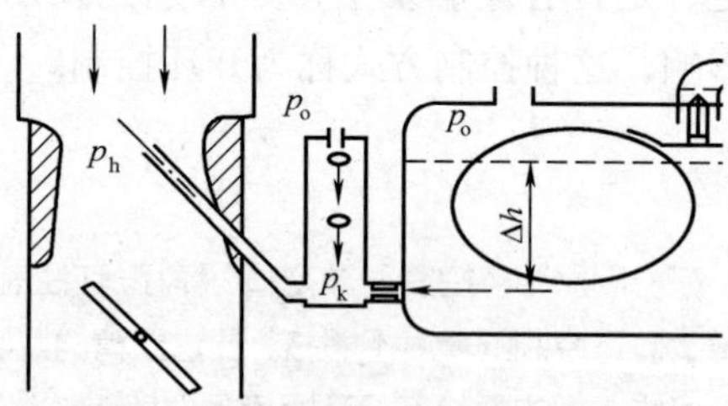

图2－3　化油器式燃油供给方式

燃油喷射方式供油是以直接或间接的方法测量发动机吸入的空气量，再根据空气量及该工况所需空燃比确定燃油量，然后经喷油器将加压的燃油喷出，如图2－4 所示。

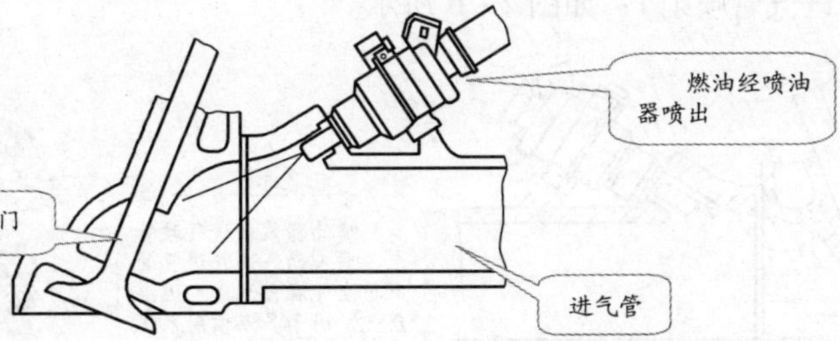

图 2-4　燃油喷射供油方式

燃油喷射是指利用喷油器在低压下（0.25～0.35MPa）将燃油以雾状喷入进气总管、进气道或汽缸内，与空气混合形成可燃混合气的技术。电子控制燃油喷射系统把各种传感器检测到的发动机的运行状态参数转换成电信号，输入到电子控制单元（ECU），经ECU判断、计算，确定喷油脉宽，使发动机在不同工况下均能获得合适空燃比的混合气。

小贴士：

在20世纪80年代，汽车工程师开始把许多发动机化油器或计算机控制式化油器改装为电控燃油喷射系统。电子控制燃油喷射已被证实是目前将燃油输送到燃烧室内的最精确、最可靠、最有效而成本又最低的方法。

一、燃油喷射控制的类型

（一）按喷射位置分类

按喷射位置分类可分为缸内喷射和缸外喷射两种。

（1）缸内喷射（直接喷射）：喷油器安装在汽缸盖上，汽油直接喷入发动机汽缸内与空气混合形成可燃混合气，如图 2-5 所示。

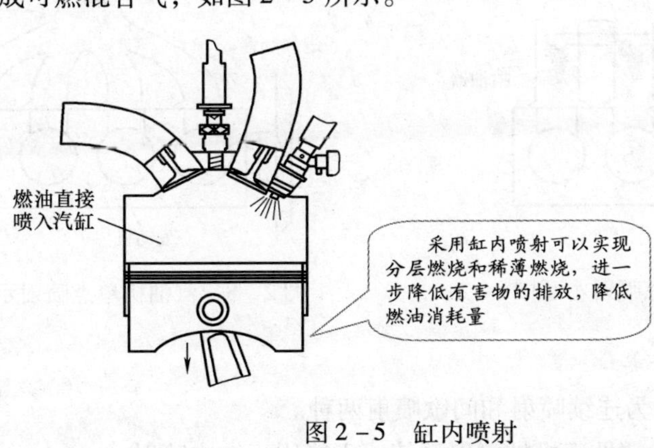

图 2-5　缸内喷射

（2）缸外喷射（进气管喷射）：如图 2－6 所示。

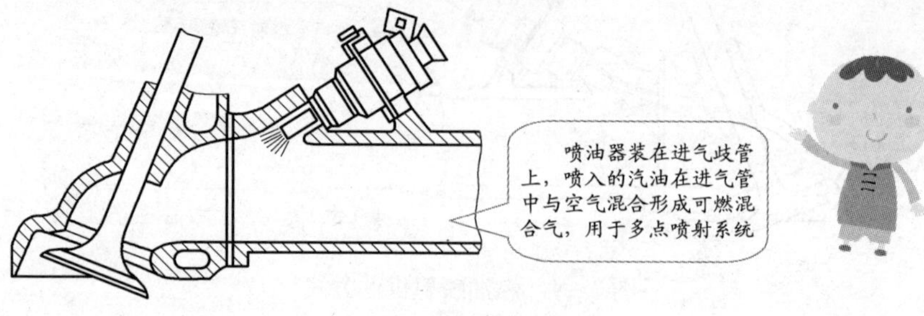

图 2－6　缸外喷射

（二）按喷油器数量分类

按喷油器数量分类可分为多点喷射和单点喷射两种。

（1）多点喷射（MPI）：每一个汽缸有一个喷油器，喷油器安装在进气歧管内，在进气门附近，图 2－7 所示为汽油机多点喷射示意图。

多点喷射时汽油与空气在进气门附近混合，各缸混合气的均匀性有很大的改善，现在的电控汽油喷射发动机绝大多数采用多点喷射。

（2）单点喷射（SPI）：几个汽缸共享一个喷油器，单点喷射系统因喷油器装在节气门体上，有些国家又称其为节气门体喷射，图 2－8 所示为汽油机单点喷射示意图。

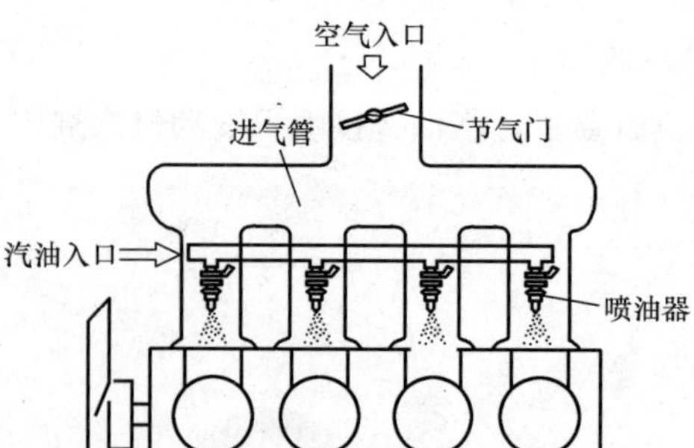

图 2－7　汽油机多点喷射示意图

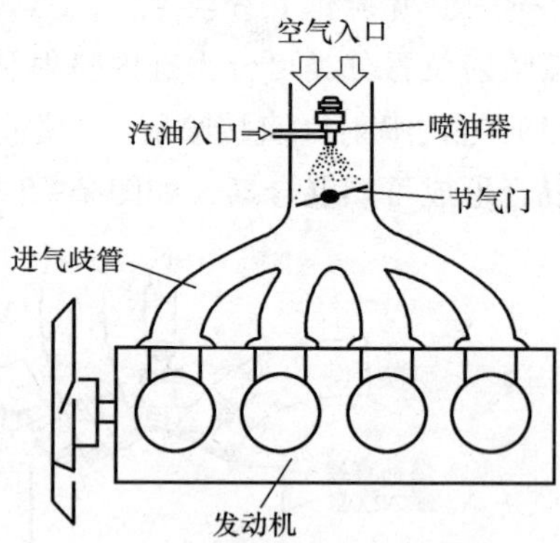

图 2－8　汽油机单点喷射示意图

（三）按喷射方式分类

按喷射方式分类可分为连续喷射和间歇喷射两种。

（1）连续喷射方式：常见于机械喷射系统，不能用于缸内喷射。

(2) 间歇喷射（脉冲喷射）方式：燃油以脉冲方式在某一时间段内喷入进气管。间歇喷射按各缸喷油器工作顺序，又可分为同时喷射、分组喷射和顺序喷射三种方式。

1）同时喷射：各汽缸同时喷油。采用同时喷射方式时，一般发动机曲轴每转一转，各缸喷油器同时喷射一次，如图 2-9 所示。

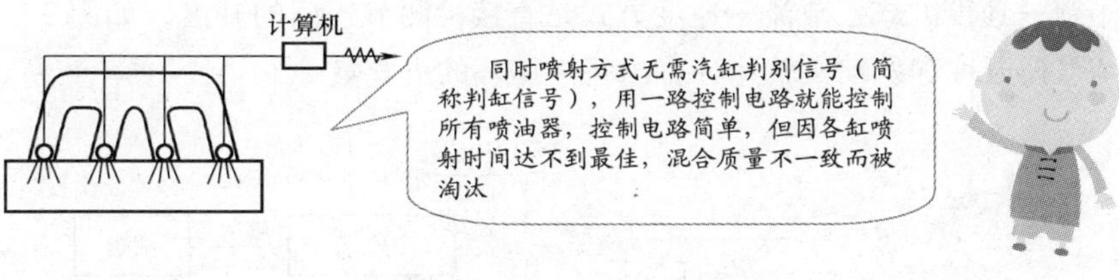

图 2-9　燃油同时喷射方式

2）顺序喷射（独立喷射）：各汽缸喷油器按照发动机点火次序分别进行喷油，如图 2-10 所示。由于顺序喷射是按照发动机点火次序进行的，因此电控单元需要通过传感器获得基准汽缸的信息，即判缸信号。对于顺序喷射控制一般需要正时和缸序两个输入信号，电控单元才能对喷射过程进行准确控制。

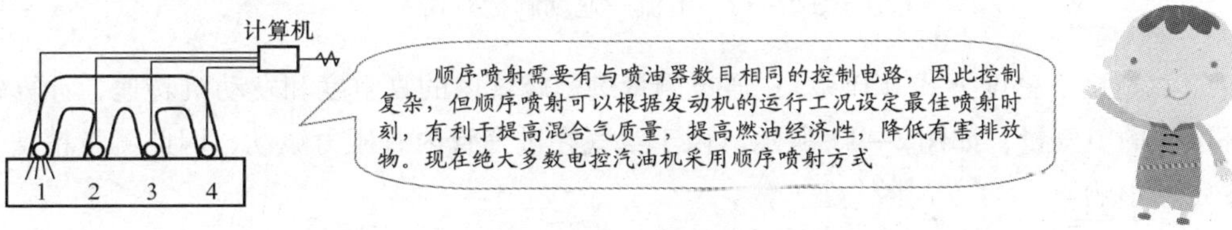

图 2-10　燃油顺序喷射方式

3）分组喷射：将各个汽缸的喷油器分成若干组，四缸机分二组，六缸机分三组，同一组喷油器同时喷油。电控单元用二路或三路控制电路控制各组喷油器，如图 2-11 所示。

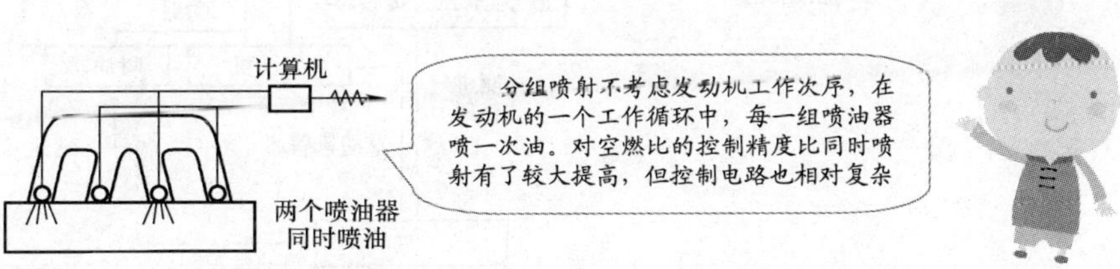

图 2-11　燃油分组喷射方式

（四）按进气量测量方式分类

按进气量测量方式分类，燃油喷射系统可分为间接测量方式和直接测量方式两种。

1. 间接测量方式（D 型）

间接测量方式是 ECU 根据节气门开度或进气歧管压力、发动机转速计算出每一循环的进气量，并由此计算出每循环所需喷油量。在电控汽油喷射系统中，间接测量方式有节流—速度方式和速度—密度方式。

（1）节流—速度方式：节流—速度方式是直接检测节气门的开度，如图 2－12 所示，ECU 根据节气门开度和发动机转速计算出每一循环的进气量。

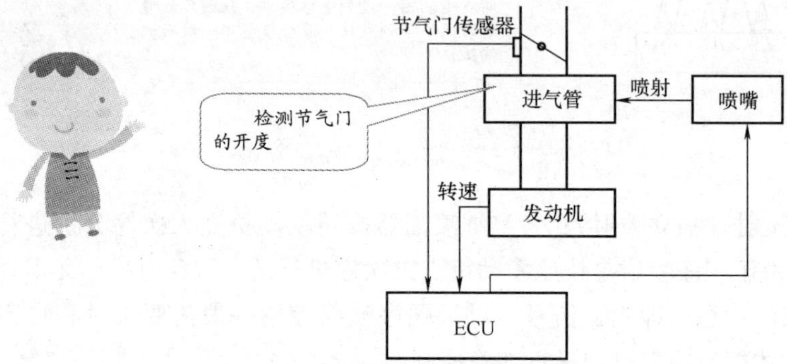

图 2－12　节流—速度测量方式

（2）速度—密度方式（D 型）：通过测量进气歧管内的真空度和发动机转速，计算每循环吸入的空气量，如图 2－13 所示。由于空气在进气管内有压力波动，因此测量精度受到一定的影响。

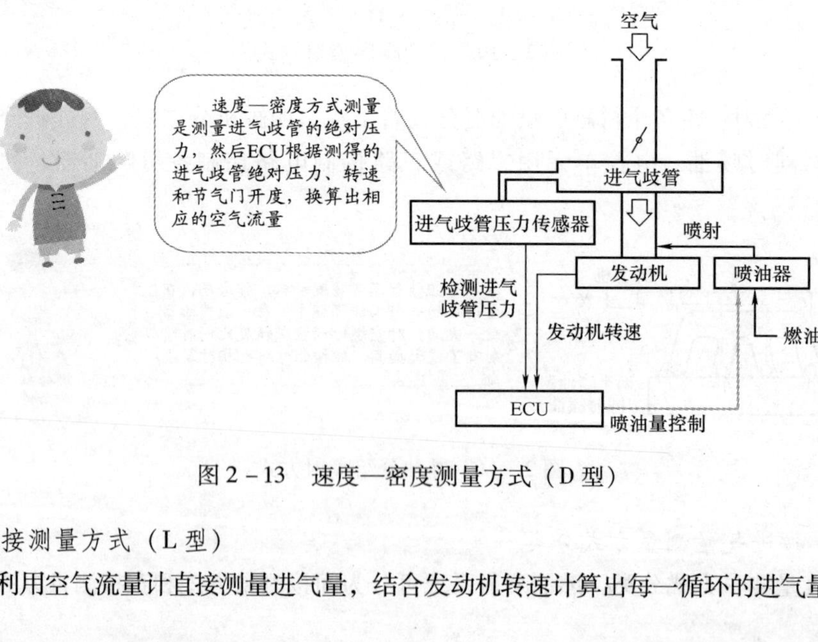

图 2－13　速度—密度测量方式（D 型）

2. 直接测量方式（L 型）

ECU 利用空气流量计直接测量进气量，结合发动机转速计算出每一循环的进气量，并由此计算出每循环所需喷油量。直接测量方式也可分为两种，即体积流量方式和质量流量方式。

（1）体积流量方式：采用翼片式流量计或卡门旋涡式流量计，直接测量单位时间内进入发动机的空气体积流量，如图 2－14 所示。

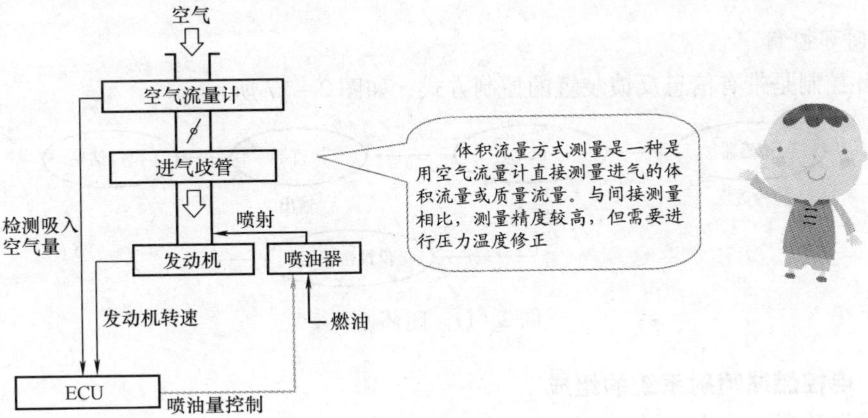

图 2－14　体积流量测量方式（L 型）

（2）质量流量方式：用空气流量计直接测量单位时间内吸入进气歧管的空气量，再根据转速算出每循环吸气量，如图 2－15 所示。采用这种进气量测量方法的典型代表是波许公司的 LH-Jetronic 电控汽油喷射系统。

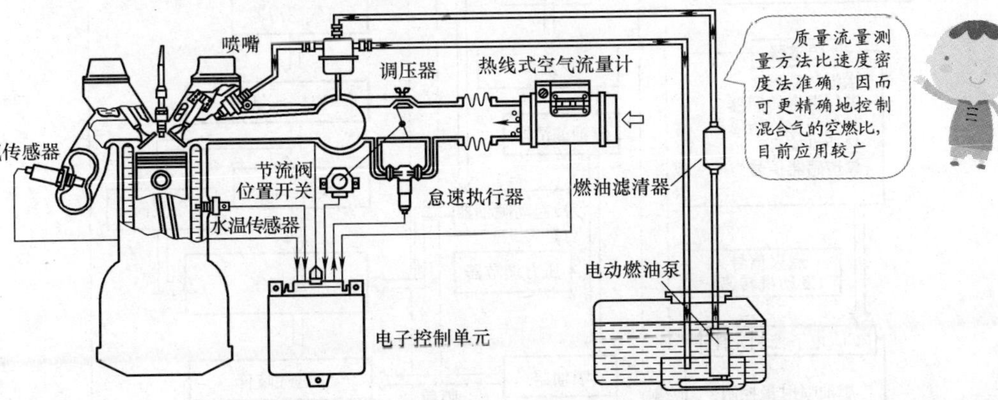

图 2－15　波许公司的 LH-Jetronic 电控汽油喷射系统

（五）按系统有无反馈信号分类

按系统有无反馈信号分类可分为开环控制和闭环控制两种。

1. 开环控制

开环控制是一种无信息反馈控制装置的控制方式，如图 2－16 所示。

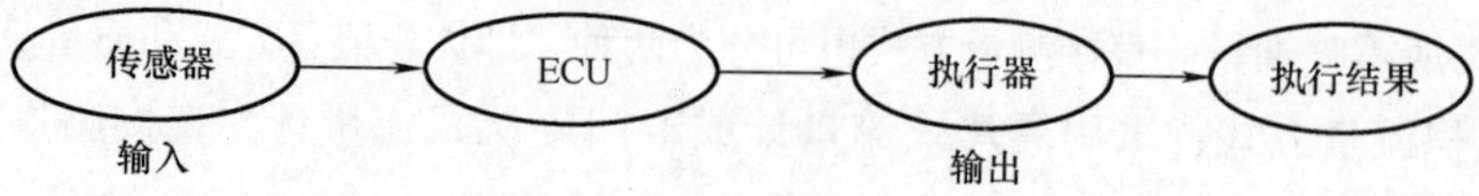

图 2－16　开环控制

2. 闭环控制

闭环控制是带有信息反馈装置的控制方式，如图 2－17 所示。

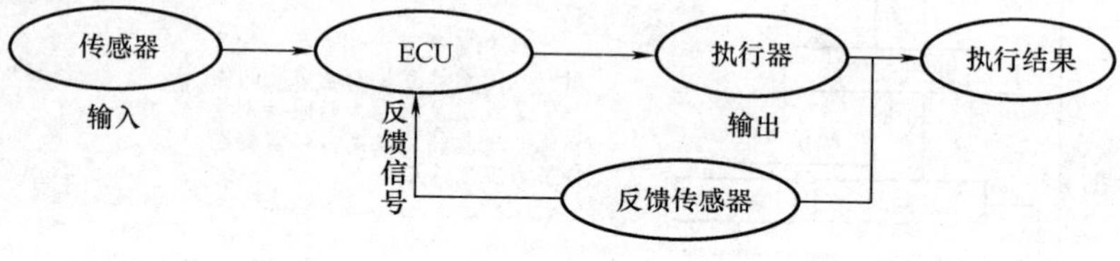

图 2－17　闭环控制

二、电控燃油喷射系统的组成

电控燃油喷射系统一般由三个子系统组成，即进气系统、供油系统及控制系统，如图 2－18 所示。

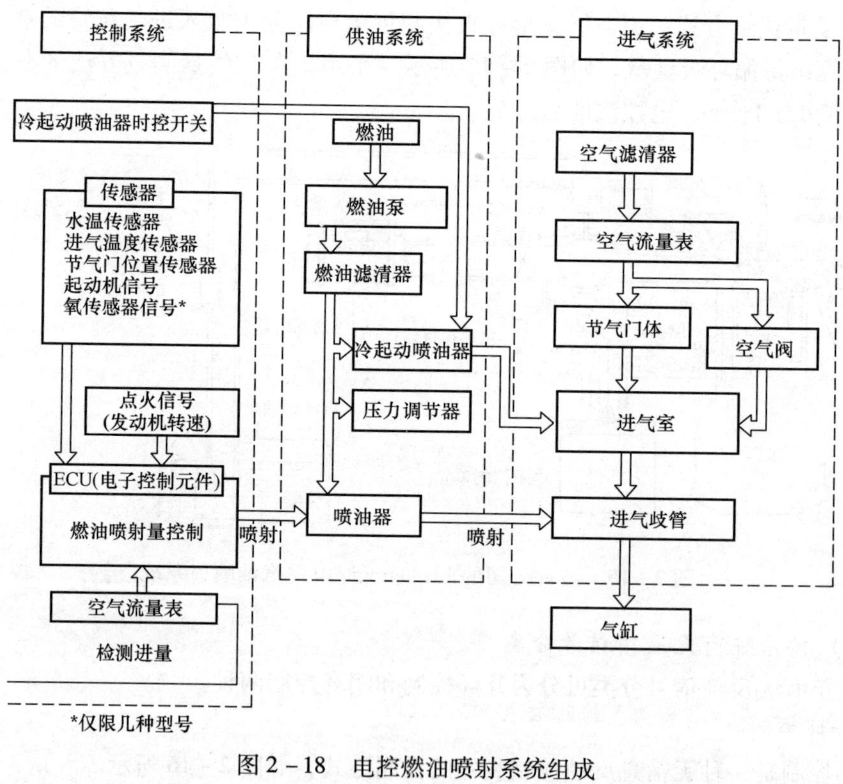

图 2－18　电控燃油喷射系统组成

（一）进气系统

进气系统的作用是为发动机可燃混合气的形成提供必需的空气量，同时对流入发动机汽缸的空气质量进行直接（L型）或间接（D型）计量。

电控燃油喷射系统的进气系统除了包括与普通汽油机相似的空气滤清器、进气总管和进气歧管外，还有电控汽油机特有的空气流量计、节气门体和节气门位置传感器如图2－19所示，空气经空气滤清器、空气流量计（D型系统无此装置）、节气门、进气总管、进气歧管进入各缸，如图2－20所示。

进入发动机汽缸空气量的多少由电控单元ECU根据安装在进气道上的空气流量传感器（D型系统为进气歧管压力传感器）检测的进气量信号求得。

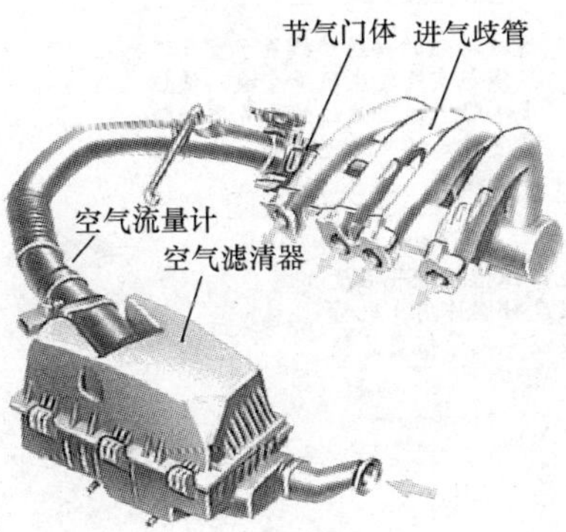

图2－19　进气系统结构

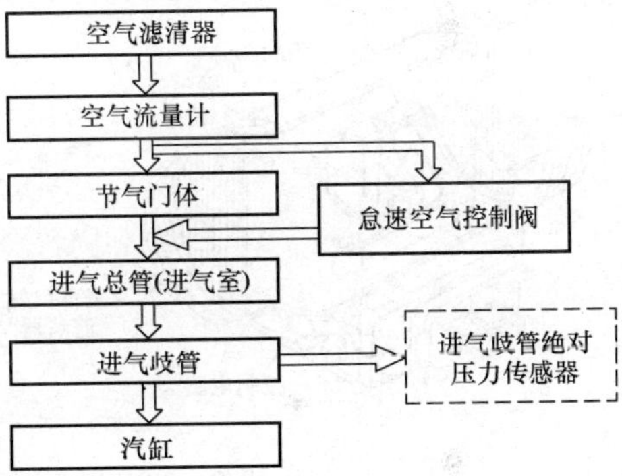

图2－20　进气框图

1. 空气流量计

空气流量计的作用是检测发动机吸入的空气量，并将空气量转换为电信号输送给ECU，这是决定喷油量的主信号。空气流量计种类较多，如图2－21所示，目前最常用的是热线式空气流量计和卡门旋涡式空气流量计。

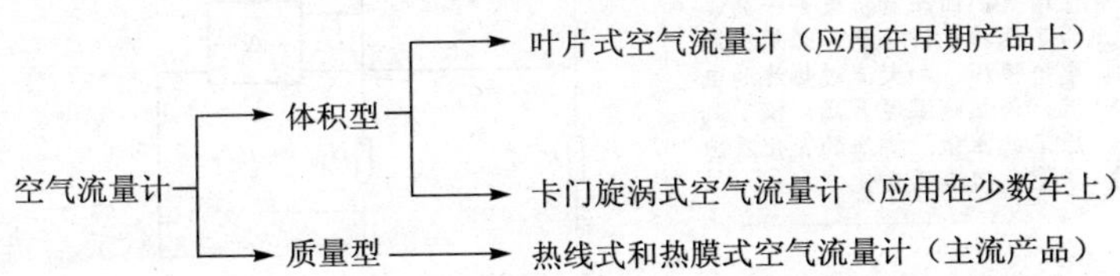

图2－21　空气流量计类型

对于给定的容积来说，空气密度越大，其内所包含的空气分子数就越多，在此容积内所包含的空气质量就越大。质量型空气流量（MAF）传感器可感知到进气气流在流速、体积、温度和压力等方面的变化。

（1）热线式空气流量计。热线式空气流量计根据铂丝热线安装位置不同，可分为主流测量方式和旁通测量方式两种结构形式。

1）主流测量方式热线式空气流量计。主流测量热线式空气流量计是一种将热线和空气温度传感器置于进气通道中进行测量的方式，故称其为主流测量方式，这种形式的热线直接承受空气流动所产生的作用力。主流测量方式热线式空气流量计主要由铂丝制成的热线（也称发热体）、温度补偿电阻、控制热线电流并输出信号的控制电路、采样管和流量计壳体等组成，它是把热丝和空气温度传感器均放在进气道中，如图 2－22 所示。

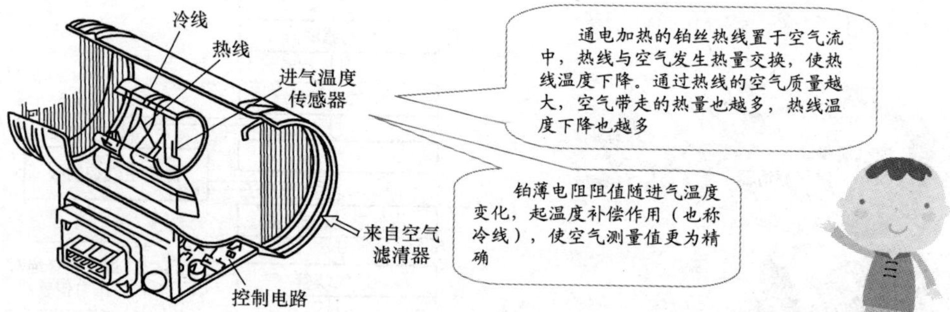

图 2－22　主流测量热线式空气流量计组成

热线式空气流量计中有一个惠斯登电桥，负温度系数的热敏电阻——铂丝成为惠斯顿电桥电路中的一个臂，如图 2－23 所示。

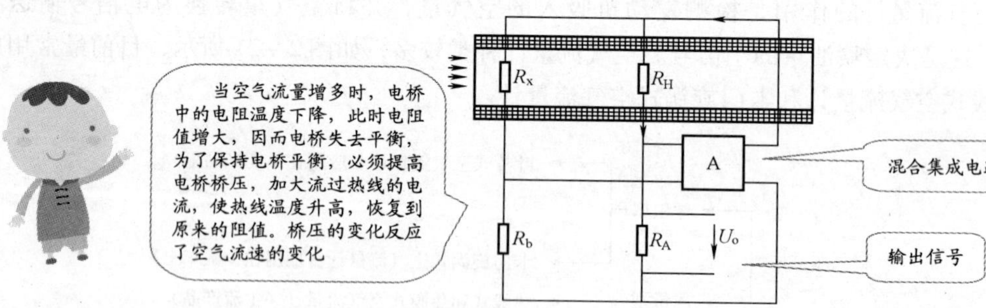

图 2－23　热线式空气流量计工作原理

2）旁通测量方式热线式空气流量计。这种空气流量计的工作原理与主流测量热线式空气流量计相同，只是将铂丝和温度补偿电阻绕在陶瓷绕线管上，安装在旁通空气气道上，从而提高了铂丝的寿命，如图 2－24 所示。

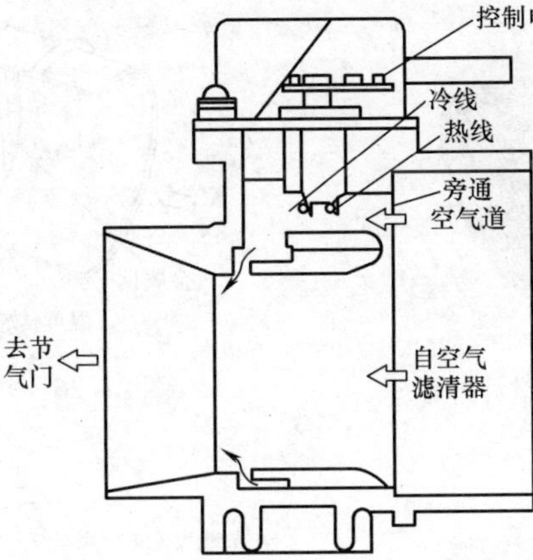

图 2－24　旁通测量式热线式空气流量计

小贴士：

热线式空气流量计具有响应速度快，测量精度高，进气阻力小，不会磨损等优点。但热线表面易受空气中的尘埃玷污，影响测量精度。

为了减小气流中脏物玷污铂丝，降低空气流量传感器的灵敏度，在混合集成电路中还设置自洁电路，在发动机熄火后，自动将热线加热至 1000℃，持续 1s，将尘埃烧掉；也有一些电控系统将热线的保持温度提高至 200℃，防止脏物玷污铂丝。

（2）热膜式空气流量计。热膜式空气流量计的外形如图 2－25 所示，结构如图 2－26 所示，工作原理与热线式空气流量计基本相同。与上述两种不同的是将发热体由热线改为热膜体，即将热线、补偿电阻、精密电阻等镀在一块陶瓷片上，或将发热金属铂固定在树脂膜上，使制造成本降低，且发热体不直接承受气体流动所产生的作用力，增加了发热体强度，提高了传感器的可靠性和使用寿命。

（3）卡门旋涡式空气流量计。卡门旋涡式空气流量计也是直接测量空气流量，如图 2－27所示。它是利用卡门旋涡发生的规律与空气流速存在的某种对应关系来测量空气流量。

卡门旋涡式空气流量计按旋涡检测方式不同，可分为反光镜检测方式和超声波检测方式两种。

图 2－25　热膜式空气流量计外形

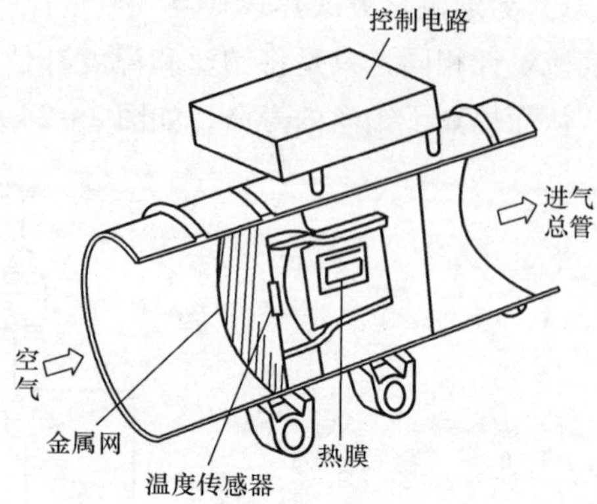

图 2－26　热膜式空气流量计结构

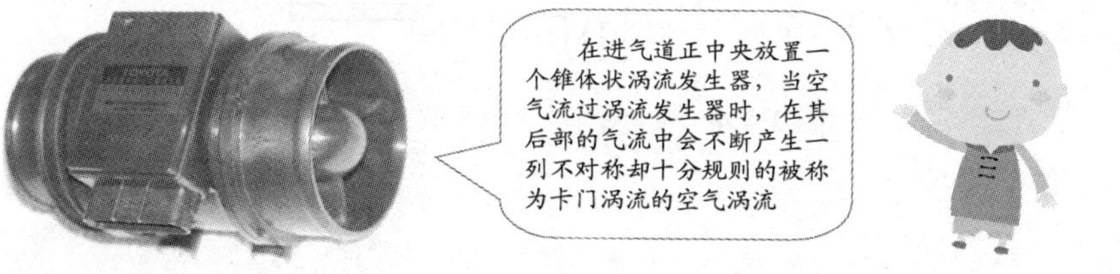

图 2－27　卡门旋涡式空气流量计外形

1）反光镜检测方式。反光镜检测方式的卡门旋涡式空气流量计结构原理如图 2－28 所示。

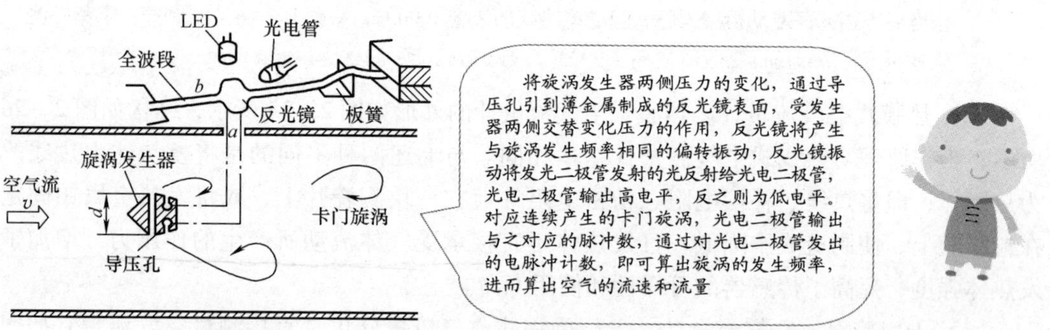

图 2－28　反光镜检测方式卡门旋涡式空气流量计结构

2）超声波检测方式。超声波检测方式卡门旋涡式空气流量计结构如图 2－29 所示。它是利用卡门旋涡引起空气密度变化进行测量的。在空气流的垂直方向安装超声波信号发生器，在其对面安装超声波接收器。

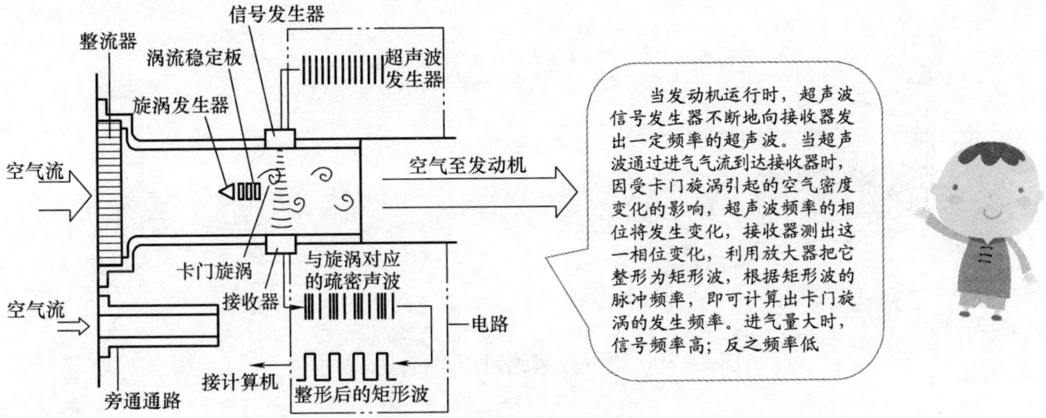

图 2－29　超声波检测方式的卡门旋涡式空气流量计结构

超声波检测方式卡门旋涡式空气流量计输出的是数字信号，特别适合 ECU 进行处理，具有质量轻，进气道结构简单，进气阻力小等优点。

2. 进气歧管绝对压力传感器

进气歧管绝对压力传感器是一种间接测量（D 型 EFI）空气流量的传感器，其作用与空气流量计相当。ECU 根据发动机转速、节气门开度、进气歧管绝对压力与进入发动机汽缸的空气流量的对应关系计算出进气量，进而计算出基本喷油量。进气歧管绝对压力传感器种类很多，在电控燃油喷射（EFI）系统发动机中以半导体压敏电阻式进气歧管绝对压力传感器应用最为广泛。

小贴士：

大气压力是指我们周围的空气压力。进气歧管压力相对于大气压力而言，一般是负压或真空度。

进气歧管绝对压力（MAP）传感器产生低电压信号时，真空度高，反之真空度低。

半导体压敏电阻式进气歧管绝对压力传感器由压力转换元件、集成电路和真空室组成，压力转换元件封装在真空室内，如图 2－30 所示。

压力转换元件是利用半导体压阻效应制成的硅膜片，硅膜片一侧作用的进气歧管压力，另一侧则为真空室的绝对真空。进气歧管的绝对压力越高，硅膜片的变形越大。这种半导体压敏电阻式进气歧管绝对压力传感器的信号电压与进气歧管绝对压力呈线性关系，如图 2－31 所示，传感器中集成电路将此电压信号放大后输送给 ECU。

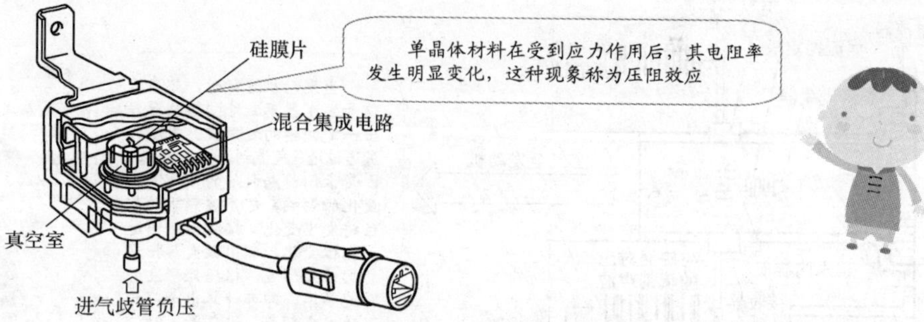

图 2－30　进气歧管绝对压力传感器结构

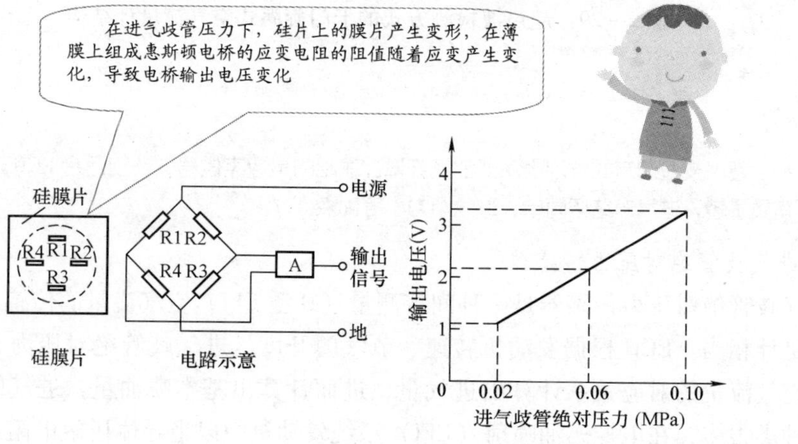

图 2－31　进气歧管绝对压力传感器原理

3. 节气门体

节气门体安装在进气管中，用以控制发动机的进气量。它包括发动机正常运行工况下控制进气量的节气门和怠速运行时少量空气通过旁通道的怠速控制装置（节气门直动式怠速控制装置中无旁通空气通道）。为了避免寒冷气候条件下节气门体结冰影响节气门开启，有的发动机设计时考虑了使冷却液流经节气门体，如图 2－32 所示。

节气门位置传感器安装在节气门轴上，用来检测节气门的开度，将节气门开度转换成电信号送给 ECU，作为判断运转工况的依据。节气门位置传感器有线性输出型和开关量输出型两种形式。

（1）线性输出型节气门位置传感器。线性输出节气门位置传感器安装位置及外形如图 2－33 所示。这种传感器的特点是节气门开度的输出电压与节气门开度呈线性关系，其结构原理如图 2－34 所示。它由两个与节气门联动的滑动触点，一个是检测节气门开

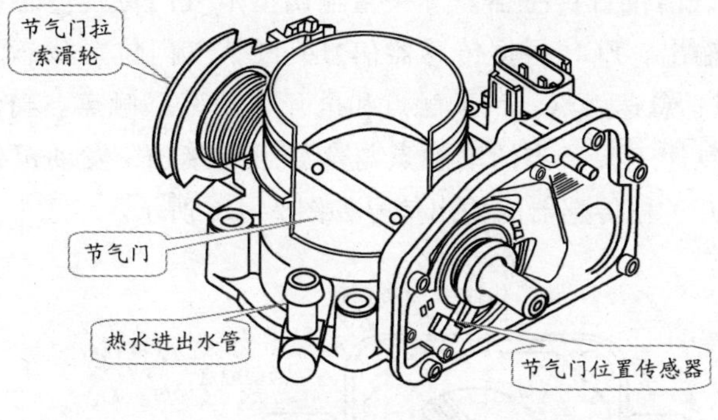

图 2 - 32　节气门体结构

度的动触点，另一个怠速触点，只有当节气门全闭时才被接通，为 ECU 提供一个确定控制方式和修正喷油情况的节气门全闭信号。

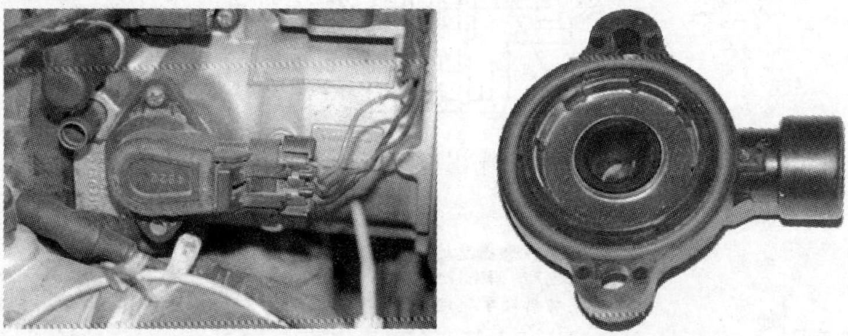

图 2 - 33　节气门位置传感器安装位置及外形

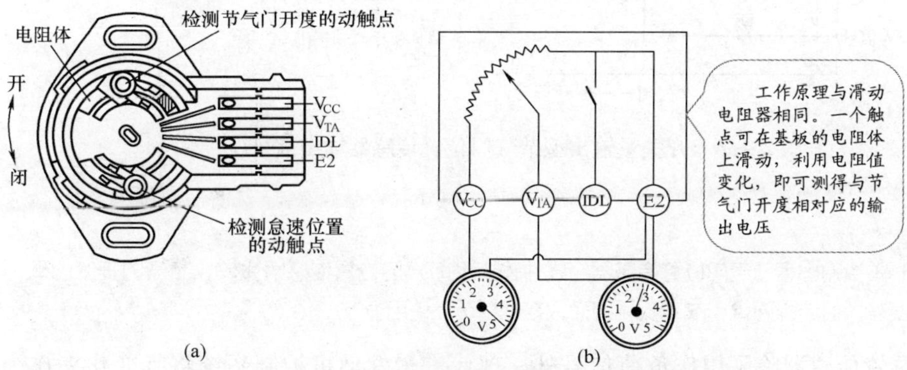

图 2 - 34　线性输出型节气门位置传感器结构原理

（a）构造；（b）电路

V_{CC}—电源；V_{TA}—节气门开度输出信号；IDL—怠速触点信号；E2—地线

（2）开关量输出型节气门位置传感器。开关量输出型节气门位置传感器的特点是传感器仅以开和关两种信号输出。ECU 根据传感器信号判断节气门位置状态，其结构如图 2－35所示。它有三个触点：怠速触点、活动触点和全开（功率）触点。当活动触点与怠速触点接触，发动机处于怠速工况；当活动触点与全开触点接触，发动机处于大负荷区工况，节气门从全闭到全开过程传感器的输出信号如图 2－36 所示。

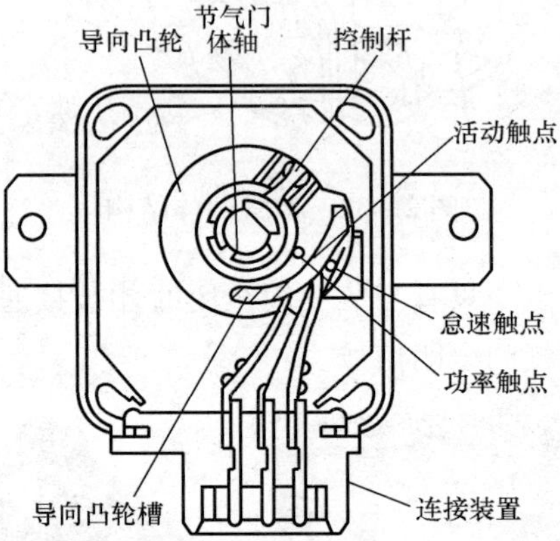

图 2－35　开关量输出型节气门位置传感器结构

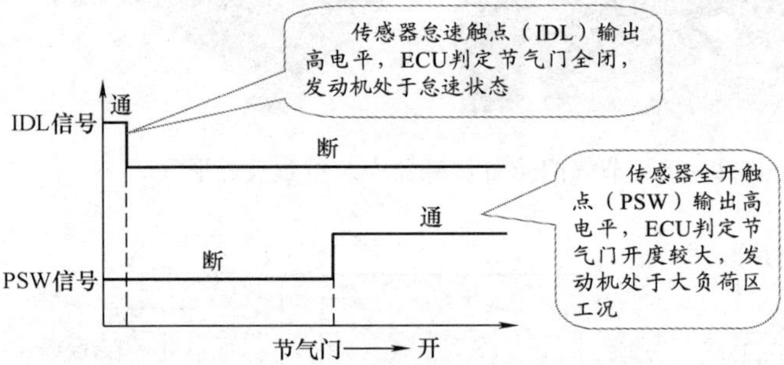

图 2－36　开关量输出型节气门位置传感器输出信号

开关量输出型节气门位置传感器与线性输出型节气门位置传感器比较，节气门开度的测量精度差，但结构简单，成本低，因而只在低档车上使用。

节气门位置传感器除了用作负荷信号外，现代汽车发动机控制系统将其变化率作为判断发动机加、减速的依据。

（二）供油系统

电控燃油发动机的供油系统由油箱、电动汽油泵、燃油滤清器、燃油分配管、喷油器和燃油压力调节器等组成。图 2－37 所示为电控汽油发动机供油系统的组成。对于不同类型的电控汽油机，供油系统的组成部件可能会有些差异，但总体上基本相似。

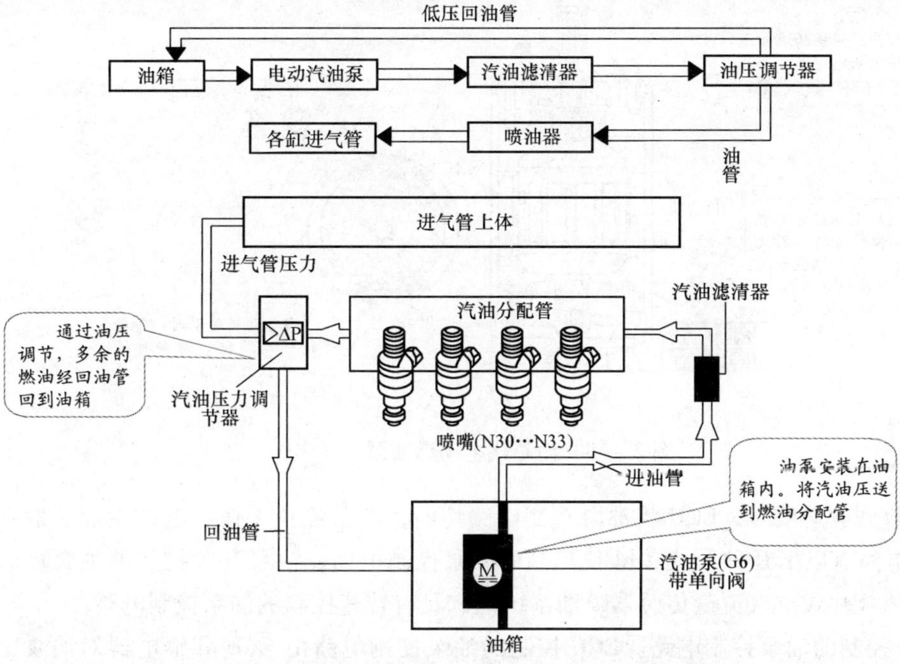

图 2－37　电控汽油发动机供油系统的组成

有些发动机在燃油输送通道中还装有燃油压力脉动减振器，以减弱喷油器喷油过程中油压脉动的传递，降低噪声。

1. 燃油泵

电动燃油泵的作用是将燃油从油箱内泵出，经燃油滤清器进入喷油器。在多点喷射系统中喷油压力为 0.2～0.55MPa，单点喷射系统中喷油压力为 0.07～0.12MPa。多余的燃油经压力调节器流回油箱。

电动燃油泵根据安装的位置不同可分为内装式（油泵安装在油箱内）和外装式（油泵安装在油箱外）两种。内装式电动燃油泵具有不易产生气阻和汽油泄漏、运转噪声小等优点，目前广为使用。

（1）燃油泵的结构原理。内装式电动燃油泵采用涡轮泵，使油路内油压波动小。这种油泵由电动机、涡轮泵、单向阀、泄压阀及滤网等组成，结构原理如图 2－38 所示。

（2）燃油泵的控制。为了安全起见，电控燃油喷射系统对油泵控制的基本要求是：当点火开关打开后，ECU 将油泵控制电路接通，油泵工作 2～3s，以建立必需的油压，若

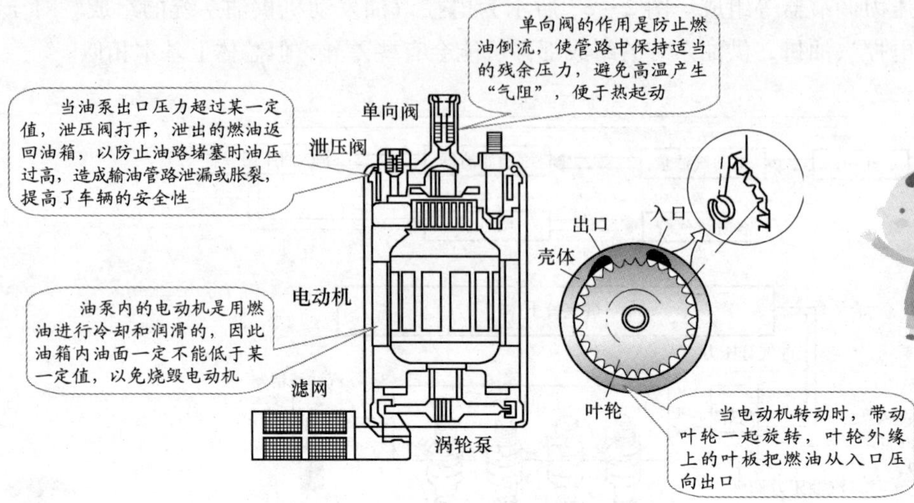

图 2-38　涡轮式电动燃油泵

ECU 仍未接收到起动信号，ECU 将油泵控制电路切断，油泵停止工作。电控燃油喷射系统油泵控制电路有以下几种形式：ECU 控制的油泵控制电路、油泵开关控制的油泵控制电路（早期的叶片式空气流量传感器喷油系统）和具有转速控制的油泵控制电路。

1）ECU 控制的油泵控制电路。ECU 控制的油泵控制电路由 ECU 和继电器对油泵工作进行控制，如图 2-39 所示。

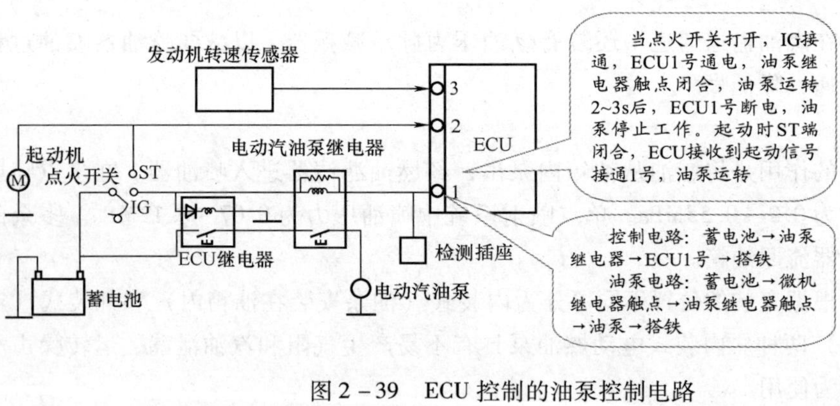

图 2-39　ECU 控制的油泵控制电路

2）具有转速控制的油泵控制电路。具有转速控制的油泵控制电路的特点是发动机高速大负荷运行时需要供油量大，燃油泵应高速运转，以提供较大的泵油量。当发动机低速小负荷运行时，燃油泵应低速运转，以减少泵的磨损和不必要的能源消耗，控制原理如图 2-40 所示。ECU 根据发动机转速和负荷状况控制燃油泵继电器工作。

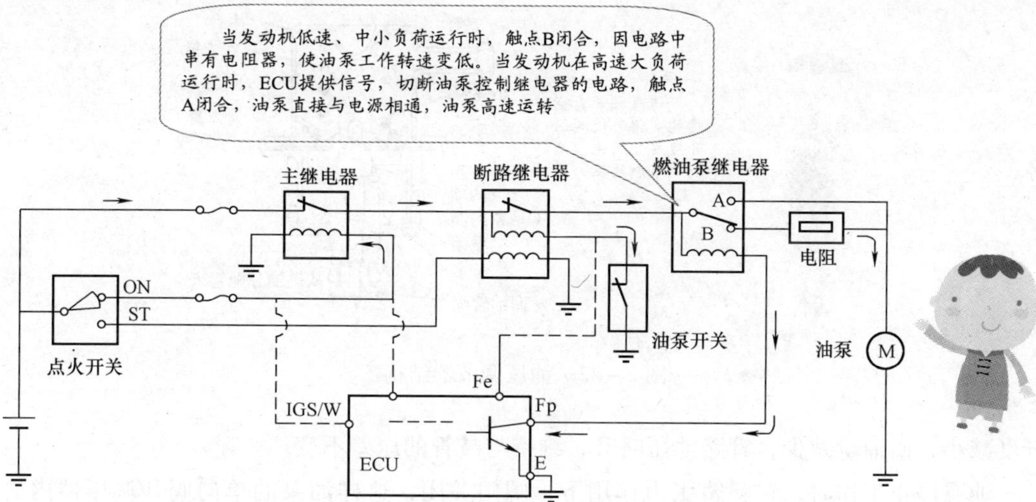

图 2－40　转速控制的油泵控制电路

2. 油压调节器

油压调节器的功能是使燃油分配管压力与进气歧管压力的差值保持不变一般为 0.25～0.3MPa。喷油器的喷油量是由 ECU 给喷油器通电时间的长短来控制的，由于进气歧管真空度是随发动机工况变化的，所以即使喷油时间和喷油压力不变，当发动机工况变化时，喷油量也会发生少量的变化，为了精确控制喷油量，必须使油压和进气歧管真空度的总和保持不变。燃油分配管内油压调整值随进气歧管压力而变化的情况，如图 2－41所示。

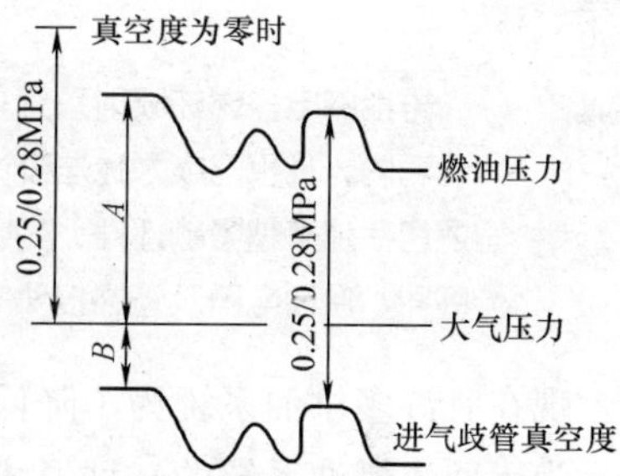

图 2－41　进气歧管真空度与燃油分配管压力的关系

采用这种压差恒定的控制方法，ECU 就可用单一控制参数即喷油器开启时间，对喷油量进行简单而又精确的控制。

油压调节器通常置于输油总管的一侧，其结构如图 2－42 所示。膜片将金属壳体内部分为弹簧室和燃料室两部分，弹簧室一侧通过管路与进气歧管相通，承受歧管负压与弹簧压力之和，燃料室一侧承受油压。

由于油泵泵送的油量远大于喷射需要的油量，故在油压作用下膜片移向弹簧室一侧，阀门打开，部分燃油流回油箱，输油管内保持一定的油压。当进气歧管真空度增大时，膜片进一步移向弹簧室方向，使阀门开度增大，回油量增加，从而使输油管压力略降，保持与歧管压力差值的恒定。当进气歧管真空度减小时，膜片移向燃料室一侧，使阀门

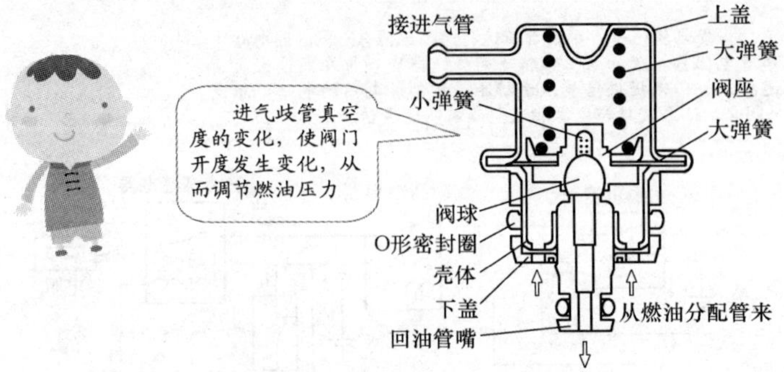

图 2－42　油压调节器结构

开度减小，回油量减少，管路油压略升，维持与歧管的压差不变。

油泵停止工作时，在弹簧张力作用下，阀门关闭，这样油泵的单向阀和调压器内的阀门使油路内残余压力基本保持不变。

早期的电子燃油喷射系统是把电动燃油泵放在油箱之外，现在和最近的设计已趋向于装入油箱内，几乎已成为标准设计。电动燃油泵是油箱整体里的一个部件，现代的设计在油箱里还包括越来越多的部件，如吸油滤清器、保证在急转弯时不间断供油的燃料阻隔罐、油面传感器、各种电器及管路接头等。

现在有许多供油系统为了降低成本和提高可靠性，采用了无回油管的结构，图 2－43 所示为无回流燃油系统的一种形式。

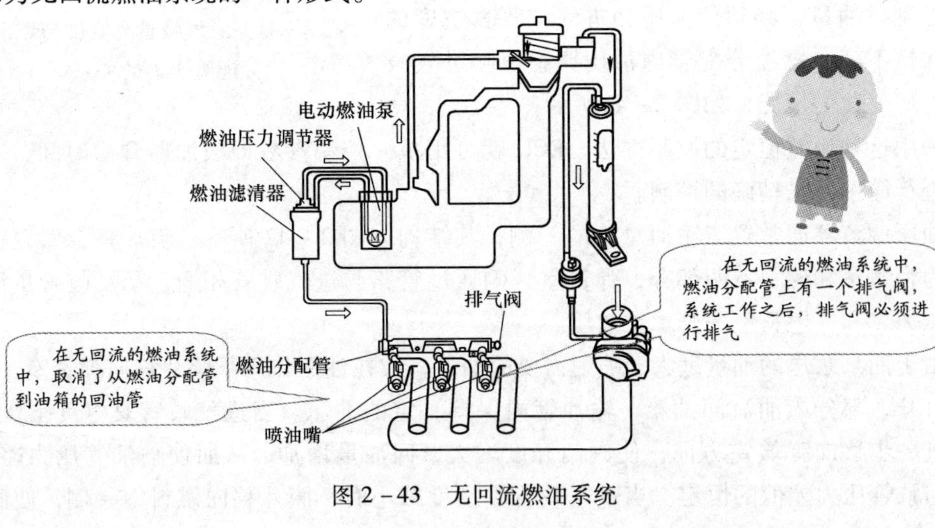

图 2－43　无回流燃油系统

在这种无回流燃油系统中，油泵的压力侧接一个带燃油压力调节器的燃油滤清器，如图 2 – 44 所示。燃油压力调节器在燃油滤清器上，并用一个固定夹固定，如图 2 – 45 所示。通过调节器的调节，可将燃油系统中的燃油压力保持在 0. 3MPa。

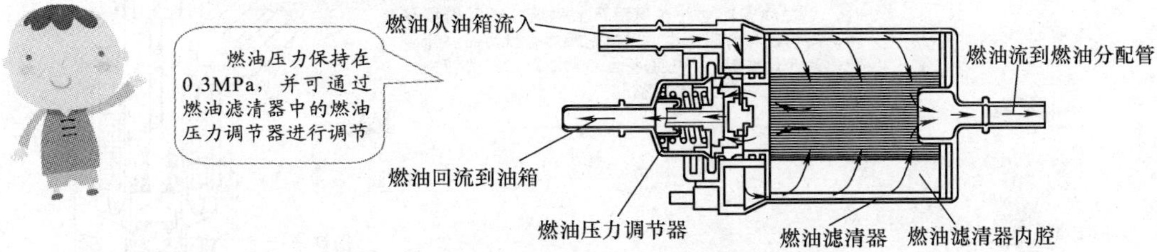

图 2 – 44 带燃油压力调节器的燃油滤清器

有些无回流燃油系统将油压调节器加装在油箱中，构成在油箱内的连续回流，更多的功能将集成于供油模块中，如油箱泄漏诊断装置和油泵控制的正时模块。

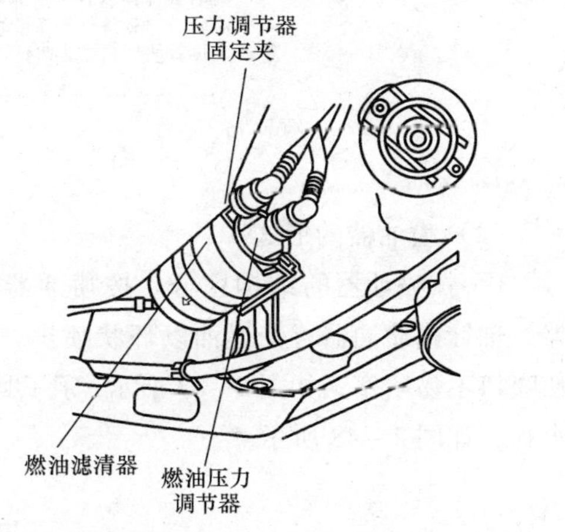

图 2 – 45 带燃油压力调节器的燃油滤清器安装

3. 喷油器

喷油器是电控燃油喷射系统中一个非常重要的执行元件。其作用是根据 ECU 提供的电信号，把雾化良好的燃油喷入进气管或气道。

喷油器是电磁式的，在多点喷油系统中喷油器通过绝缘垫圈安装在进气歧管或进气道附近的缸盖上，并用输油管将其固定，如图 2 – 46 所示。单点喷油系统的喷油器安装在节气门体上。

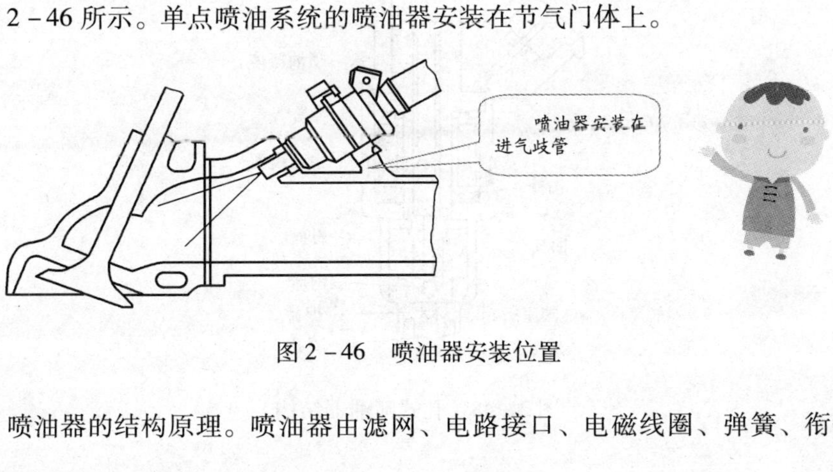

图 2 – 46 喷油器安装位置

（1）喷油器的结构原理。喷油器由滤网、电路接口、电磁线圈、弹簧、衔铁和针阀组成，图 2－47 所示为轴针式喷油器的结构。

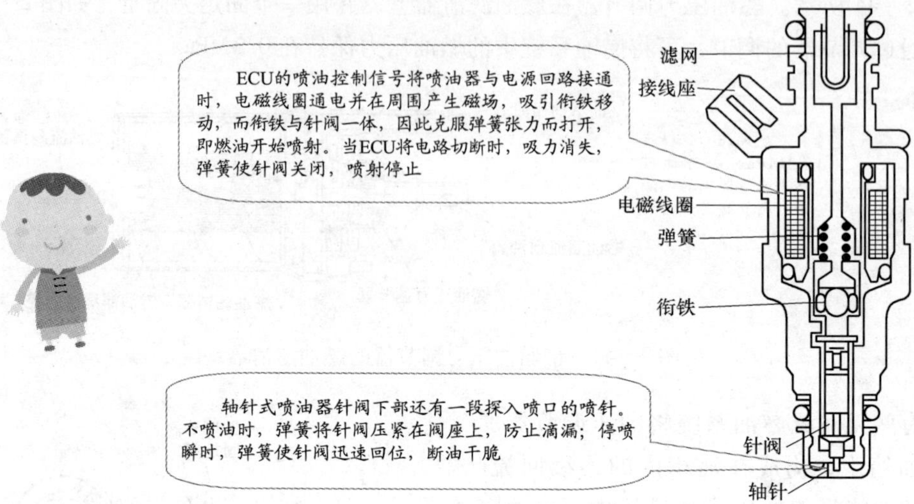

图 2－47　轴针式喷油器结构

（2）喷油器的形式。

1）按喷油器的结构区分。按喷油器的结构区分，可分为轴针式喷油器和孔式喷油器。轴针式喷油器可使燃油以环状喷出，有利于雾化，且由于轴针在喷口中的不断运动使喷口不易堵塞，如图 2－47 所示。孔式喷油器喷出的燃油雾化好，孔型喷口一般为 1～2 个孔，如图 2－48 所示。

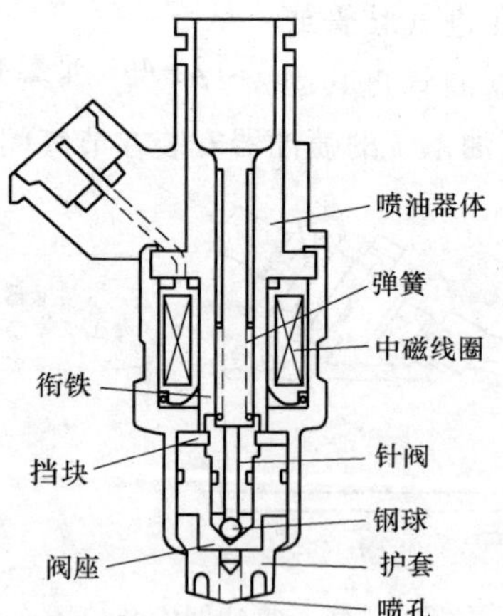

图 2－48　孔式喷油器结构

有的喷油器为了改善燃油的雾化，在喷油器中引入空气，如图 2－49 所示。

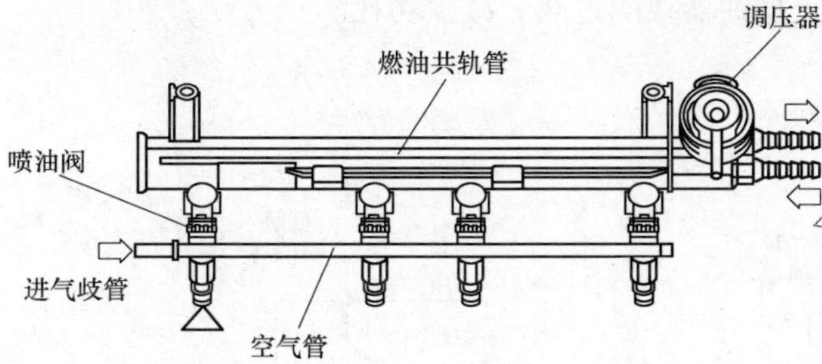

图 2－49　带空气管的喷油器结构

2）按喷油器的电阻区分。按喷油器的电阻区分，有低阻和高阻喷油器两种。低阻喷油器是指电阻值为 2～5Ω 的喷油器，高阻喷油器是指电阻值为 12～17Ω 的喷油器。

3）按供油方式区分。按供油方式区分，有顶部供油的喷油器（见图 2－50）和底部或侧部供油的喷油器（见图 2－51）两种。

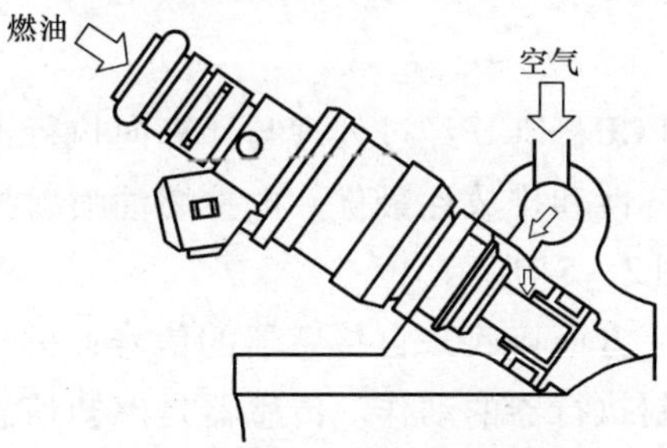

图 2－50　顶部供油的喷油器

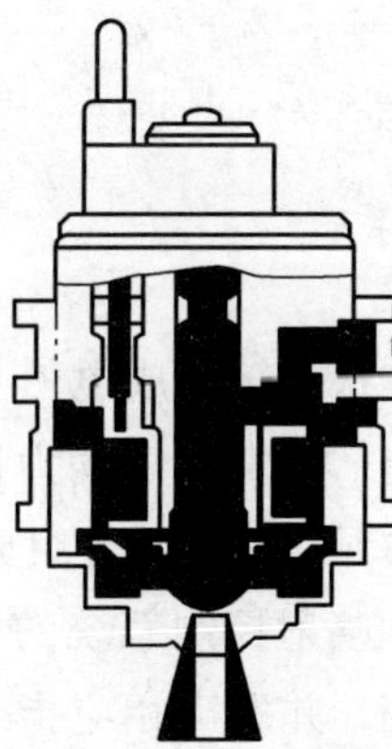

图 2－51　底部或侧部供油的喷油器

4）按喷油器的驱动方式区分。喷油器的驱动方式有两种，即电压驱动方法和电流驱动方法。电压控制的驱动电路适用于串有螺管形电阻的低阻喷油器和高阻喷油器，如图 2－52所示。电流控制的喷油器只适用于低阻喷油器，如图 2－53 所示。

当采用电压驱动方式时，使用低阻喷油器必须在驱动回路中串入附加电阻，增加回路阻抗。因低阻喷油器减少了电磁线圈的匝数以减小电感，使喷油器响应性好，串入附加电阻可以防止匝数减少后线圈中电流加大，造成线圈发热而损坏。

在电流控制的驱动电路中，喷油器直接与电源连接，ECU 通过晶体管对流过喷油器电磁线圈的电流进行控制，开始导通时，由于大电流使针阀迅速打开，改善了喷油器的响应特性，缩短了喷油器打开过程中所需的时间——无效喷射时间，而保持针阀在升起位置，只需较小的电流，这样可防止喷油器线圈过热，减少功耗。

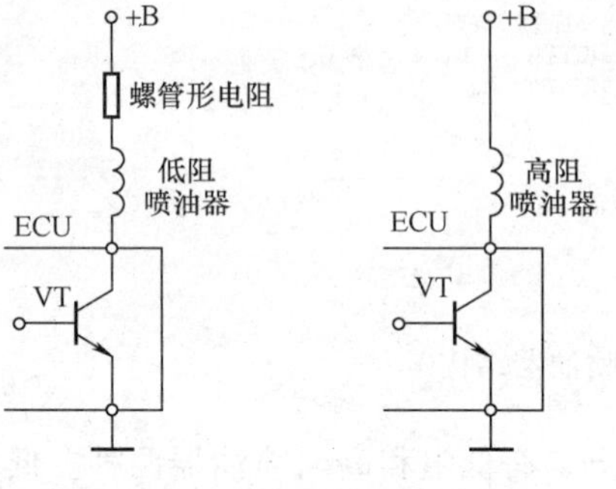

图 2－52　电压驱动型喷油器

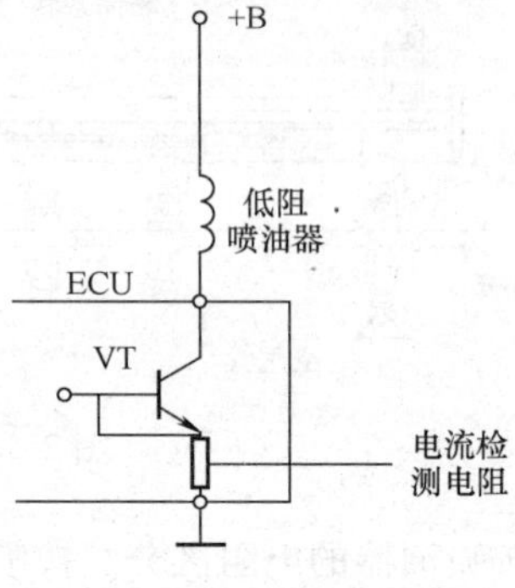

图 2－53　电流驱动型喷油器

ECU 内晶体管导通，线圈开始通电到打开喷油器所需的时间，它反映喷油器的响应特性。电流控制型的喷油器所需的时间最短，串有螺管形电阻的喷油器次之，高电阻喷油器所需的时间最长。

（三）控制系统

传感器将发动机工作状况转换成电信号传给 ECU，ECU 经过处理与计算向执行器发出指令，将燃油精确控制，使发动机动力性、经济性和排放性最优。电控燃油喷射控制系统也由传感器、电控单元和执行器等组成，如图 2－54 所示。

ECU 是整个电控燃油喷射控制系统的核心，一方面接收来自传感器的信号；另一方面完成对这些信号的处理，并发出相应指令来控制执行器的动作。传感器是感知信息的部件，向 ECU 提供发动机工作状况。执行器是执行 ECU 发出的各项指令，是指令的完成者。

早期的电控燃油喷射系统大多只控制燃油喷射，从 20 世纪 80 年代开始与点火控制一起构成发动机集中控制系统，除了喷油、点火以外，实现多种功能控制，如怠速控制、EGR 废气再循环控制等。

1. 电控单元

电控单元的作用是接收传感器信号，经计算、判断后确定适应发动机工况的参数，并将这些数据转变为电信号控制执行器工作。它由输入回路、A/D 转换器、微机和输出回路等四部分组成，如图 2－55 所示。

（1）输入回路。输入回路的作用是将系统中各传感器检测到的信号经输入/输出（I/O）

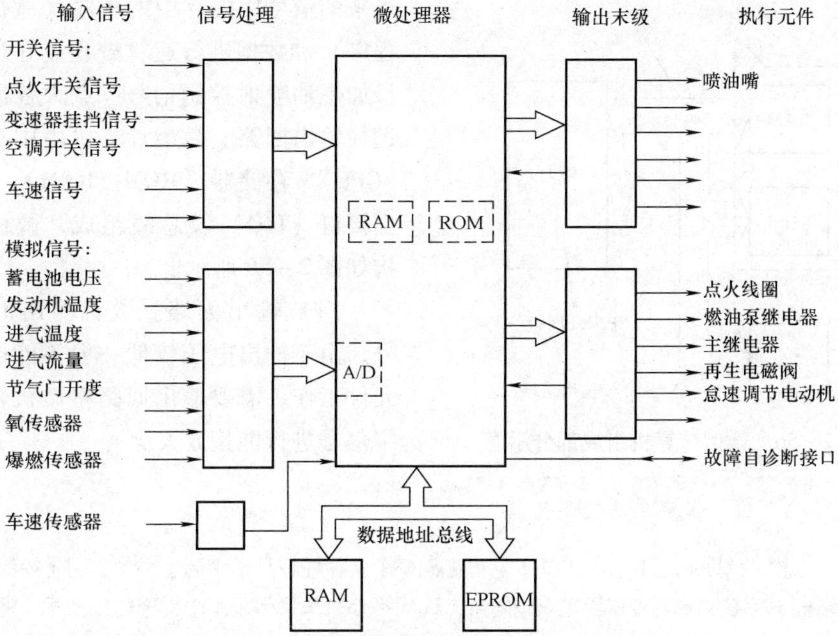

图 2-54 控制系统的组成

接口送入微机，使微机能对发动机运行工况进行实时检测和控制。在控制过程中，输入 ECU 的信号有两种，一种是模拟信号，如热线式空气流量计、进气温度、冷却温度等输出信号；另一种是数字信号，如曲轴位置传感器和卡门旋涡式空气流量计等输出信号。对于不同类型的信号，ECU 就采用不同的处理方法。

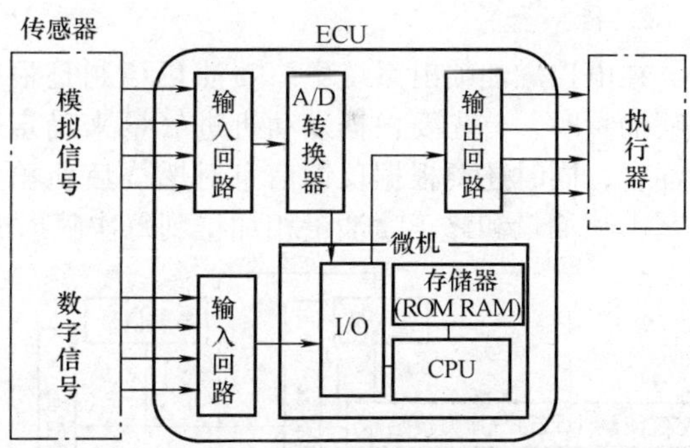

图 2-55 电控单元的组成

从传感器输出的信号输入 ECU 后，数字信号通过 I/O 接口可以直接输入微机，但有些信号较弱或会产生较大误差，因此还需要通过信号整形电路处理后再送入微机；模拟信号分别经过相应的输入通路转换为相应的电压信号，再经过 A/D 转换器转换之后，以数字量的形式输入微机。

（2）A/D 转换器（模拟/数字转换器）。A/D 转换器的作用是传感器输入的模拟信号微机不能直接处理，需将其转换成数字信号，再输入微机。

（3）微型计算机。微型计算机的作用是根据发动机运行工况的需要，把各种传感器

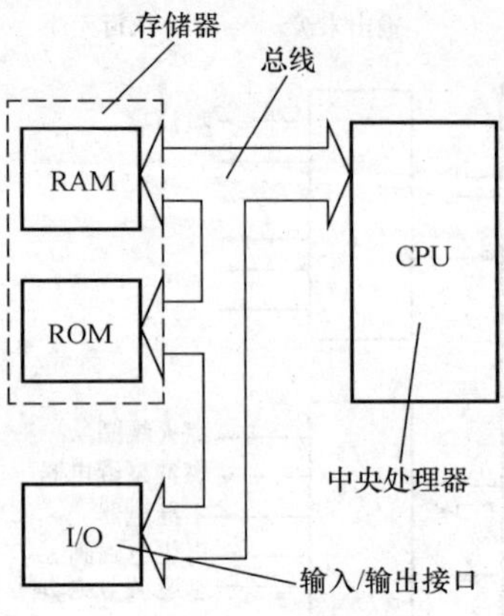

图 2－56　微型计算机组成部分示意

送来的信号用内存中的程序（微机处理的程序）和数据进行运算处理，并把处理结果如燃油喷射控制信号、点火控制信号等送往输出回路。微型计算机由中央处理器（CPU）、存储器（ROM、RAM）、输入/输出接口（I/O）及总线组成，微机内部结构如图 2－56 所示。

（4）输出回路。微机输出的数字信号，由于输出电压较低一般不能驱动执行元件工作，需要输出回路将微机输出的数字信号进行能量放大。

现代汽车一般都有多个 ECU，一些高档轿车上往往有几十个到上百个，用于控制不同的系统。过多的控制器使线路越来越复杂，现代不少汽车采用了车内网络总线技术，将多个微控制器连成网络，采用网络通信的方法就可使汽车多个控制器之间进行信息传递和信息共享，简化传递线路，实施高效控制。

2. 传感器

在电控燃油喷射系统中，喷油量控制是最基本的也是最重要的控制内容。在确定最佳喷油量时，首先要根据发动机进气量来确定基本喷油量，然后再根据发动机工况决定喷油量，同时还要根据反馈信息对燃烧后所检测的实际空燃比进行动态修正，最后将上述基本喷油量和修正喷油量相加得到每次喷射的实际喷油量，如图 2－57 所示。

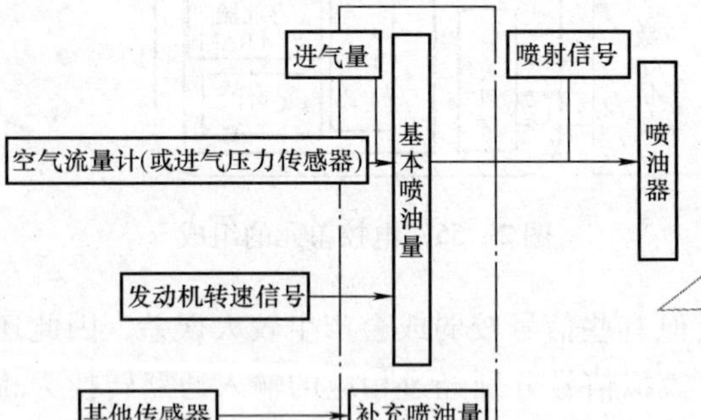

ECU为了根据发动机和汽车不同的运行状况，对喷油时刻、喷油量、点火时刻等进行确定和修正，必须利用各种传感器对反映发动机运行状况的一些参数进行检测

图 2－57　电控燃油喷射控制功能图

（1）发动机曲轴位置及转速传感器。转速传感器用来检测发动机转速，以确定基本

喷油量和基本点火提前角。曲轴位置传感器用来确定相对于每缸压缩上止点的喷油正时和点火正时，在顺序喷射发动机上还需要有判缸信号。常用的转速传感器和曲轴位置传感器有电磁感应式、霍尔效应式和光电式三种。

由于空气流量计所测出的是单位时间的空气流量，因此 ECU 先要把单位时间的空气流量换算成每一循环发动机吸入的空气量，然后才能确定相应的基本喷油量。要完成这一换算，在已知单位时间空气流量的基础上，还需要知道发动机的转速，为此要检测发动机转速。

1）电磁感应式转速传感器和曲轴位置传感器。电磁感应式转速传感器和曲轴位置传感器由电磁感应式传感器和脉冲盘组成，如图 2－58 所示。电磁感应式传感器安装在机体一侧靠近飞轮处。脉冲盘安装在曲轴后端，位于飞轮与曲轴之间，脉冲盘在圆周上等分地布置 60 个齿，其中空缺两个轮齿，供 ECU 识别曲轴位置，作为点火正时的参照基准。

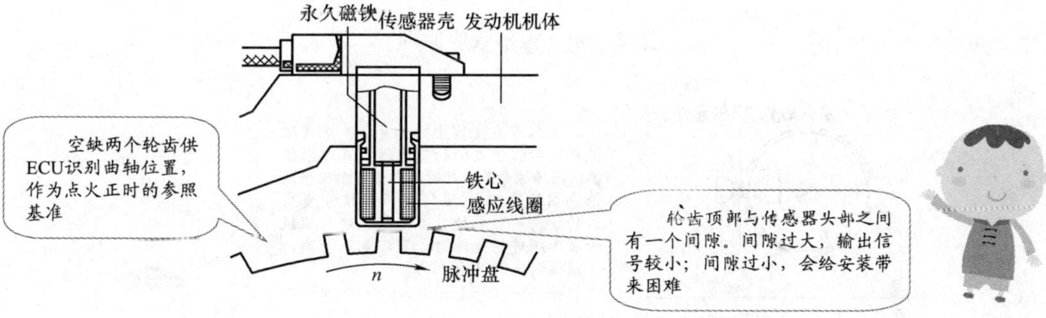

图 2－58　电磁感应式转速传感器和曲轴位置传感器

当发动机运转时，脉冲盘上的轮齿每通过电磁感应式传感器一次，便在传感器内的感应线圈中感应出一个交变电压信号，而在缺齿处产生一个畸变的交变电压信号，如图 2－59所示。ECU 根据这些交变电压信号和畸变电压信号就可计算出曲轴位置和发动机转速。

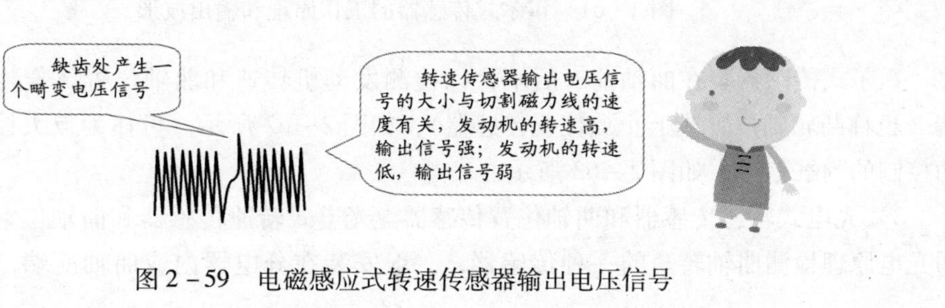

图 2－59　电磁感应式转速传感器输出电压信号

2）霍尔效应式转速传感器和曲轴位置传感器。霍尔效应式转速传感器和曲轴位置传感器是利用霍尔效应原理对曲轴位置进行检测的一种传感器。霍尔效应的原理是：将霍尔元件放在磁场中，在两侧通入与磁场垂直的电流，则在另两侧将产生一个霍尔电压 U_H，如图2－60 所示。霍尔元件与永久磁铁封装成整体，霍尔电压大小与磁场强度、电流大小成正比，如图2－61 所示。

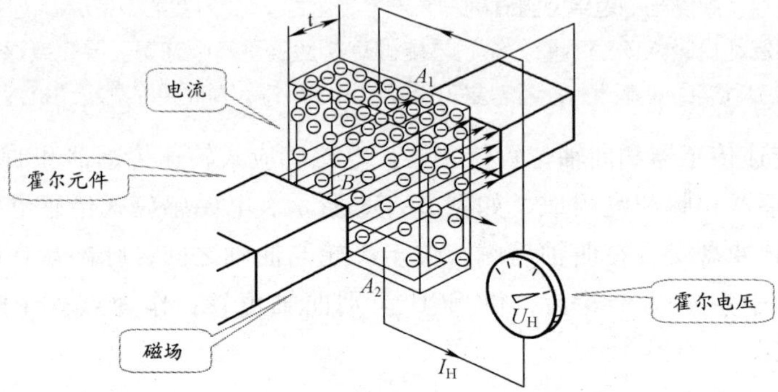

图2－60　霍尔效应原理

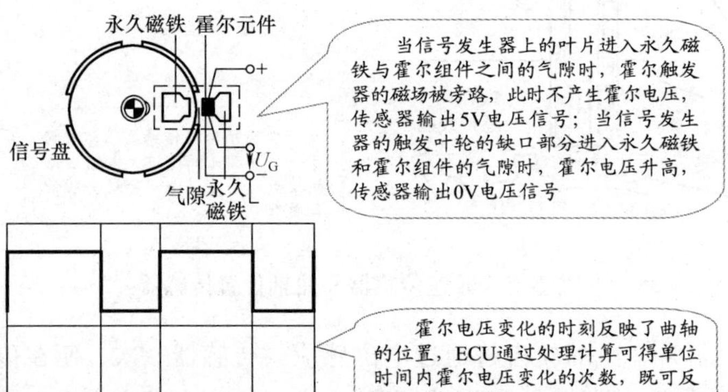

图2－61　霍尔式传感器的工作原理和输出波形

霍尔式传感器装在曲轴前、后端，以检测发动机转速和曲轴位置。若装在凸轮轴前端（也称凸轮轴位置或上止点位置传感器），如图2－62 所示。可作为点火控制和顺序喷油控制的判缸信号，如图2－63 所示。

3）光电式转速传感器和曲轴位置传感器。光电式转速传感器和曲轴位置传感器是应用光电原理检测曲轴转角的一种传感器，一般安装在分电器内或曲轴前端，由信号发生

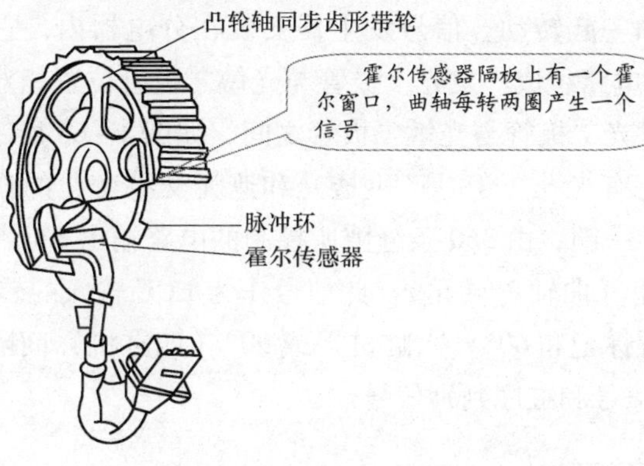

图 2－62　装在凸轮轴前端同步信号传感器

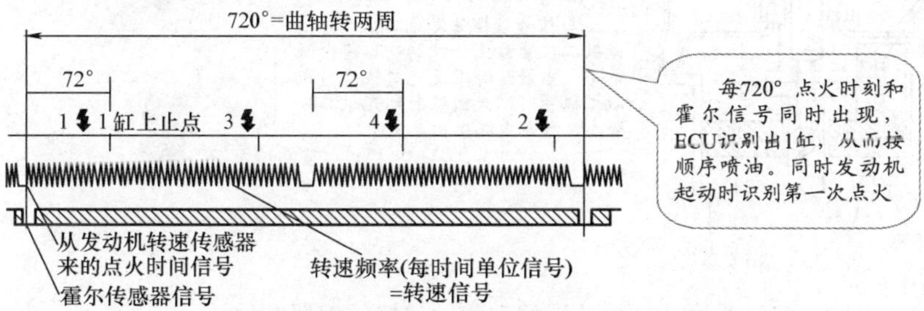

图 2－63　点火和喷油控制的判缸信号

器和带光孔的信号盘组成，如图 2－64 所示。

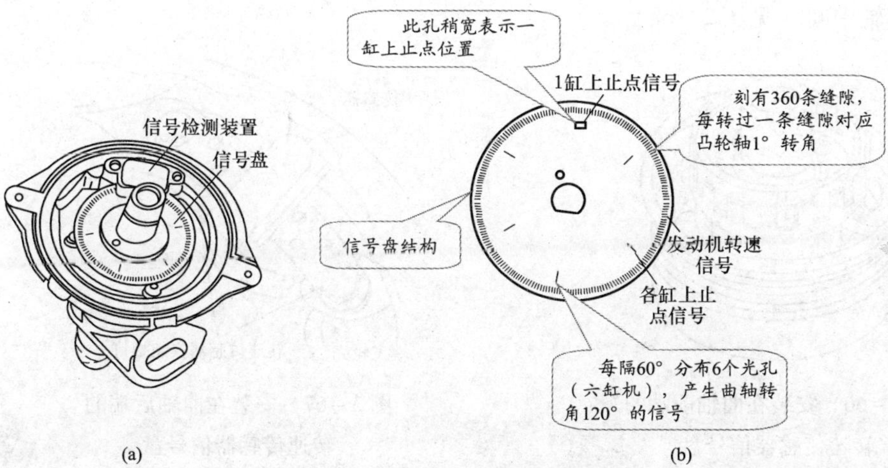

图 2－64　光电式转速传感器和曲轴位置传感器

（a）外形；（b）结构

信号盘与分电器轴或曲轴一起转动，信号发生器安装在分电器内，它由2只发光二极管、2只光敏二极管和控制电路组成。发光二极管与光敏二极管位置相对，以光敏二极管为照射目标，信号盘位于发光二极管与光敏二极管之间，如图2－65所示。当信号盘随分电器轴旋转时，因信号盘上有光孔，于是产生透光和遮光交替变化的作用，使信号发生器产生脉冲信号。凸轮轴转一圈，由360条缝隙所控制的电路输出360个脉冲信号，每个脉冲信号对应凸轮轴1°转角（曲轴2°转角），此信号作为ECU输入的转速信号（Ne）。由缝隙较宽的1缸上止点位置标记和60°（六缸机）或90°（四缸机）间隔缝隙，控制电路将向ECU输入1缸上止点信号和缸序判别信号。

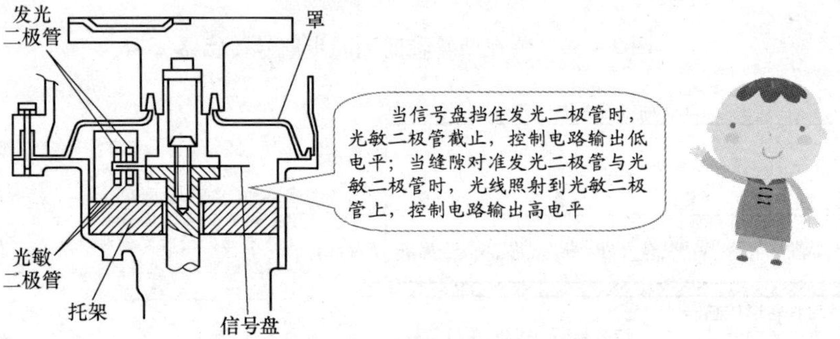

图2－65 光电式转速传感器和曲轴位置传感器结构

不同车辆转速传感器的类型不同，信号盘安装位置也不相同，可安装在分电器轴上和曲轴上。安装在曲轴上的信号盘可在曲轴前端（见图2－66）、也可在曲轴后端（见图2－67）和曲轴中间（见图2－68）。

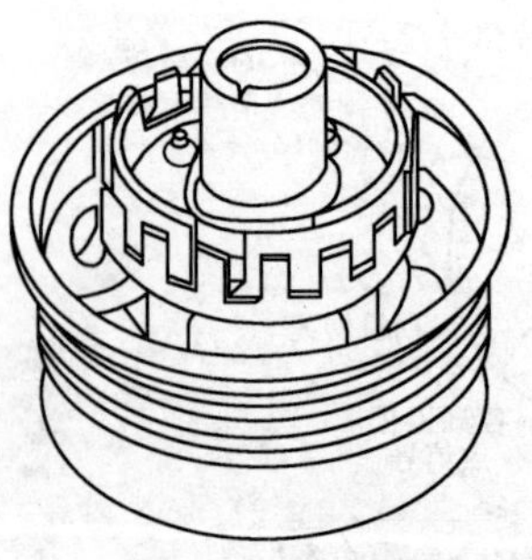

图2－66 安装在曲轴前端的转速传感器信号盘

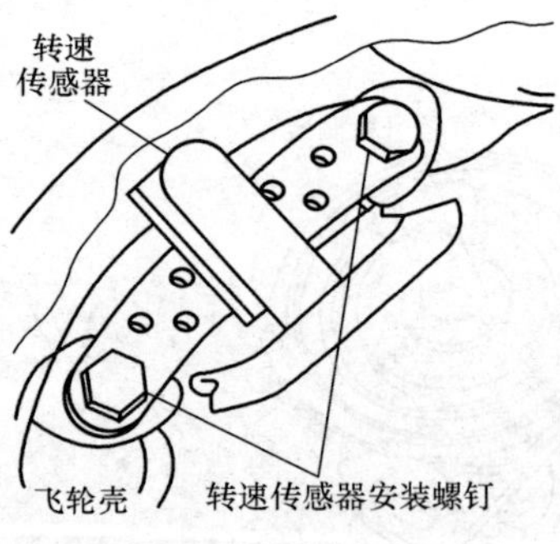

图2－67 安装在曲轴后端的转速传感器信号盘

（2）温度传感器。为了判定发动机的热状态，计算进气质量流量以及排气净化处理，在EFI发动机中需设置能够连续精确地测量冷却水温度和进气温度的传感器，作为燃油喷射的修正信号。

1）冷却水温度传感器（CTS）。冷却水温度传感器的作用是检测发动机冷却水温度，将水温转化为电信号输送到ECU，ECU根据信号对发动机喷油和点火进行修正，其外形如图2－69所示，结构如图2－70所示。冷却水温度传感器安装在发动机冷却水通路上，采用热敏电阻结构，热敏电阻具有负温度系数特性，其电阻值随着温度上升而减少，如图2－71所示。ECU根据冷却水温度传感器的信号，低温时，增加喷油量，改善冷机的起动性能。

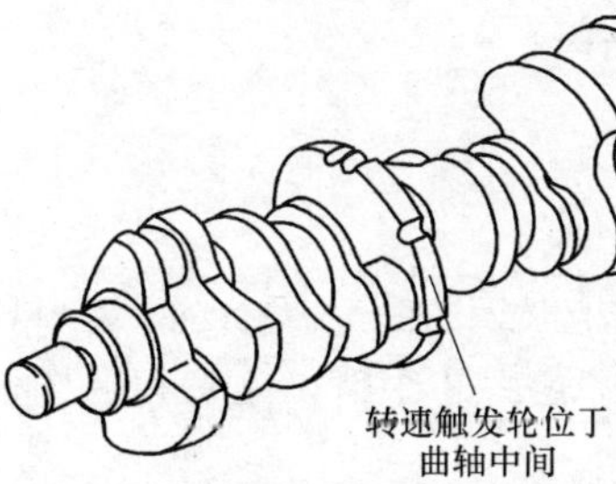

图2－68 安装在曲轴中间的转速传感器信号盘

图2－69 冷却水温度传感器外形

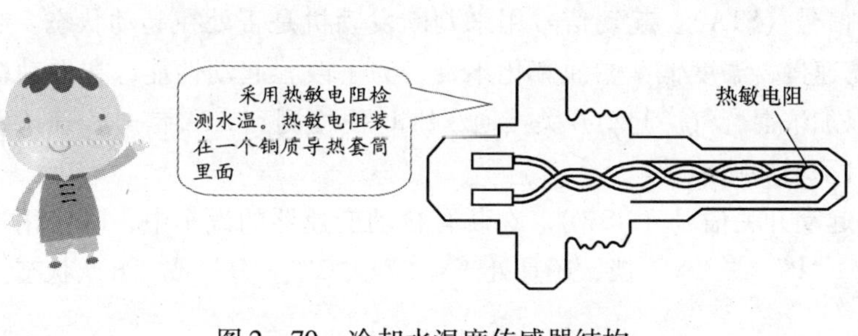

图2－70 冷却水温度传感器结构

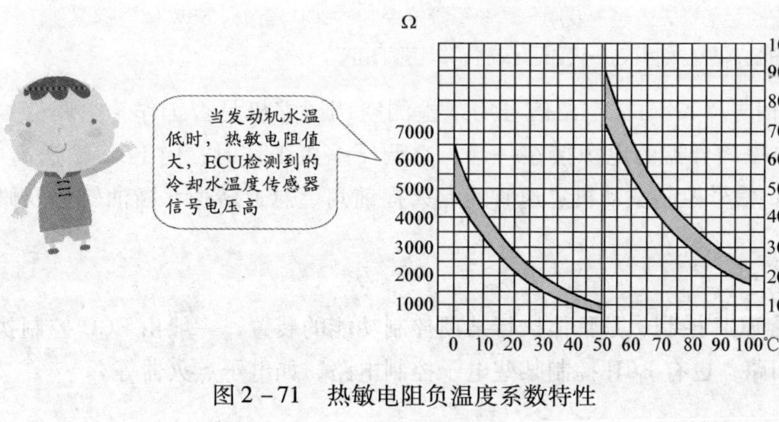

图2－71 热敏电阻负温度系数特性

2）进气温度传感器（IAT）。进气温度传感器的作用是测量进气温度，并将结果输送到 ECU，ECU 根据信号对发动机喷油和点火进行修正。进气温度传感器的结构原理与水温传感器相同，如图 2－72 所示，也是采用热敏电阻检测进气温度。

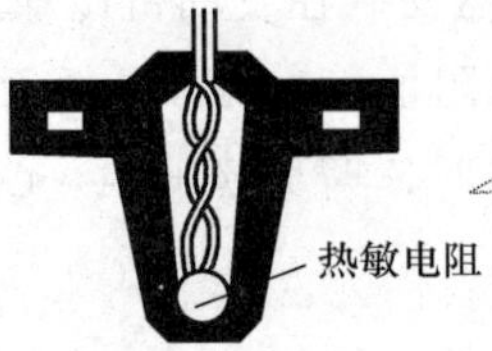

进气温度传感器在D型EFI系统中安装在空气滤清器壳体内或进气总管内，在L型EFI系统中的进气温度传感器安装在空气流量计的空气流量测量部位

图 2－72　进气温度传感器结构

无论 D 型 EFI 系统，还是采用叶片式空气流量计或卡门旋涡式空气流量计的 L 型 EFI 系统中，均应考虑空气密度对实际进气量的影响，因为空气密度是随空气的温度和压力而变化的。

（3）开关信号。

1）起动信号（STA）。起动信号用来判断发动机是否处在起动状态。起动时，进气管内混合气流速慢，温度低，燃油雾化不良，为了改善起动性能，在发动机起动时必须增加喷油量以加浓混合气。起动开关接通，ECU 便检测到 STA 信号，确认发动机处于起动状态，即自动增加喷油量。

2）空挡起动开关信号（NSW）。在装有自动变速器的汽车中，ECU 用这个信号识别变速器是处于“P”或“N”挡，还是处于“L”、“2”、“D”或“R”状态。

空挡起动开关信号主要用于怠速系统的控制，ECU 通过对 NSW 信号的识别，对怠速系统进行控制，在发动机处于过渡工况时，修正喷油量。

3）空调信号（A/C）。空调信号用来检测空调压缩机是否工作。空调信号传感器与空调压缩机电磁离合器的电源接在一起，空调压缩机工作时，向 ECU 输送高电平信号，ECU 根据 A/C 信号控制发动机怠速时的点火提前角、怠速转速、断油转速及修正怠速时喷油量等。

3. 执行器

执行器受 ECU 控制，是具体执行某项控制功能的装置，一般由 ECU 控制执行器电磁线圈的搭铁回路，也有 ECU 控制某些电子控制电路，如电子点火器等。

在不同的汽车控制系统中所应用的执行器都有所不同。随着电子技术的高速发展，为提高发动机性能和排放性能，控制功能逐步增加，执行器也将相应增加。

三、喷油正时控制

喷油正时控制即喷油器开始喷油时刻的控制。多点燃油顺序喷射发动机的喷油时刻控制可分为同步喷射方式和异步喷射方式两种。同步喷射方式即燃油的喷射与发动机旋转同步，发动机处于稳定工况，喷油正时控制是 ECU 依据曲轴位置传感器提供曲轴转角位置的信号，进行喷射时刻的控制，同步喷射一般在排气行程末期喷射，正时控制如图 2－73 所示。异步喷射方式是 ECU 根据相关传感器输入的信号，控制开始喷油时刻，而与曲轴转角无关。异步喷射方式是发动机处于非稳定工况即起动、加速等工况，是一种临时的补偿喷射，喷射控制系统以异步喷射方式工作或增加异步喷射，对同步喷射的喷油量进行补偿。

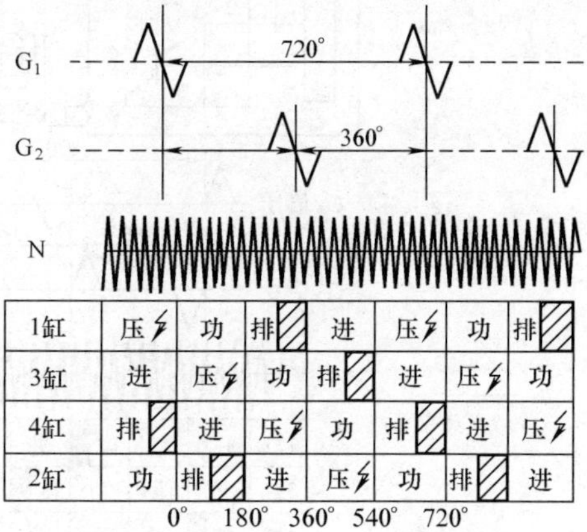

图 2－73　同步顺序喷射正时图

如前所述，按燃油喷射方式可分为同时喷射、分组喷射和顺序喷射三种形式。对于分组喷射来说，喷油正时影响不大，而同时喷射是早期生产的电控汽油发动机的一种喷射方式，由于各缸喷射时间达不到最佳，混合质量不一致而被淘汰，但顺序喷射对喷油正时有一定的要求。多点燃油顺序喷射就是各缸喷油器按照一定的顺序喷油。由于各缸喷油器独立喷油，因此也叫独立喷射，控制电路如图 2－74 所示。

在顺序喷射系统中，发动机工作一个工作循环（曲轴每转二圈），各缸喷油器轮流喷油一次，且像点火系统跳火一样，按照特定的顺序依次进行喷射，喷油正时关系如图 2－74所示。实现顺序喷射的关键问题是要知道即将到达排气上止点的是哪一缸的活塞。因此在顺序喷射系统中，ECU 需要一个汽缸的判别信号（简称判缸信号）。ECU 根据曲轴位置信号和判缸信号，确定出是哪一缸的活塞运行至排气上止点前某一角度（四缸机一般在上止点前 60°左右）时，开始计算喷油提前角，并适时发出喷油控制指令，接通该缸喷油器电磁线圈电流，使喷油器适时开始喷油。

为了燃油更好的蒸发，形成较好的混合气，有的公司规定在进气行程之前结束该缸的喷油，也有的公司规定 80% 的燃油在排气行程中喷射，留下 20% 在进气行程中喷射，还有的公司为了简化程序，采用固定的喷油正时，大多数设在进气行程前曲轴转角 70°～90°。

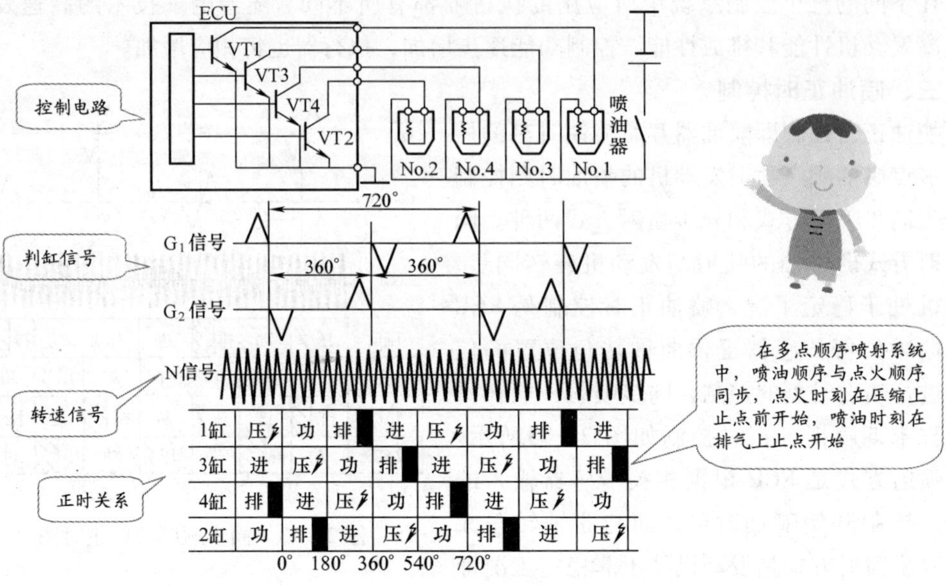

图 2－74 多点燃油顺序喷射控制电路与正时关系

四、喷油持续时间（即喷油量）控制

电控燃油喷射量的控制是根据发动机吸入的空气量配给一定的燃油，使空燃比保持在一个与当时工况相适应的水平。电磁喷油器的喷油量取决于电磁阀的打开时间（喷油器喷射持续时间），也就是取决于 ECU 提供的喷油脉冲信号宽度。喷油量的控制实际上是由 ECU 根据发动机运转工况及影响因素，输出控制信号控制喷油器的喷射持续时间。电控燃油喷射系统对喷油量控制的核心是精确地确定和控制喷油的持续时间。根据发动机的运行特点，喷油持续时间控制分为起动时喷射持续时间的控制和起动后喷射持续时间的控制。

（一）起动时喷射持续时间的控制

发动机起动时，由于转速很低且波动很大，无论是由进气歧管绝对压力或空气流量计都不能准确地测出实际的进气量。

发动机起动时的基本喷油量 ECU 不是根据进气量（或进气压力）和发动机转速确定的，而是按照可编程只读存储器中预先编制的起动程序和预定空燃比控制喷油。大部分发动机在起动时是根据内存中冷却温度—喷油时间图查出相应的基本喷油持续时间，如图 2－75 所示，然后进行进气温度和蓄电池电压的修正，得到起动时喷油持续时间，如图 2－76 所示。

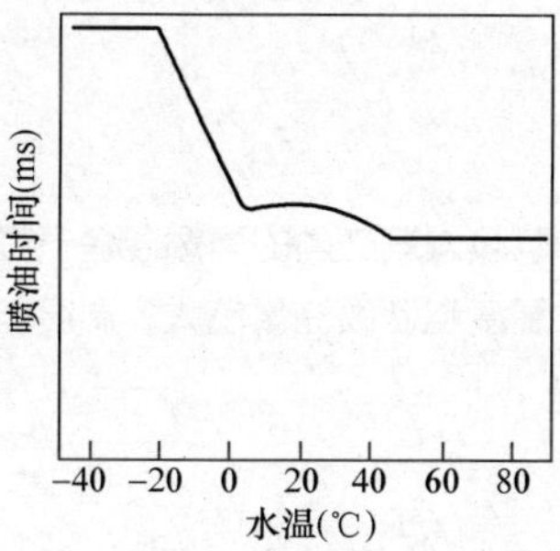

图2－75　冷却温度—喷油时间

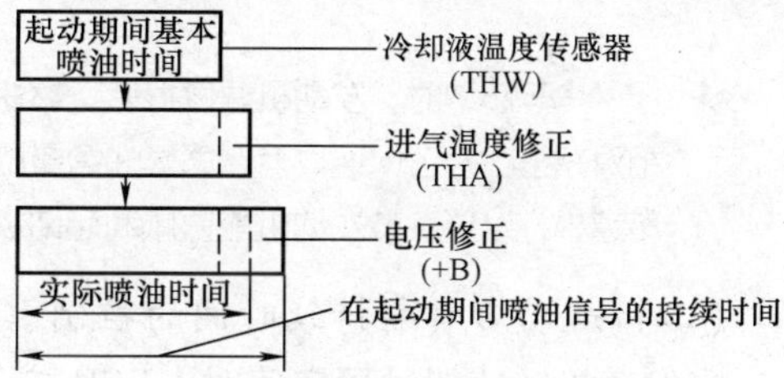

图2－76　起动时喷油脉宽的确定

起动时喷油持续时间＝基本喷油时间(冷却液温度的函数)＋进气温度修正＋蓄电池电压修正。

起动期间的喷油时间除了考虑冷却温度、进气温度和蓄电池电压等影响外，还考虑发动机的转速、起动次数等影响。

发动机起动时喷油量控制方法采用开环控制，控制过程如图2－77所示。

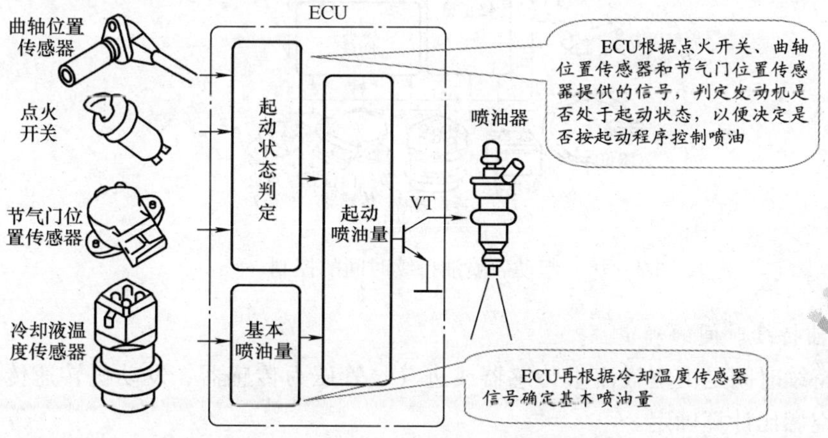

图2－77　起动时喷油量控制

当点火开关接通起动挡时，ECU的STA端子便接收到一个高电平信号，此时ECU再根据曲轴位置传感器和节气门位置传感器信号判定是否处于起动状态。如果曲轴位置传感器信号表明发动机转速低于300r/min，且节气门位置传感器信号表明节气门处于关闭状态，则判定发动机处于起动状态，并控制运行起动程序。在燃油喷射系统具有“清除溢流”功能的汽车上，当发动机转速低于300r/min时，如果节气门开度大于80%，那么

ECU 将判定为“清除溢流”控制，喷油器将停止喷油。

冷车起动时，发动机温度很低，燃油不易蒸发，所以吸入汽缸内的可燃混合气燃油含量相对减少。为了保证具有足够燃油含量的可燃混合气，温度越低喷油量越大，温度越高喷油量越小，以便冷态发动机能够顺利起动。

（二）起动后喷射持续时间的控制

当发动机转速超过预定值时，ECU 按下列公式确定喷油持续时间，即

$$喷油持续时间 = 基本喷油持续时间 \times（喷油修正系数 + 电压修正系数）$$

式中喷油修正系数是指与发动机运行状态有关的综合修正系数，如图 2－78 所示。

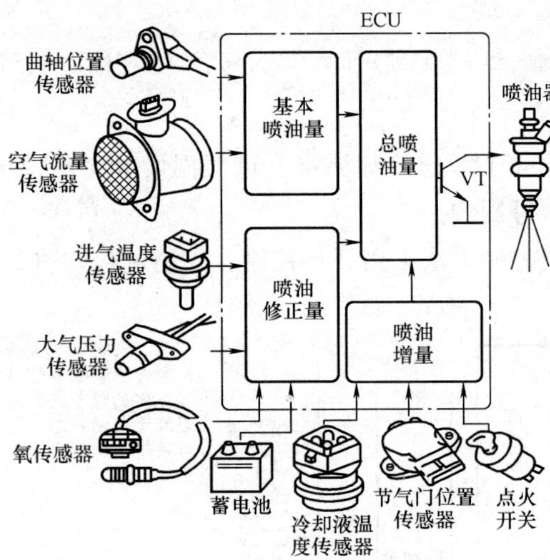

图 2－78　起动后喷油持续时间的控制

1. 基本喷油持续时间的确定

基本喷油持续时间是由空气流量传感器或进气歧管压力传感器、发动机转速传感器等信号和目标空燃比计算确定。

在目标空燃比（*A/F*）已确定的情况下（一般取 14.7），ECU 首先根据空气流量计、曲轴位置传感器等输入信号，求出一个工作循环进入发动机汽缸的空气质量，具体计算方法因空气流量计形式而异。然后，由目标空燃比和循环空气质量，算出达到目标空燃比所需的喷油量。最后，ECU 根据在供油压力与进气歧管压力差值一定的情况下，喷油持续时间与每次的喷油量成正比，计算出达到目标空燃比所需的基本喷油持续时间。

2. 喷油修正系数

电子控制单元通过各种传感器获得发动机和汽车运行工况的各种信息，根据这些信息对已确定的基本喷油持续时间进行修正。

喷油修正系数包括：暖机过程的喷油量修正；冷却液温度修正；进气温度修正；怠速稳定性修正；大负荷工况时的喷油量修正；过渡工况时的喷油量修正；空燃比反馈修正；学习空燃比修正。

（1）暖机修正。发动机冷起动后，由于水温还比较低，燃油继续凝结在冷的燃烧室壁上，仍存在汽油汽化不良等情况，因此需要继续提供较浓的混合气，直至水温达到正常值。这种油量的增加，由 ECU 根据发动机温度进行喷油持续时间暖机修正。当冷却水温度上升到正常值后，暖机修正处于零，如图 2 - 79 所示。

图 2 - 79　暖机时燃油增量修正

（2）进气温度修正。由进气温度修正曲线可见，修正在进气温度 - 20 ~ 60℃ 时进行，如图 2 - 80 所示。

发动机进气密度随发动机的进气温度而变化，进气温度高，空气密度减少，ECU 根据进气温度传感器提供的信息，修正喷油持续时间，使空燃比满足要求。

（3）怠速稳定性修正。在采用速度—密度法（D-Jetronic）系统的发动机中，决定基本喷油持续时间的进气歧管压力，在怠速工况时相对发动机的转速有一个滞后，节气门后进气歧管的体积越大，怠速越低，滞后时间越长，导致怠速转速周期性波动。为了提高发动机怠速运转的稳定性，电子控制单元根据进气歧管压力和发动机转速的变化，增减喷油量。当歧管压力升高或发动机转速下降时，增加喷油量；反之减少喷油量。

（4）大负荷工况时的喷油量修正。发动机负荷状况可以根据节气门位置传感器信号

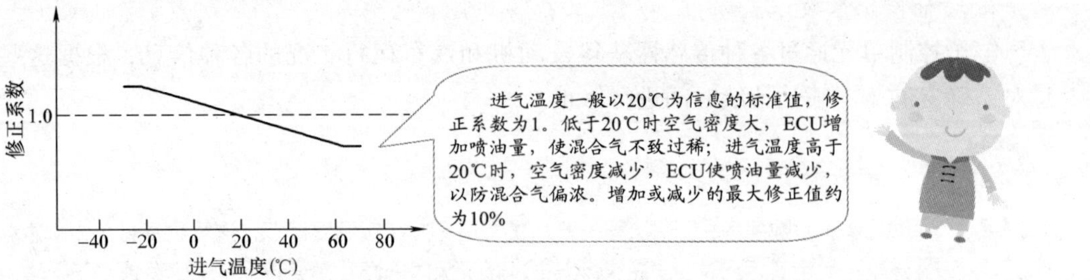

图2－80　进气温度与修正系数的关系

或进气量的大小来确定，ECU根据发动机负荷状况增加喷油量。大负荷的加浓程度约是正常喷油量的10%～30%。大负荷工况时空燃比实行开环控制，氧传感器的反馈控制停止起作用。发动机在高速工况喷油量的修正与大负荷修正相同，把空燃比设定在12.5附近。在有些电控汽油机中，大负荷加浓量还与冷却水温度信号有关。

一般发动机在部分负荷下工作时，空燃比的调整是在考虑保持一定排放性能的前提下，尽量提供经济混合气，以得到最低油耗。当发动机在大负荷工况下运行时，要求较浓的混合气以获得最大功率。

（5）过渡工况时的喷油量修正。过渡工况包括加速工况和减速工况。过渡工况的识别由节气门位置传感器提供节气门角度信息，当节气门角速度超过相应值时，ECU确认汽车正处于加速工况，再根据空气流量增加同步喷射的喷油量外，还立即进行异步喷射；当处于减速工况时相应减少喷油量。

发动机在过渡工况下运行时，若使用基本喷油持续时间，则在加速时混合气会瞬时变稀，在减速时混合气会瞬时变浓。如果不进行加速减速时的喷油量修正，发动机就会产生“喘振”，车辆产生前后方向的振动等现象，排气中的有害成分也会增加。

（6）空燃比反馈修正。在装有三元催化转换器的电控汽油机中，用氧传感器对排气中氧含量进行检测，ECU根据检测结果对空燃比进行修正，将空燃比控制在理论空燃比附近，如图2－81所示。

（7）学习空燃比修正。发动机各种工况的基本喷油持续时间存于电子控制单元的存储器中。这些数据对于一种型号的发动机来说都是确定的标准数值。但在使用过程中，电子控制燃油喷射系统各部件性能会有所改变，从而使空燃比控制发生偏差，且这种偏差随着使用时间的推移，会不断加大。虽然空燃比反馈修正可以修正空燃比的偏差，但修正的控制范围是一定的，如果反馈值的中心偏向稀或浓的一边，修正值可能超出修正范围，如图 2－82 所示。一旦修正值超过修正范围，就会造成控制上的困难。为了使修正值回到可以控制的修正范围内，并使反馈值的中心回到化学计量的空燃比的位置，如图 2－82中的 A，必须进行学习空燃比修正。

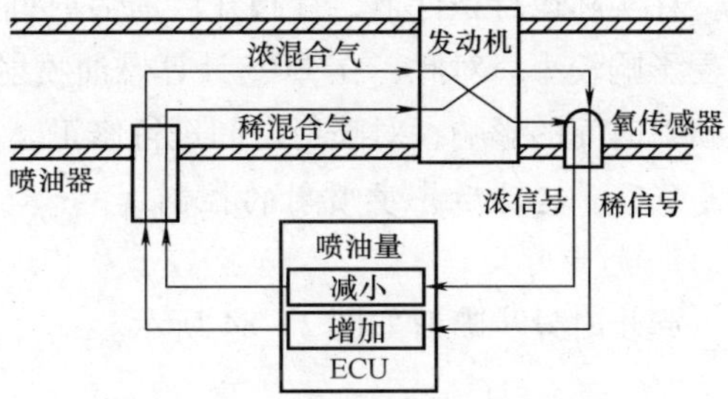

图 2－81　空燃比反馈修正

学习空燃比控制通常称为学习控制，其目的是为了进一步提高空燃比控制精度。

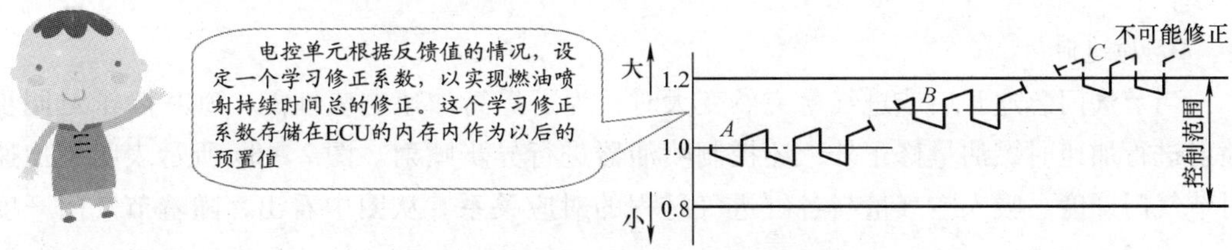

图 2－82　空燃比反馈修正的修正范围

3. 电源电压修正

当 ECU 输出信号驱动喷油器工作时，喷油器针阀实际的开启时间（开始喷油）相对喷油信号有一个动作滞后。同样，喷油器电磁线圈断电，针阀实际的关闭时间（停止喷油）也有一个动作滞后。开阀的滞后时间比关阀的滞后时间长，通常把开启滞后与关闭滞后的差值称为无效喷射时间。由于在无效喷射时间内，喷油器实际没有喷油，因此需要进行补偿修正，如图 2－83 所示。

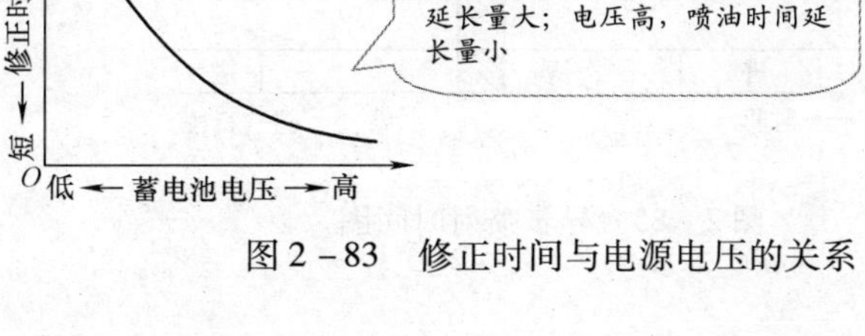

图 2－83　修正时间与电源电压的关系

在实际运行条件下，针阀开启滞后时间受蓄电池电压影响较大，而关阀的滞后时间则受影响较小。对此，在 ECU 计算燃油喷射时间时，当输入电压发生变化时，应考虑无效喷射时间的影响，对喷射时间进行修正。

（三）起动后异步喷射的控制

1. 起步时

起步时异步喷射如图 2－84 所示。

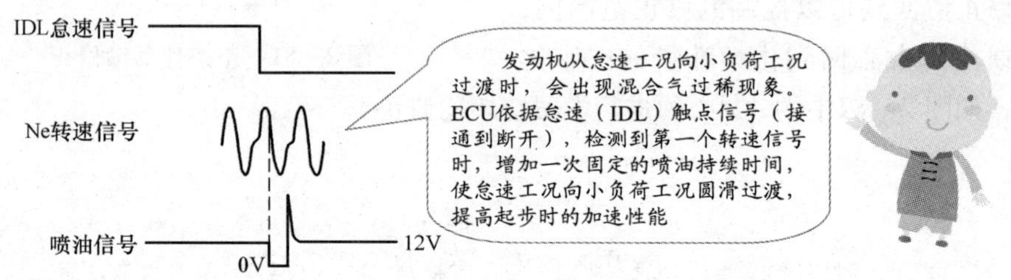

图 2－84　起步时异步喷射

2. 加速时

当节气门急速开启或进气量突然变大时，为了提高加速响应性能，ECU 除了对同步喷射进行加速时燃油量修正外，还控制喷油器进行异步喷射。图 2－85 所示表明了加速时节气门开度、吸入空气量与各缸进气行程的对应关系。从图中看出，随着节气门开度

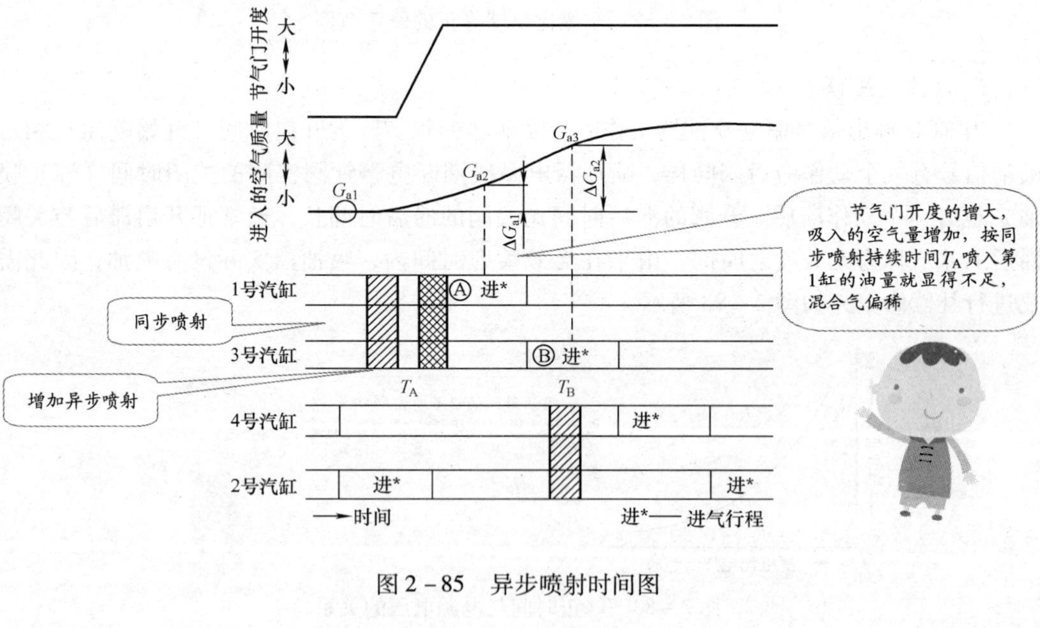

图 2－85　异步喷射时间图

增大，第 1 缸、第 3 缸的空气质量分别增加了 ΔG_{a1}、ΔG_{a2}，若按同步喷射持续时间 T_A 喷入，油量就显得不足，混合气偏稀。为了补充空气增量 ΔG_{a1} 和 ΔG_{a2} 相对应的汽油喷射量，就必须进行异步喷射。

五、断油控制

断油控制是电控单元在某些特殊工况下，暂时中断燃油喷射，以满足发动机运行的特殊要求。断油控制包括发动机超速断油控制、减速断油控制和清除溢流控制等。

（一）超速断油控制

当发动机突然失去阻力矩而节气门又没有来得及关小，或汽车阻力不大而加速踏板却过度踩下的情况下，转速会急剧上升到超过许可限值的水平，严重时会损坏发动机，所以要采取限速措施。目前，对电子控制燃油喷射发动机来说，多采用切断燃油的电控转速限制装置，如图 2－86 所示。

过去为了防止发动机转速过高或飞车，常采用在发动机达到最高转速时切断点火或使点火瞬时延迟的办法，但由于燃油继续进入汽缸，未经“消化”而排出，这对排放净化和节约燃油都是十分不利的，如果在后接的催化转化器内燃烧，则会使催化转化器过热而损坏。

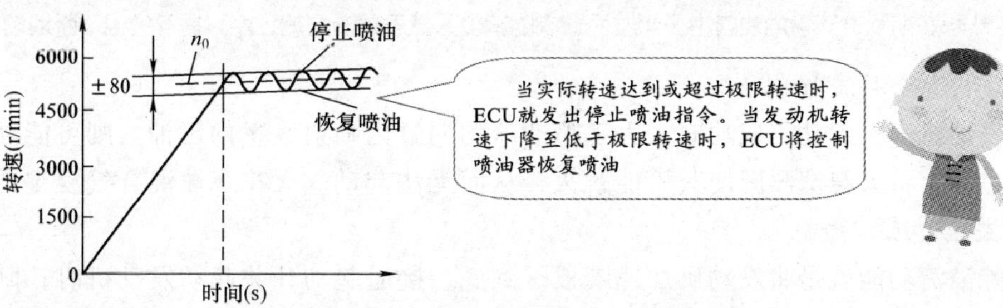

图 2－86　电控转速限制装置工作特性

在发动机运行过程中，ECU 随时将曲轴位置传感器检测到的发动机实际转速与存储器中存储的极限转速进行比较，限制发动机转速升高。

（二）减速断油控制

减速断油是指发动机在高速运转时急剧减速，节气门完全关闭，发动机处于强制怠速工况。这种工况一般为汽车减速运行工况，发动机不再需要供应燃油，电控单元控制喷油器停止喷油，以改善排放性能和燃油经济性，如图 2－87 所示。

图 2-87　减速断油与恢复供油转速特性

ECU 判断减速断油三个条件：

（1）节气门位置传感器信号表示节气门关闭；

（2）冷却温度达到正常工作温度；

（3）发动机转速高于燃油停供转速。燃油停供转速由 ECU 根据负荷、温度等参数确定。

注意：

在达到断油转速时，为了避免发动机产生冲击，点火需要适当推迟，需延迟一段时间才开始断油；在断油时，采用怠速的点火提前角；断油恢复后，先要加浓一段喷油脉宽，以弥补断油期间进气管内油膜由于蒸发而造成的减少，然后逐渐增加，点火提前角也不断地增加。

（三）清除溢流控制

当发动机多次起动不成功时，由于喷油器均向缸内喷射大量的燃油。则可能导致缸内燃油过多，将火花塞浸湿使其不能跳火，从而无法起动。火花塞被混合气浸湿的现象称为“溢流”或“淹缸”。

清除溢流功能就是将发动机加速踏板踩到底、接通起动开关起动发动机时，ECU 自动控制喷油器中断喷油，以便排除汽缸内的燃油蒸气，使火花塞干燥能够跳火，使发动机再次起动。

清除溢流控制必须同时满足三个条件：

（1）点火开关处于起动位置；

（2）节气门全开；

（3）发动机转速低于 500r/min。

由此可见，在起动燃油喷射式发动机时，不必踩下加速踏板，直接接通起动开关即可，否则断油控制系统可能进入清除溢流状态而使发动机无法起动。

（四）减转矩断油控制

在配装电控自动变速器的汽车上，当行驶中变速器自动升挡时，电控变速器（ECT）ECU 会向发动机 ECU 发出一个减转矩信号。发动机 ECU 接收到这一信号后，将立即发出控制指令，暂时中断个别汽缸喷油，降低发动机转速，以便减轻换挡冲击，这种控制功能称为减转矩断油控制。

第三节　点火系统电子控制技术

汽油发动机点火系统的功用是在精确的时刻点燃汽缸内的可燃混合气。点火质量对发动机的动力性、经济性和排放性影响很大。因此，要求点火系统一是要有足够的点火能量，若点火能量不足，则会点不着火，混合气不能燃烧，从而导致失火现象；二是点火时间与发动机实际运行工况相匹配，点火时间的选择必须满足最大的发动机功率、最经济的燃油消耗、发动机不爆燃及低排放。

传统的机械式有触点点火系统是很难满足上述要求的，只有采用能够对点火进行全过程控制的电控点火系统，才能满足发动机对点火系统的基本要求。

一、电子点火控制系统

电子点火控制系统与电控喷油系统一样，也由传感器、电子控制单元和执行器组成，如图 2－88 所示。

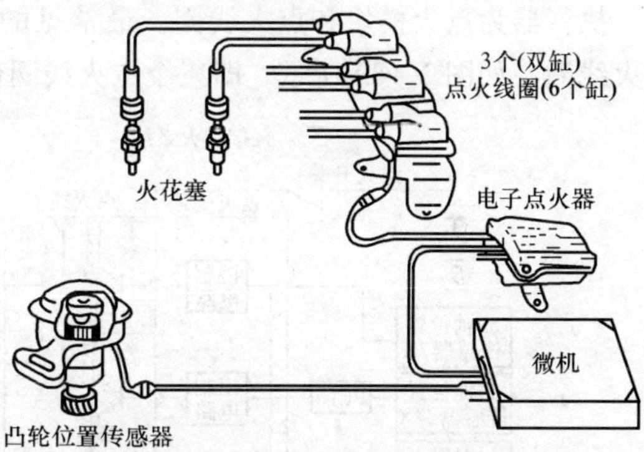

图 2－88　电子点火控制系统基本组成

电子控制点火系统根据其有无分电器可分为有分电器电子点火系统和无分电器电子点火系统两大类。有分电器电子点火系统其点火提前角仍采用真空和离心机械式点火提前机构进行控制，其主要缺点为：

（1）点火提前角的控制不精确，考虑影响点火提前角的因素不全面；

（2）为了避免大负荷时的爆燃，必然采用降低点火提前角的方式妥协；

（3）仍然离不开机械控制范围。

无分电器电子点火系统（EI）则能避免以上缺点。它除了能随发动机转速控制初级线圈的通电时间外，还可以通过电子手段控制发动机各工况的点火提前角，使发动机在动力性、经济性、加速性和排放性等方面达到最优。

无分电器点火系统是用电子控制装置取代了分电器，利用电子分火控制技术将点火线圈产生的高压电直接送给火花塞进行点火，点火线圈的数量比有分电器电子点火系统多。因此与有分电器电子点火系统相比，无分电器电子点火系统有如下优点：

（1）几乎没有运动零部件，因此不会产生摩擦和磨损；

（2）废除了分电器，节省了发动机空间；

（3）消除了高速失火的因素；

（4）由于不存在分火头与分电器旁电极间产生的火花，可有效地降低点火系统对无线电的干扰。

无分电器点火系统目前常采用同时点火和单独点火两种方式。

所谓同时点火方式是指两个汽缸合用一个点火线圈，即一个点火线圈有两个高压输出端，分别与一个火花塞相连，负责对两个汽缸点火。单独点火方式是指每个汽缸的火花塞上配用一个点火线圈，单独对本缸进行点火。

（一）无分电器同时点火方式

1. 系统组成

无分电器同时点火系统主要包括曲轴位置传感器、ECU、执行器、火花塞及高压导线等。执行器为点火模块和点火线圈。最常见的无分电器点火系统，是两个汽缸共用一个点火线圈，如图 2－89 所示，即三个点火线圈供六个汽缸点火。

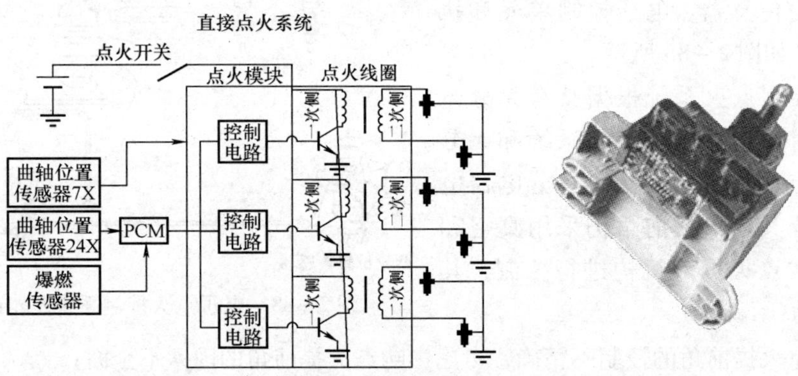

图 2－89　无分电器同时点火系统组成及外形

点火线圈二次侧绕组分别与两个汽缸上的火花塞相连接，汽缸的组合原则为：六缸发动机是 1 缸和 6 缸、2 缸和 5 缸、3 缸和 4 缸，如图 2－90 所示；四缸发动机是 1 缸和 4 缸、2 缸和 3 缸。其中一缸在排气行程的末期点火，另一缸是在压缩行程末期点火。由于这两缸的火花塞串联之后，与点火线圈二次侧绕组构成火花放电通路，即两缸的火花塞电极间隙都被击穿而导电，故称为同时点火。

由于在排气行程上止点点火，因汽缸内是废气，点火无效，称为废火。在压缩行程末期点火称为有效点火。

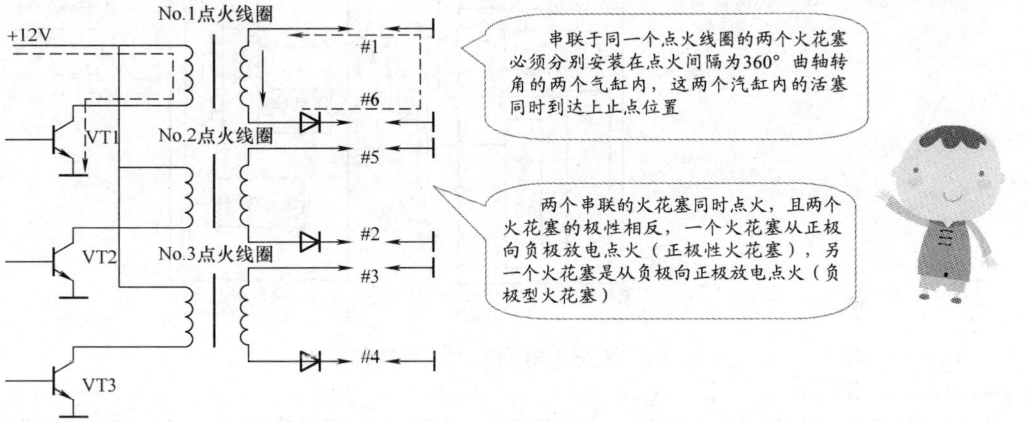

图 2－90　六缸发动机组合形式

2. 工作原理

电子控制单元、点火器和曲轴位置传感器共同对点火正时和点火提前角进行控制。微机收集并处理信息，以决定各种工况下的最佳点火提前角。点火器通过位置传感器采集的数据来控制点火线圈一次侧电流的通断时刻，同时根据曲轴位置传感器和发动机的点火次序同步点火线圈的点火次序。图 2－91 所示为无分电器同时点火系统控制原理。

（1）曲轴位置信号。曲轴位置传感器用于判别汽缸，检测曲轴的转角和确定初始点火提前角。

1）G_1 信号。判别 6 缸处于压缩上止点前 10°位置。G_1 信号线圈产生电压波形的时刻设置在六缸压缩行程上止点附近，当 G_1 信号一出现，ECU 即可判定 6 缸即将到达上止点，但其点火提前角和闭合角仍须根据 Ne 信号决定。

2）G_2 信号。G_2 信号与 G_1 信号波形相同，但两信号相隔 360°曲轴转角。因此其作用是判别 1 缸压缩上止点的位置。当 G_2 信号一出现，ECU 即可判定 1 缸即将到达上止点，但其点火提前角和闭合角也有 Ne 信号决定。

3）Ne 信号。Ne 转子上有 24 齿，每旋转一周产生 24 个信号，其波形与 G_1、G_2 信号波形相似，每个波形表示 15°转角（或 30°曲轴转角），由于每个波形表示的曲轴转角过大，点火控制会引起较大的误差，为了保证一定的控制精度，需要通过转角脉冲

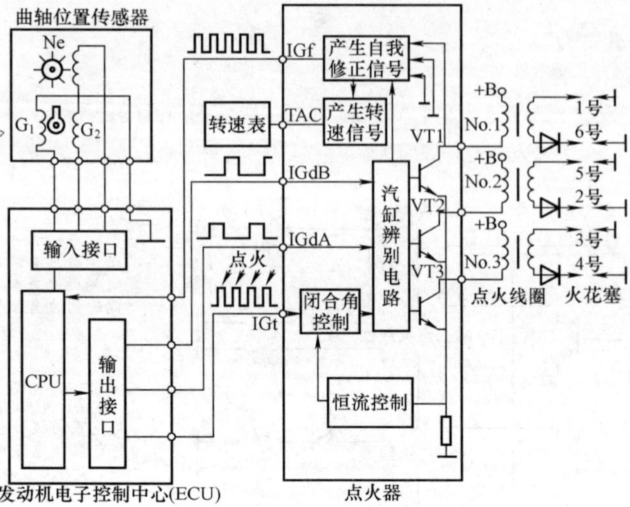

图 2－91　无分电器同时点火系统控制原理

发生器，将 24 个脉冲转变成曲轴一转产生 720 个脉冲，即转变为每 0.5°曲轴转角发生一个脉冲。

当发动机起动瞬间，如果已经超过了 G_1 信号的产生期，而 G_2 信号又未产生，此时无法判别汽缸，因此必须等到 G（G_1 或 G_2）信号产生判别汽缸后才能执行点火控制。

（2）ECU 的输出信号。ECU 收到 G_1、G_2、Ne 信号，向点火器输出 IGt、IGdA、IGdB 三个信号。其中 IGt 是点火正时信号，IGdA 和 IGdB 是 ECU 输送给点火器的判缸信号。

1）点火正时信号 IGt。G_1、G_2 信号是用来判别 6 缸和 1 缸的点火时刻，但也要看 Ne 信号是否出现，如图 2－92 所示。

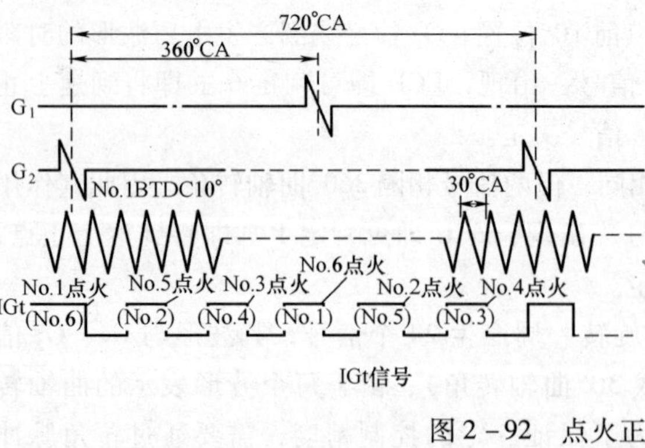

图 2－92　点火正时信号 IGt

在 G_1 与 G_2 信号之间，Ne 信号线圈连续发出一系列 Ne 信号，四个 Ne 信号产生一次点火信号，共有三组 Ne 信号（四个 Ne 信号为60°，相当于曲轴转角120°）。即 G_1 信号产生之后的第一个 Ne 信号开始，6 缸点火，与之相对应的 Ne 信号就分三次给出点火信号，每隔四个 Ne 信号就给出一次点火信号。当 G_2 信号发出时，也恰好给出第一个 Ne 信号，故 6 缸点火转为 1 缸点火。继后，每隔三组 Ne 信号，又发出 G_1 信号时，6 缸再次点火，这样周而复始地进行，同理，2 缸和 5 缸、3 缸和 4 缸可以此类推。

点火提前角仍由微机利用各传感器送来的参数或信息来确定，如转速、水温、真空度及节气门位置等信号数据，从预先储存在微机内的数据中选定最佳点火时间，再由微机向电子点火控制装置发出指令，确保发动机适时而又顺利点火。闭合角的控制由点火器中的闭合角控制电路进行控制。

在有分电器的点火系统中，某个汽缸的点火是由分火头指向所决定的，但是在无分电器的点火系统中，点火器需要 ECU 告知其具体某缸点火。

2）判缸信号 IGdA、IGdB。在无分电器同时点火方式中 ECU 输出信号中增加了判缸信号 IGdA 和 IGdB，以便与 G 信号一同决定哪一条驱动电路接通，并将点火正时 IGt 信号送往与此驱动电路相连接的点火线圈，完成对某缸的点火。ECU 根据 G_1、G_2 及 Ne 信号查表选择 IGdA、IGdB 的信号状态，以确定各缸的点火顺序，见表 2-1。

表 2-1　ECU 输出的判缸信号 IGdA、IGdB 状态与点火汽缸的约定关系

IGdA 状态	IGdB 状态	点火线圈	点火汽缸
低电平 0	高电平 1	1 号	1、6 缸
低电平 0	低电平 0	2 号	2、5 缸
高电平 1	低电平 0	3 号	3、4 缸

3）点火确认信号 IGf。在电子控制燃油喷射发动机中，喷油器的驱动信号来自曲轴位置传感器。如果点火系统出现故障使火花塞不点火，而曲轴位置传感器工作正常时，喷油器会照常喷油，造成缸内喷油过多，出现再次起动困难或三元催化转换器过热。为避免这种现象发生，点火系统在完成正常点火的同时，点火器向 ECU 发出 IGf 点火确认信号，即将点火线圈一次侧电路通、断的信号反馈给 ECU。若 IGf 信号连续 3～5 次无反馈时，ECU 则判断为点火系统故障，强制停止喷油。点火控制确认电路功能如图 2-93 所示。

（3）同时点火系统的特点：

1）同时点火的两个火花塞，一个点火工作时，另一个用作接地构成回路，若有一个

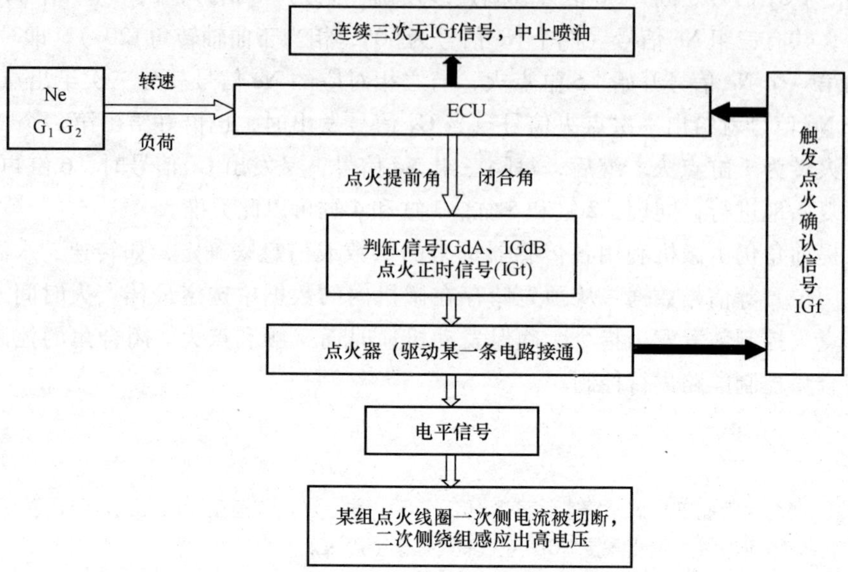

图 2－93 点火控制确认电路功能图

火花塞或导线损坏，则两个缸的工作都会受到影响。

2）若同时点火的两个火花塞的间隙相同，则点火电压只与汽缸压力有关，处于压缩行程的火花塞有效点火电压比较高，处于排气行程的火花塞无效点火电压低。这样点火线圈的能量被分成有效点火和无效点火两部分能量，但是由于采用无分电器消除了分电器上的火花，点火线圈的能量得到一些抵消，故能满足点火要求。

3）一次侧电路接通瞬间，二次侧绕组内产生 1000～2000V 的高电压，此时汽缸正处在进气末期，缸内压力低，若跳火，则发动机不能正常运转，并产生回火现象。为避免这种现象，在高压回路中串联有高压二极管，如图 2－94 所示。

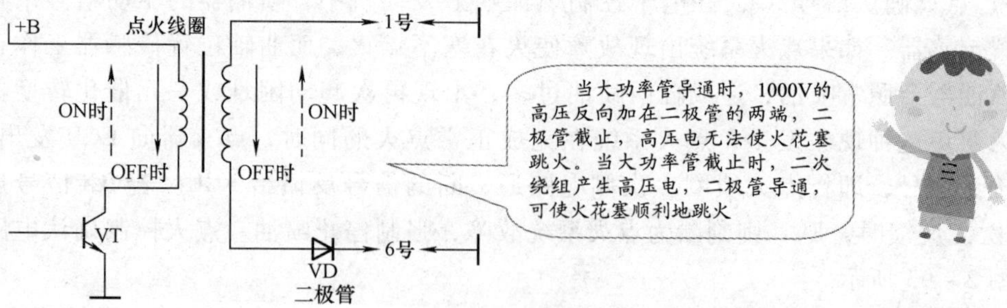

图 2－94 高压二极管的作用

（二）无分电器单独点火方式

无分电器同时点火方式虽然取消了分电器，但由于废火的出现导致了火花塞加速腐蚀的趋势。为此，出现了另一种点火方式，即每个汽缸有一个点火线圈。此点火方式由德国 Bosch 公司于 1983 年开发并采用，它不仅取消了分电器，而且取消了与火花塞相连的高压线，点火线圈直接与火花塞相连。

无分电器单独点火系统特别适合应用在四气门发动机上，如图 2－95 所示。火花塞安装在两根凸轮轴的中间，每个火花塞上直接压装一个点火线圈。奥迪四气门五缸发动机点火线圈通过导向座用四个螺钉固定在汽缸盖的盖板上，如图 2－96 所示，然后再扣压到各缸火花塞上。

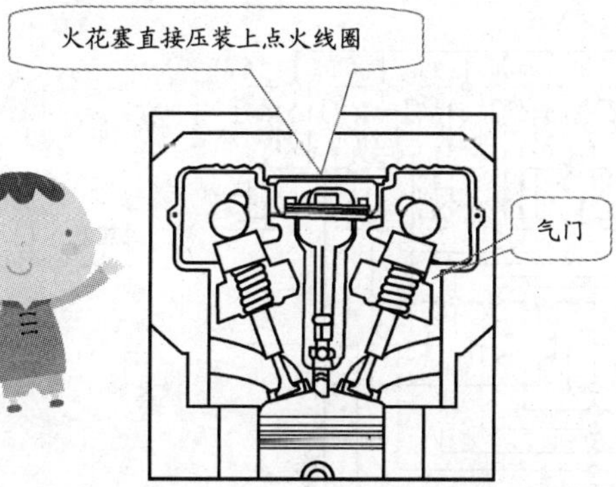

图 2－95　单独点火在四气门发动机上布置

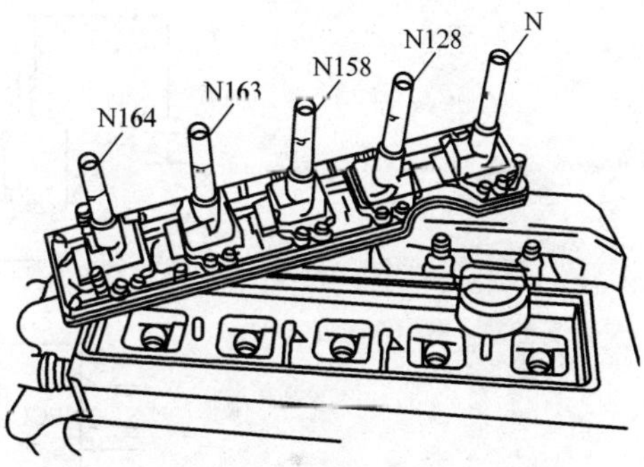

图 2－96　点火线圈安装在汽缸盖上

无分电器单独点火方式的控制电路基本相同，但随车型不同也存在一些差异。图 2－97为奥迪四气门五缸发动机无分电器单独点火系统的电控原理图，该点火系统中的五个点火线圈分别由点火器 N122 和 N127 控制。其中 N122 控制 1、2、3 缸的点火线圈，N127 控制 4、5 缸的点火线圈。两个点火模块分别用导线（点火信号输出线）与电控单元相连。发动机工作时，电控单元通过 1、2、23、20、21 各接柱上的点火信号输出线，适时对各缸输出点火信号，通过点火器，控制各缸点火。电控单元起到判别点火缸位、计算点火提前角及将点火信号分配到指定的汽缸的作用。

图 2－98 为日产公司无分电器单独点火系统的电控原理图。它主要由各缸分别独立的点火线圈、点火器及发动机 ECU 等组成。各缸点火线圈的一次绕组分别由点火器中的一个功率管控制，整个点火系统的工作由 ECU 控制。发动机工作时，ECU 根据曲轴位置传感器等信号及发动机与存储器中存储数据相比较分析，并经计算后适时地向点火器输出点火信号，由点火器中的功率管分别接通与切断各缸点火线圈的一次电路。当切断点

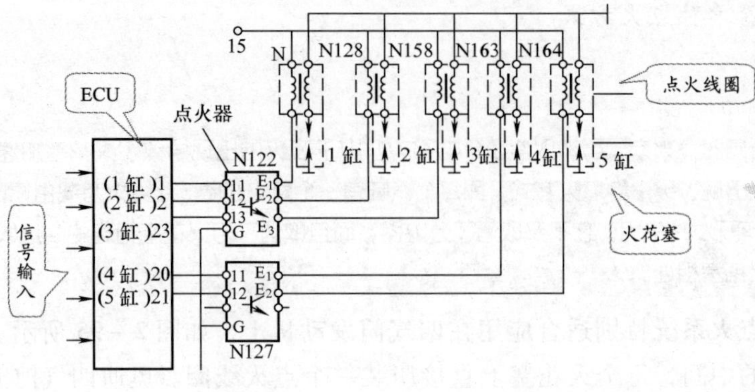

图 2－97　奥迪四气门五缸发动机无分电器单独点火系统电控原理图

火线圈一次电流时，在二次绕组产生高压电。

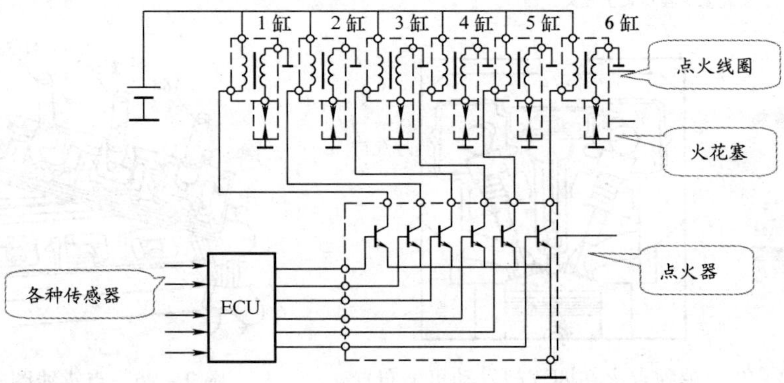

图 2－98　日产公司无分电器单独点火系统电控原理图

无分电器单独点火系特点：

（1）由于每缸都有各自独立的点火线圈，即使发动机转速很高，点火线圈也有较长的通电时间（大的闭合角），可提供足够高的点火能量。

（2）由于去除了高压分电器中的电火花，要求的点火电压会降低一些，单位时间内通过点火线圈一次电路的电流要小得多，点火线圈不易发热，而体积又可以非常小巧，点火线圈可直接装在火花塞上面，火花塞可安装在双凸轮轴的中间，特别适合于多气门发动机，尤其对 V 型多缸轿车发动机燃烧室合理紧凑地布置具有特别重要的实用意义。

（3）该点火系统省去了高压线，点火能量损耗减小；所有高压部件都安装在汽缸盖上的金属屏蔽罩内，对无线电的干扰大幅度降低。

（4）发动机电控单元可一缸接一缸地调整点火正时，对爆燃信号能及时做出响应。

二、电子点火系统控制功能

根据汽油发动机对点火系统的要求，在电子控制点火系统中，电控单元对点火的控制包括点火时间和点火能量（闭合角控制）控制两个方面。此外，由于爆燃与点火时刻存在着密切关系。为了最大限度地发挥汽油机的潜能，应把点火提前角控制在接近临界爆燃点，同时又不能使发动机产生爆燃，所以将爆燃控制也纳入点火系统的控制内容。

传统点火系统的闭合角是指断电器触点闭合的时间，即一次电流接通时，分电器轴转过的角度。在微机控制的点火系统中是沿用了传统点火系统闭合角的概念。其实是指一次电流接通的时间。

（一）点火时间的控制

控制点火时间是为了使发动机的功率输出最大、油耗最低、爆燃最小和排放最低。要使发动机发出最大的功率，保证发动机的动力性、经济性和排放达到最佳的匹配，点火不应在压缩行程上止点处进行，而应适当提前一些，这一点火提前角称为最住点火提前角。一般来说，混合气在汽缸内燃烧，其最高燃烧压力（也可以说发动机的最大输出功率）出现在曲轴上止点后10°左右，如图2－99所示。但最佳点火提前角也不是一成不变的。

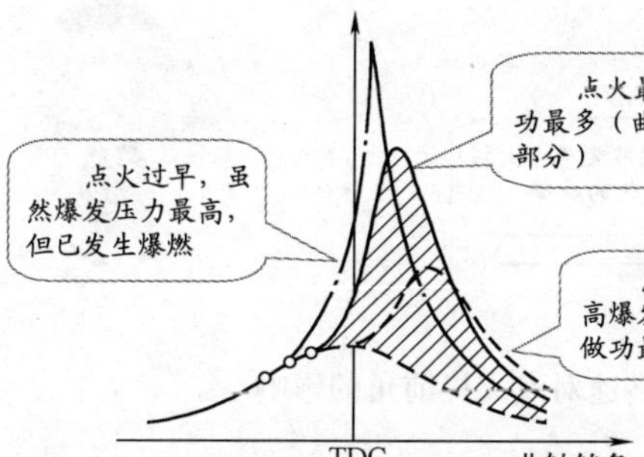

图2－99　汽缸压力与点火时刻的关系

点火时刻用点火提前角来表示。它是指从火花塞电极间跳火开始，到活塞运行至上止点时这一段时间内曲轴所转过的角度。

由于点火提前角受运行环境和运行工况的影响，所以在发动机工作过程中，必须对点火提前角进行实时调节控制。

1. 影响点火提前角的因素

点火提前角过小（点火过迟），燃烧在汽缸容积快速增大情况下进行，最高爆发压力下降，发动机输出功率下降，同时燃烧气体与汽缸壁接触面积增大，热量损失大，发动机过热，燃油消耗增加。

点火提前角过大（点火过早），则燃烧在压缩行程中进行，在活塞到达上止点前，汽缸内压力已达到最大，使活塞上行阻力增大，会使功率下降，还会产生爆燃。

（1）发动机转速对点火提前角的影响。发动机转速升高，点火提前角应增大。因为发动机转速升高时，扰流强度、压缩温度和压力增加，但对燃烧诱导期所需时间影响不大，所以诱导期所占的曲轴转角就要加大。为保持最大功率，点火提前角要加大，转速对点火提前角的影响如图 2－100 所示。最佳点火提前角虽然随转速的升高而增大，但增加速度有所减慢。

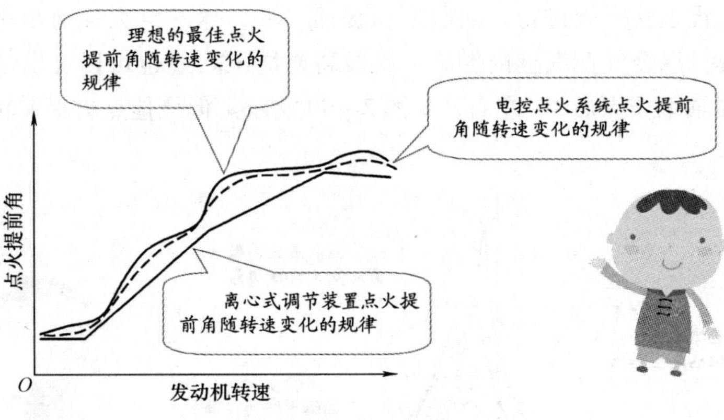

图 2－100　转速对点火提前角的影响

（2）发动机负荷对点火提前角的影响。发动机负荷大时，点火提前角要小；发动机负荷小时，点火提前角要大。当发动机负荷增大时，在发动机转速不变的情况下，由于汽缸内温度增高，混合气燃烧速率加快，因此点火提前角要小；反之点火提前角要增大。负荷对点火提前角的影响如图 2－101 所示，采用电控点火系统点火，可以使发动机的实际点火提前角随负荷的变化关系接近于理想的最佳点火提前角。

（3）汽油辛烷值的影响。汽油辛烷值越高，抗爆性越好，点火提前角可增大；反之，点火提前角应减小。为了适应不同辛烷值的要求，有的发动机在 ECU 中存储了两张点火正时图，在实际使用中，可根据不同燃油品质进行选择。

（4）影响点火提前角的其他因素。最佳点火提前角除了与发动机的转速、负荷和汽

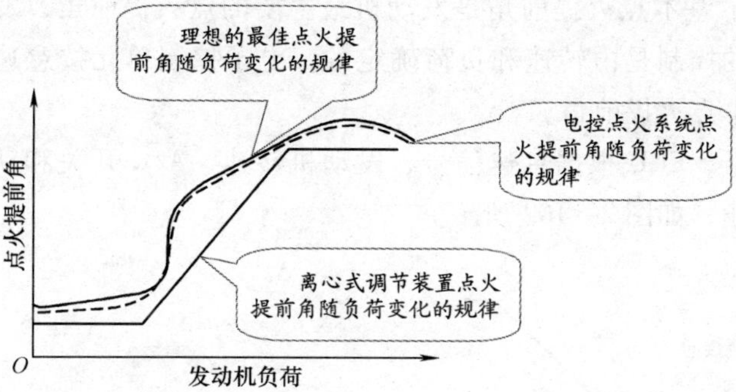

图 2－101　负荷对点火提前角的影响

油的辛烷值有关之外，还与发动机燃烧室形状、燃烧室内温度、空燃比、大气压力、冷却水温度等因素有关。

2. 点火提前角的控制

最佳点火提前角的确定要兼顾转矩、排放、油耗和爆燃倾向。在电控单元的只读存储器（ROM）中，存储着发动机各种运行工况下使油耗、排放和功率最佳的基本点火正时的三维图，并从各种传感器中获得所需的基本信息进行修正确定发动机的实际点火提前角。另外，为了改善自动变速器的换挡质量和怠速控制，有些点火提前角控制系统还可通过调节点火正时来改变发动机的输出转矩。

小贴士：

三维图中的数据是从发动机台架试验中获得的，一般由 16 个数值的转速和 16 个数值的负荷的典型工况得到 16 × 16 个点火提前角数值。

微机控制的最佳点火提前角由初始点火提前角、基本点火提前角和修正点火提前角三部分组成。

（1）初始点火提前角。发动机起动时，电子控制单元不进行点火提前角的控制，直接由发动机转速信号 Ne 和起动开关信号 STA 以一个固定的值进行点火，通常将此值定为初始点火提前角。当发动机转速超过一定值时（通常为 500r/min 左右），自动转换为由电控单元控制的最佳点火提前角计算及控制程序。

发动机起动时，因为起动时转速变化大，空气流量不稳定，进气量传感器输出的流量信号就不稳定，点火提前角不能精确控制，所以采用固定的初始点火提前角进行控制。

（2）基本点火提前角。基本点火提前角是发动机最主要的点火提前角，发动机正常运转时，基本点火提前角的控制是由转速和负荷确定的，电子控制单元按怠速工况和非怠速工况两种情况确定基本点火提前角。

发动机处于怠速工况下，ECU 根据怠速信号、发动机转速、A/C 开关和动力转向开关信号确定基本点火提前角，如图 2－102 所示。

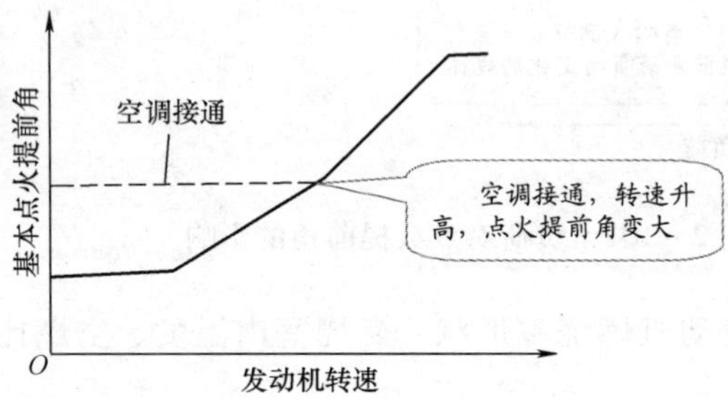

图 2－102　怠速工况基本点火提前角随发动机转速的变化规律

发动机处于非怠速工况下，ECU 根据发动机转速和负荷信号（歧管绝对压力信号或空气流量计的进气量信号），从预置在存储器中的数据表中查找出相应的基本点火提前角，如图 2－103 所示。

图 2－104 所示的是存于存储器中点火提前角数据的另一种方法。它有两个轴，分别代表发动机转速和负荷（以进气管真空度表示）。例如当从转速和负荷传感器接收到的数字信号是 3 和 2 时，从其交点可读出 33，就代表在此工况下的最佳点火提前角为 33°。若在起动工况下，则以起动点火提前角代替基本点火提前角。

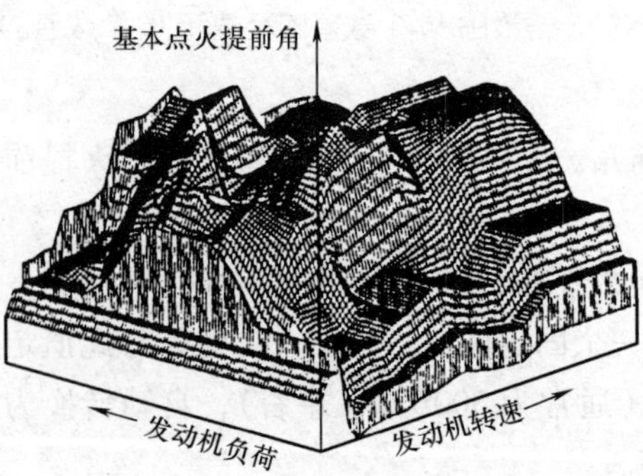

图 2－103　微机控制的点火提前角

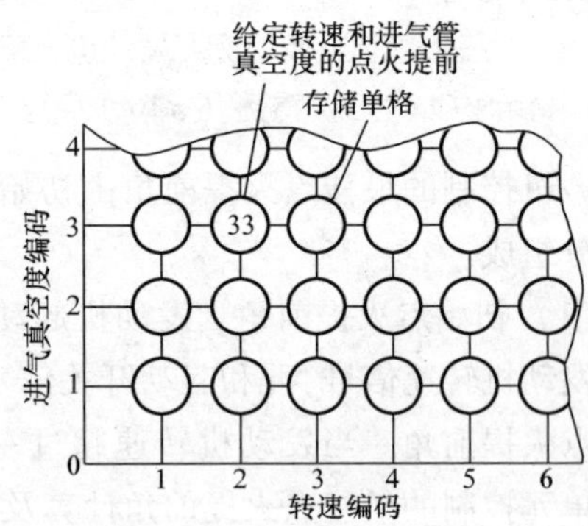

图 2－104　存于存储器中的点火提前角数据

（3）修正点火提前角。为使实际点火提前角适应发动机运转状况，以便得到良好的发动机动力性、经济性和排放性能，必须根据发动机有关信息适当增大或减小点火提前角，即对点火提前角进行必要的修正。修正点火提前角所包含的修正值有：暖机修正、过热修正、空燃比反馈修正、怠速稳定性修正及爆燃修正。

1）暖机修正。发动机冷起动后，冷却液温度较低时，应增大点火提前角。在暖机过程中，随冷却液温度升高，点火提前角修正值逐渐减小，如图 2－105 所示。

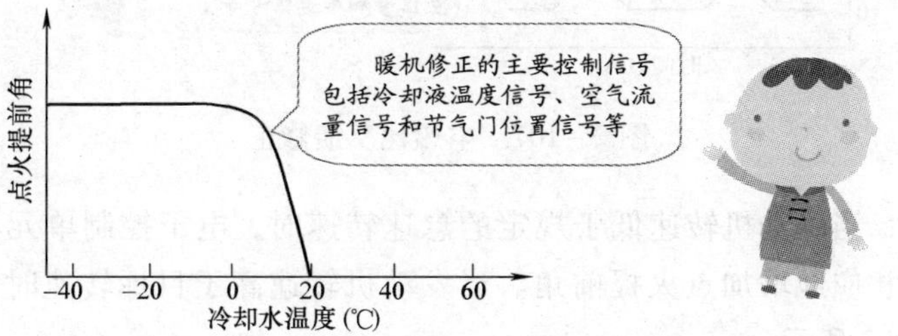

图 2－105　暖机修正曲线

2）过热修正。发动机处于正常运行工况时（怠速触点断开），若冷却液温度过高，为了避免产生爆燃，应将点火提前角推迟。发动机处于怠速工况时（怠速触点闭合），若冷却液温度过高，为了避免发动机长时间过热，点火提前角增大，过热修正值的变化规律如图 2－106 所示。

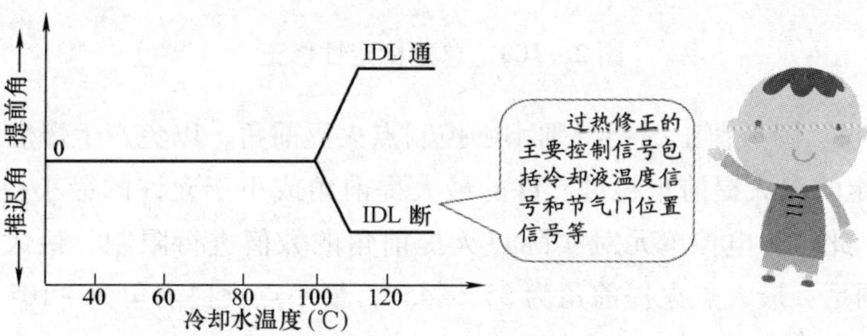

图 2－106　过热修正曲线

3）空燃比反馈修正。对于闭环控制的电控燃油喷射系统，电子控制单元根据氧传感器的反馈信号对空燃比进行修正。随着修正喷油量的增加或减小，发动机转速会在一定范围内波动，为了提高怠速的稳定性，在反馈修正油量减少时，点火提前角相应增加，如图 2－107 所示。

4）怠速稳定性修正。在怠速转速与目标转速差值超过一定值时，也可通过增加或减小点火提前角，使怠速转速与目标转速接近。

发动机在怠速工况运行时，由于负荷变化使发动机转速发生变化，电子控制单元要调整点火提前角使发动机在规定的目标转速下稳定地运转。电子控制单元不断地计算发

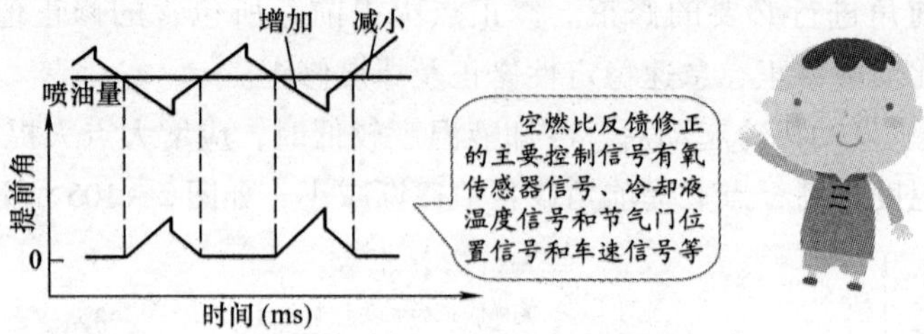

图 2－107　空燃比反馈修正

动机的平均转速，当发动机转速低于规定的怠速转速时，电子控制单元根据与怠速目标转速差值的大小相应地增加点火提前角。当发动机转速高于目标转速时，则推迟点火提前角，如图 2－108 所示。

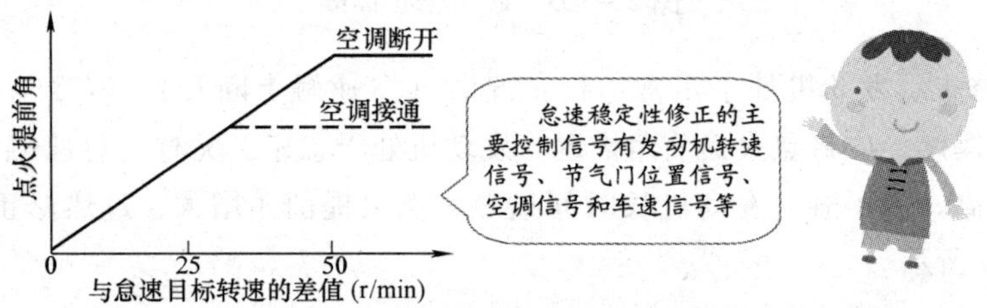

图 2－108　怠速稳定性修正

5）爆燃修正。满负荷工况要特别小心控制点火提前角，以免产生爆燃。

当 ECU 确定的点火提前角超过允许的最大提前角或小于允许的最小提前角，发动机很难正常运转。此时，电控单元对实际点火提前角的数值进行限制，最大和最小点火提前角的一般范围是：最大点火提前角为 35°～45°，最小点火提前角为－10°～0°。

（二）点火能量控制（闭合角控制）

在有触点的点火系统中，当接通点火开关，断电器触点闭合时，电流经蓄电池流过点火线圈的二次线圈，产生一个强大的磁场以存储能量。在点火时刻，断电器触点断开，电流被切断，磁场快速衰减，在二次线圈上感应出高电压。发动机低转速时，断电器触点闭合时间长，点火线圈可以储存足够的能量。当发动机高转速时，断电器触点闭合时间相对较短，一次线圈电流在尚未达到点火线圈最大储存能量前被切断，这就意味着存储能量的降低使点火线圈的高压电流减小。

点火系统必须提供足够高的点火能量，以保证点火可靠，即使在苛刻的条件下亦能可靠地点燃混合气。点火系统的能量转换，是依靠点火线圈实现的。当点火线圈的一次电流被接通后，通过线圈的电流是按指数规律增长的。一次电路被断开瞬间一次电流所能达到的值即断开电流与一次电路接通的时间长短有关。

只有通电时间达到一定值时，一次电流才可能达到饱和，而二次电压的最大值与断开电流成正比。为了获得足够的点火能量，必须使一次电流达到饱和。

在现代电子控制点火系统中，点火能量的实时控制是通过闭合角或一次线圈的通电时间的控制来实现的，而传统点火系统则难以对点火能量进行实时控制。

综上所述，发动机转速对点火线圈一次电流影响很大。当发动机转速高时，要适当增大闭合角，以防止一次线圈通过电流值下降，造成二次电压的下降而点火困难。同时蓄电池电压的变化，也会影响一次电流的大小。蓄电池电压下降时，在相同的通电时间里一次电流的值会变小，因此对通电时间必须进行修正。

所以闭合角不应该是一个固定值，而要根据蓄电池电压和发动机转速优化。为了保证在不同的蓄电池供电电压和不同的转速下都具有相同的一次电流，ECU 根据蓄电池电压和发动机转速信号，从预置的闭合角数据表中查出相应的数值，对闭合角进行控制。

在电控单元中存储着发动机点火闭合角特性图，如图 2－109 所示。

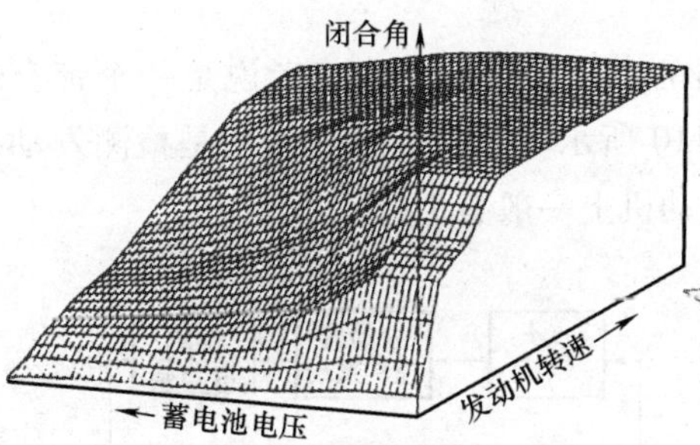

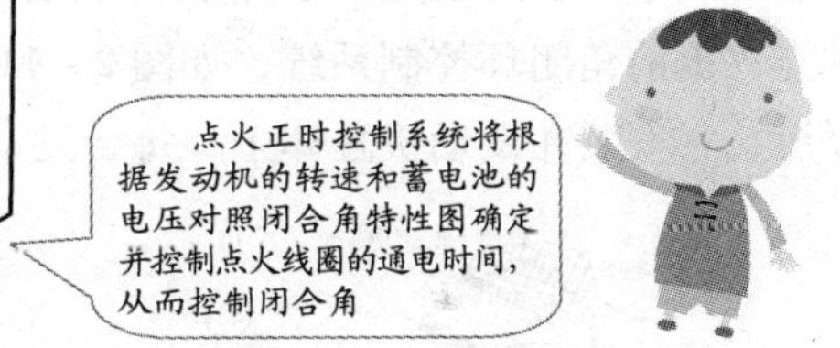

图 2－109 蓄电池电压和发动机转速的关系

通过对闭合角的精确控制，不但改善了点火系统的点火性能，而且还可以防止一次线圈发热和电能的无效消耗。

在无触点点火系统和无分电器点火系统中虽然不存在断电器触点，但是通过电子电路使点火线圈的一次线圈与点火功率输出级之间不断交替地形成断路和通路，能量转换与原来传统的点火系统并无差异。

保证通电时间能使一次电流达到饱和。但如果通电时间过长（闭合角过大），一次电流的能量全部消耗在一次线圈上，并转变成热能，既浪费了能量，又使点火线圈升温，甚至烧毁。为防止一次电流过大烧坏点火线圈，在点火控制电路中增加恒流控制电路，通常规定在任何转速下一次电流只能达到某一固定值（例如7A）。有些发动机通过提高转速信号和曲轴位置信号的分辨率来精确控制通电时间。

（三）爆燃控制

爆燃是汽油机运行过程中产生的一种最有害的故障现象。汽油机如持续产生爆燃，缸内压力会使气体强烈振荡，产生噪声；也会使火花塞、燃烧室、活塞等机件过热，严重爆燃会使发动机损坏。

小贴士：

爆燃是燃烧室的混合气在火焰前锋尚未到达之前，局部地区混合气就自行着火燃烧，使气流运动速度加快，缸内压力、温度迅速增加的现象。

理论与实践证明：剧烈的爆燃会使发动机动力性和经济性严重恶化，但当发动机工作在爆燃的临界点或有轻微的爆燃时，发动机热效率最高，动力性和经济性最好。为了最大限度地发挥发动机的潜能，应把点火提前角控制在接近临界爆燃点，同时又不能使发动机发生爆燃。

爆燃控制系统实际上是加了爆燃传感器的点火控制系统，或者说是一个带有爆燃传感器的点火提前角闭环控制系统，如图2－110所示。爆燃传感器作用是检测发动机是否发生爆燃，它安装在发动机缸体上，每台发动机上一般有1~2个。

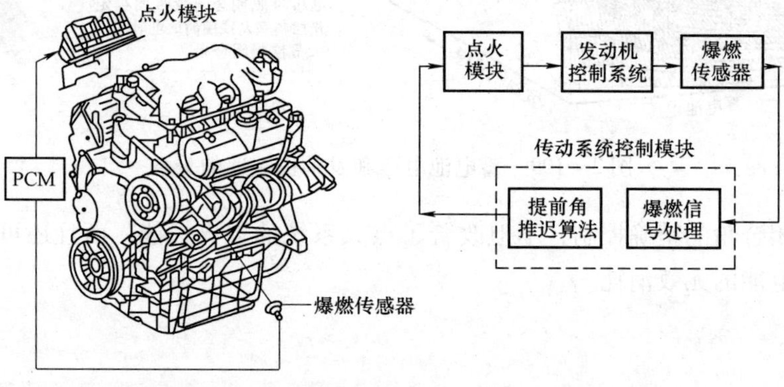

图2－110 带有爆燃传感器的点火提前角闭环控制系统

爆燃和点火时刻有着密切的关系。一般而言，点火提前角越大，就越容易产生爆燃，推迟点火时间对消除爆燃有明显的作用。

1. 爆燃界限和点火提前角的设定

使发动机转矩、油耗和排放最佳的点火时刻也最容易导致爆燃，这一最佳点火时刻已接近开始产生爆燃，即爆燃界限。因此在设定点火提前角时，要留有一定的余量，应比产生爆燃时的点火提前角小，使发动机各缸在各种工况的实际点火时刻都以相同的安全因素进行延迟，虽然可以达到控制爆燃的目的，但实际点火时刻滞后于最佳点火时刻，导致发动机的动力性和经济性明显降低。在装有爆燃传感器的发动机上能够检测到爆燃界限，将点火时刻调整到接近爆燃极限的位置，从而改善了发动机性能，如图 2－111 所示。

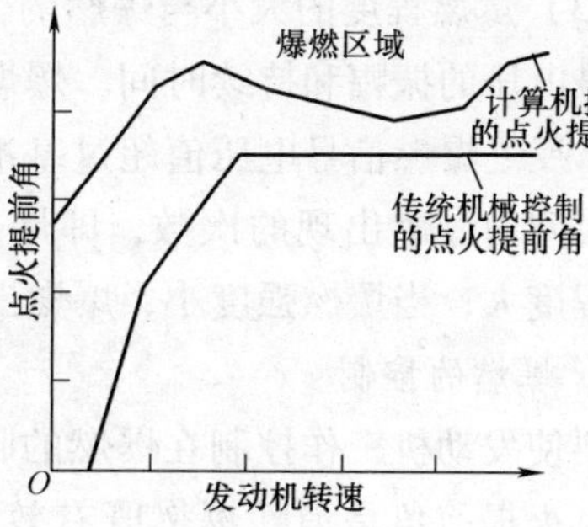

图 2－111　爆燃界限与点火提前角

2. 爆燃的判别

（1）发动机爆燃一般仅在大负荷、中低转速时产生，通常发动机负荷低于一定值时，不会出现爆燃。因此可将发动机工况按转速和负荷两个区域，如图 2－112 所示。

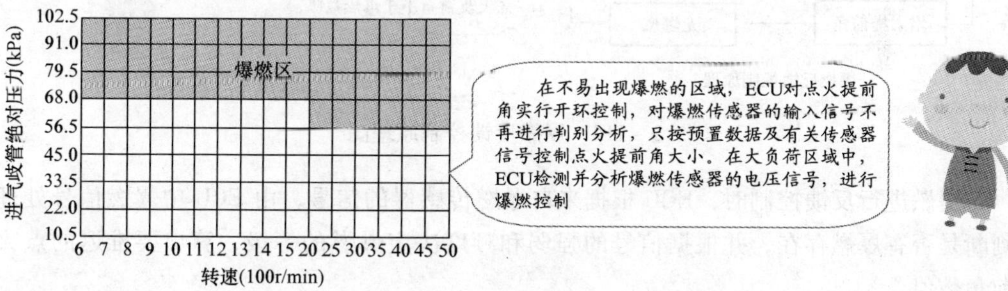

图 2－112　爆燃区域的区分控制

（2）爆燃传感器检测到的是缸体表面的振动信号，必须将爆燃产生的振动和其他振动造成的电压信号区分开，防止产生错误的爆燃判别。因为爆燃并不是在任何工作循环都会出现，一般出现在做功行程上止点至上止点后 70°～90°曲轴转角范围内，缸内压力有波动的区域内，如图 2－113 所示。

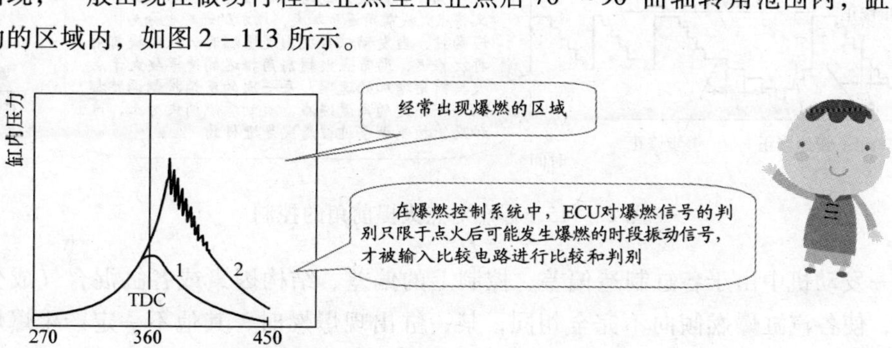

图 2－113　爆燃信号判别区域

（3）爆燃程度的大小与爆燃的强度和爆燃频度有关。爆燃强度取决于爆燃传感器输出信号电压的振幅和持续时间。爆燃信号电压值超过基准电压值的次数越多，爆燃强度越大；反之爆燃信号电压值超过基准电压值的次数越少，爆燃强度越小。爆燃频度是指单位时间内爆燃出现的次数，即爆燃出现的时间间隔。当爆燃强度大，爆燃频度高时，爆燃程度大；当爆燃强度小，爆燃出现的时间间隔大时，爆燃程度小。

3. 爆燃的控制

要使发动机工作控制在爆燃的临界状态，在发动机结构参数已确定的情况下，采用推迟点火提前角是消除爆燃既有效又简单的措施之一。爆燃反馈控制原理如图 2－114 所示。

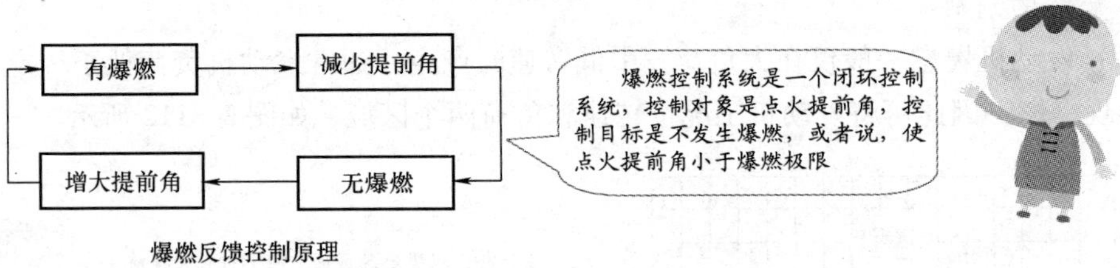

图 2－114 爆燃反馈控制原理图

对爆燃进行反馈控制时，ECU 根据来自爆燃传感器的信号，由 ECU 中爆燃信号处理器判断是否有爆燃存在，并根据信号的强弱和频度决定爆燃的等级，算出要推迟的点火提前角数值。

当发动机出现爆燃时，ECU 根据爆燃程度，推迟点火时刻，爆燃程度大的，不仅推迟的角度大，而且是先快后慢，直到爆燃消失为止，如图 2－115 所示。

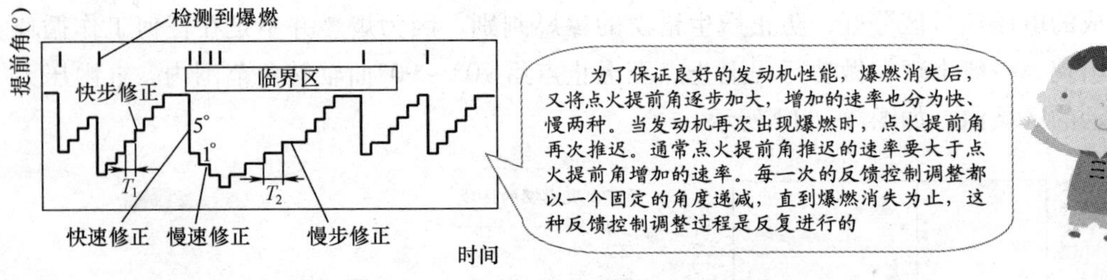

图 2－115 爆燃对点火提前角的控制

同一发动机中由于各缸制造偏差、控制上的偏差、结构因素或各缸混合气成分供给的差异，使各汽缸爆燃倾向不完全相同，某一缸出现爆燃时，其他不一定产生爆燃，为了使发动机具有较好的性能，可采用分缸控制，只对出现爆燃的汽缸推迟点火提前角，如图 2－116 所示。

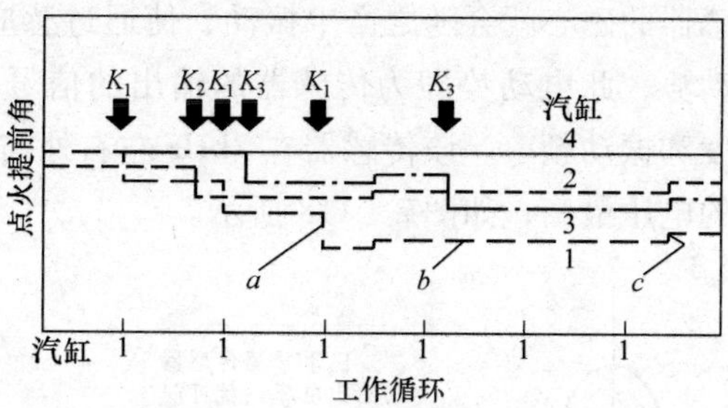

图 2－116　爆燃分缸控制

K_1、K_2、K_3—在 1～3 缸有爆燃，4 缸无爆燃；

a—推迟点火角；b—点火提前角变化间隔；c—提前点火角

在 ECU 中可以储存着不止一种点火提前角特性场。当因使用较低辛烷值的汽油而经常发生爆燃时，ECU 便切换到另一个特性场。

4. 爆燃传感器

爆燃传感器是把爆燃时传到缸体上的机械振动转换成电压信号输送到 ECU，ECU 根据输入电压信号对是否爆燃进行判断。

小贴士：

对发动机爆燃的检测可以采用汽缸压力检测、燃烧噪声检测和发动机缸体振动检测。发动机缸体振动检测也称缸壁振动型检测，具有较高的检测精度，传感器安装灵活，耐久性好，是目前最常用的爆燃检测方法。

爆燃传感器按检测方式不同，可分为共振型与非共振型两种；按结构不同，可分为磁致伸缩式和压电式两种。

（1）磁致伸缩式。磁致伸缩式爆燃传感器为共振型爆燃传感器，它由感应线圈、磁心、永久磁铁和外壳等组成。其外形结构如图 2－117 所示。

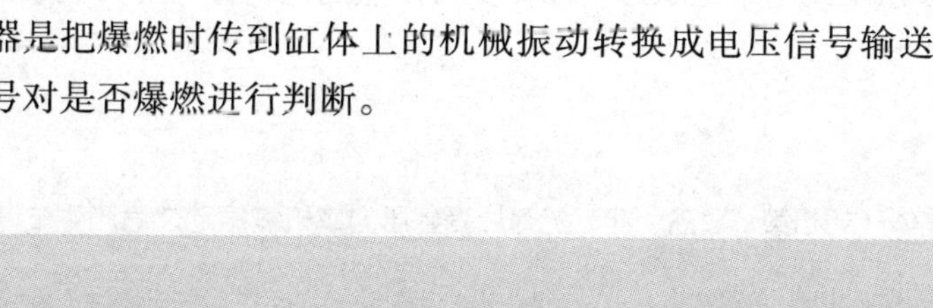

图 2－117　磁致伸缩式爆燃传感器

当机体振动时，传感器的磁心就会随之产生振动，使通过感应线圈的磁通发生变化，在感应线圈产生感应电动势，此电动势即为传感器的输出的信号电压，输出电压的高低取决于发动机的振动强度和振动频率。该传感器在 7kHz 左右处与发动机产生共振，振动强度最大，线圈中产生的电压最高，如图 2－118 所示。

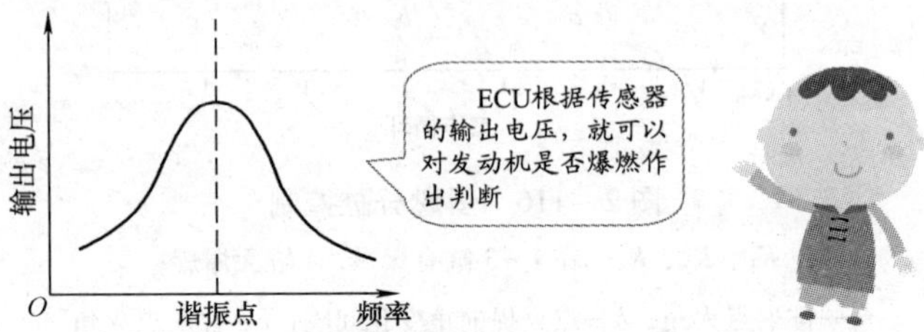

图 2－118　磁致伸缩式爆燃传感器输出特性

（2）压电式。当晶体受到外力作用时，在晶体的某两个表面上就会产生电荷；当外力失去时，晶体又恢复到不带电状态；晶体受力产生的电荷量与外力大小成正比。

小贴士：

某些晶体（如石英、食盐、糖）的薄片受到压力或机械振动之后产生电荷的现象，称为压电效应。

压电式爆燃传感器利用压电效应而工作，其结构主要由套筒、压电元件、惯性配重、塑料壳体和接线插座等组成，结构如图 2－119 所示。

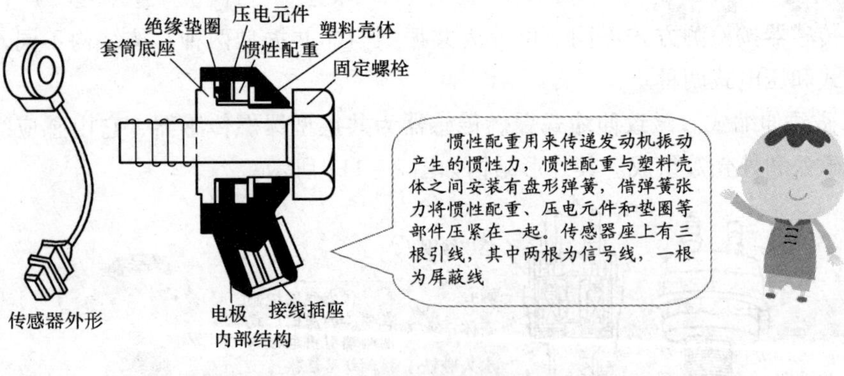

图 2－119　压电式爆燃传感器结构

当发动机缸体产生振动时，振动传递到传感器外壳上时，外壳与配重之间产生相对运动，夹在这两者之间的压电元件上受到压力发生变化，从而产生电压。

注意：

传感器的输出特性出厂时已经调好，使用中不得随意调整。

第四节 发动机辅助控制系统

一、怠速控制（ISC）系统

电控发动机怠速运转时，加速踏板完全松开，节气门接近关闭，进入汽缸的空气量及喷油量均很少，发动机输出功率仅能在无负荷下以最低转速空运行。此时，若发动机内摩擦增大或减小、发动机负载发生变化，如空调等投入工作则会引起发动机怠速转速变化，导致发动机怠速不稳，甚至熄火。因此，在电控发动机上一般都装有怠速控制系统（ISC）。

小贴士：

所谓“怠速”是指驾驶员完全松开加速踏板，发动机只克服自身摩擦阻力，在无负荷（对外无功率输出），转速又保持最低的情况下，维持稳定运转的一种工况。

怠速控制系统的作用是稳定发动机的正常怠速，使发动机起动后能迅速暖机，在空调等负载投入工作时，自动调节发动机的怠速转速，还可根据自动变速器是否在空挡、动力转向开关接通情况引起的负荷变化来调整发动机怠速转速。同时在怠速转速变动时，为了使怠速转速恢复到规定值，又必须使怠速供油量随着变动，在电子控制燃油系统中就意味着发动机吸入的空气量要跟着变动。发动机怠速控制系统的功能就是ECU自动维持发动机怠速稳定运转。

小贴士：

怠速转速的高低直接影响燃油消耗和排放污染，怠速转速过高，会增加燃油的消耗量；怠速转速过低，不但增加有害气体的排放，而且容易熄火。

（一）怠速控制系统的组成

怠速控制系统主要由各种传感器、信号控制开关、电子控制单元（ECU）、怠速控制阀等组成，如图2－120所示。各部件的功用见表2－2。

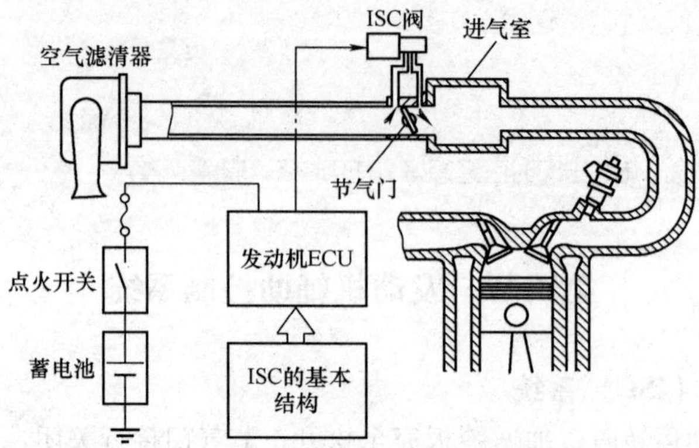

图 2-120　怠速控制系统的组成

表 2-2　　怠速控制系统各部件的功用

组件		功能
传感器	转速传感器	检测发动机转速
	节气门位置传感器	检测发动机是否处于怠速状态
	水温传感器	检测发动机冷却水温度
	起动开关信号	检测发动机是否在起动中
	空调开关	检测空调的工作状态（ON/OFF）
	车速传感器	检测车速
	空挡起动开关信号	检测变速手柄位置
	液力变矩器负荷信号	检测液力变矩器负荷
	动力转向开关信号	检测动力转向器工作状态
	发电机负荷信号	检测发电机负荷
控制器	发动机电子控制单元 ECU	根据从各传感器输入的信号，把发动机的实际转速与由台架试验确定的相应发动机状态下的目标转速进行比较。根据比较得出的差值，输出相当于目标转速的控制量，去驱动控制空气量的怠速控制阀，使怠速保持在目标转速上
执行器	怠速控制阀或节气门直动式执行机构	控制节气门旁通空气通道的流通截面积或节气门开度

（二）怠速控制的方法

对电控燃油喷射发动机来讲，怠速控制的方式随车型不同而不同，目前可分为两种类型，一种是控制节气门旁的旁通空气道的空气流量，称为旁通空气式，如图 2-121

（a）所示；另一种是直接控制节气门全关时的最小开度，称为节气门直动式，如图 2－121（b）所示。两种类型都是通过调节空气通路截面的方法来控制空气流量的。

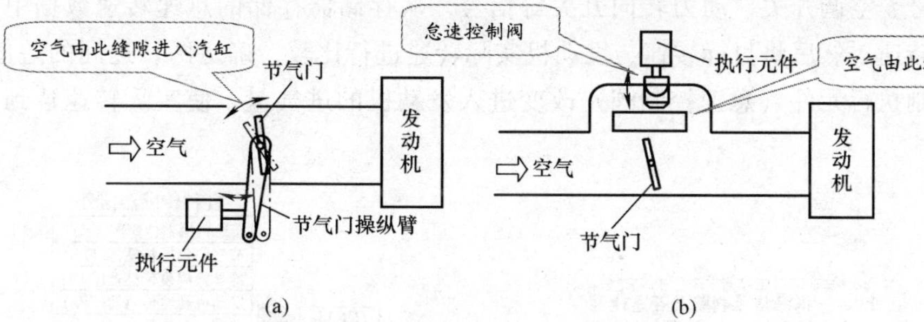

图 2－121　怠速空气量的控制方法

（a）旁通空气式；（b）节气门直动式

1. 节气门旁通式

采用节气门旁通式的怠速控制系统在怠速时节气门完全关闭。怠速空气通过一条跨接在节气门两端的怠速通道进入汽缸，旁通空气道内装着一个不同类型的怠速空气控制阀，如图 2－121（a）所示。旁通空气执行机构中的阀称为怠速控制阀（ISCV），它是一种改变节气门旁通空气量的控制怠速装置。不同车型其控制方式不同，怠速控制阀的驱动形式也不同。

2. 节气门直动式

节气门直动式怠速系统不设怠速旁通通道。怠速时，加速踏板虽然完全松开，但节气门并不完全关闭，以提供怠速空气，通过控制节气门开启程度，调节空气通路的截面，达到控制充气量，实现怠速控制，如图 2－121（b）所示。

节气门直动式通过执行元件直接改变节气门的最小开度来控制怠速进气量，结构简单，控制稳定性好，但反应速度较慢、动态响应性差，由于进气量对节气门开度很敏感，热机怠速的稳定性也不如旁通空气道控制方式，目前主要应用在大众、奥迪等欧洲车系。旁通空气式是由执行元件控制流经怠速空气道的空气量，目前应用最为常见。

（三）怠速控制原理

怠速控制（Idle Air Control 或 Idle Speed Control，简称 IAC 或 ISC）的实质是对怠速工况下的进气量的控制。怠速控制的内容主要是发动机负荷变化控制和电器负荷变化控制。

怠速控制的目标：

（1）实现发动机起动后的快速暖机过程；

（2）自动维持发动机怠速在目标转速下稳定运转。

怠速控制过程如图 2－122 所示。电子控制单元根据各传感器（如节气门位置、车速信号）输入信号，判断发动机是否处于怠速状态。当判定为怠速工况时，再根据冷却液温度传感器信号、空调开关、动力转向开关等信号，从存储器存储的怠速转速数据中找到相应的目标转速，然后将目标转速与发动机实际转速进行比较，确定两转速间的差值，并通过怠速控制执行元件（怠速控制阀）改变进入发动机的进气量，使实际转速达到目标转速。

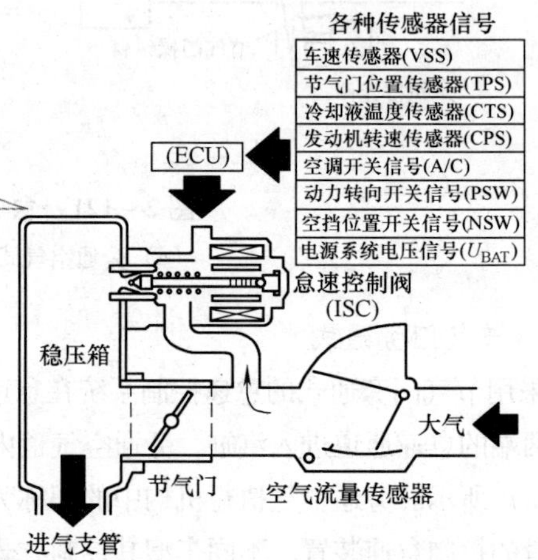

图 2－122　怠速控制过程

通过改变怠速进气量来调节怠速转速响应较慢，而调节点火提前角对发动机转速的变化影响较快，但变化范围较窄，一般怠速稳定性是通过点火提前角的修正来完成的。当负载突变时通过喷油量和进气量共同改变来实现怠速控制。

由于怠速空气的提供方式不同，其控制的原理也不相同。

1. 节气门旁通控制

节气门旁通控制的怠速控制执行机构种类目前主要有两种类型：步进电动机控制式和电磁式。应用最广泛的是采用步进电动机控制怠速转速，它能使发动机在不同怠速工况下，都处于最佳怠速转速运转。

（1）步进电动机控制式。

1）步进电动机的基本结构和工作原理。步进电动机怠速控制阀结构如图 2－123 所示。步进电动机的转子是用永久磁铁制成的 16 个磁极。定子是由两个带有 16 个爪齿状的铁心按图 2－124 所示的方式交替地装配在一起，每个铁心上有两组线圈，S1 和 S2、S3 和 S4 两组线圈的绕线方向相反。转子的旋转方向可以通过改变四个线圈的通电状态来实现，线圈每通电一次，转子约转过 11°（1/32 圈）。

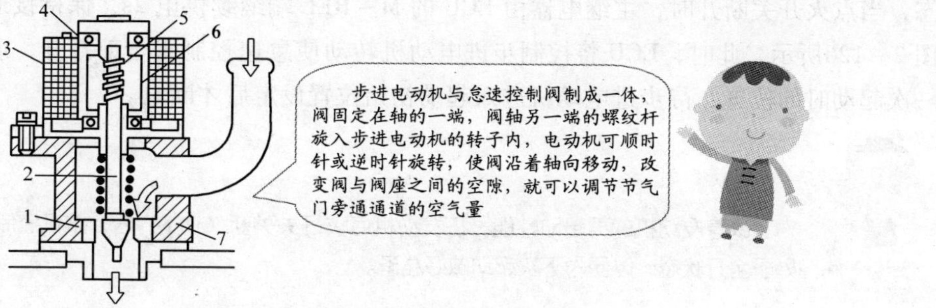

图 2－123　步进电动机怠速控制阀结构

1—空气阀阀座；2—阀杆；3—定子绕组；4—轴承；5—螺纹杆；6—转子；7—空气阀阀体

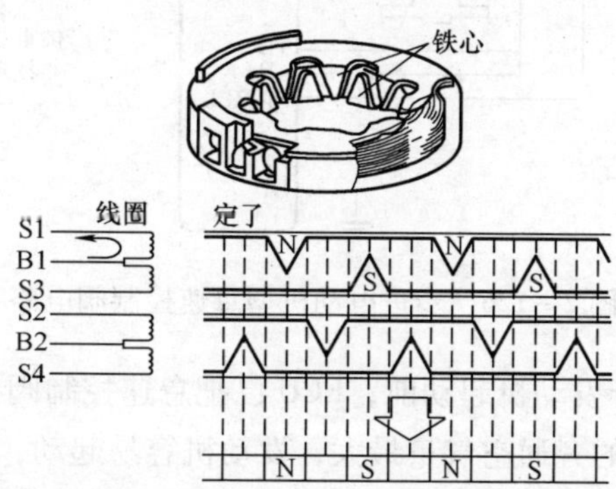

图 2－124　步进电动机怠速控制阀定子结构

步进电动机控制阀的控制原理如图 2－125 所示。

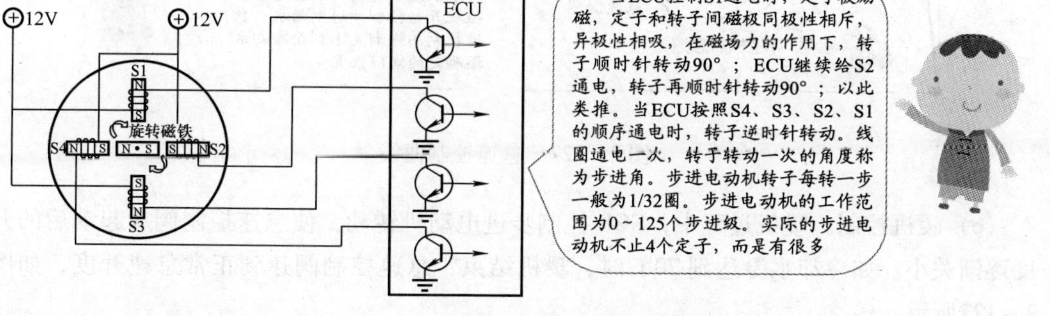

图 2－125　步进电动机控制阀控制原理

2）步进电动机式怠速控制阀的控制内容。

a）起动初始位置的设定。为使怠速控制阀门在发动机下次起动时处于完全打开状态，当点火开关断开时，主继电器由 ECU 的 M－REL 端继续供电 2s，保持接通状态，如图 2－126所示。此时，ECU 将控制步进电动机转动使怠速控制阀全部打开，或控制在上一次起动时的位置，待步进电动机进入起动初始位置设定后才断电。

为了改善发动机的再起动性能，在发动机点火开关关断（OFF）后，微机控制怠速控制阀门处于全开状态，以便为下次起动做好准备。

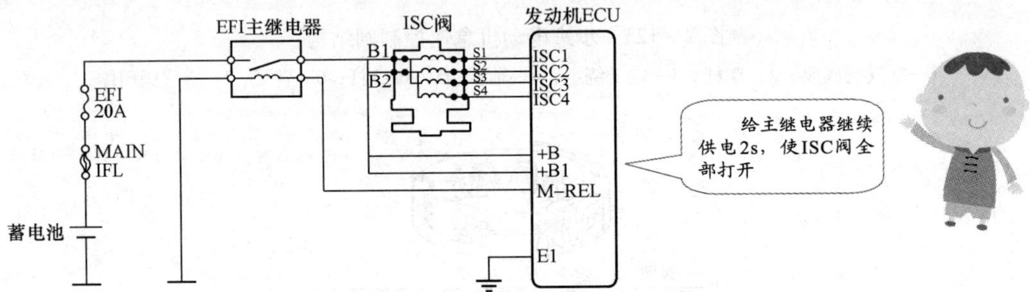

图 2－126　步进电动机型怠速控制阀电路

b）起动后控制。由于发动机起动前，ECU 已把怠速控制阀预先设定在全开位置，在起动期间经过怠速控制阀的旁通空气量最大，发动机容易起动，曲线如图 2－127 所示。

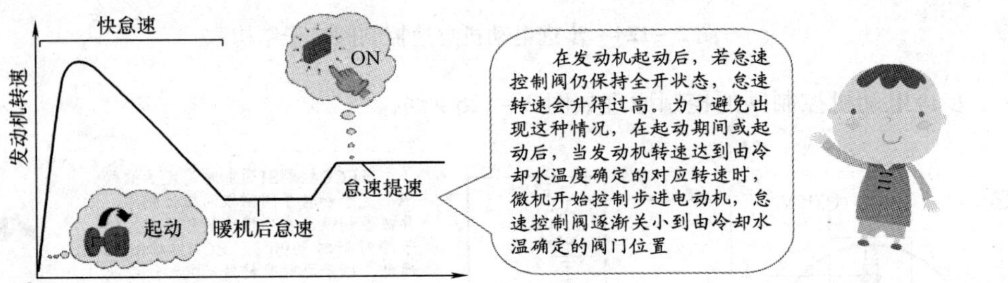

图 2－127　怠速控制曲线

c）暖机控制。暖机过程中，ECU 控制步进电动机转动，使怠速控制阀从起动后的开度逐渐关小。如冷却水温达到 70℃时，暖机结束，怠速控制阀达到正常怠速开度，如图 2－127所示。

d）反馈控制。在怠速运转时，如果发动机的实际转速与微机存储器存储的目标转速相差超过一定值时（如 20r/min），ECU 将通过步进电动机控制怠速控制阀，增减旁通空气量，使发动机的实际转速与目标转速相同。目标转速与发动机怠速工况时的负荷有关，对应空挡起动开关是否接通、是否使用空调和用电增加等不同情况，都有确定的目标转速。

e）发动机负荷变化的预测控制。发动机在怠速运转时，如空挡起动开关、空调开关接通或断开，都会引起发动机怠速负荷变化，产生较大的怠速波动。为了避免发动机怠速时转速波动或熄火，在发动机转速出现变化前，对其进行补偿，ECU 预先将怠速控制阀开大或关小一个固定值。

空调是怠速时发动机的最大负荷。在空调压缩机离合器接合时，会产生瞬时的负荷峰值，因此在失速的情况下，要关掉空调压缩机；在起步时，为了提高加速性能也要关掉空调压缩机，这对一些功率不大的发动机尤为重要。

f）电器负荷增多时的怠速控制。在怠速运转时，当使用的电器负载增大到一定程度时，蓄电池电压就会降低。为了保证电子控制单元的供电电压和点火开关端具有正常的供电电压，需要控制步进电动机，相应地增加旁通道空气量，提高发动机怠速转速，来提高发动机的输出功率。

g）学习控制。电子控制单元通过步进电动机的正、反转步数，确定怠速控制阀的位置，调整发动机怠速转速。由于发动机在整个使用期间，其性能会发生变化，虽然步进电动机控制阀门的位置未变，但实际的怠速转速也会偏离初始数值。此时 ECU 除了用反馈控制的方法输出转速信号，使发动机转速达到目标值外，还将此时步进电动机转过的步数存储在存储器中，以便在以后的怠速控制中使用。

（2）电磁阀控制式。与步进电动机式 ISC 阀相比，电磁式具有响应速度快，反作用力小的特点。电磁式怠速控制阀所采用的是比例电磁阀，它是利用电磁线圈产生的电磁吸力来控制阀门的开度。当电磁吸力大于弹簧力时，阀门开度增大；当电磁吸力与弹簧力达到平衡时，阀门保持一固定开度。

直线电磁式怠速控制阀是利用轴线方向的线位移来调节空气的通路面积；旋转式怠速控制阀是利用旋转方向的角位移来调节空气的通路面积。

1）旋转电磁阀控制式。旋转电磁阀型怠速控制阀结构如图 2－128 所示。

在整个怠速范围内，ECU 根据水温等传感器输入的信号，对怠速转速进行控制，控制原理如图 2－129 所示。控制阀的开度是通过控制两个线圈的平均通电时间，即占空比来实现的。

所谓占空比是指脉冲信号的通电时间与通电周期之比，如图 2－130 所示。通电周期

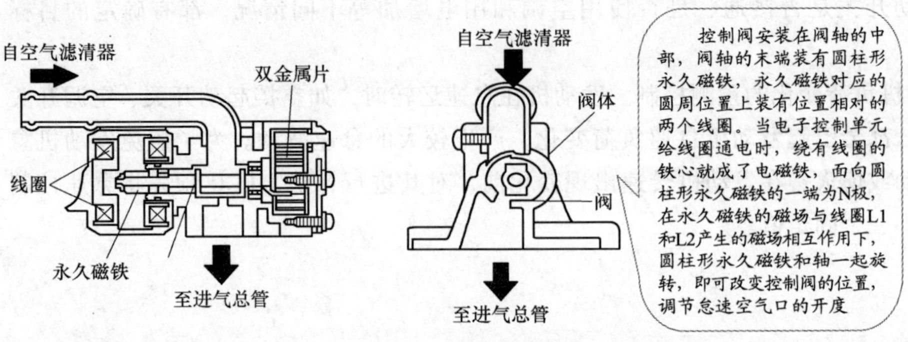

图 2－128　旋转电磁阀型怠速控制阀结构

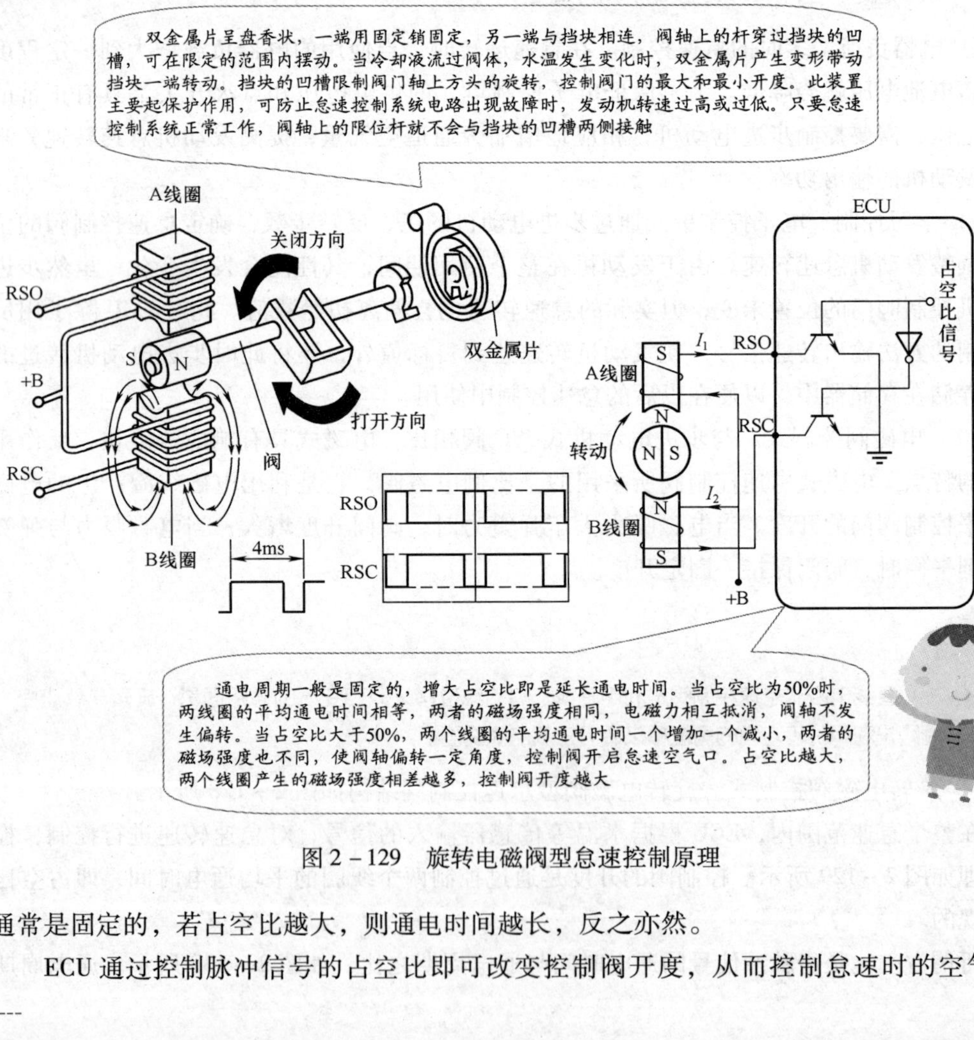

图 2－129　旋转电磁阀型怠速控制原理

通常是固定的，若占空比越大，则通电时间越长，反之亦然。

ECU通过控制脉冲信号的占空比即可改变控制阀开度，从而控制怠速时的空气量，

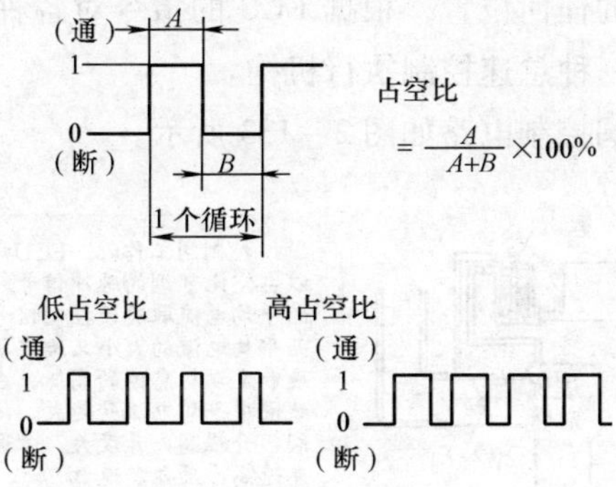

图 2－130　占空比

控制电路如图 2－131 所示。

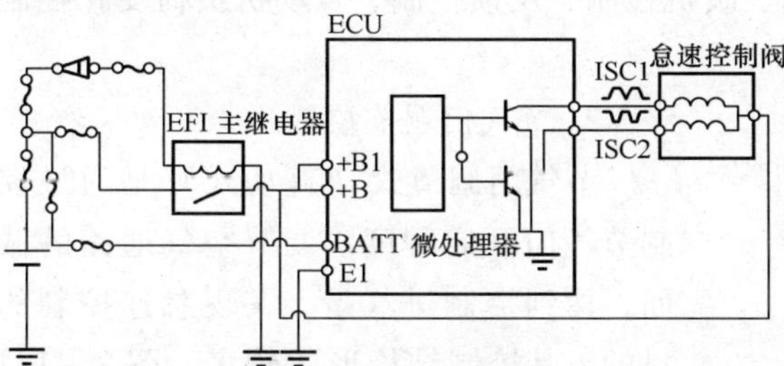

图 2－131　旋转电磁阀式怠速控制阀控制电路

这种怠速控制方式也有起动控制、暖机控制、反馈控制、发动机负荷变化控制和学习控制等功能。

2）线性电磁式。线性电磁式怠速控制阀的结构如图 2－132 所示，主要由控制阀、阀轴、电磁线圈和弹簧等组成，电磁线圈的驱动电流为 ECU 送来的占空比 PWM 信号。这

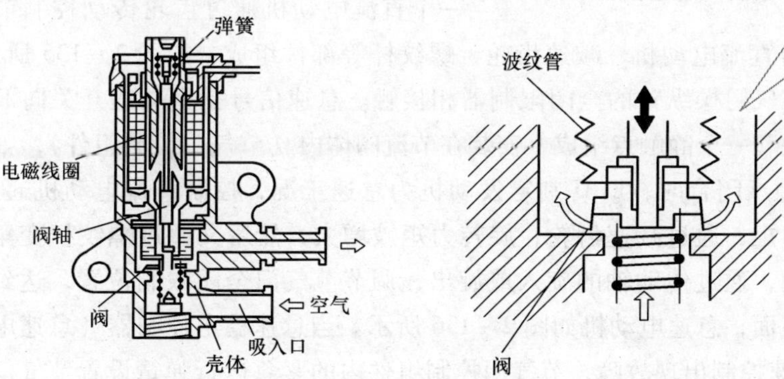

图 2－132　线性电磁式怠速控制阀结构

种电磁阀可以停留在中间的任何位置，根据 ECU 的指令对各种因素做出补偿，且响应速度快，是目前应用较多的一种怠速控制执行机构。

线性电磁式怠速控制阀控制电路如图 2－133 所示。

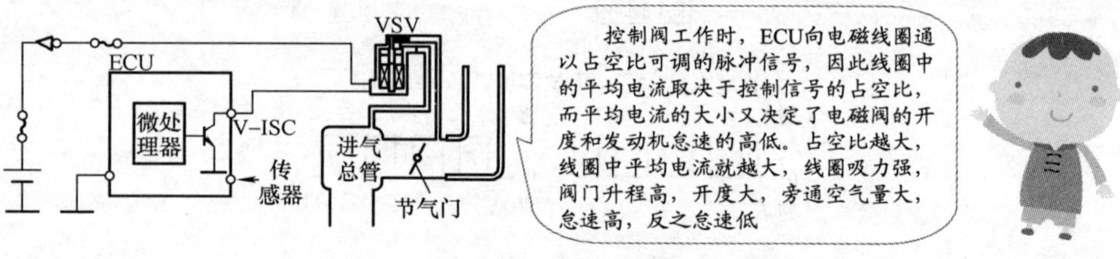

图 2－133　线性电磁式怠速控制阀控制电路

这种怠速控制方式同样包括起动控制、暖机控制、反馈控制、发动机负荷变化控制和学习控制。

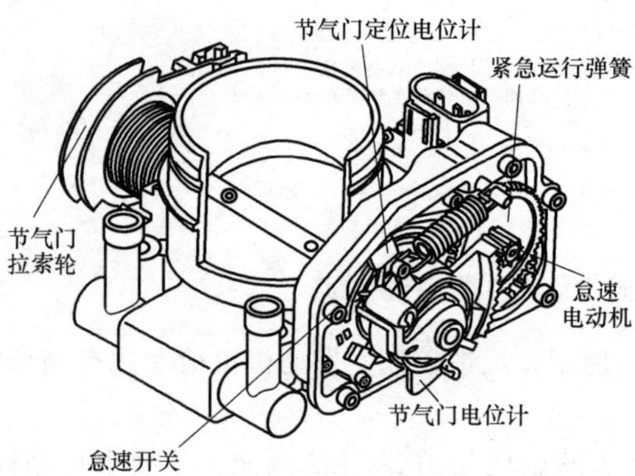

图 2－134　节气门直动式怠速控制系统

2. 节气门调节控制

节气门调节式（直动式）是通过控制节气门开启程度，调节空气通路的截面，达到控制进气量，实现怠速控制的目的。其控制结构形式较多，图 2－134 所示是常见的一种怠速控制装置。

这种怠速控制装置是通过节气门控制组件中的怠速稳定控制器直接控制节气门的开启来实现怠速控制，它没有怠速空气旁通气道。怠速稳定控制器是由一个直流电动机通过齿轮传动控制节气门的开启，传动机构由直流电动机、减速齿轮、螺纹杆等部件组成，如图 2－135 所示。传动机构的传动轴与节气门操纵臂的全闭限制器相接触。怠速信号是由怠速开关向 ECU 提供，它由一个动触点和一个静触点组成，安装在节流阀体内（节气门控制组件），如图 2－134 所示。当怠速触点闭合时，ECU 判定发动机为怠速工况，控制直流电动机通电，直流电动机产生旋转力矩，通过减速齿轮，旋转力矩被增大，然后又通过螺纹杆变角位移为传动轴的直线运动，通过传动轴的旋入或旋出，调节节气门全闭限制位置，达到调节节气门处空气通路截面，怠速电动机如图 2－136 所示。当怠速稳定控制器（怠速电动机）损坏或 ECU 对怠速控制出现故障，节气门控制组件内的紧急运行弹簧设置节气门处于紧急运行位置。

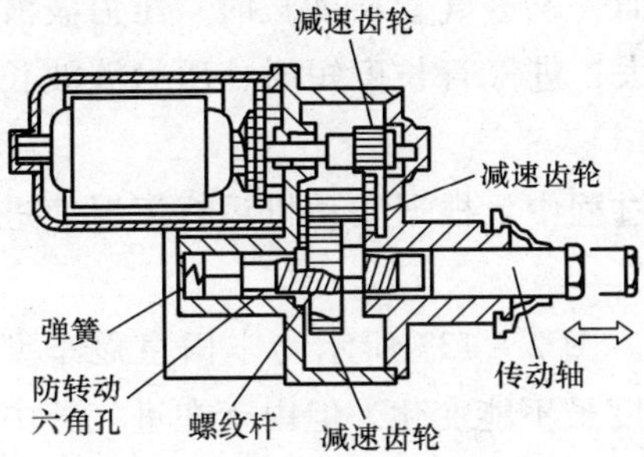

图 2－135　怠速执行机构

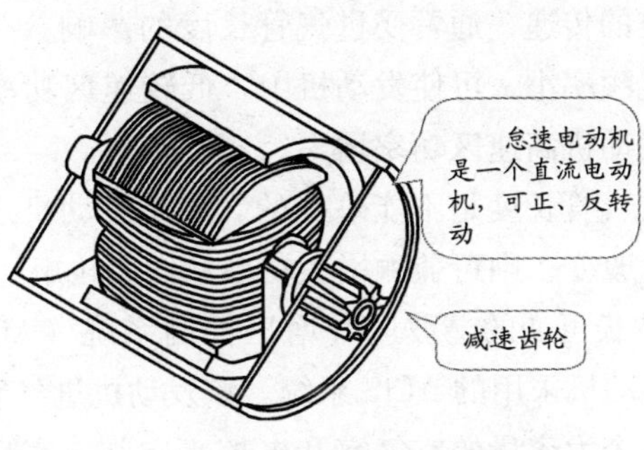

图 2－136　怠速电动机

二、进气控制系统

进、排气系统对发动机性能的影响主要体现在充气效率，而配气相位又对充气效率的影响很大。在传统发动机中，配气相位是固定的，因此不能兼顾高、低速时的充气效率特性，只能根据对性能要求的不同侧重面进行折中，这直接影响了发动机的动力性。为了提高发动机的动力性、经济性及低排放性，汽车工程师们通过各种途径来提高发动机的充气效率，主要有可变进气的控制、可变配气相位的控制和可变进气涡流的控制等新技术。

（一）进气惯性增压控制

进气惯性增压利用进气的惯性效应来提高充气效率，从而提高发动机的动力性和经济性。进气惯性效应与进气压力波传播路线的长度有关，不同转速要求不同的长度。要改变进气压力波传播路线的长度，以适应不同转速惯性增压的需要，对过去化油器式发动机是比较困难的。现在，在电子控制的汽油机中，可以通过改变压力波的波长或改变进气管的长度来实现。

1. 可变波长惯性增压控制系统

可变波长惯性增压控制系统（ACIS）即谐波增压进气控制系统，是利用进气流惯性产生的压力波提高进气效率。

（1）压力波的利用方法。如果让进气压力脉动波与进气门开闭配合好，使反射的压力波集中到要打开的进气门旁，在进气门打开时就会形成增压进气的效果。

当气体高速流向进气门时，如果进气门突然关闭，进气门附近气体流动突然停止，但是由于惯性，后面的气体仍在进入，于是进气门附近的气体将受到压缩，压力上升。当气体的惯性效应消减后，被压缩的气体开始膨胀，向进气气流的相反方向流动，压力下降。膨胀气体的波传到进气管口时又被反射回来，于是形成了压力波。

压力波的传递，通常受进气管长度的影响。一般而言，进气管长度长时，压力波波长长，进气频率小，可使发动机中、低转速区功率增大；进气管长度短时，压力波波长短，可使发动机高速区功率增大。

一般进气管长度是不能改变的。如果发动机运行过程中，根据发动机运行工况使进气管长度可改变，则可兼顾增大功率和增大转矩。

（2）波长可变的谐波进气增压控制系统（ACIS）。图 2 – 137 所示为丰田皇冠车型 2JZ – GE 发动机采用的 ACIS 系统。该发动机进气管长度虽不能变化，但由于在进气管中部加设了一个大容量的空气室和电控真空阀，实现了压力波传播路线长度的改变，从而兼顾了低速和高速的进气增压效果。

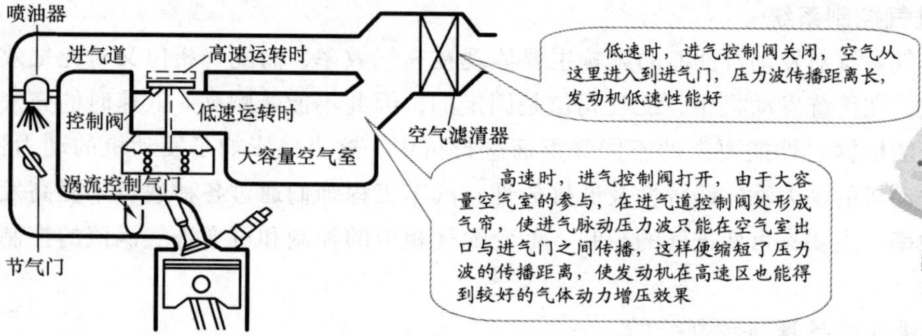

图 2 – 137　进气惯性增压工作原理

ACIS 系统控制是 ECU 根据转速信号控制真空电磁阀的开闭。具体控制方式是：ECU→ACIS 电磁阀→真空→真空驱动器→进气控制阀，控制原理如图 2 – 138 所示。

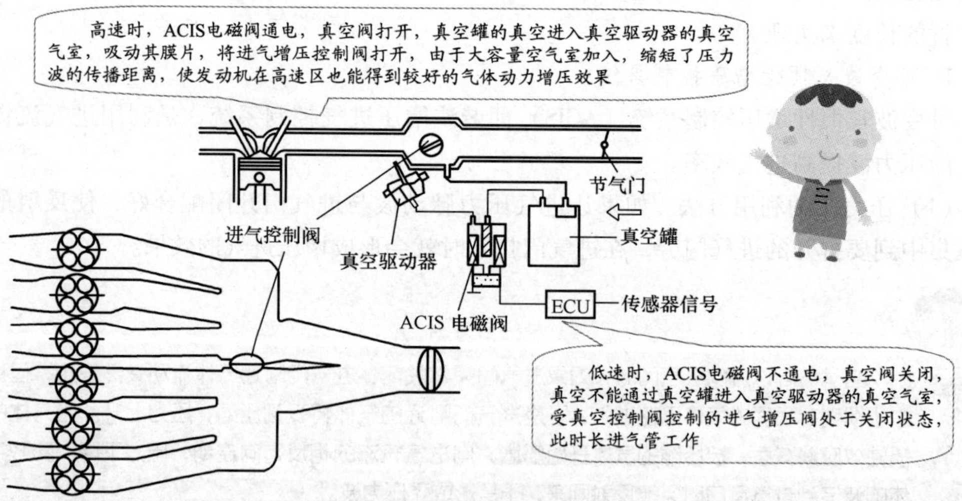

图 2 – 138　ACIS 系统控制原理

2. 可变进气管长度惯性增压系统

根据流体力学的原理，在其他参数不变的情况下，管道的截面积越大流体压力越小；管道截面积越小流体压力越大。这就像高压水枪的管口一样，高压水枪的出水口直径要比高压水管的直径小很多倍，所以水流的压力也上升了很多倍，这样才能把水推到很远的距离。

根据这一原理，再分析发动机各个工况的工作特性，就需要设计一套机构能在发动机高转速时使用较大的进气歧管截面积提高进气流量；在发动机低转速时使用较小的进气歧管截面积，提高汽缸的进气负压，也能在汽缸内充分形成涡流，让空气与燃油混合得更好。

现在发动机大多采用了多气门设计，每缸 4 气门（两进两排）。由于有两个进气门，那就意味着有两根进气歧管，在其中一根进气歧管中装入一个可随 ECU 控制开闭的转换阀。当发动机处于高转速时，转换阀打开，这时两根进气歧管同时进气，获得大流量的混合气体；当发动机处于低转速时，该转换阀关闭，可以看成是使用一根进气歧管进气，这样进气歧管的截面积就减小了一倍，能获得更好的进气负压和混合气涡流，使发动机的工作效率在高转速和低转速时都得到了提高。

在现代发动机上一般有以下几种控制方式：

（1）可变进气管截面控制，如图 2－139 所示。每一缸使用两个进气管道，即一个主进气管道和一个副进气管道，图中显示每个汽缸配有 4 个气门，2 个进气门各配有一个进气管道，其中一个进气管道中装有进气转换阀，进气转换阀的开闭受 ECU 控制。

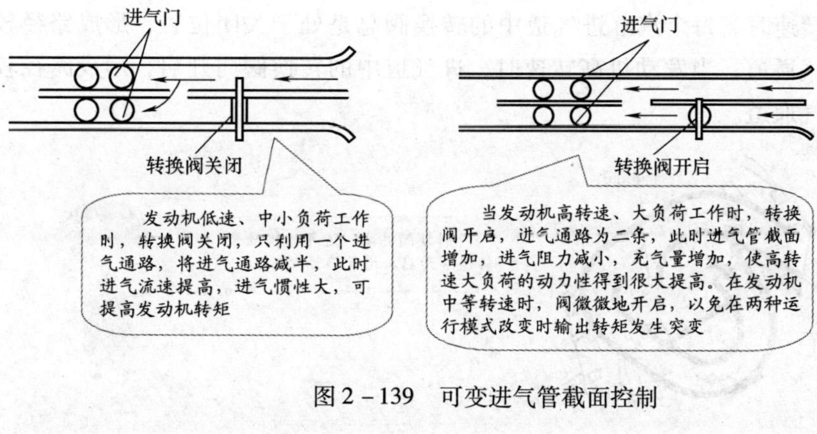

图 2－139　可变进气管截面控制

可变进气转换阀可通过电磁阀控制的真空膜片起作用，也可通过伺服电动机起作用，后者的控制较为精确，如图 2－140 所示。进气转换阀的开启和关闭是由膜片式执行器来完成的，执行器膜片室内的工作压力是由三通电磁阀进行控制，三通电磁阀的工作则受 ECU 控制。

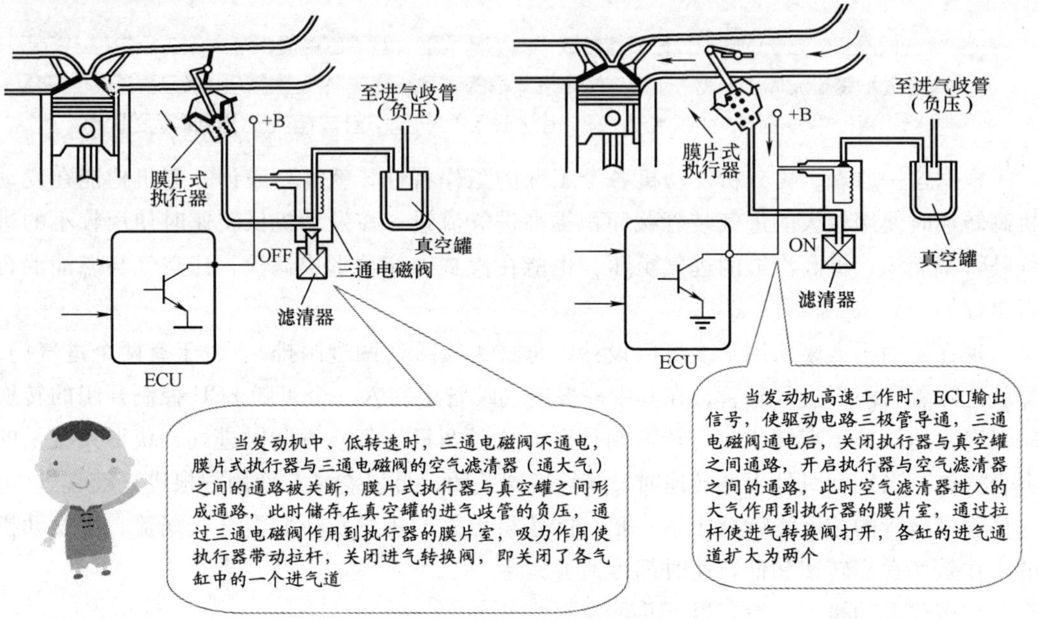

图 2－140　可变进气管截面控制原理

（2）可变进气管长度，如图 2－141 所示。低速时进气管长，高速时进气管变短，在发动机进气歧管内设置进气转换阀，进气转换阀接受 ECU 控制。

在发动机低转速时，每个汽缸进气道中的转换阀总是处于关闭位置，形成路径较长而截面较小的进气通道；当发动机高转速时，进气道中的转换阀门开启，形成路径较短而截面较大的进气通道。

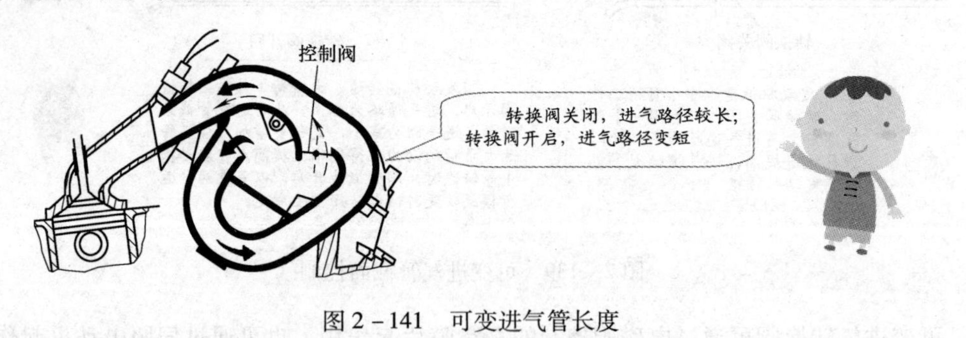

图 2－141　可变进气管长度

最理想的一种是进气管长度能够随转速变化而变化，如图 2－142 所示。

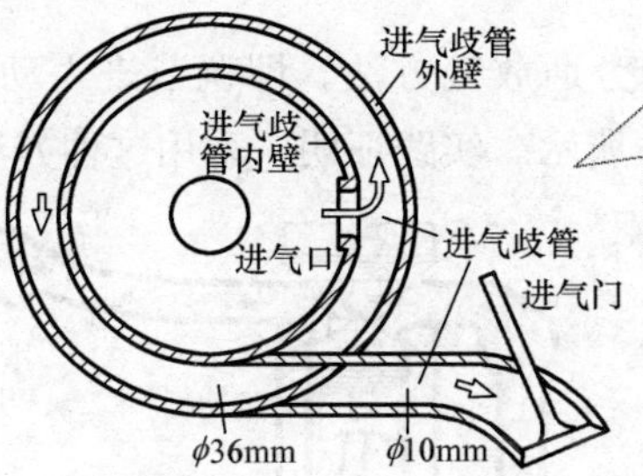

图 2 – 142 无级可变进气管长度

（二）废气涡轮增压控制

发动机采用废气涡轮增压进气系统的目的是加大循环进气量，提高发动机输出功率所以目前不少汽油发动机开始逐渐采用废气涡轮增压装置。根据增压装置使用的动力源不同，增压装置分废气涡轮增压和机械动力增压两种，目前多采用废气涡轮增压。

图 2 – 143 废气涡轮增压器

1. 废气涡轮增压器的基本结构及原理

废气涡轮增压系统主要由涡轮增压器（如图 2 – 143 所示）、增压压力电磁阀、膜片式放气控制阀和冷却器等组成，如图 2 – 144 所示。

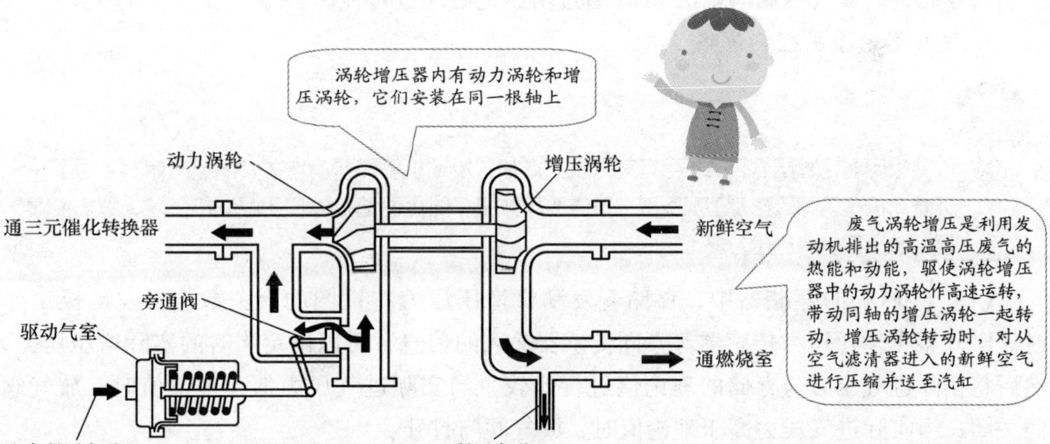

图 2 – 144 废气涡轮增压系统

2. 废气涡轮增压控制方式

废气涡轮增压的控制方式很多，但多采用旁通放气方法，即调节进入动力涡轮室的废气量从而对增压压力进行控制，如图2－145所示。实践证明，采用这种方法简单有效。

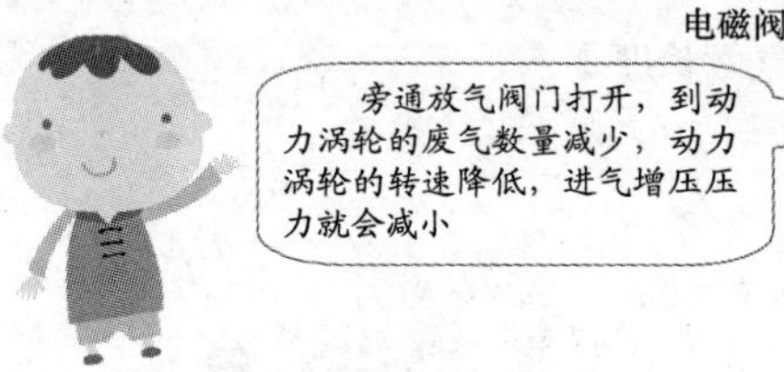

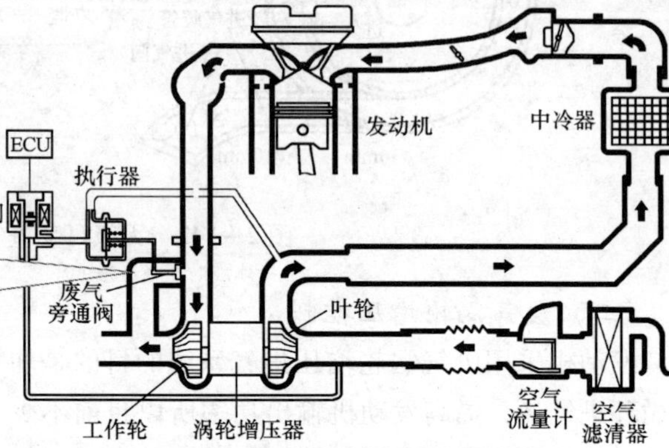

图2－145　旁通放气法废气涡轮增压控制

当需要增加进气压力时，排气管排出的废气进入涡轮增压器，经动力涡轮排出；当发动机转速升高，动力涡轮的转速加快，增压涡轮也同样加快，致使进气增压压力增大。若旁通放气阀门打开，到动力涡轮的废气数量减少，动力涡轮的转速降低，进气增压压力就会减小。由此可见，通过控制旁通放气阀门，改变废气通路走向，使废气进入动力涡轮室或者旁路排出，就可以实现增压压力的控制。通常，旁通放气阀门由膜片式放气控制阀控制，而放气控制阀则由ECU通过增压电磁阀进行控制。

3. 废气涡轮增压控制策略

采用涡轮增压后，由于平均有效压力增加，发动机爆燃倾向增大，热负荷偏高。为了保证发动机在不同转速及工况下取得最佳增压效果，防止发动机爆燃和限制热负荷，必须要对涡轮增压系统增压压力进行控制。

（1）在ECU的存储器中，存储着发动机增压压力特性图的有关数据。发动机工作时，ECU根据增压压力传感器等不同传感器输入的信息，可以确定当时的实际增压压力，然后将实际进气压力与存储的理论值进行比较。当实际进气压力低于理论值时，放气阀门关闭；当实际进气压力高于理论值时，放气阀门打开。

（2）废气涡轮增压压力电子控制是一种闭环控制，控制对象是增压压力，在节气门位置和发动机转速已经确定的情况下，实际上就是控制每循环的吸气量，可用进气歧管绝对压力传感器、空气流量传感器的信号表征。

（3）在实际控制中，为了获得较好的爆燃控制效果，基本上都采用调节点火正时和调节增压压力相结合的办法。

单一通过降低增压压力的办法，会引起发动机运行性能降低。另外，由于采用涡轮增压后，发动机排气温度较高，也不适宜单独采用调节点火正时的办法来控制爆燃，否则由于温度的增高，对高温排气驱动的涡轮有不利影响。通过调节点火正时和调节增压压力两种方法并举是首选模式。

当ECU根据传感器输入的信号，鉴别出爆燃时，立刻使点火提前角推迟，推迟点火提前角是最快的措施，同时又平行地降低增压压力。在这两方面调节生效（爆燃消失）时，再将增压压力慢慢降低，通过点火正时调节装置，又将点火提前角调节至最佳值，以便尽可能保持发动机的更大转矩。当点火提前角到达最佳值时，再慢慢地增加增压压力。

（三）可变气门正时控制

传统的自然吸气式发动机，其配气机构的配气相位和气门升程都是固定的，这就使进气量相对是固定的，使动力性、经济性和排放性等潜能均未完全发挥。随着汽油机高速化发展，对内燃机的要求越来越高，一方面人们要求高功率和高转矩，另一方面废气排放法规日趋严格。为了兼顾高、低速和大、小负荷各种工况，气门开启相位、气门开启持续角度和气门升程这三个特性参数应相应改变，即采用可变配气相位控制技术。

1. 本田可变气门正时及升程控制系统（i-VTEC）

i-VTEC除了传统的VTEC，还包括一套在进气凸轮轴上的VTC（可变气门正时控制）机械机构。VTEC是利用一种以上的凸轮外形改变气门升程和正时。而VTC是通过油压改变进气凸轮轴的相位，还可连续改变进气门的正时。

不同发动机工况对进气门升程的要求是：低速时，需要小的气门升程，增加真空吸力；高速时，需要大的气门升程，增加进气通道，进气充分。

本田公司的VTEC可变气门正时及气门升程电子控制系统，是世界上第一个能同时控制气门开闭时间及升程两种不同情况的气门控制系统。VTEC机构就是通过改变不同工况下进气门的升程来满足这一需求的。

（1）VTEC的结构及控制原理。VTEC发动机有两个进气门（主、次），两个排气门，每个气门均有凸轮通过摇臂来驱动，结构如图2－146所示。驱动主、次进气门的凸轮分别叫主、次凸轮，在两个进气凸轮之间增设一个凸轮称中间凸轮，中间凸轮升程最大，主凸轮次之，次凸轮最小，如图 2－147 所示。与主、次进气门接触的摇臂叫主、次摇臂，主、次摇臂之间有一个特殊的中间摇臂，它不与任何气门直接接触，中间摇臂的一端与中间凸轮接触，另一端在低速时可自由活动。三个摇臂并列在一起，均可在摇臂轴上转动，三个摇臂在靠近气门一端均有一个油缸孔，油缸孔中都安置靠油压控制的活塞（正时活塞、主同步活塞、中间同步活塞和次同步活塞）。

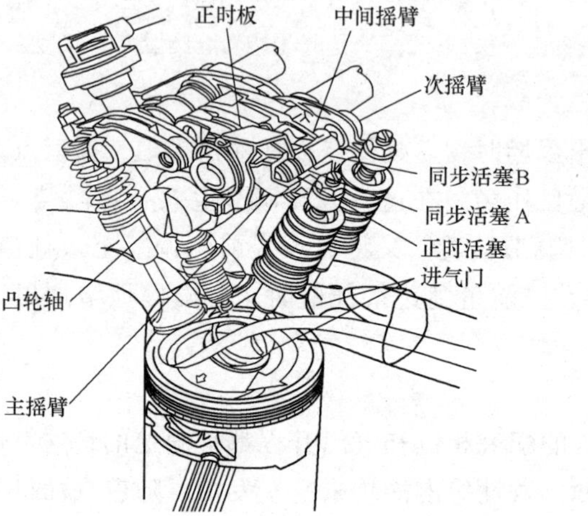

图 2－146　本田发动机 VTEC 系统

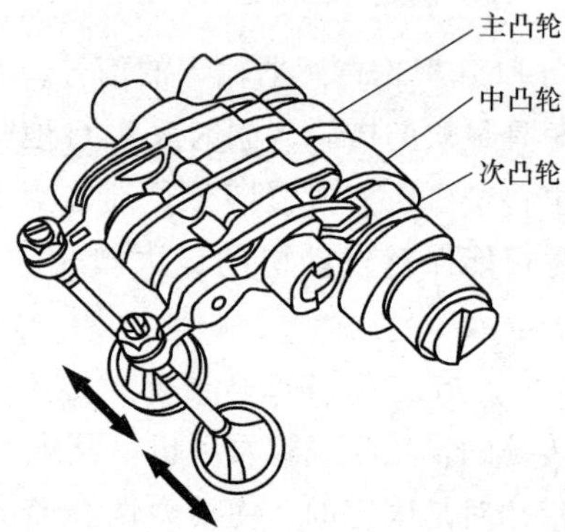

图 2－147　VTEC 气门组结构

低升程凸轮在发动机低转速下使用，高升程凸轮在发动机高转速下使用。中间凸轮升程最大，是按双进、双排气门工作最佳输出功率的要求设计的。主凸轮升程小于中间凸轮，它是按发动机低速工作时单进气门开闭要求设计的。次凸轮的升程最小，只稍微高于基圆，发动机处于怠速时，将次进气门稍微打开，以免燃油积聚在次进气门口。

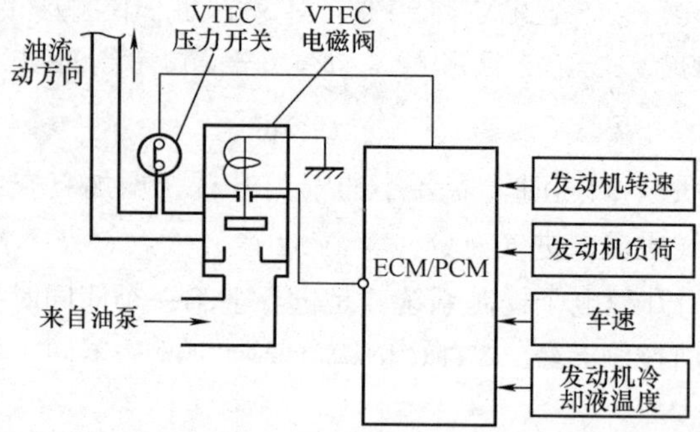

图 2－148　VTEC 的控制系统

VTEC 机构是采用一根凸轮轴上设计两种（高、低速）不同配气正时和升程的凸轮，利用液压进行切换的装置。VTEC 的控制系统主要由电控单元、VTEC 电磁阀总成和压力开关等组成，如图 2－148 所示。

低转速时 VTEC 不工作，ECU 控制 VTEC 电磁阀断电油道关闭，四个活塞都处于各自摇臂的油缸内（正时活塞的一端接受油泵的工作压力），如图 2－149 所示。此时，主凸轮通过主摇臂驱动主进气门，中间摇臂驱动中间摇臂空摆（不起作用），如 2－150 所示，次凸轮升程非常小，通过次摇臂驱动次进气门微量开闭，配气机构处于单进、双排气门工作状态。

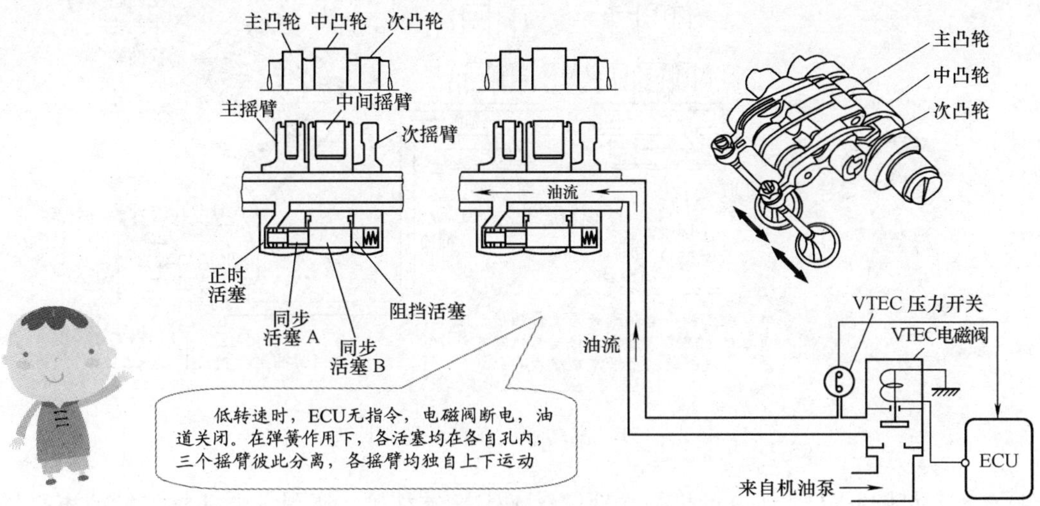

图2－149　低转速时VTEC控制原理

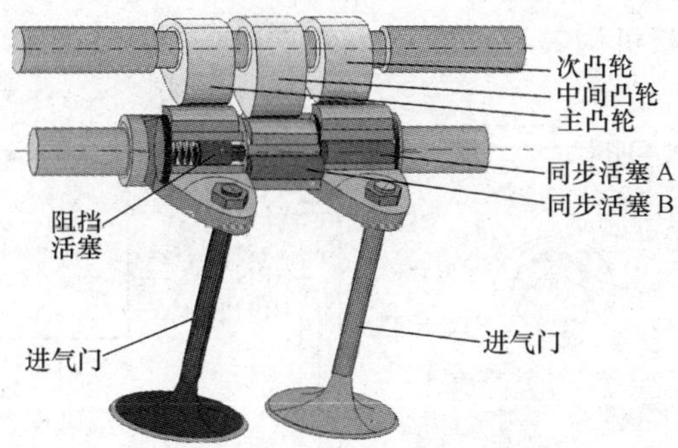

图2－150　低转速时VTEC工作状态

当发动机转速在2300～3200r/min以上，且发动机转速、负荷、冷却液温度及车速均达到设定值时，ECU指令电磁阀开启工作油道，油压推动四个活塞串联在一起，如图2－151所示。因中间凸轮升程大于其他两个凸轮，且凸轮角度提前，中间摇臂受中间凸轮驱动，主、次气门升程大大提高。此时配气机构处于双进、双排气门工作状态。

从低转速切换到高转速的过程依靠在液压柱销建立油压实现，反之靠复位弹簧实现。高低转速的切换由ECU根据发动机转速、负荷、水温和车速信号来确定。当系统出现故障，将锁定在低转速气门规律上运行。

（2）VTC（Variable Timing Control）的结构及控制原理。2003年，Honda开发出了比

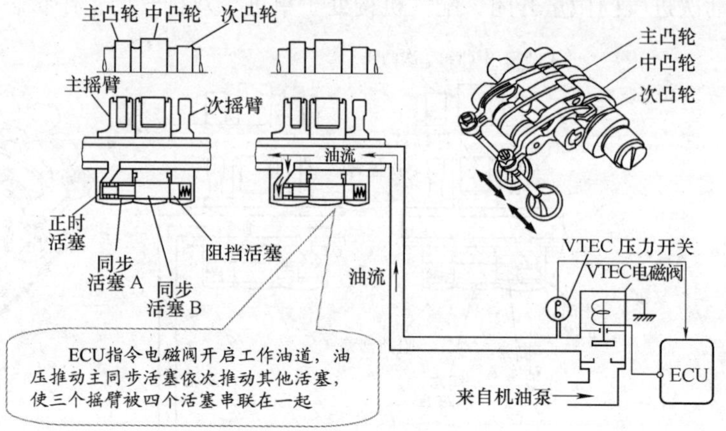

图 2－151　高转速时 VTEC 控制原理

VTEC 更先进的 i-VTEC（也可称为 VTEC 或 VTC）发动机，实现了低油耗、清洁尾气排放，以及高功率性能的高度结合，新一代清洁运动型发动机面世。VTC 可变正时控制系统结构如图 2－152 所示。它由凸轮轴相位传感器、VTC 电磁阀、VTC 油压开关、VTC 机油控制电磁阀及 VTC 执行机构等组成。

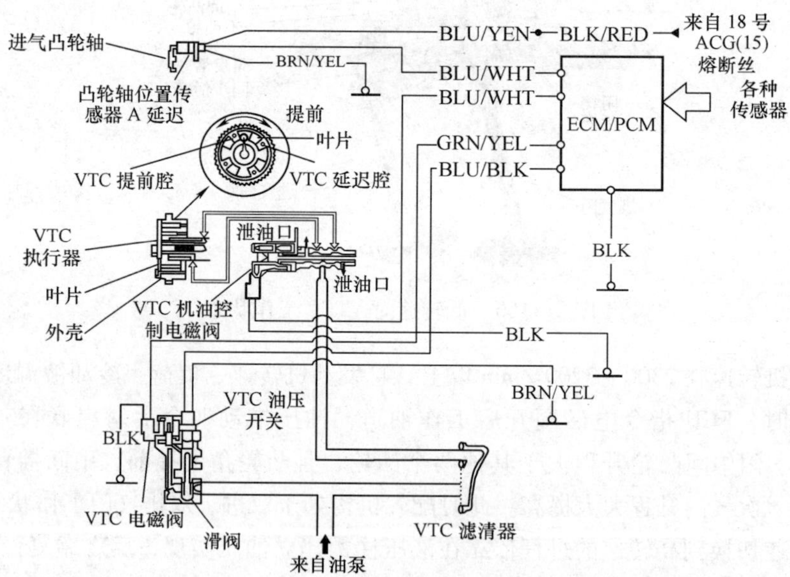

图 2－152　VTC 可变正时控制系统结构

调节进气凸轮轴的叶片调节器被直接安装在进气凸轮轴上，如图 2－153 所示。

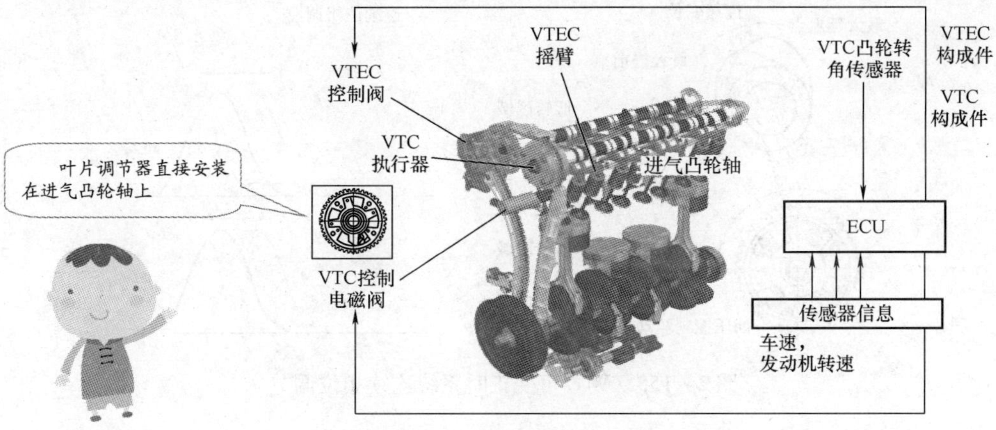

图 2－153　VTC 可变正时系统控制框图

叶片调节器由带外转子的壳体和内转子组成，如图 2－154 所示。带外转子的壳体与正时链条连接，内转子直接与凸轮轴相连。

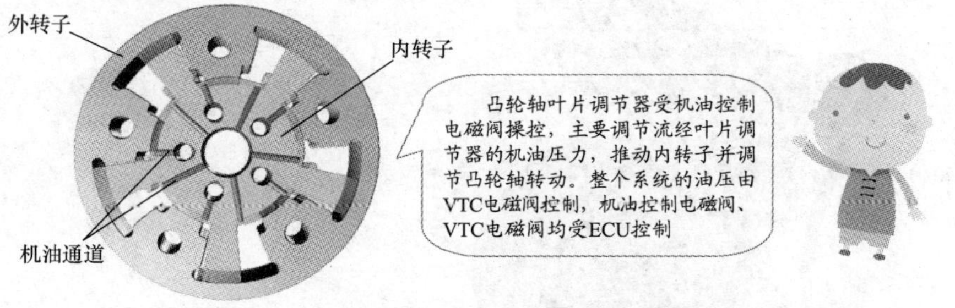

图 2－154　凸轮轴叶片调节器结构

当需要调节进气凸轮轴时，ECU 根据发动机转速、负荷、温度及曲轴和凸轮轴位置等传感器信号，通过电磁阀开启机油通道，机油经控制电磁阀调节流入叶片调节器，叶片调节器旋转，并根据发动机电控单元的要求调节凸轮轴旋转范围，如图 2－155 所示，调节曲线取决于存储在电控单元上的脉谱图。如果发生故障，VTC 系统控制失效，进气正时被固定于完全延迟的位置上。

VTC 可变正时控制系统的主要特点是：① 根据发动机运行工况，通过 ECU 控制程序调节进气凸轮轴的相位，连续改变进气门正时；② 进气门正时被优化处理，以使发动机输出最大功率；③ 凸轮相位角被提前，获得 EGR 效果，以降低泵送损失；④ 进气门迅速闭合，以利于减少空气/燃油混合物返回进气侧的量，并提高充注效果；⑤ 系统在怠速下减小凸轮提前，稳定燃烧并降低发动机转速。

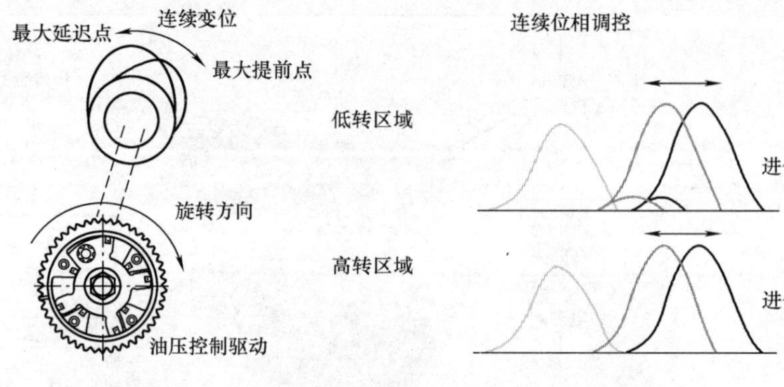

图 2 – 155 VTC 可变正时系统连续相位调节

2. 宝马可变气门正时系统（Valvetronic）

Valvetronic 能改变进气门的正时与升程，气门升程是连续可变的。可变升程机构安装位置如图 2 – 156 所示。

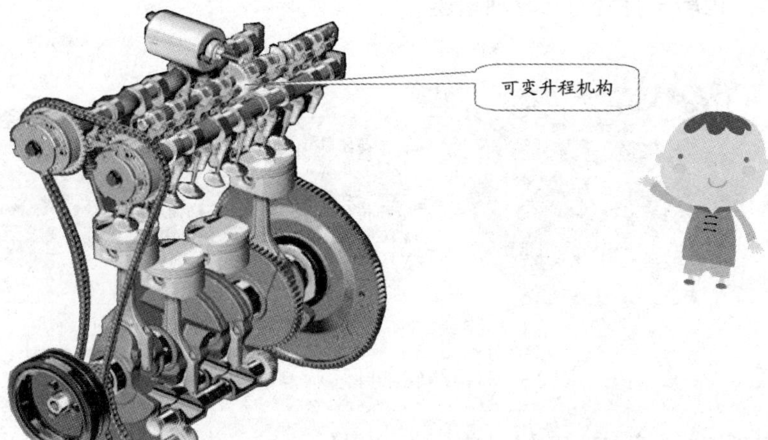

图 2 – 156 可变升程机构安装位置

（1）可变气门升程。可变气门升程系统有一根与普通发动机一样的凸轮轴，另有一组偏心轴与中间杠杆机构，并由步进电动机带动，步进电动机改变偏心凸轮的偏移量，经机械传动间接地改变进气门的动作，各部件安装位置如图 2 – 157 所示。

Valvetronic 系统有一个单独的电子控制单元，电控单元通过接收来自油门位置的信号，控制步进电动机旋转，它能在很短的时间（0.3s）内无级地改变气门的升程（变化范围从 0.2 ~ 9.7mm），如图 2 – 158 所示，从而可以取消节气门（但是在车上还保留有节

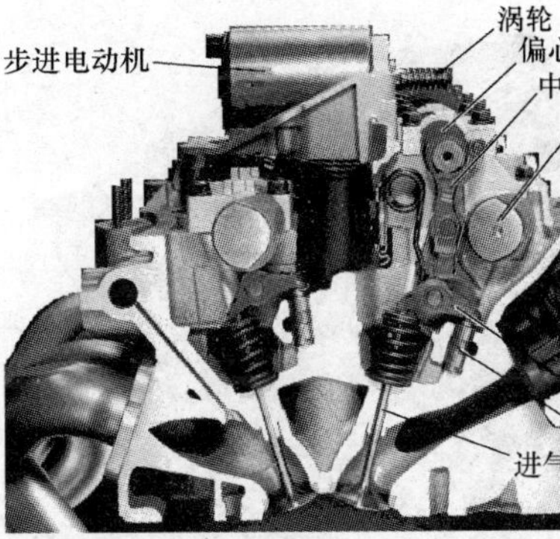

图 2－157 可变气门升程机构各部件位置图

气门，为了真空度的需要）。

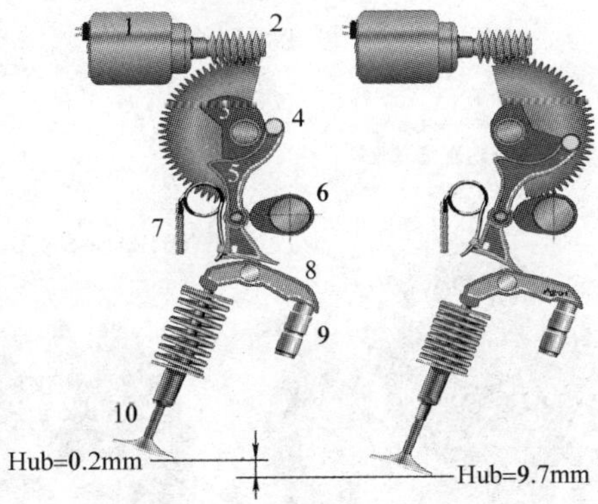

图 2－158 可变气门升程变化范围

1—步进电动机；2—涡轮；3—偏心轴；4—上部旋转点；5—中间杠杆；
6—凸轮轴；7—回位弹簧；8—滚子摇臂；9—液压挺柱；10—进气门

（2）可变气门正时。宝马 N62 发动机的可变正时系统在发动机上位置如图 2－159 所示。在进、排气凸轮轴上都装有新型的叶片式可调气门正时机构（VANOS），外形如图 2－160所示。

转子与凸轮轴用螺栓紧固在一起，正时链条将曲轴与 VANOS 单元的壳体连接起来。转子上装有弹簧，弹簧将叶片压在 VANOS 单元的壳体上，转子上有一个凹槽，锁止销安装在此凹槽中，如果电磁阀将机油压力连通到 VANOS 单元，则锁止销被压出凹槽，进行气门正时的调节，其最大调节角度为60°的曲轴转角。

对于增压发动机，通常不需要采用 VVT 技术，因为增压发动机的气门正时是按有利

图 2－159　可变正时系统位置

图 2－160　VANOS 单元的外形

于低速工况设计的（重叠角小，进气门关闭早），在高速时增压器出口的压力高，充气不会恶化。

三、排放控制系统

排气污染是汽车三大公害（噪声、电磁干扰和排气污染）之一。由于日益严格的排放法规，各国汽车制造商对汽车发动机排放的控制和净化进行了大量的研究，采取的技术措施大致可分为发动机本身的改进和增加排气净化装置，另外还采取了多种排放控制系统来减少汽车的排气污染。

> 汽车发动机有害气体从三个途径排出：
> （1）燃烧后所排出的废气；
> （2）曲轴箱的废气；
> （3）汽油蒸发形成的废气。
> 主要成分有一氧化碳（CO）、氮氧化合物（NO_x）和碳氢化合物（HC）。

（一）燃油蒸发（EVAP）控制系统

在现代汽车上，为了防止油箱中的燃油蒸发到大气中去，以控制 HC 的总排放，都采用了燃油蒸发控制系统。

> 燃油蒸发控制系统的作用是：① 阻止燃油箱内蒸发的燃油蒸气泄漏到大气中去，以免污染环境；② 将燃油箱的汽油蒸气进行收集后，适时的送入进气歧管，与空气混合后进入发动机燃烧，使汽油得到充分利用。

1. 燃油蒸发控制系统的基本组成

早期的燃油蒸发控制系统多是利用真空进行控制，而现在基本上都采用 ECU 进行控制。目前比较常见的燃油蒸发电子控制系统如图 2 – 161 所示。它主要由燃油箱、油气分离阀、活性炭罐、清除电磁阀和 ECU 等组成。

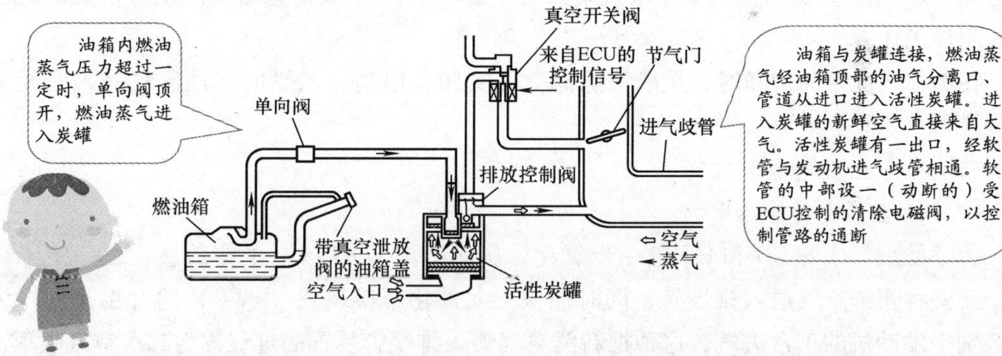

图 2 – 161　燃油蒸发电子控制系统的基本组成

2. 燃油蒸发排放（EVAP）的控制

当发动机运转时，如果清除电磁阀开启，则在进气歧管真空吸力的作用下，空气从活性炭罐底部进入，经过活性炭至上方出口，再经软管进入发动机进气歧管，使吸附在活性炭表面的燃油分子又重新蒸发，随新鲜空气一起被吸入发动机汽缸燃烧。

燃油蒸气回收后进入发动机进气歧管的时间和进入量都必须进行控制，以免破坏发动机正常工作时的混合气成分，影响发动机正常工作。清除电磁阀的开度由 ECU 根据发动机的工作状态确定，在非怠速工况下，电磁阀开度由闭环的空气流量确定，最大可达100%。ECU 给电磁阀一个脉冲信号，通过占空比来控制燃油蒸气流量，如图 2－162所示。

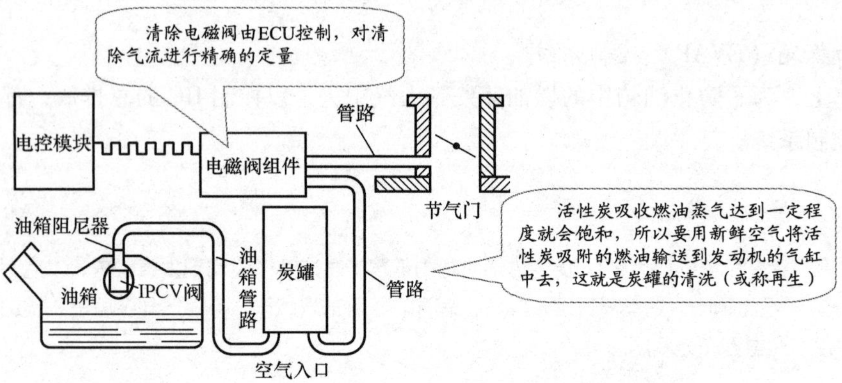

图 2－162　燃油蒸发控制

燃油蒸发排放（EVAP）的控制模式，不同生产厂家可能有所不同，但 ECU 控制清除电磁阀的工作方法基本相同。一般清除电磁阀打开必须满足下列条件：① 转速和负荷要达到一定值；② 冷却温度要在暖机结束后一定范围；③ 氧传感器功能正常，发动机已进入闭环工作。

在倒拖工况燃油切断时，炭罐清除阀立即关闭，以防止未燃的燃油蒸气进入三元催化转换器。

（二）二次空气喷射控制

1. 二次空气喷射的作用

为了使废气中的 CO 和 HC 进一步氧化，从而降低 CO 和 HC 的排放量，在一定工况下，需要将新鲜空气送入排气管，同时加快三元催化转换装置（TWC）的升温过程。为了区别于发动机的正常进气，这种把新鲜空气喷入排气管装置的过程称为二次空气喷射。

新鲜空气喷入燃烧后的废气中，会使未燃的 HC 和 CO 进一步氧化燃烧，很像对着慢慢减小的火苗吹风。空气中的氧气与 HC 化合，生成水并呈蒸汽状，而氧和一氧化碳反应生成二氧化碳，变成一种无害气体。

二次空气喷射方法有两种：一种是空气泵系统，利用空气泵将压缩空气导入排气系统，驱动空气泵时要消耗发动机的输出功率；另一种方法是脉冲空气系统（无泵式），即利用排气压力脉冲将空气导入排气系统，这种方法可以降低发动机的功率消耗。

2. 二次空气喷射的组成及原理

（1）空气泵式二次空气喷射系统。空气泵式二次空气喷射系统主要由二次空气泵和二次空气电磁阀组成，如图 2－163 所示。

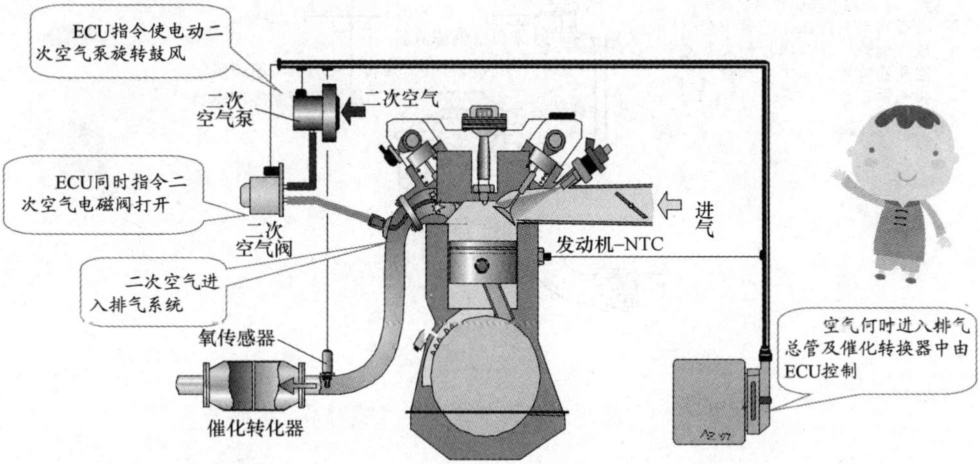

图 2－163 空气泵式二次空气喷射系统组成及原理

（2）脉冲式二次空气喷射系统。脉冲式（无泵式）空气喷射系统利用排气本身的压力脉冲，将来自空气滤清器的空气吸入排气歧管或催化转换器内。排气中的压力是正负交替的脉冲压力波，当发动机以低转速运转时，排气歧管内的负压脉冲驱动空气从空气滤清器通过电磁阀和单向阀进入排气口，与排出的 HC 进一步燃烧，降低 HC 的排放量。当排气歧管内为高压脉冲时，单向阀关闭，空气不能反向流动，因此没有新鲜空气进入排气口，HC 排放量不能降低。脉冲空气系统的上、下游空气道各有一个电磁阀和单向阀。由于排气口的低压脉冲持续时间随发动机转速的提高而变短，因此这个系统在发动机较低转速时更能有效地降低 HC 的排放量。

脉冲式（无泵式）空气喷射系统由二次空气控制阀、二次空气电磁控制阀组成，如图 2－164 所示。

二次空气系统的工作是由 ECU 根据发动机温度、转速、负荷等信号确定的，其工作原理是当二次空气系统工作时，ECU 给二次空气电磁阀通电，电磁阀开启，膜片阀真空室与进气歧管真空通道接通，进气管真空度将膜片阀吸起，舌簧阀被排气管内的脉动真

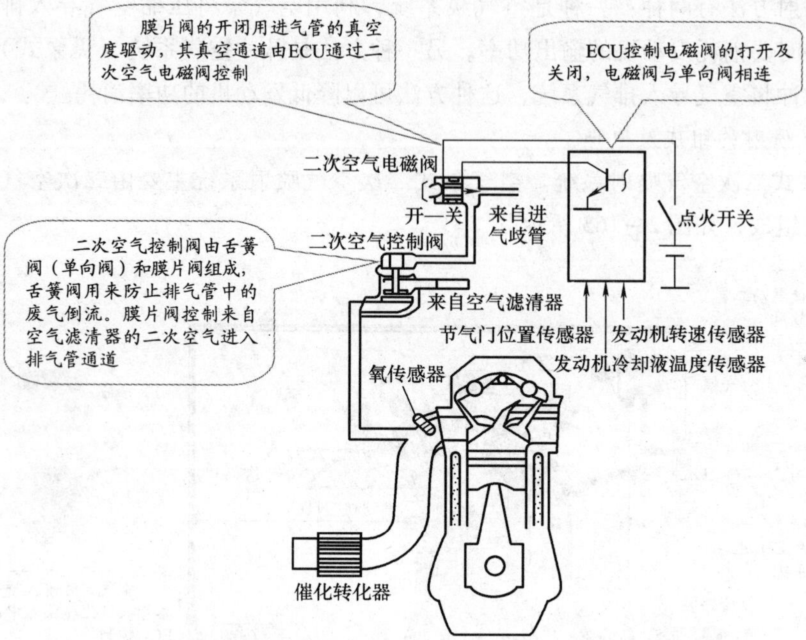

图2－164　脉冲式（无泵式）空气喷射系统组成

空吸开，使来自空气滤清器二次空气进入排气管；当二次空气系统不工作时，ECU给二次空气电磁阀断电，电磁阀关闭通向膜片阀真空室的真空通道，膜片阀在弹簧的作用下推动膜片下移，关闭二次空气供给通道，此时，新鲜空气不能进入排气管口。

3. 二次空气喷射系统控制策略

（1）二次空气系统只在起动后的暖机阶段运行。一旦三元催化转换器达到工作温度，二次空气系统便退出运行。

（2）二次空气输入排气系统时，混合气要适当加浓，以便使废气中有较多的HC和CO与二次空气进行燃烧，使三元催化转换器迅速加热。

（3）二次空气输入排气系统时，点火要适当推迟，以便提高排气温度，确保废气中的HC和CO能与二次空气进行燃烧。

（4）二次空气喷射系统不工作的条件：电控燃油喷射系统进入闭环控制、冷却液温度超过规定范围、发动机转速和负荷超过规定值、ECU发现有故障。

（三）三元催化转换器的闭环控制

三元催化转换器（TWC）也称为触媒转换器，简称触媒。其功能是利用含有铂（Pt）、钯（Pd）、铑（Rh）等贵金属的催化剂在300～900℃的温度下将发动机排出废气中的NO_x、HC和CO这些有害气体转化为无害气体，从而实现对废气的净化。

小贴士：

铂、钯、铑三种材料可用作汽车催化转化器的催化剂。铂和钯是氧化催化剂，当 HC 和 CO 与布满铂、钯的热表面接触时，HC 和 CO 就会分别与氧气化合成水和二氧化碳。铑是还原催化剂，当 NO_x 与灼热的铑接触时，NO_x 就会脱去氧，还原为 N。

1. 三元催化转换器的结构原理

三元催化转换器安装在排气消声器前面，结构如图 2－165 所示。三元催化转换器一般由金属外壳、隔热减振衬垫、催化剂载体和催化剂组成。

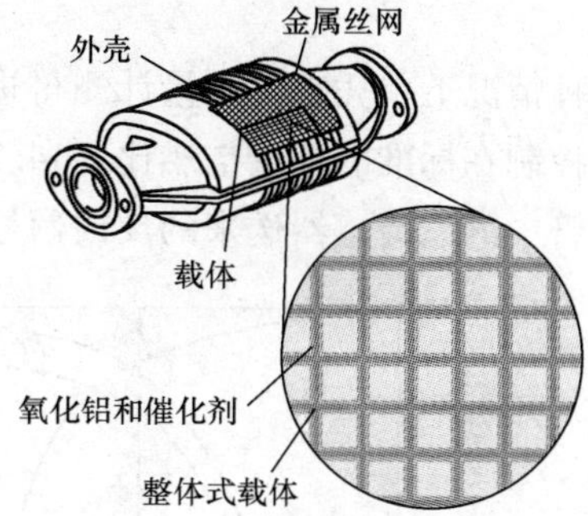

图 2－165　三元催化转换器的结构

（1）壳体。壳体一般由不锈钢制成，以防因氧化皮脱落而造成排气管的堵塞。

（2）减振层。减振层一般由膨胀挚片和钢丝网两种，起到减振、缓解热应力、保温和密封的作用。

（3）净化剂。净化剂由载体和催化剂组成。载体基本材料为陶瓷，目的是提供承载催化剂涂层的惰性物理结构，为了在较小的体积内有较大的催化表面，载体表面制成为蜂窝状。催化剂用的是金属铂、铑的混合物，铂能促使排气中的有害成分 CO、HC 氧化成 CO_2 和 H_2O，铑能加速有害气体 NO_x 还原成 N_2 和 O_2，从而起到净化排气的作用，如图 2－166 所示。

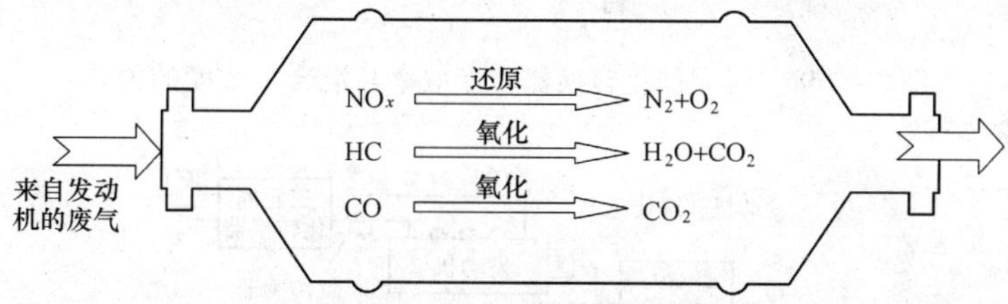

图 2－166　三元催化转换原理

三元催化转换器一般为不可拆的整体式，如损坏必须整体更换。有些 V 型发动机，在左右排气管上各装一个三元催化转换器，如图 2－167 所示。

2. 影响三元催化转换器转换效率的因素

三元催化转换器将有害气体转变为无害气体的效率受诸多因素的影响，其中影响最大的是混合气的浓度和排气温度。

三元催化转换器转换效率与混合气浓度（体积分数，以下简称浓度）的关系如图 2－168所示。为了获得三元催化转换器所要求的空燃比，必须十分精确地控制喷油量，

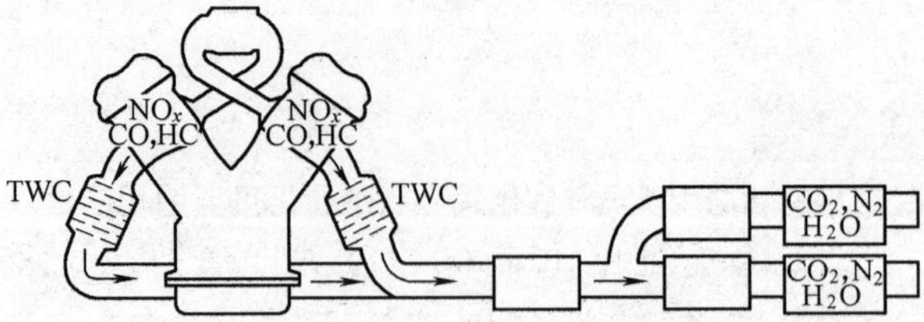

图 2－167　V 型发动机三元催化转换器分布

这种情况下单凭空气流量计测得进气质量信号达不到这么高的控制精度。为将实际空燃比控制在标准的理论空燃比（14. 7∶1）附近，在装用 TWC 的汽车上，必须借助安装在排气管中的氧传感器送来的反馈信号，对空燃比进行反馈闭环控制，如图 2－169 所示。

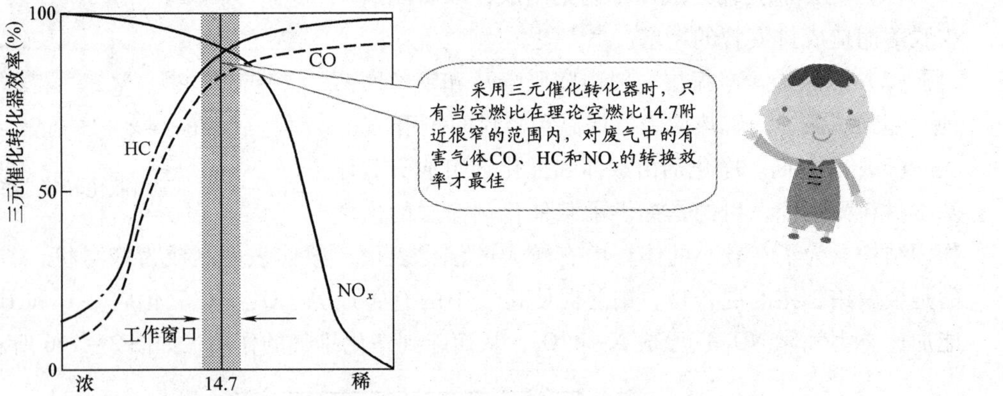

图 2－168　三元催化转换器转换效率与混合气浓度的关系

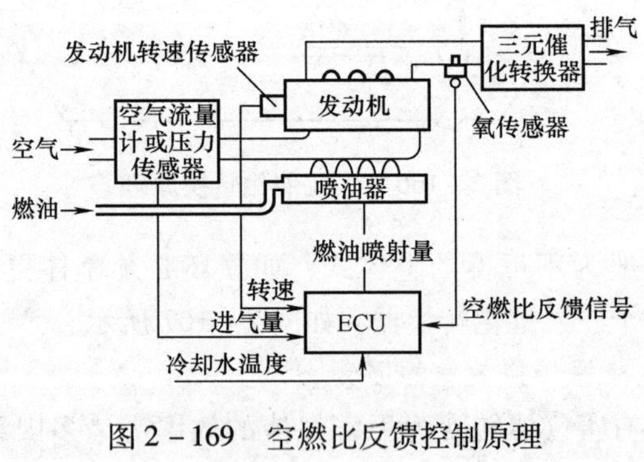

图 2－169　空燃比反馈控制原理

三元催化转换器转换效率与温度的关系如图 2－170 所示。催化剂的表面活性作用是本身靠排气的热量来激发的。从图中看出温度在 300℃左右排气中有害成分开始转化，温度在400~800℃之间，催化转换器的转换效率最高。

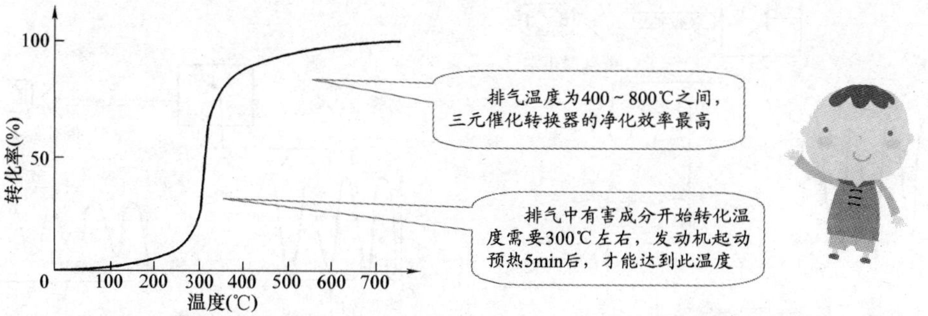

图2－170　三元催化转换器转换效率与温度的关系

温度过高会引起催化转换器受损，催化剂表面物质减少，孔板金属烧结，导致催化转换器的转换效率完全丧失，如图2－171所示。

图2－171　报废的三元催化转换器

现代汽车的自诊断系统，为了监测三元催化转换器的转化效率，一般都设有两个氧传感器。除在三元催化转换器的前端安装一只氧传感器外（也称主氧传感器或前氧传感器），在三元催化转换器的后端也安装一只氧传感器（也称副氧传感器或后氧传感器）。主氧传感器的作用，是用作空燃比控制的反馈信号，副氧传感器的主要作用是监测三元催化转换器的净化效率。在稳态运行时，三元催化转换器后面的氧传感器应比前的氧传感器信号波动小得多，因为催化转换器转换碳氢化合物和一氧化碳时消耗了氧，减少了后氧传感器信号的波动，如图2－172所示。当催化转换器完全损坏时，催化剂的转换效率完全丧失，因此催化转换器后部的排气中氧的含量将十分接近催化转换器前部的排气中的氧的含量，如图2－173所示。有的副氧传感器还能辅助主氧传感器在闭环控制中进一步控制空燃比。

在一些高档轿车上，左右排气管上各安装两只（一主一副）氧传感器，全车共安装四只氧传感器。因此，氧传感器安装数量的多少，随车型不同而不同。

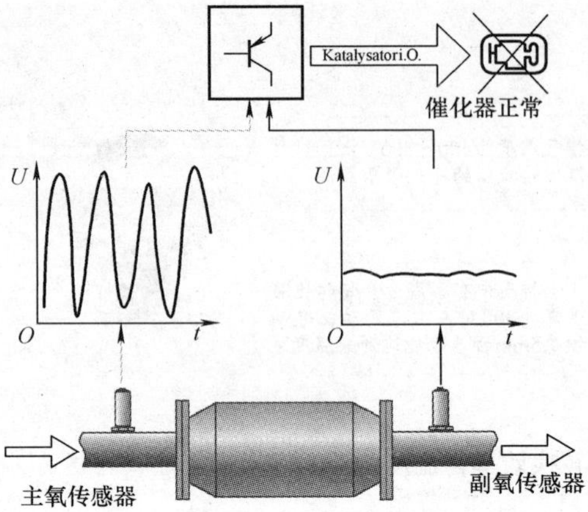

图 2－172　催化器正常

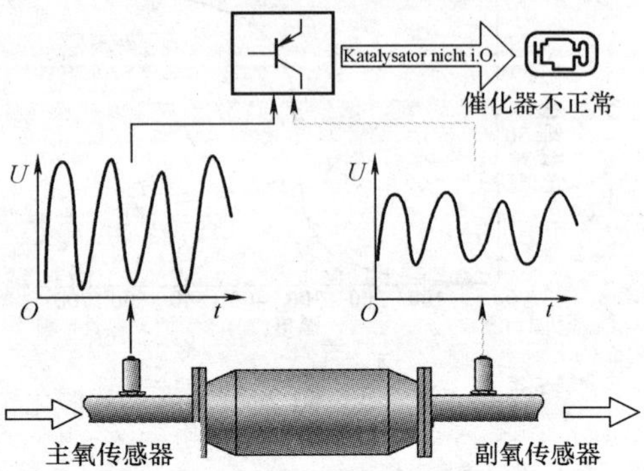

图 2－173　催化器不正常

3. 氧传感器

氧传感器的作用是检测排气中的氧含量，向 ECU 输送空燃比信号。ECU 根据氧传感器信号，对喷油量进行修正，实现空燃比反馈控制，将空燃比控制在理论空燃比附近，从而降低有害气体的排放。氧传感器安装在排气管上，如图 2－174 所示，其外形如图 2－175 所示。氧传感器一般可分为氧化锆式、氧化钛式和宽频式等类型。

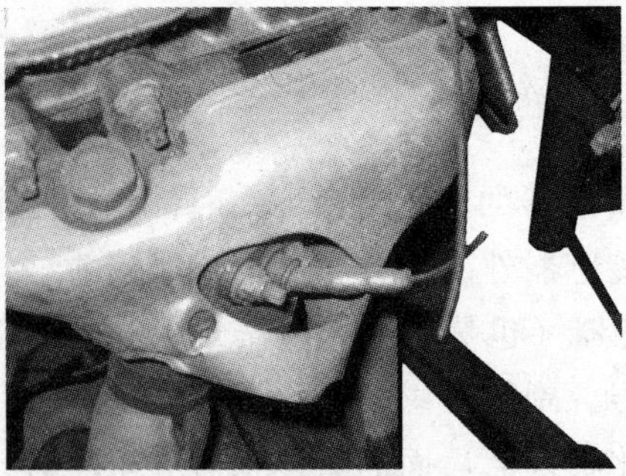

图 2－174　氧传感器安装位置

图 2－175　氧传感器外形

（1）氧化锆式（电压式）。氧化锆式氧传感器主要元件是氧化锆烧结的多孔性试管状陶瓷体，也称锆管，结构如图 2－176 所示。锆管固定在带有安装螺纹的固定套中，锆管的内外表面均覆盖着一层多孔铂膜作为电极，并用金属线与传感器信号输出端子连接，其内表面与大气相通，外表面与排气管中的废气接触。

锆管的陶瓷体是多孔的，空气中的氧离子在二氧化锆固体电解质中容易通过。当温

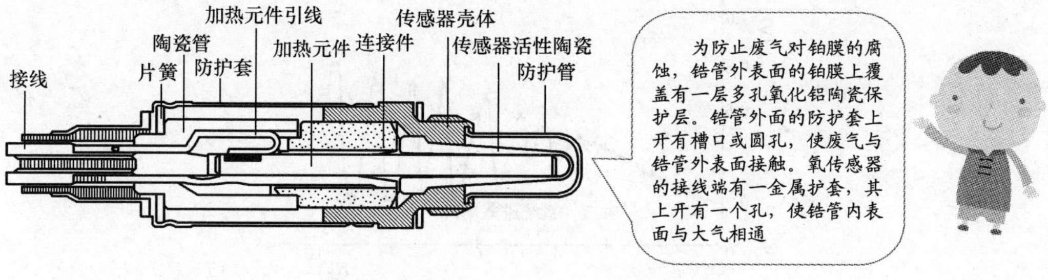

图 2－176　氧化锆式氧传感器结构

度一定时，若锆管内外含氧量不同，氧离子就会发生偏离，如图 2－177 所示。

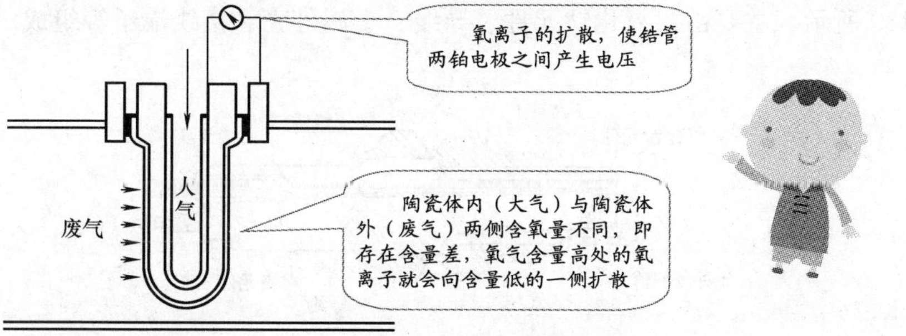

图 2－177　氧化锆式氧传感器工作原理

当供给发动机的可燃混合气较浓时，排气中氧离子含量较少，大气中氧离子含量很大，锆管内、外表面之间的氧离子含量差较大，氧离子扩散量多，两个铂电极之间的电位差较高（约 0.9V）。当供给发动机的可燃混合气较稀时，排气中氧离子含量较多，锆管内、外表面之间的氧离子含量差小，氧离子扩散量少，两个铂电极之间的电位差较低（约 0.1V），氧传感器产生的信号电压范围为 0.1～0.9V，发动机 ECU 收到小于 0.45V 的电压信号，确认混合气稀；收到大于 0.45V 的电压信号，确认混合气浓。氧化锆式氧传感器的关键是氧化锆元件，它的最大特点是在理论空燃比附近氧传感器输出的电压信号值有一个突变，如图 2－178 所示。

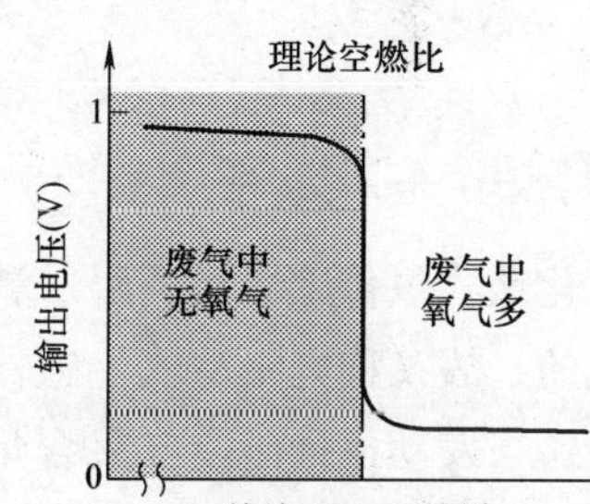

图 2－178　氧传感器输出信号

当发动机起动后氧传感器输出的信号电压先逐渐升高到 0.45V，然后进入升高和下降（混合气变浓和变稀）的循环，如图 2－179 所示，此时表示燃油反馈控制系统进入了闭环状态。

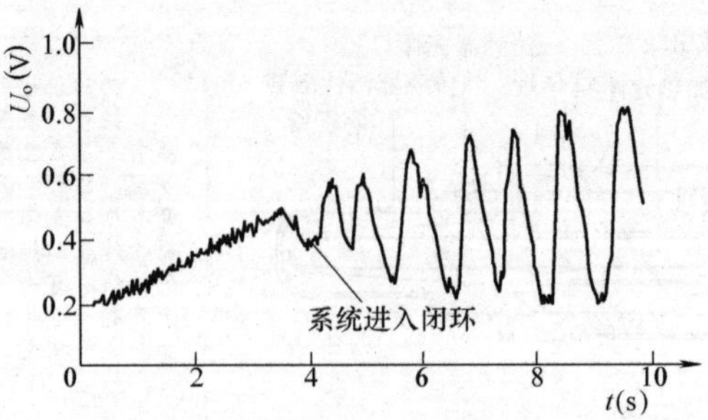

图 2－179　起动后氧传感器输出信号的变化

（2）氧化钛式（电阻式）。氧化钛式氧传感器的外形与氧化锆式氧传感器相似，结构如图 2－180 所示。主要由二氧化钛元件、导线、金属外壳和接线端子等组成。

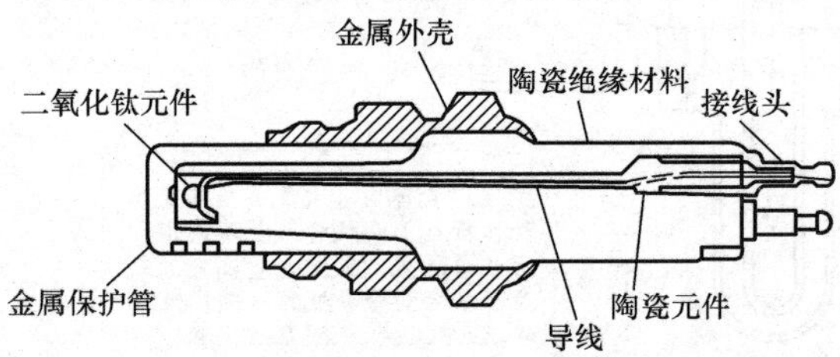

图 2－180　氧化钛式氧传感器结构

小贴士：

纯二氧化钛（TiO_2）在常温下是一种高电阻的半导体，但表面一旦缺氧，其晶格便出现缺陷，电阻随之减小。

氧化钛式氧传感器是利用二氧化钛材料的电阻值随其周围氧含量的变化而变化的特性制成的，故又称电阻型氧传感器。当发动机排出废气氧含量较高时，二氧化钛的电阻值增大；当发动机排出废气氧含量较低时，二氧化钛的电阻值减小。利用这一原理，通过电路对电阻值变量进行适当处理，即可转换成电压信号输送给电控单元，确定实际的空燃比。

由于二氧化钛材料的电阻也随温度的不同而变化，所以为了保证二氧化钛式氧传感器在发动机工作过程中的温度恒定不变，在二氧化钛式氧传感器内部装有一个电加热器。大多数氧化钛型氧传感器用在多点燃油喷射系统中，用 1V 电源，在其他汽车上也有用 5V 电源的。除了少数 5V 氧化钛型氧传感器系统以外，现在多数汽车氧化钛型氧传感器都具有与氧化锆型氧传感器相同的性能，即信号电压也是在0.1～0.9V之间不断变化。氧化钛型氧传感器和氧化锆型氧传感器的信号响应时间一般是相同的。

（3）宽频式（电流式）。氧化锆式和氧化钛式氧传感器相当于一个混合气的浓稀开关，只能判断混合气是浓的还是稀的，不能判断出到底是浓多少还是稀多少，而采用宽频式氧传感器（也称为宽带式或线性氧传感器）就能判断的出来，宽频式氧传感器内部结构如图2－181所示。

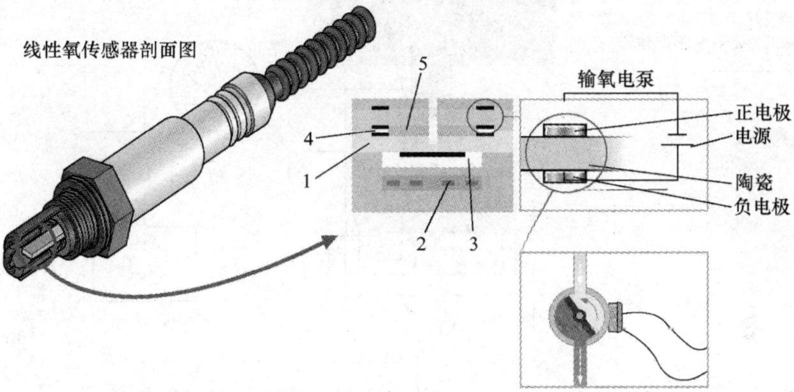

图2－181　宽频式氧传感器内部结构

1—能斯特元件；2—加热元件；3—外界空气管；4—测量间隙；5—漫射管

宽频式氧传感器装在三元催化转换器转换前，结构如图2－182所示，图的下部为大

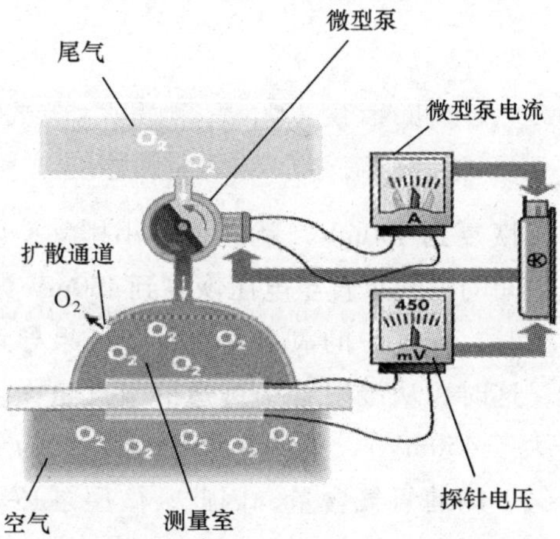

图2－182　宽频式氧传感器结构

气中的氧含量，中间为测量室，通过微型泵可将尾气中的氧泵入测量室，一部分通过漫射管扩散出去，形成动态平衡，使探针电压保持在450mV。

当发动机提供稀混合气时，废气中的氧含量上升，传输率恒定的微型泵传送到测量空间中的氧气量要多于从漫射管中逃逸的氧气量，结果导致电极之间的电压下降（小于450mV），如图2－183所示。

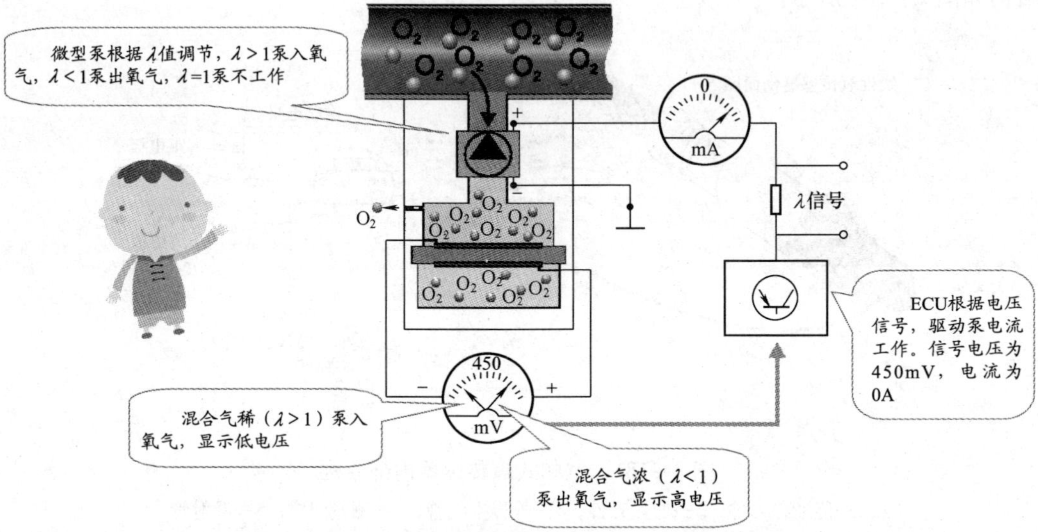

图2－183　宽频式氧传感器工作原理

> λ与α都是表示空气与燃油的比例关系，只不过是两种方式而已，在德国习惯采用λ，而中国却习惯采用α，所以氧传感器在德国又称为λ传感器。

为了使电极之间的电压恢复到450mV，就必须减小排气一侧的氧气含量。因此，微型泵必须减小传送到测量空间的氧气，直至电压恢复到450mV为止。

当发动机提供浓混合气时，废气中的氧含量下降，结果导致传送率恒定的微型泵传送到测量区域的氧气较少，这时，从漫射管中逃逸的氧气量大于微型泵的传送量，并导致电极之间的电压升高（大于450mV），如图2－183所示，为了使电极之间的电压恢复到450mV，就必须增大排气一侧的氧气含量，因此，微型泵必须增加传送到测量空间的氧气，直至电压恢复到450mV为止。

发动机控制单元把泵的电流消耗转换成λ值，就可以精确地判断出混合气的浓、稀程度。λ值与泵电流的关系如图2－184所示。

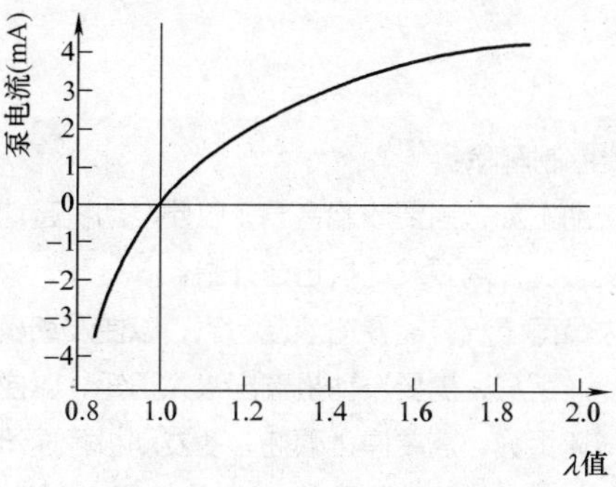

图 2－184　λ 值与泵电流的关系

4. 空燃比反馈控制

在电控燃油喷射系统中，采用氧传感器的反馈信号，可使空燃比的控制精度进一步提高。当 λ 小于 1 时，氧传感器输出高电位信号，为 800～1000mV；当 λ 大于 1 时，氧传感器输出低电位信号，约 100mV。电控单元可以借此信号检测和识别发动机可燃混合气的浓度，将其信号电压与基准电压（450mV）进行比较，判定混合气的浓稀程度进行及时修正。如果比理论空燃比浓，则缩短喷油时间，反之，则增加喷油时间，这就是空燃比的反馈控制。控制过程如图 2－185 所示。

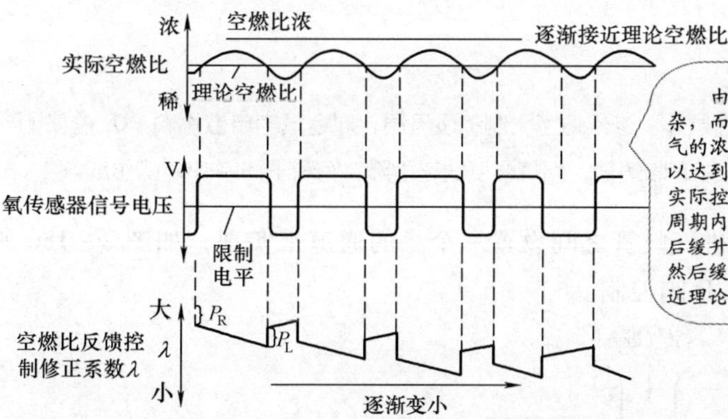

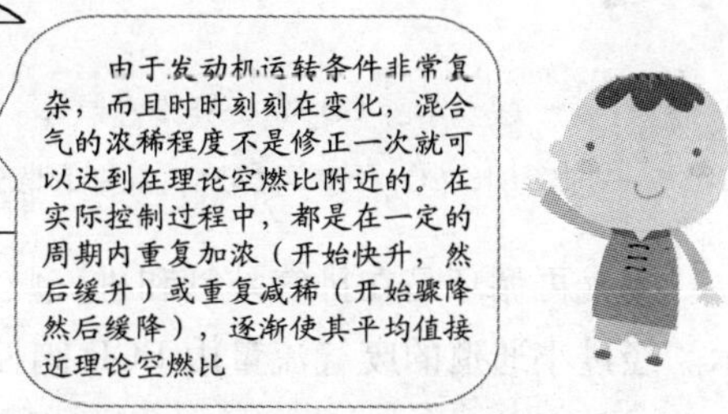

图 2－185　空燃比反馈控制过程

当电控燃油喷射系统对混合气空燃比进行反馈控制时，混合气的浓度基本是在理论空燃比附近。但这种空燃比对发动机有些工况是不合适的。例如，发动机起动时以及刚起动未暖机时，由于发动机冷却水温度低，这时需要较浓的混合气，若进行反馈控制，供给的混合气在理论空燃比附近，则发动机可能会熄火；当发动机在大负荷或高转速工况时，也需要较浓的混合气，若进行反馈控制，供给的混合气也在理论空燃比附近，则会使发动机动力不足。所以在有些情况下应停止反馈控制，即进入开环控制状态。

一般以下情况反馈控制解除：

（1）发动机处于起动工况，需要浓混合气，以便发动机起动。

（2）起动后的暖机工况，需要发动机迅速升温。

（3）发动机处于大负荷工况，需要加浓混合气，以便发动机输出最大功率。

（4）发动机处于加速工况，需要发动机输出最大扭矩，以便提高汽车速度。

（5）发动机处于减速工况，需要停止喷油，使发动机转速迅速降低。

（6）氧传感器信号失效，氧传感器输入 ECU 的信号电压持续 10s 以上时间保持不变时。此时说明氧传感器失效，ECU 将自动进入开环控制状态。

此外，氧传感器的温度 300℃以下时，不会产生电压信号，因而也不能对混合气空燃比进行正确检测，反馈控制也不会发生作用。

（四）废气再循环（EGR）电子控制

废气再循环是发动机工作过程中，将排出的一部分废气引入进气系统中，和混合气一起再进入汽缸中燃烧，以减少氮氧化物（NO_x）的排放量。NO_x 是在高温富氧的条件下，混合气中的 N_2 和 O_2 发生化学反应的产物，一般而言，燃烧温度越高，排出的 NO_x 越多。将适量的废气引入汽缸参加燃烧，降低汽缸内的最高温度以抑制 NO_x 的生成。

废气中的 CO_2 是一种惰性气体。渗入适当比例的废气后，混合气中单位燃料 CO_2 含量明显增加，CO_2 不参与燃烧，却能吸收热量，燃烧温度随之下降，有利于抑制 NO_x 的生成。

废气再循环是在排气歧管和进气歧管之间设置一个小的通道来实现，如图 2－186 所示。经过小通道的废气流量由 EGR 阀控制。

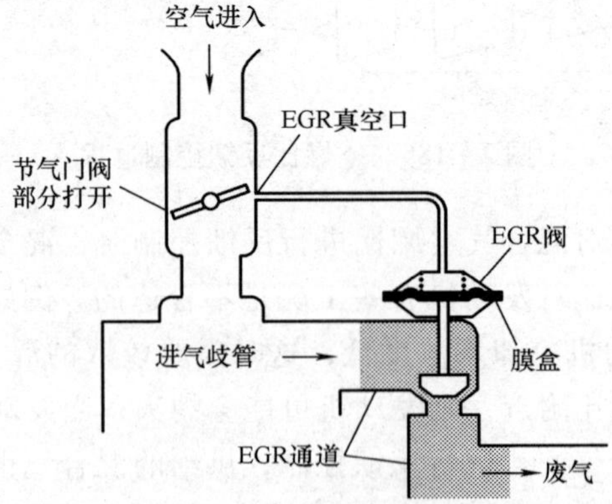

图 2－186　废气再循环

1. 废气再循环的控制

过度的废气再循环将会影响发动机的正常运行，特别是在怠速、低转速小负荷及发动机处于冷态运行时，再循环的排气将会明显降低发动机的性能。因此，应在发动机 NO_x 排放量最多的运行工况范围进行适量的废气再循环。通常用 EGR 率表示 EGR 的控制量，即

$$\text{EGR 率} = \text{EGR 气体流量}/(\text{吸入空气量} + \text{EGR 气体流量}) \times 100\%$$

EGR 率与发动机动力性、经济性和排放性能有关，如图 2－187 所示。

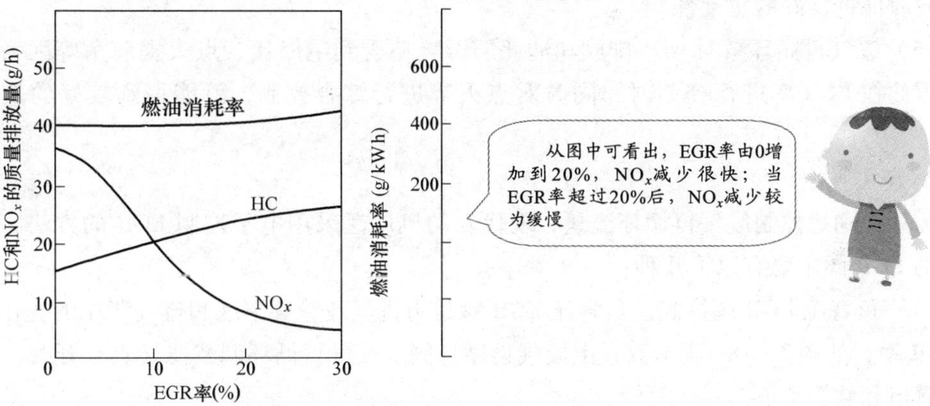

图 2－187　废气再循环率与排放性能的关系

EGR 率与发动机性能的关系如图 2－188 所示。

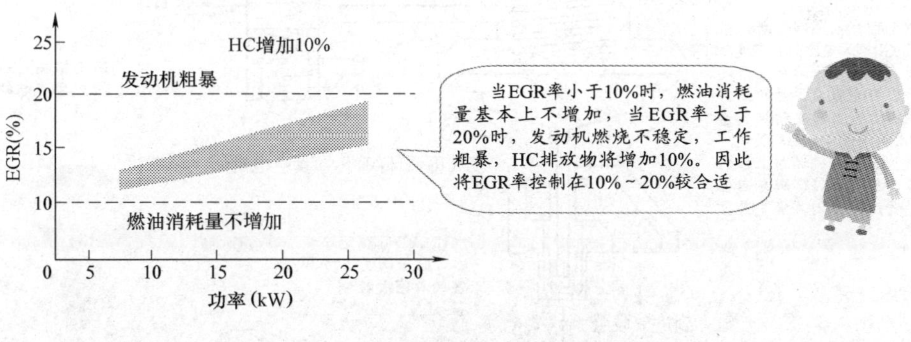

图 2－188　EGR 率与发动机性能的关系

发动机在不同工况，ECU 对 EGR 率采取不同的控制策略：

（1）怠速和低负荷时，NO_x 含量低，为了发动机平稳运行，要求缸内充分充气，保证稳定燃烧，不进行 EGR。

(2) 发动机温度低时，NO_x 含量也较低，为了保证正常燃烧，冷机时不进行 EGR。

(3) 大负荷、高速时，为了保证发动机有较好的动力性，此时混合气较浓，NO_x 排放量较少，可不进行 EGR 或减少 EGR 率。

(4) 发动机中等负荷时，NO_x 的排放量较高，尽最大可能地使用 EGR 量，从而大量减少 NO_x 排放量。随负荷增加，EGR 率允许值也增加，从图 2-188 所示阴影部分可看出。

(5) 在轻微加速或低速巡航控制期间，可以使用小量的 EGR 量，以减少 NO_x 的含量，同时保持良好的驱动性。

(6) 废气再循环量对 NO_x 排放和油耗的影响还受到空燃比、点火提前角等因素的影响。因此在 EGR 率进行控制时，同时对点火等进行综合控制，就能得到较好的发动机性能。

2. 废气再循环控制的结构及原理

为了正确地控制废气再循环流量，现代发动机广泛采用电子控制 EGR 的方法。电子控制的 EGR 阀主要有以下几种：

(1) 负背压 EGR 阀控制。负背压 EGR 阀是由进气歧管真空度和排气背压的变化来决定 EGR 率，如图 2-189 所示。它由废气再循环阀、废气再循环调节器（真空开关）及其连接管道和软管组成。

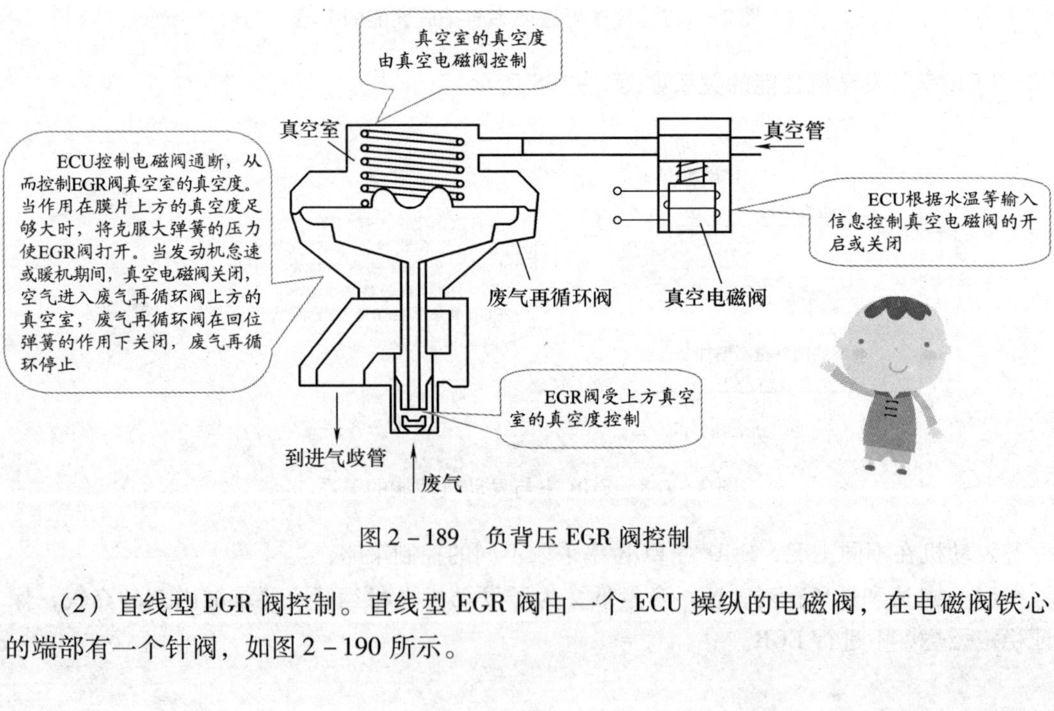

图 2-189 负背压 EGR 阀控制

(2) 直线型 EGR 阀控制。直线型 EGR 阀由一个 ECU 操纵的电磁阀，在电磁阀铁心的端部有一个针阀，如图 2-190 所示。

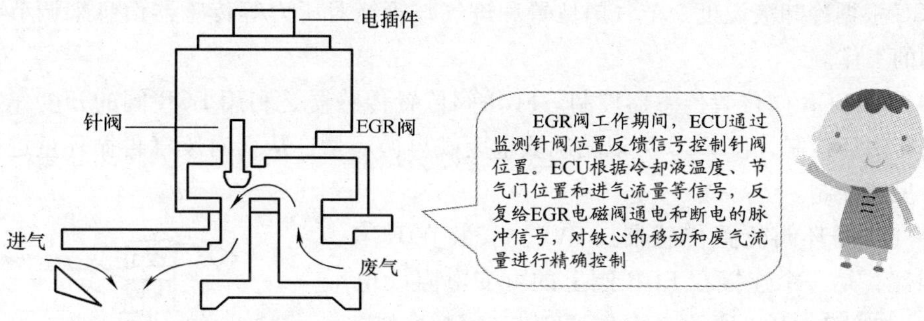

图 2－190 直线型 EGR 阀控制

（3）数字式 EGR 阀控制。数字式 EGR 阀是由废气到进气歧管的三个孔口来精确地控制 EGR 率，三个孔口分别有三个电磁阀控制，每个电磁阀都有一个活动铁心，活动铁心的锥形端在阀孔内。如图 2－191 所示。三个孔口大小不同，可构成八种组合的通道截面，调节不同的 EGR 率，见表 2－3。

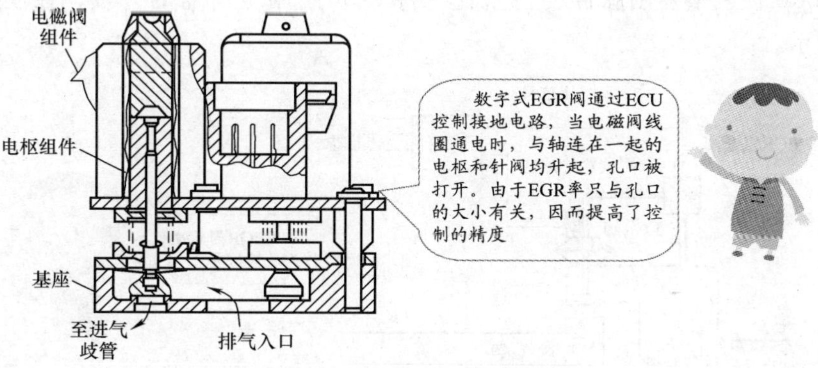

图 2－191 数字式 EGR 阀控制

表 2－3 **数字式逻辑表**

编号	第一孔	第二孔	第三孔	EGR 流量（%）
0	关	关	关	0
1	开	关	关	14
2	关	开	关	29
3	开	开	关	43
4	关	关	开	57
5	开	关	开	71
6	关	开	开	86
7	开	开	开	100

ECU根据冷却液温度、节气门位置和进气歧管绝对压力等传感器信息来调节各个电磁线圈的工作。

（4）带EGR阀位置传感器控制。EGR阀位置传感器是利用EGR阀的开度作为反馈信号进行闭环控制，使ECU可以精确测量废气再循环量，从而对废气再循环量进行精确的电子反馈控制。

废气再循环阀位置传感器（EVP）安装在EGR阀的顶部，是一个连接在EGR阀上的可变电阻（电位器），如图2－192所示。工作原理与电位计式节气门位置传感器相同，位置传感器提供一个直流电压，大小随可变电阻的移动而改变，变化的直流电压作为ECU的输入信号。ECU根据发动机的转速、负荷、冷却温度等信号确定EGR阀的开度，并与EGR阀位置传感器提供的阀的开度进行比较。若两者不同，ECU便调整控制脉冲的占空比，将EGR阀调至所需的开度，控制原理如图2－193所示。

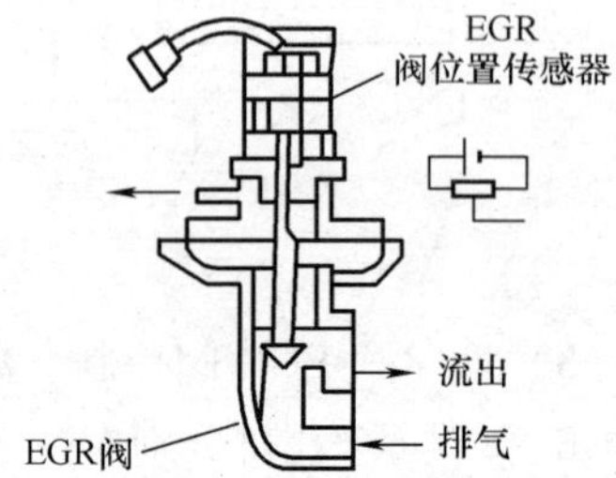

图2－192　EGR阀位置传感器

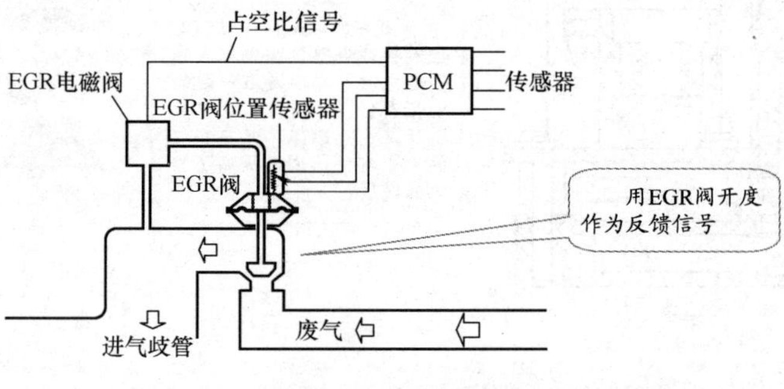

图2－193　带EGR阀位置传感器控制原理

以上所述的废气再循环是将废气经过EGR阀与混合气一起进入进气歧管，这种方式称为外部EGR。若由于配气相位重叠，进排气门同时开启，造成一部分废气滞留在汽缸内，稀释了混合气，这种方式称为内部EGR。

内部废气再循环是通过调节配气相位来实现的，如图2－194所示。

与外部废气再循环相比，内部废气再循环的优点是反应更快，并且再循环的废气分布更加均匀。采用可变配气相位（Variable Valve Timing）的发动机，可以利用内部EGR取代外部EGR。

四、自诊断系统

自诊断就是电子控制系统自己监测运行情况，诊断系统有无故障。在汽车运行过程

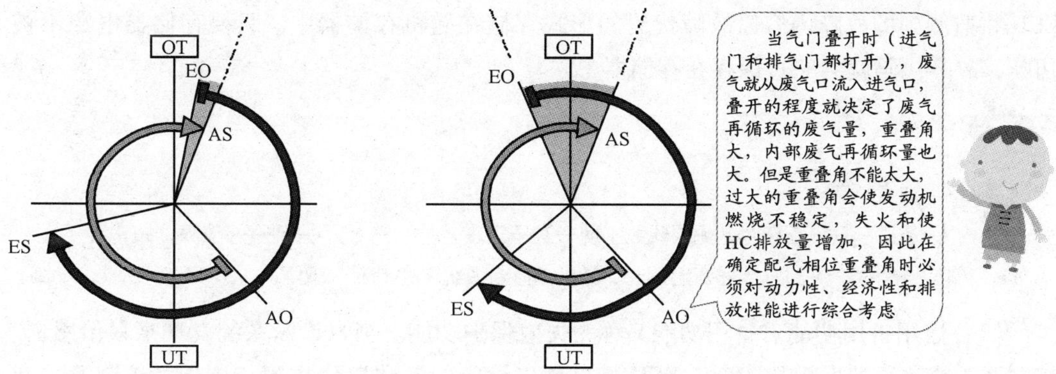

图 2－194　配气相位重叠角

OT—上止点；UT—下止点；EO—进气门开；ES—进气门关；AO—排气门开；AS—排气门关

—进气控制时间；　—排气控制时间；　—阀门相交

中，为了能够及时发现电子控制系统故障，并在发生故障后尽可能使汽车保持基本的运转能力，以便维持汽车行驶到修理厂。同时汽车因大量采用微机控制使系统变得越来越复杂，各控制系统之间的联系更加紧密，给汽车故障诊断等维修工作带来越来越多的困难，对汽车维修技术人员的要求也越来越高。在这种情况下，汽车工程师们在进行现代汽车电子控制系统设计的同时，在微机内增设了故障自诊断功能和故障运行功能。目前现代汽车电子控制系统都设置有第二代车载故障诊断系统（OBD－Ⅱ），简称故障自诊断系统。

（一）故障自诊断系统的组成及工作原理

1. 故障自诊断系统功能

故障自诊断系统功能包括：

（1）监测控制系统工作情况，一旦发现某只传感器或执行器参数异常，就立即发出警报信号；

（2）故障内容编成代码存储在随机存储器中，以便维修时调用或供设计参考；

（3）启用相应的备用功能，使控制系统处于应急状态运行。

（1）发出警报信号。在电子控制系统运转过程中，如果某一信号不在规定范围内或一段时间内没有发生应该有的变化或微机未收到执行器的反馈信号，ECU 就判断该电路出现了故障，然后立即接通仪表盘上的故障指示灯电路，使指示灯发亮或闪亮，提醒驾驶员控制系统出现故障，应立即检修或送修理厂修理，以免故障范围扩大。

（2）存储故障代码。当自诊断系统发现某只传感器、控制开关或执行器发生故障时，ECU 将监测到的故障内容以故障代码的形式存储在随机存储器中。只要存储器电源不被切断，故障代码就会一直保存在存储器中。

注意：

各控制系统工作时，如果偶然出现一次不正常信号，微机不会判断为故障，只有当不正常信号持续一定时间或多次出现时，微机自诊断系统才会判断为故障。

（3）启用备用功能。备用功能又称为失效保护功能。当自诊断系统发现某只传感器、控制开关或执行器发生故障时，ECU 将以预先设定的参数取代故障传感器、控制开关或执行器工作，使控制系统继续维持控制功能，汽车将进入故障应急状态运行，并维持基本的行驶能力，以便将汽车行驶到修理厂修理，电子控制系统将这一功能称为备用功能或失效保护功能。

2. 故障自诊断系统的组成

故障自诊断系统主要由自诊断电路（输入信号电路、输出信号控制电路）和电控单元 ECU 组成，如图 2－195 所示。其中，输入信号电路、ECU 与发动机电子控制系统共用，诊断的输出接口由发动机警告灯或 ABS 警告灯与电控系统检测插座（CHECK CONNECTOR）、故障诊断插座（TDCL）等组成。电控系统利用警告灯或指示灯作为其有无故障的信号灯。检测插座一般位于发动机舱内，可供测试和调整使用。此外，再通过检测插座和信号灯可以读取故障码，即可进行随车诊断。故障诊断插座通常位于仪表板下方，是各电控系统诊断信号的专用连接器，主要用于与专用的故障诊断仪或计算机解码器相连接，进行车外诊断，以扩充车载诊断系统的诊断信息和诊断功能，也可用于随车诊断。

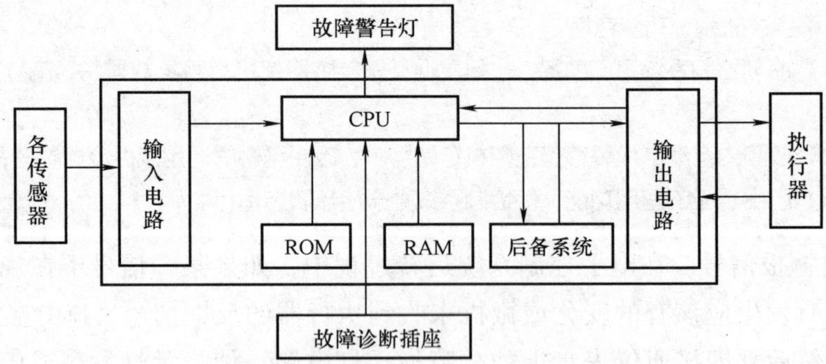

图 2－195 故障自诊断系统组成

3. 故障自诊断系统工作原理

故障自诊断是针对电子控制系统中的传感器、ECU 和执行器而进行的。在汽车运行过程中，ECU 根据不同传感器和控制开关输入的信号，按照预先设定的控制程序进行数学计算和逻辑判断，并向各种执行器发出相应的控制指令完成不同的控制功能。如果某只传感器或控制开关发生故障，就不能向 ECU 输送正常信号，汽车性能就会变坏甚至无法运行。如果执行器发生故障，那么，其监测电路反馈给 ECU 的信号就会出现异常，汽车性能也会变坏甚至无法运行。因此，在使用汽车时，一旦接通点火开关，自诊断电路就会投入工作，实时监测各种传感器、控制开关和执行器的工作状态。

（1）故障自诊断。发动机控制系统在正常工作时，电控单元 ECU 的输入和输出信号都是在一个规定的范围内运行，当控制电路的信号出现异常时，ECU 中的自诊断系统就判定该电路信号出现故障。

电路的异常：

（1）电路的信号超出规定范围。如冷却液温度传感器（CTS）在正常工作时，其输出电压为 0.1～4.8V，若超出这一范围，诊断系统则判定为故障信号，并设定相应的故障码。

（2）电控单元 ECU 在一段时间内接收不到传感器的信号或接收到的信号在一段时间内不变，诊断系统也会判定为故障信号。如氧传感器在正常工作时，其输入电压应为 0.1～0.9V，波动不少于 8 次/10s，否则诊断系统判定为故障信号，并设定相应的故障码。

（3）诊断系统偶然发现一次不正常的输入信号时，不会诊断为故障信号，只有不正常的输入信号多次出现或持续一定时间，才会判定为故障信号。如转速信号（Ne）是一个脉冲信号，发动机转速在 100r/min 以上时，丢失几个信号，ECU 不会判定为故障。只有信号脉冲丢失持续一定时间，ECU 才认为是故障。

（2）自诊断系统对故障的确认方法。任何故障码的设定都具有相应的设定条件，当自诊断系统检测到某个传感器信号超出其设定条件即故障时，将设定故障码。通常对故障的确认有以下几种方法。

1）值域判定法。当电控单元接收到的输入信号超出规定的数值范围时，自诊断系统就确认该输入信号出现故障。如某车水温传感器设计正常使用温度为 -30～120℃（或范围更大些），输出电压为 0.30～4.70V，所以当电控单元检测出信号电压小于 0.15V 或大于 4.85V 时就判定水温传感器信号系统发生短路或断路故障。

2）时域判定法。当电控单元检测时发现某一输入信号在一定的时间内没有发生变化或变化没有达到预先规定的次数时，自诊断系统就确定该信号出现故障。例如：氧传感器在发动机达到正常工作温度，控制系统进入闭环后，电控单元检测不到氧传感器的输出信号超过一定时间或者氧传感器信号在0.45V上下的情况已超过一定时间，自诊断系统就判定氧传感器信号系统出现故障。

3）功能判定法。当电控单元给执行器发出动作指令后，检测相应传感器的输出参数发生变化，若传感器输出信号没有按照程序规定的参数变化，就确认执行器或电路出现故障。如一般汽车EGR系统装有EGR阀高度传感器，用以检测EGR阀是否正常工作。但有的汽车并未设置EGR阀高度传感器，当电控单元发出开启EGR阀命令后，通过检测进气压力传感器MAP输出信号是否有相应变化也可以确定EGR阀有无动作，若没有变化，则确认EGR阀及电路有故障。

4）逻辑判定法。电控单元对两个具有相互联系的传感器进行数据比较，当发现两个传感器信号之间的逻辑关系违反设定条件时，就断定其一定有故障。如电控单元检测到发动机转速大于某个转速时，节气门位置传感器输出信号小于某个值，则判定节气门位置传感器出现故障。

自诊断系统是根据上述方式进行故障自诊断。故障自诊断模块共用汽车电子控制系统的信号输入电路，在汽车运行过程中进行监测。当自诊断系统认为是故障时，把这一故障以代码的形式存入内部存储器，同时点亮仪表盘上的故障指示灯，并采取不同的应急措施。当传感器和ECU发生故障时，往往采取故障运行方式；而当执行器方式故障时，往往采取故障保险措施。

a）传感器或电路产生了故障。传感器是实时、正确地检测反映发动机工作状态的各种物理量信号的重要元件，其输出信号的好坏是电子控制单元ECU能否实施准确控制的关键。若传感器输出的信号电压值多次偏离正常工作范围且持续一定时间，ECU便认为该传感器或电路发生了故障，其信号就不能再作为汽车的控制参数，为了维持汽车的运行，故障自诊断模块便从其程序存储器中调出预先设定的经验值，作为该电路的应急参数输入，保证汽车可以继续工作。

b）电子控制单元自身产生故障。电控单元如果发生故障，控制程序就不可能正常运行。为了防止因ECU出现故障时，汽车被迫停驶，在多数的ECU内设有备用控制回路（应急回路）。当备用控制回路收到监控回路的异常信号后，故障自诊断模块便触发起动备用电路，以简单的控制程序，使发动机各工况下的喷油量与点火正时均按原设定程序进行控制，如表2-4所示，从而保持汽车仍能维持一定的运行能力，以保证可以将汽车开回家或开到附件的修理厂进行维修。因此，这种故障运行功能称为“缓慢回家”功能，也称“跛行”功能。

表 2－4　　ECU 启用故障运行方式时的喷油量和点火提前角

发动机状况	起　动	怠　速	其　他
喷油时间（s）	12	2.3	4.1
点火提前角（°）	10	10	20

c）执行元件产生了故障。在发动机运转时，电控系统按照发动机的工况，不断地向执行器发出各种指令。当执行器发生故障时，为了安全起见，ECU 往往采用断油、断电等安全措施。为此，在控制系统中又专门设计了故障保险系统，增设一条故障反馈诊断电路，即 ECU 向执行器发出一个控制信号，执行器要通过一条专用电路向 ECU 反馈其执行情况。如当点火电子组件出现故障时，故障自诊断模块就会切断燃油喷射系统电源，使喷油器停止喷油，以防未燃混合气过多的进入排气系统的催化转化器中，从而造成转换器的失效或损坏。

（二）自诊断故障信息的显示及清除

不同车型的电控发动机，故障码的显示方式各不相同。最常见的显示方式有以下几种。

1. 故障信息的显示

（1）通过故障显示灯显示。电控发动机仪表盘上都装有故障指示灯（又称为发动机故障警示灯、发动机检查灯），如图 2－196 所示。

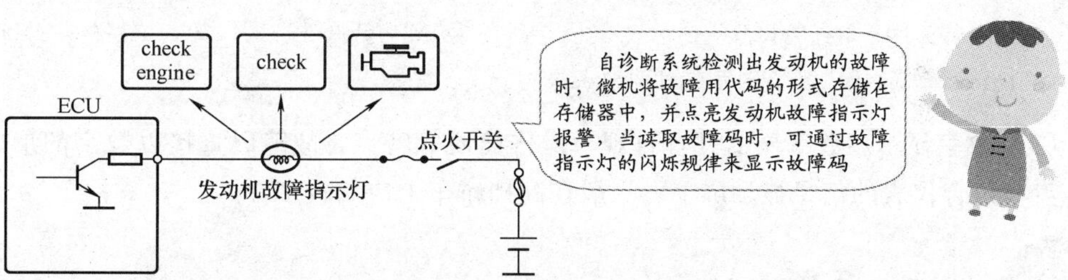

图 2－196　发动机故障指示灯电路图

故障指示灯常见的显示方式有两种：① 电压脉冲宽度相同，位于位之间有较短的停顿，码与码之间有较长的停顿，如图 2－197 所示；② 宽脉冲表示十位，窄脉冲表示个位，十位与个位之间有较短的停顿，故障码与故障码之间有较长的停顿。

（2）用发光二极管（LED）显示。用发光二极管（LED）显示故障码是用一个或多个 LED 来显示的。采用一个 LED 时，其指示方式与仪表板上的故障指示灯闪示故障码的方式相同。

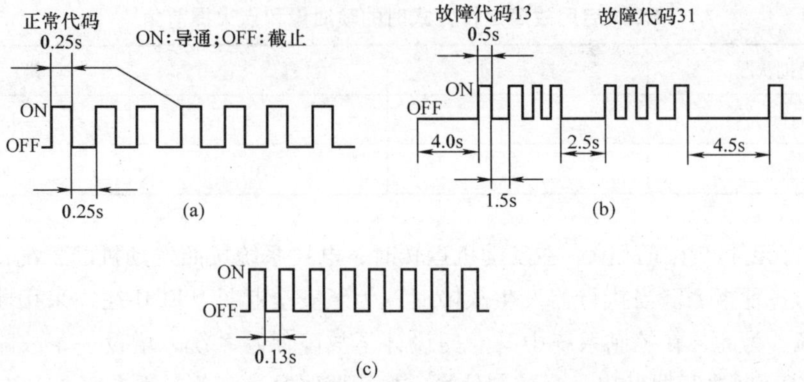

图2－197　故障指示闪烁情况

(a) 正常代码波形；(b) 代码“13”和“31”的波形；(c) 指示灯快速闪烁

故障指示灯闪示故障码的方式：

(1) 使用红、绿两色显示方式，代码为二位数的红色闪亮代表十位数，绿色闪亮代表个位数。如故障代码23的显示方式是：红灯闪亮2次，绿灯闪亮3次。

(2) 采用单色闪亮组显示方式，用此种方式显示3位故障代码。第一组连续闪亮的次数为第一位数，间隔3s左右的第二组连续闪亮的次数为第二位数，再间隔3s左右的第三组连续闪亮的次数为第三位数。如故障代码123的显示方式是：二极管先闪亮1次，隔3s后连续闪亮2次，再隔3s后又连续闪亮3次。

(3) 用4个红色LED来显示故障码，各个红色LED分别代表8、4、2、1，将发亮的LED所代表的代码相加即为所显示的故障码。

(3) 数字显示。数字显示具有直观、操作简便等特点，故障码直接以数字的形式显示在汽车组合仪表的信息显示屏上，一般在高档轿车上应用较多。

上述故障信息显示的方法是采用随车自诊断系统，也可采用车外诊断系统读取。在每一辆汽车的自诊断系统电路中，都设置有一个专用的故障诊断插座。当诊断排除故障或需要了解电子控制系统的运行参数时，使用制造厂商提供的专用故障检测仪或通过特定的操作方法，就可通过故障诊断插座将存储器中的故障代码和有关参数读出，为查找故障部位、了解系统运行情况和改进控制系统的设计提供依据。车外诊断系统是用一种专用的故障诊断仪（解码仪或扫描仪），通过插头与汽车上故障诊断插座（TDCL）连接，打开点火开关，就能从故障诊断仪的显示屏读出所有储存在电控单元中的故障代码。

2. 故障代码的清除

故障排除后，故障代码仍会继续保存在存储器内，如果不清除，一旦出现新的故障，它又会随同新的故障码一起显示出来，因此必须将原来的故障码予以清除。

不同车型清除故障码的方法可能不一样，但一般采用以下几种方法清除。

（1）切断电源法。

1）关闭点火开关，从熔丝盒中拔下 ECU 备用电源的熔断丝（15A）EFI 10s 以上。

2）将蓄电池负极电缆拆开 10s 以上。此种方法会使时钟、音响防盗等有用的存储信息丢失。

（2）触发程序法。按照触发的方式遵循规定的程序步骤操作，即可清除故障码。

（3）利用专用的故障诊断仪清除故障码，这是一种常用的方法。

（三）故障自诊断系统的异常诊断

对于故障自诊断系统来说，只能对电控系统元器件的损坏，以及电路中导线的短路和断路的“硬”性故障进行诊断，而对于一些传感器的性能好坏无法确定，甚至出现错误的判断。

1. 有故障而无故障码

传感器因某种原因致使灵敏度下降、反应迟钝、输出特性偏移时（也就是说传感器没有完全失效时）自诊断系统就不能检测出来。

如当冷却液温度传感器输出电信号电压在正常范围，而由于冷却液温度传感器性能不佳、产生的信号电压不能准确反映冷却液温度时，采用上述诊断电路 ECU 是无法识别的，尽管汽车确有故障现象表现出来，但是汽车自诊断系统却输出了“系统正常”的代码（故障指示灯不闪烁）。

2. 相似的故障现象，显示错误的故障码

对于装有三元催化转换器的电控发动机，在进行检测时，经常会发现故障码显示的是“水温传感器断路或短路”故障，而现实表现出来的问题是发动机不能提速，显然这些故障与水温传感器的关系不大，在对水温传感器进行测量后并未发现任何故障。但是，当从汽车上拆下三元催化转换器并打开后发现，三元催化转换器内部堵塞严重，因此可以断定发动机故障是由此引起的。由于 ECU 监测失误，自诊断系统显示了错误的故障码。

3. 检修不当引发错误的故障码

对电控发动机检修时，由于维修人员检修不当或者操作失误，也会导致自诊断系统输出错误的故障码。如在发动机运转过程中，无意把传感器插头拔下，每拔一次传感器插头，自诊断系统就会记录一次故障码。另外，若在上一次汽车维修时，由于操作不当未能完全清除掉旧的故障码，那么电控单元也同样将原来的故障码保存其内。

特别提示：

故障自诊断系统除了无法确定传感器、执行器等电子元器件的性能好坏，也不能对发动机所有发生故障的部位进行准确诊断。又如，发动机机械部件有异响、滤清器和管道的堵塞、真空管道的渗漏、点火正时错乱、火花塞和喷油器积炭过多、汽缸压力不等、高压点火线阻值不等，以及传感器和执行器性能变劣而引起输出特性曲线改变的“软”故障，ECU 则不能进行故障自诊断，只能间接的诊断出与之有关的器件可能有故障。例如，空气滤清器堵塞后会造成混合气过浓，引起空燃比的改变，ECU 诊断不出空气滤清器的堵塞，只能诊断与之有关的氧传感器可能的故障；同样，真空管道渗漏会造成真空度降低，进气歧管绝对压力增高，ECU 则认为进气歧管绝对压力传感器有故障。

（四）第二代车载故障诊断（OBD－Ⅱ）系统

1. OBD 简介

为满足美国联邦汽车排放标准，在 20 世纪 70 年代后期和 80 年代初期，利用车载计算机监视部件或系统的车载诊断功能（OBD）与汽车发动机管理系统集成一体。

OBD 系统是车载故障诊断（ON BOARD DIAGNOSTIC）系统的缩写，又称为随车故障诊断系统。OBD 系统的设计初衷是提醒驾驶员排放控制系统存在故障，并通过故障码的识别，给维修技师提供信息。OBD 系统规定：① 仪表板上必须有“故障警告灯”（MIL），以提醒驾驶员注意该车辆系统已发生故障（通常是与废气排放控制有关的系统）；② 系统必须有记录及传输有关废气排放控制系统故障码的功能；③ 电气元件的监控必须包含氧传感器、废气再循环控制系统和燃油蒸发控制系统。

从 1980 年起，各大制造厂在其生产的汽车上开始配备车载诊断系统。到了 1985 年，美国加利福尼亚州大气资源局（CARB）开始制定法规，该法规要求如果发动机控制模块检测到一个排放控制系统的功能异常的话，故障指示灯（MIL）必须点亮。各汽车制造厂在加利福尼亚州销售的车辆，必须装置 OBD 系统，并从 1988 年生效。这些车辆配备的 OBD 系统，成为第一代车载故障诊断系统（OBD－Ⅰ）。

OBD－Ⅰ制定的目的是减少废气排放，简化维修流程。尽管 OBD 系统有一个良好的开端时期，但也存在许多问题：一是术语和故障码识别方面缺乏标准化，各厂家在命名电控部件和系统时，可能使用他们自己规定的术语。二是缺乏标准统一的诊断方式（如诊断插座、数据流、读取故障码），各厂家诊断系统不兼容，给电控汽车的故障诊断和维修带来了诸多不便。更严重的是遗漏了催化转化器的效率监测，以及燃油蒸发控制系统的泄漏监测，再加上 OBD－Ⅰ的监测灵敏度不高，一旦发觉车辆有故障再进厂维修时，实际上已经排放了大量的有害气体。

为解决以上问题，加利福尼亚州大气资源局定义了 OBD－Ⅱ。在第一代车载诊断标准（主要是当时的通用汽车公司和福特汽车公司的车载诊断系统的标准）基础上，制定了故障自诊断系统的工作方式、诊断插座、故障码、数据流等软硬件的统一标准，如 SAE J1962、SAE J2012、SAE J1930 和 SAE J1978 等。采用这一系列标准的故障自诊断系统采用相同标准的诊断接口、相同的通用故障码，以及共同的资料传输标准，被称为第二代车载诊断系统（OBD－Ⅱ）。

2. OBD－Ⅱ系统

与早期的 OBD 系统相比，OBD－Ⅱ系统有了许多的改进。当动力模块检测到能引起排放超标的故障时，OBD－Ⅱ系统就会提醒驾驶员，这样排放控制系统的故障还未引起排放值的增加就被检测出来。为了使三元催化转换器在损坏的时候 MIL 能被点亮，在 OBD－Ⅱ系统中，还对诊断座的位置、诊断插座的样式和插脚、故障码的编排和分类以及诊断模式作了详细的规定，该系统目前已被世界上绝大多数汽车生产厂家所采用。

OBD－Ⅱ系统的功能：① 采用统一形状的 16 端子诊断插座，并安装在驾驶室仪表板下方；② 采用统一故障代码及含义；③ 具有数据传输与分析功能；④ 具有行车记录功能；⑤ 具有诊断仪直接清除故障码功能。

（1）具有统一的诊断插座。OBD－Ⅱ系统诊断插座有统一的标准形状和尺寸，即 16 端子插座，规定一律安装在驾驶室内，且位于驾驶员侧的仪表板下方，其结构如图 2－198 所示。

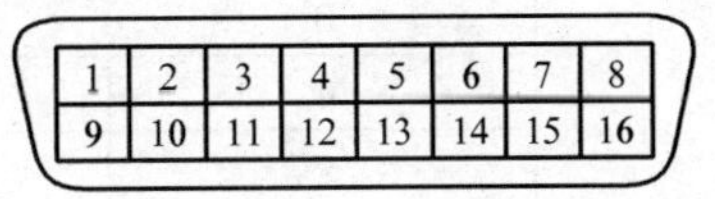

图 2－198　OBD－Ⅱ系统诊断插座

OBD－Ⅱ系统诊断插座中的各个端子的代号和含义也作了相应的规定，各端子的用途见表 2－5。

表 2－5　OBD－Ⅱ故障诊断插座各端子代号与含义

端子号	含　义	端子号	含　义
1	供制造厂使用	9	供制造厂使用
2	SAE J1850 数据传输，BUS＋	10	SAE J 1850 数据传输，BUS－
3	供制造厂使用	11	供制造厂使用
4	车身接地	12	供制造厂使用
5	信号回路接地	13	供制造厂使用
6	供制造厂使用	14	供制造厂使用
7	ISO9141 数据传输 K	15	ISO9141 数据传输 L
8	供制造厂使用	16	接蓄电池正极

虽然世界各汽车制造厂生产的汽车电控装置的型号、功能各不相同，对 OBD－Ⅱ系统诊断插座中各端子的选用各不相同，但重要的关键性的端子如电源、接地等都是相同的。所以，尽管检测端子可能不相同，但都可以用故障诊断仪的程序设置来实现检查。

（2）具有统一的故障码及含义。标准的故障代码应符合 SAE J2012 标准规定，即所有的故障码均由字母和数字共 5 位符号构成，如图 2－199 所示。

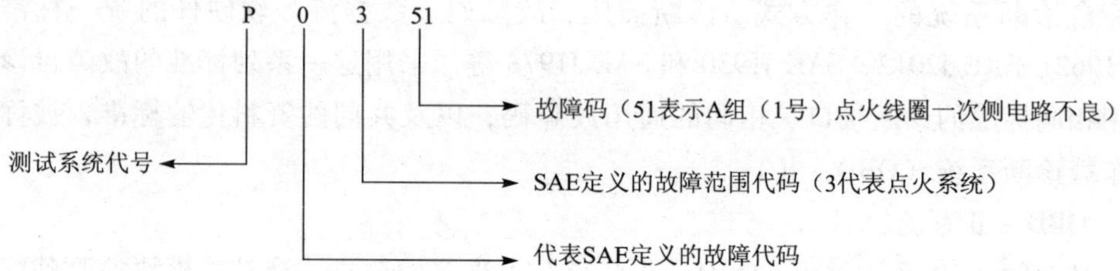

图 2－199　标准的故障代码及含义

故障码的首位字母表示故障所属的大的系统；故障码的第一位数字表示是 SAE 定义的故障码还是制造厂家定义的故障码；故障码的第二位数字表示发生故障的子系统；第三位和第四位代表故障存在的特定区域，具体含义见表 2－6。

表 2－6　　OBD－Ⅱ故障代码的含义

位数	显示内容	含　义
1	B	车身电控系统
	C	底盘电控系统
	P	发动机和变速器组成的动力传动系统
	U	未　定　义
2	0	SAE 定义检测的故障码
	1	厂家定义检测的故障码
	2	厂家定义检测的故障码
	3	保留的故障码
3	1	燃油/空气混合气控制系统
	2	燃油/空气混合气控制系统
	3	点火系统
	4	排放控制辅助系统
	5	怠速控制系统
	6	控制单元或执行元件系统
	7	变速器控制系统
	8	非 EEC 动力系统
4 和 5	01～99	与故障相应的系统器件名称

（3）具体数据资料传输与分析功能。OBD－Ⅱ系统数据资料传输有两个标准，即ISO（国际统一标准）和SAE（美国统一标准）两种。SAE是美国统一标准，主要是一些故障自诊断系统使用，能够了解该车型控制系统的有关资料。

（4）具有行车记录功能。具有行车记录功能是指记录行驶过程中的有关数据资料，存储故障发生时的运转状态（称为“冻结帧”或“快照”功能）。

五、巡航控制系统

汽车巡航控制系统（CCS）的功用是根据汽车行驶阻力的变化，对汽车行驶速度进行自动调节，使汽车保持恒定速度行驶。装有CCS装置的汽车在良好的路面（尤其是高速公路）上行驶时，驾驶员的脚可以离开加速踏板，以选定的车速作等速行驶，所以也称等速行驶控制系统。

汽车巡航控制系统发展至今已有30多年的历史，经历了机械巡航控制系统、晶体管巡航控制系统、模拟式微机巡航控制系统和数字式微机巡航控制系统四个阶段。自20世纪80年代初开始，普遍采用数字式微机巡航控制系统。

汽车巡航控制系统主要具有以下优点：

（1）减轻驾驶员的劳动强度，提高行驶安全性。在汽车行驶过程中，当车速超过一定值（40km/h）时，驾驶员只要操作巡航开关并设定一个想要行驶的速度后，不用踩加速踏板，巡航控制系统就能自动控制发动机节气门开度使汽车保持在设定的速度恒速行驶。尤其汽车在郊外或高速公路上长时间行驶时，更能充分发挥巡航控制系统的优势。驾驶员不用频繁地踩踏加速踏板，劳动强度大大减轻，而驾驶安全性也将大大提高。

（2）行驶速度稳定，提高乘坐舒适性。在巡航行驶过程中，无论由于风力或道路坡度引起汽车行驶阻力的变化，只要是在发动机功率允许范围之内，汽车行驶速度都将保持设定的巡航车速不变，舒适性体现更为明显。

（3）提高经济性和环保性。实践证明，汽车在相同行驶条件下，利用巡航行驶可节省15%左右的燃油。这是因为巡航车速被控制在经济车速范围内，汽车巡航行驶时的燃料供给与发动机功率之间处于最佳配合状态，与此同时，有害气体的排放量也将大大减少。

1965年起，日本丰田公司装用机械巡航控制系统，1968年德国奔驰公司研发了晶体管巡航控制系统，到了20世纪70年代模拟式微机巡航控制系统逐步应用。

（一）巡航控制系统结构原理

汽车巡航控制系统主要由巡航控制开关、传感器、巡航控制电控单元（CCS ECU）和执行机构等部件组成，如图2－200所示。

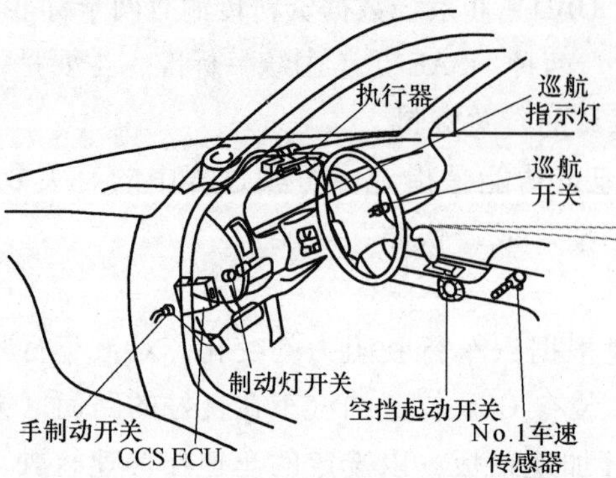

图 2－200 巡航控制系统组成

1. 巡航控制开关

巡航控制开关是巡航控制系统的主要控制开关，一般采用手柄式，安装在转向柱上，如图 2－201 所示，以便于驾驶员操作。也有按键式，装在指示灯附近。在每项功能开关的旁边，标注有完成相应功能时开关手柄操纵方向。

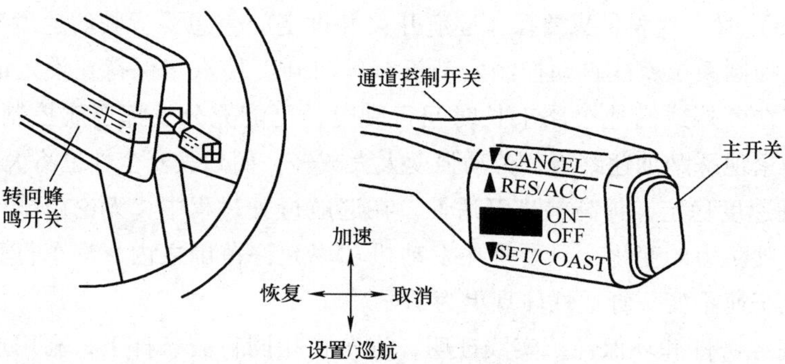

图 2－201 巡航控制开关

巡航控制开关的作用是将驾驶员的指令信号输入 CCS ECU，以便 CCS ECU 确定是否进行恒速控制，控制原理如图 2－202 所示。设置/巡航（SET/COAST）、恢复/加速（RES/ACC）和取消（CANCEL）三只开关的信号均从同一个端子（即“CCS”端子或 18 端子）输入 CCS ECU。三只开关中的任意一只接通时，都是接通搭铁回路。当指令开关处于不同的挡位时，电流流经不同阻值的电阻后接地，从而给 CCS ECU 不同的电压信号。CCS ECU 根据电压信号即可判定被操作的开关位置。

（1）主开关（MAIN）。主开关是巡航控制系统的主电源开关。当按一下操纵手柄端部的主开关按钮时，主开关触点（MAIN）接通，CCS ECU 的巡航主开关端子 CMS 通过

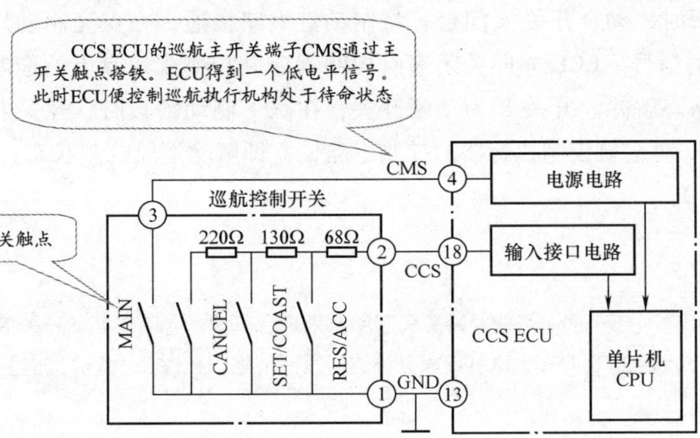

图 2－202　巡航控制开关控制原理

主开关触点搭铁，CCS ECU 得到一个低电平（0V）信号，巡航控制系统处于待命状态，可以进行恒速控制。同时，CCS ECU 点亮组合仪表盘上的巡航指示灯。

（2）控制开关。手柄式控制开关主要有设置/巡航开关（SET/COAST）、恢复/加速开关（RES/ACC）和取消开关（CANCEL）等功能开关组成。不同的巡航控制系统其开关挡位的组合和控制方式可能存在部分差异，但是只要按箭头方向操纵开关，就可以获得不同的控制功能。控制开关属于自动回位开关。

（3）退出巡航控制开关。退出巡航控制开关是指开关接通后能使巡航系统自动退出工作的开关。退出巡航控制开关除取消开关外，还包括制动灯开关、驻车制动开关、空挡起动开关（自动变速器）和离合器开关（手动变速器）。

1）制动灯开关。在装备 CCS 的汽车上，制动灯开关由动断和动合两个开关组成，如图 2－203 所示。

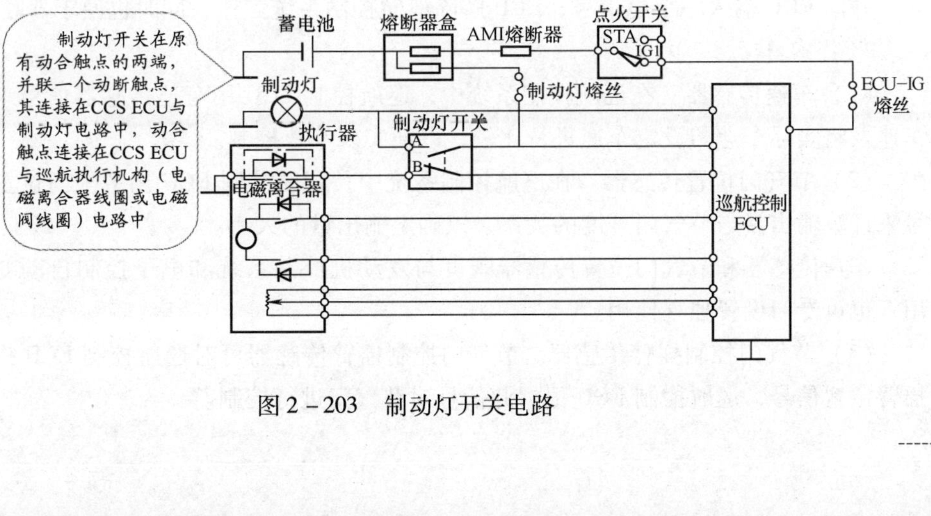

图 2－203　制动灯开关电路

当踩下制动踏板时，动合开关 A 闭合，将制动灯电路接通，在点亮制动灯的同时向 ECU 输入一个制动的信号，ECU 立即关闭巡航控制程序并控制仪表盘上的巡航指示灯发亮，指示巡航控制状态解除。开关 B 为动断开关，在踩下制动踏板时，开关 B 断开，直接切断巡航控制 ECU 对巡航控制执行器的控制电路，立即解除巡航控制状态。

2）驻车制动开关。

当制动系统发生故障时，需要通过驻车制动器来降低车速。当驻车制动开关接通时，驻车制动信号输入巡航控制 ECU，ECU 接收到该信号后将解除巡航行驶状态，同时驻车制动灯点亮。

3）空挡起动开关。

在装备自动变速器的汽车上装有空挡起动开关，当操纵手柄置于 N 位（空挡）时，空挡起动开关触点闭合，如果此时点火开关接通“起动”挡位，则空挡起动开关将向发动机 ECU 输入一个电信号，ECU 便取消巡航控制系统的工作。

4）离合器开关。

当汽车处于巡航状态行驶时，如果驾驶员踩下离合器踏板车速就会降低，巡航控制系统就会发出指令使发动机转速升高，因此，可能导致发动机超速运转而损坏。为了确保安全，在离合器踏板下面设置一个离合器开关。

在装备手动变速器的汽车上，当驾驶员踩下离合器踏板时，离合器开关触点就会闭合，并向 ECU 输入一个电信号，ECU 解除巡航控制系统工作，同时也便于驾驶员换挡。

2. 传感器

（1）车速传感器。在巡航控制系统中，巡航控制 ECU 用车速传感器信号来设定巡航车速及将实际车速与设定车速进行比较，以便实现等速控制。

（2）节气门位置传感器。在巡航控制系统中，巡航控制 ECU 用节气门位置传感器信号来计算输出量与节气门开度的关系，以确定输出量的大小。

车速传感器和节气门位置传感器既可与发动机控制系统和电子控制自动变速系统共用，也可专门设置独立使用。

（3）节气门控制摇臂传感器。节气门控制摇臂传感器可对巡航控制 ECU 提供节气门摇臂位置信号，巡航控制 ECU 根据此信号对节气门进行控制。

3. 巡航控制系统电控单元

巡航控制系统电控单元（CCS ECU）通常由专用IC块和四位以上单片机等构成。基本控制原理如图2－204所示。

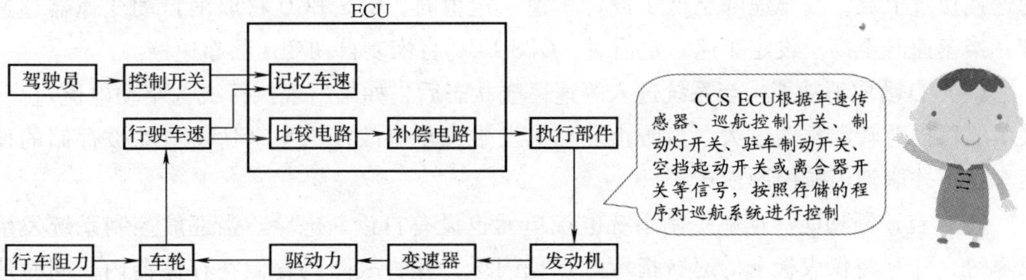

图2－204　CCS ECU控制原理框图

CCS ECU主要有以下控制功能：

（1）记忆设定车速功能。当主开关接通，闭合设定/巡航（SET/COAST）开关，可以设定巡航车速。ECU将设定的车速存储在存储器内，并按设定车速控制汽车等速行驶。

（2）等速控制功能。CCS ECU根据驾驶员的指令车速信号和车速传感器监测的实际车速信号相比较，确定差值，计算出节气门开大或关小的量，并驱动执行器动作，使汽车按设定车速等速行驶。

（3）车速调整功能。当系统进入等速巡航状态后，若需要提高或降低巡航车速，则可操作加速开关或减速开关，就可以使设定车速改变，CCS ECU将此时的系统车速保存下来，成为新的储存车速。

（4）取消和恢复功能。当系统进入等速巡航状态后，如果需要暂时停止巡航控制，则可按取消开关或接通退出巡航控制开关的任何一个开关，CCS ECU将控制执行器关闭巡航系统。如果要重新进入等速巡航状态，只要按恢复/加速（RES/ACC）开关，CCS ECU即可恢复等速巡航状态。

（5）车速极限控制功能。车速极限控制功能是指巡航控制设定的最低车速（一般为40km/h）和最高车速（一般为200km/h）。当车速低于40km/h时，系统不能进入巡航状态，如系统进入巡航状态而车速低于该值，CCS ECU将巡航控制自动取消，并将设定车速从存储器内清除。当车速高于200km/h时，巡航控制车速不能被设定，此时再按加速开关，车速不能加速到200km/h以上。

（6）安全电磁离合器控制功能。电磁离合器用于接通或断开电动机与节气门拉索之间的联系。当系统进入等速巡航状态后，汽车因下坡车速高出设定车速15km/h，CCS ECU将立即发出控制指令使离合器分离使车速降低，防止发生事故，（故称为安全电磁离合器)。当车速降至低于设定车速 10km/h 时,安全电磁离合器被接通,恢复巡航控制。

(7) 自动变速器控制功能。具有自动变速器的汽车以巡航控制模式运行时,如果在超速挡位置上坡,当车速降至低于设定车速一定值时,CCS ECU 将取消自动变速器超速挡。当车速升至高于设定车速一定值时,CCS ECU 将恢复自动变速器超速挡。

(8) 自动取消功能。当系统进入等速巡航状态后,如果出现执行机构驱动电流过高,使节气门摇臂转动角度过大,为防止发动机发生飞车事故,CCS ECU 将清除被存储的设定车速,并取消巡航控制模式。

(9) 自诊断功能。巡航控制系统电控单元也设有自诊断电路。当巡航控制系统发生故障时,ECU 将仪表板上的巡航指示灯点亮闪烁,并将故障码存储在存储器内,同时停止巡航系统工作。

4. 执行器

执行器的功用是根据 CCS ECU 的控制指令,通过操纵节气门拉索来改变发动机节气门开度,使汽车加速、减速或保持恒定的速度行驶。

根据结构形式不同,汽车巡航控制执行器可分为电动式和气动式两种。电动式采用直流电动机或步进电动机驱动,气动式采用真空装置驱动。目前应用比较普遍的为电动式巡航控制执行器。

(1) 电动式巡航执行器。电动式巡航执行器主要由驱动电动机、安全电磁离合器、减速机构和电位器等组成,如图 2-205 所示。

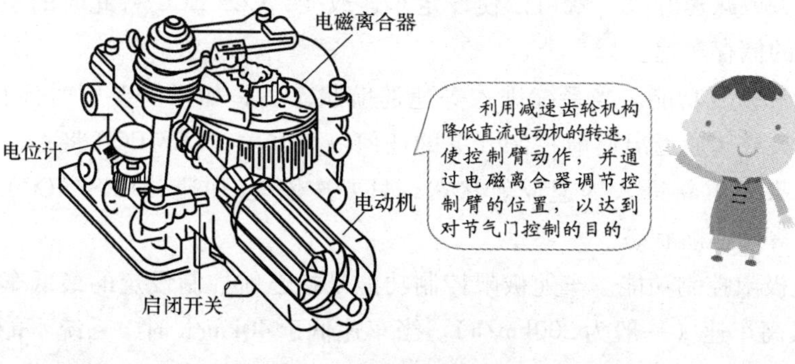

图 2-205 电动式巡航执行器结构

1) 驱动电动机。

a) 驱动电动机可采用永磁式直流电动机。驱动电动机的运转受 CCS ECU 控制,电动机通电后向正反两个方向旋转。电动机转动时传动过程(见图 2-206)是:电动机→电动机轴上蜗杆→电磁离合器外缘涡轮→小齿轮→主减速器齿扇→控制臂。控制臂又通过专用节气门拉索（钢缆缆索）拉动节气门摇臂转动。改变流过电动机电枢绕组电流的方向，就可改变电枢轴的转动方向，从而调节节气门摇臂转动角度的大小。

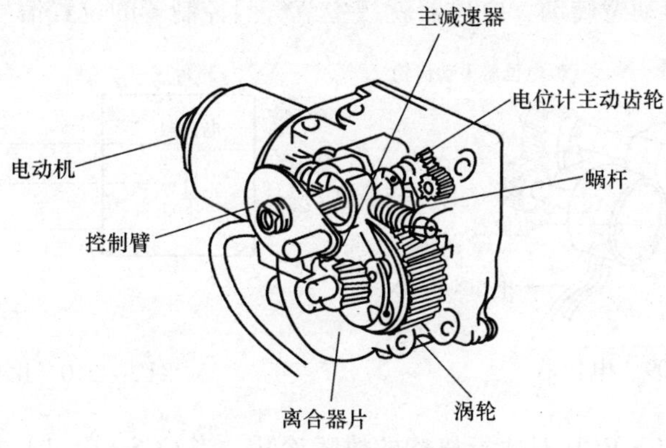

图 2－206　电动机驱动执行器

b）驱动电动机也可采用步进电动机。步进电动机能将 CCS ECU 发出的数字信号指令转变为一定角度的位移量。CCS ECU 每发出一个控制脉冲，步进电动机就可带动节气门摇臂转过一个微小角度，这就保证节气门开闭动作的平稳而准确。步进电动机转过的角度与输入的脉冲数成正比。步进电动机的转向由分配脉冲的相序而定。

2）电磁离合器。电磁离合器安装在驱动电动机与控制臂之间，如图 2－207 所示。它起到锁住或释放节气门拉索的作用。当系统进入巡航控制，CCS ECU 给执行器发出控制信号，电磁离合器通电结合。若取消巡航控制，CCS ECU 给电磁离合器断电，使电磁离合器分离，节气门不受驱动电动机控制，控制电路如图 2－208 所示。

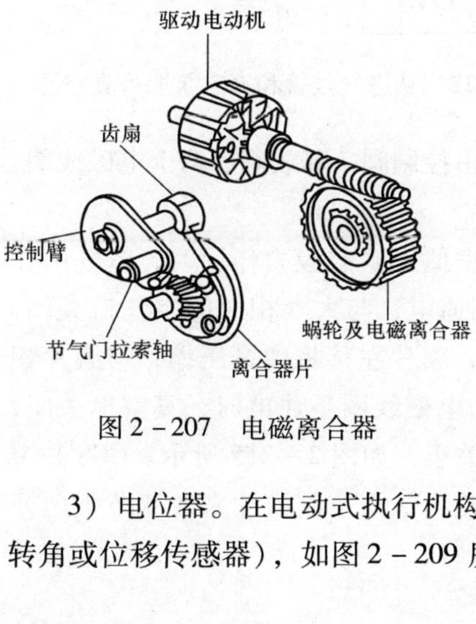

图 2－207　电磁离合器

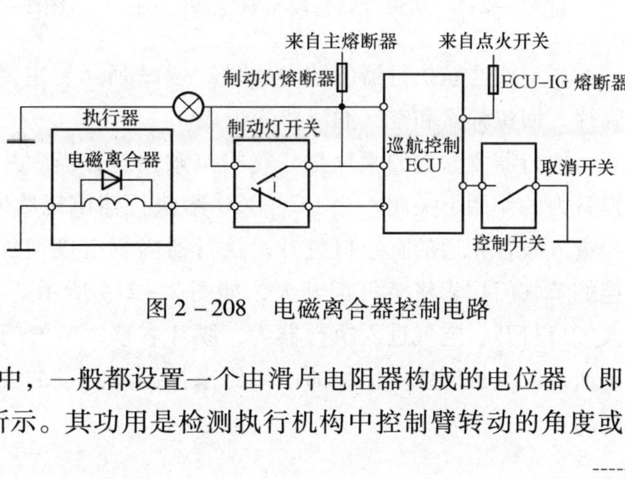

图 2－208　电磁离合器控制电路

3）电位器。在电动式执行机构中，一般都设置一个由滑片电阻器构成的电位器（即转角或位移传感器），如图 2－209 所示。其功用是检测执行机构中控制臂转动的角度或拉索的位移量，并将信号输入 CCS ECU，电路如图 2－210 所示。当电动机带动主减速器齿扇转动时，电位器主动齿轮一起被旋转，然后带动电位器从动齿轮转动，从动齿轮的转动使电位器内的滑动臂转动，电位器就产生节气门控制臂的位置信号。

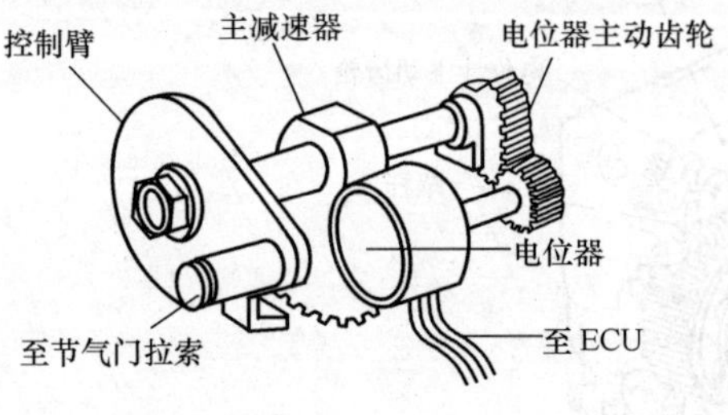

图 2－209　电位器

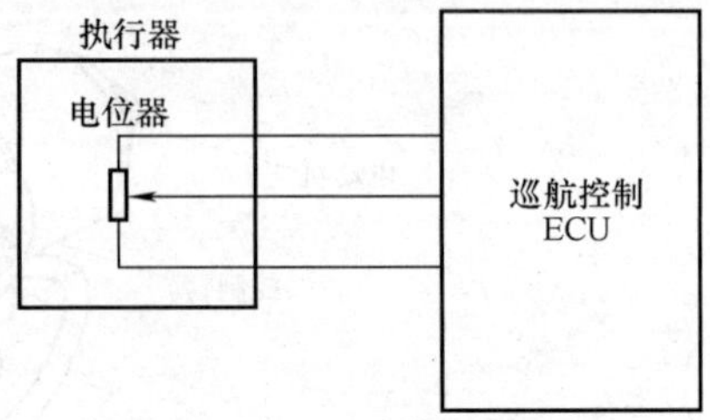

图 2－210　电位器电路

该信号可用于 CCS ECU 对执行机构的故障诊断。当 CCS ECU 向执行机构发出控制指令后，如果电位器信号没有变化或超过设计值，则将判定执行机构有故障。

（2）真空式巡航执行器。真空式巡航执行器是利用发动机的负压或专用泵产生真空来吸动膜片（见图 2－211、图 2－212），膜片再通过拉索拉动节气门摇臂，从而控制节气门的开度，实现巡航控制。

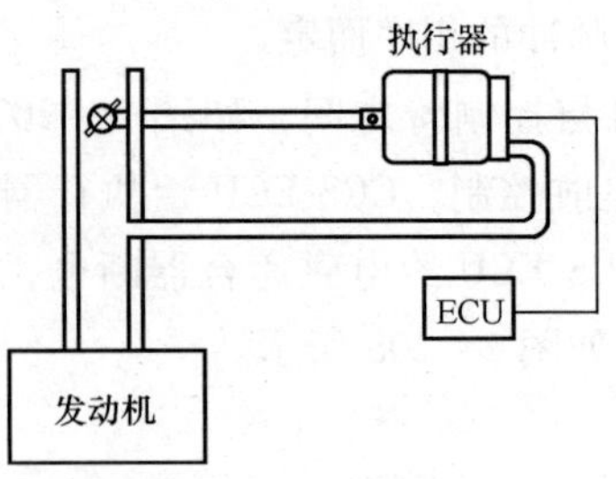

图 2－211　从进气歧管取得真空源

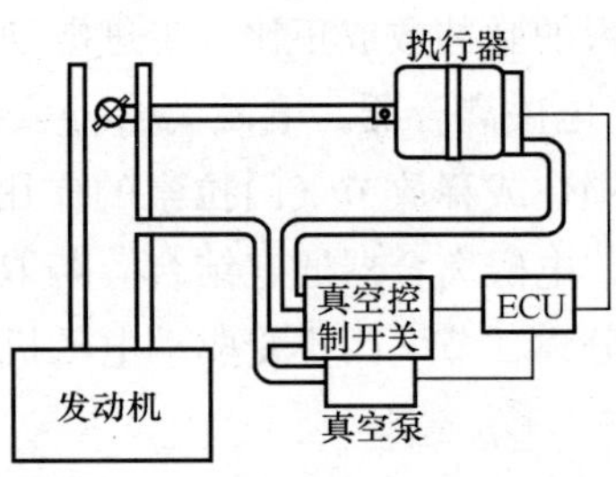

图 2－212　从进气歧管和真空泵取得真空源

真空式巡航执行器的结构如图 2－213 所示，主要由控制阀、释放阀、两个电磁线圈、膜片、回位弹簧和空气滤清器等组成。

执行器膜盒内的膜片与节气门拉索相连，当膜片室侧无真空吸力作用时，节气门在弹簧力的作用下关闭。当 CCS ECU 给执行器电磁线圈通电，与大气相通的空气口关闭，与进气歧管相通的真空口打开，执行器内真空度增加，膜片左移将弹簧压缩，与膜片相连的节气门拉索将节气门开大，如图 2－214 所示。当电磁线圈不通电时，真空口关闭，大气口打开，空气进入执行器内，膜片右移，节气门关小，如图 2－215 所示。CCS ECU 是通过改变控制线圈信号的占空比来控制真空度的变化，从而控制膜片来改变节气门开度的。

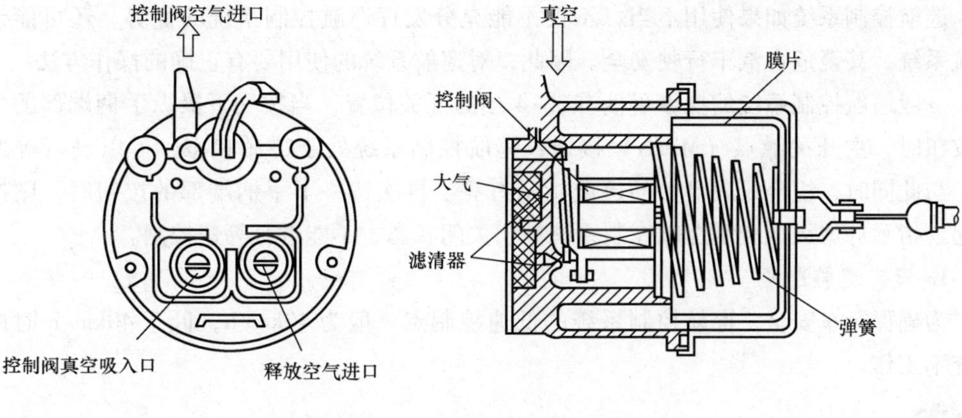

图 2－213 真空式巡航执行器的结构

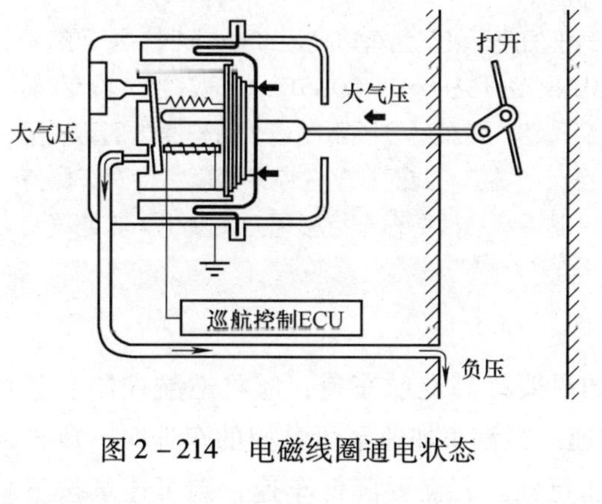

图 2－214 电磁线圈通电状态

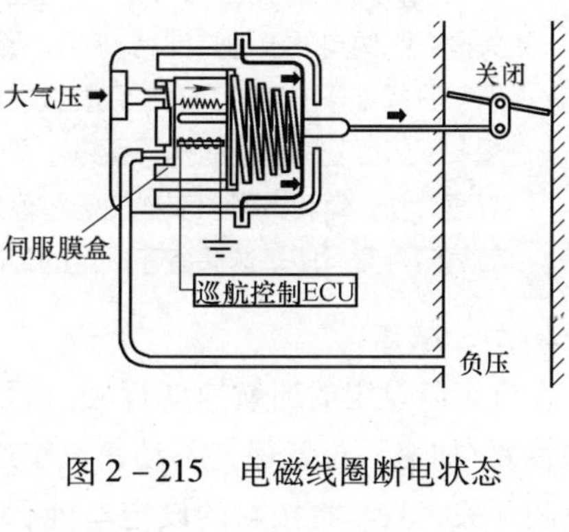

图 2－215 电磁线圈断电状态

工作原理：

真空式巡航控制系统 ECU 根据车速传感器、节气门位置传感器和控制开关等信号，调节执行器内真空度，从而控制膜片的移动。当车速低于设定车速时，使伺服膜盒内的真空度增加，通过膜片的移动，使节气门开度增大。反之，当车速高于设定车速时，减少伺服膜盒内的真空度，使节气门开度减小。若以预定速度等速行驶时，使伺服膜盒内保持一定的真空度，控制汽车按预定速度等速行驶。

执行器中释放阀的作用是使空气迅速进入执行器，巡航控制立即取消。当巡航控制结束时，控制线圈断电，允许空气进入执行器内，这样保证即使控制阀的通气口开启失败，巡航控制的功能也能安全终止。

（二）巡航控制系统的使用方法

巡航控制系统如果使用不当，不仅不能充分发挥巡航控制系统的优势，还可能损坏巡航系统，甚至危害汽车行驶安全。因此，对巡航系统的使用要有正确的操作方法。

一般巡航控制系统的操纵手柄有3～4挡的开关位置，当按一下操纵手柄端部的主开关按钮时，主开关触点（MAIN）接通，巡航控制系统处于待命状态，可以进行等速控制。与此同时，组合仪表盘上的巡航指示灯亮。再次按一下手柄端部的按钮时，则按钮弹起、指示灯熄灭，表示巡航控制系统处于关闭状态，不能进行等速控制。

1. 设定巡航速度

为确保行车安全，巡航控制系统的低速控制点一般为40km/h，低于40km/h时巡航系统不工作。

当进入巡航控制状态，设定巡航车速的方法：

按下巡航控制主开关，踏下加速踏板使汽车加速行驶。当车速高于40km/h时，将巡航开关操纵手柄向下拨动并保持向下位置时，巡航设定开关（SET/COAST）接通。当“设定/巡航”开关处于接通位置时，只要按住操纵手柄不动，汽车就会不断加速，当车速达到驾驶员想要巡航行驶的车速时松开操纵手柄，手柄将自动复位。此时巡航控制系统就会使汽车保持等速行驶，驾驶员可以放松加速踏板，巡航控制系统会根据汽车行驶阻力的变化，自动调节节气门开度，使车速保持在设定的范围内。

2. 加、减速

在汽车以设定的巡航速度行驶过程中，如果要提高巡航车速，应将巡航控制开关置于“恢复/加速”位置保持不动，汽车逐渐加速。当汽车加速至所希望的车速时，放松巡航控制开关，汽车将按新的设定车速保持等速行驶。若需要降低车速，则可连续按下减速开关不放，汽车逐渐减速。当汽车减速至所希望的车速时，放松巡航控制开关，汽车将按新的设定车速保持等速行驶。

若驾驶员想加速（如需要超车），只要踩下加速踏板即可。超车完毕后，再放松加速踏板，汽车便又恢复到已设定的巡航速度行驶。

3. 巡航速度的取消

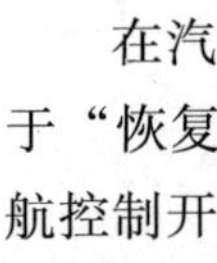

取消巡航速度操作：

（1）将巡航控制系统操纵手柄置于“CANCEL”位置并释放即可。

（2）踩下制动踏板。

（3）装备手动变速器的汽车，踩下离合器踏板即可；装备自动变速器的汽车，将变速杆置于空挡位置。

（4）当汽车的速度低于 40km/h 时，则设定的巡航速度将自动取消；如汽车减速后，车速比设定的巡航车速低时，巡航控制系统也将自动停止工作。

4. 恢复巡航行驶

将巡航控制系统操纵手柄置于“RES/ACC”位置，汽车可恢复到原设定的速度作巡航行驶。当然车速降至 40km/h 以下或低于设定速度的差值超过一定时，巡航控制系统自动停止工作。

（三）巡航控制系统使用注意事项

汽车巡航控制系统在使用中应注意：

（1）为了让巡航系统获得最佳控制，遇交通拥堵场合，在雨、雪或大风天气行驶及在冰、雪等湿滑路面上行驶时，不宜使用巡航控制系统。因为在上述情况下，不能保证巡航控制系统正常发挥效能。

（2）为了避免巡航控制系统误工作，在不使用巡航控制功能时，巡航开关操纵手柄上的主开关“MAIN”按钮或“CEUISE ON-OFF”按钮应当置于断开状态。

（3）汽车上、下陡坡时，不宜使用巡航控制系统。汽车在陡坡上行驶时，如果使用巡航控制系统，则会引起发动机转速和负荷变化过大，燃油经济性就会降低。汽车在下坡行驶时，须避免车辆加速。如果车辆的实际行驶速度较设定的行驶速度高出太多，可省略巡航控制装置，应将变速器换入低挡，利用发动机制动来控制车速。

（4）汽车巡航行驶时，对装备手动变速器的汽车，变速操纵手柄移置空挡之前必须先踩下离合器踏板，即首先解除巡航控制状态，然后再将变速操纵手柄移置空挡，否则发动机转速会骤然升高，不仅影响发动机的使用寿命，而且浪费燃油。

（5）在汽车巡航行驶过程中，驾驶员随时都要注意观察仪表板上的巡航指示灯（CRUISE 或 CRUISE MAIN）的工作状态。如果指示灯闪烁发亮，表明巡航控制发生故障，应停止使用巡航控制系统，待排除故障后才能继续使用。

第五节 其 他 控 制

一、缸内直喷控制

由于能源问题和 CO_2 引起的地球温室效应问题，对内燃机的要求已变为降低排放和节约能源两者同时兼顾。为了适应这种要求，许多公司开发推出了空燃比可达 40 ~ 50 的缸内直喷技术，将高压的燃料直接喷入到设置在活塞顶部的深坑型燃烧室内，通过进气涡流及汽缸内的气流运动，形成分层燃烧；同时对喷油时间和喷油量进行精确控制，实现超稀薄燃烧。有效地改善了燃油经济性和良好的低排放特性。

采用闭环控制的燃油喷射系统，将 λ 控制在理论空燃比附近（即空燃比等于 14.7），是以牺牲燃油经济性为代价的。

一般的汽油发动机都是在空燃比 $A/F = 12.6 \sim 17$ 范围内工作，混合气是均质的。当空燃比 $A/F > 17$ 就称为稀薄燃烧发动机，稀薄燃烧发动机有两类：① 化油器式和进气管喷射式，这类发动机采取一些特殊技术措施，能在空燃比小于 25 的范围内工作；② 缸内直喷式发动机，空燃比可控制在 25 ~ 50 的范围内稳定工作。

（一）稀薄燃烧简介

稀薄燃烧系统的关键是如何精确地控制空燃比及改善稀薄混合气的稳定燃烧。为了改善燃烧过程，一般是通过不同的气流运动和供油方式，使浓稀不同的混合气合理分层。主要措施是：① 采取改进进气道，使燃烧室内形成强大的纵向进气涡流，提高混合气的紊流强度；② 进行缸内直接喷射，利用混合气的涡流，使火花塞附近有更浓的混合气，形成分层燃烧，扩大稀薄燃烧范围。

1. 轴向分层稀薄燃烧

轴向分层稀薄燃烧是由进气造成强烈的进气涡流，如图 2 – 216 所示。进气过程后期进气门开启接近最大升程时，通过安装在进气道上的喷油器将燃油喷入进气道，如图 2 – 217所示。燃油在涡流的作用下，沿汽缸轴向产生上浓下稀的分层，如图 2 – 218 所示。这种分层一直维持到压缩行程后期，以保证在火花塞附近存在较浓的混合气。

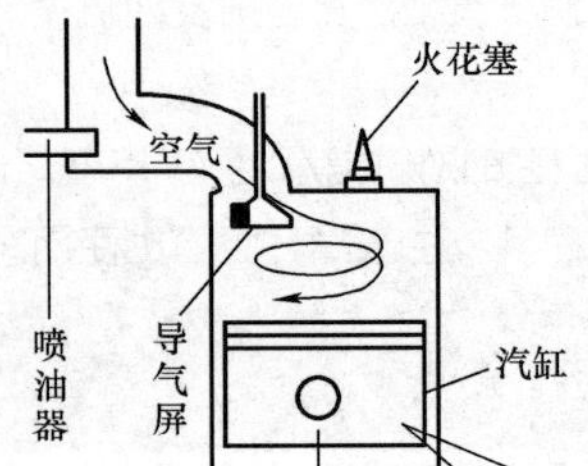

图 2 – 216　早期的进气过程

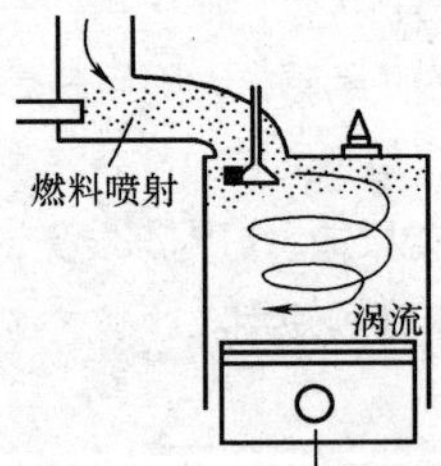

图 2 – 217　后期的进气过程

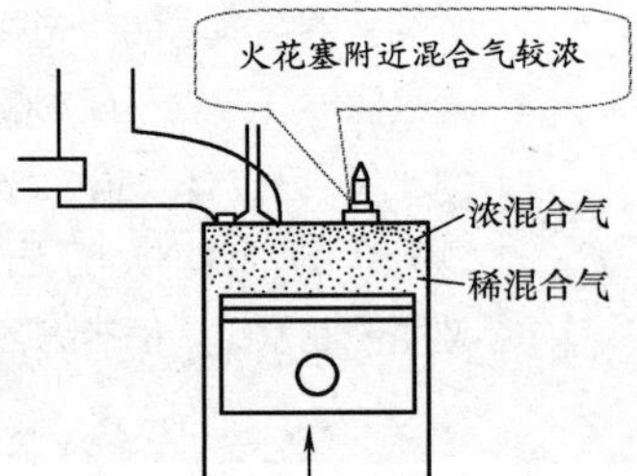

图 2 – 218　压缩过程

2. 滚流（纵涡）分层稀薄燃烧

在进气过程中形成的绕垂直于汽缸轴线方向旋转的有组织的空气旋流，称为滚流。

图 2－219 为三菱公司开发的稀薄燃烧系统。它在进气管中设置垂直隔板，进入汽缸的燃油与空气形成三股独立的滚流，防止它们彼此混合，使在压缩过程中维持分层，保证火花塞周围形成易点燃的浓混合气。

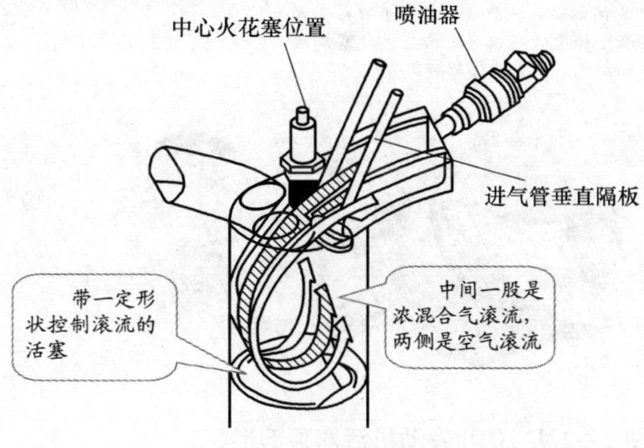

图 2－219　滚流分层稀燃

稀薄燃烧发动机并非在所有工况下都能工作，一般只是在中、小负荷工况范围工作，在起动、怠速、加速和大负荷等不能进行稀薄燃烧。

（二）缸内直喷式汽油发动机结构原理

早期的缸内直喷（GDI）发动机是在航空发动机上使用的。从 20 世纪 40 年代开始，一些欧美国家的汽车工程师们进行不断的研究开发，直到 90 年代末期，人们在对缸内流动、混合气形成和燃烧过程等研究的基础上，加之现代汽油机电子控制技术的应用，才使缸内直喷发动机得以应用。

1. 缸内直喷发动机的结构特点

（1）GDI 发动机具有垂直的进气道，比普通多点喷射发动机的水平进气道有更好的充气效果，在最佳喷油时产生很强的反向滚流，如图 2－220 所示。

图 2－220　垂直进气道产生的反向滚流

（2）活塞顶部的形状与进气涡流旋向以及高精度的喷油时间和喷油方向控制相配合，在火花塞周围形成较浓的易点燃混合气区域，如图 2－221 所示。

图 2－221　GDI 发动机活塞顶部形状

（3）高压油泵提供缸内直喷所需的 8～12MPa 的喷油压力，使缸内的直喷油雾颗粒直径达 20～25μm，而多点喷射发动机的油雾颗粒直径为 200μm。有的 GDI 发动机和电控柴油机一样采用油压传感器，可对共轨内的油压进行调节。

（4）使用高压涡流式喷油器可提高油粒雾化细度，喷孔较大，不易堵塞，减小贯穿度，如图 2－222 所示。

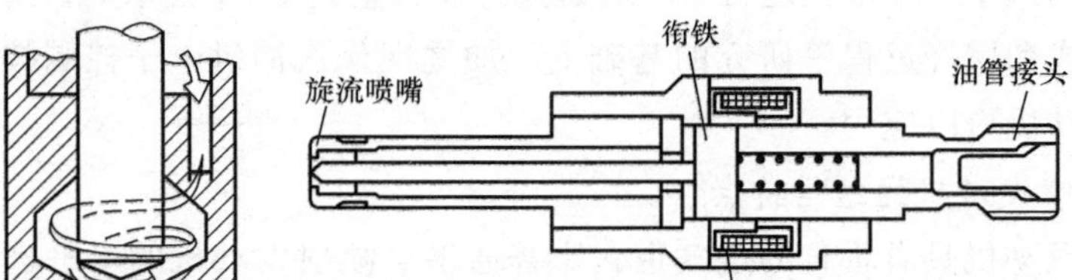

图 2－222　高压涡流式喷油器

2. 缸内直喷发动机的工作原理

缸内直喷式发动机在中、小负荷时，燃油在压缩行程时被喷入缸内，利用活塞的形状和缸内的紊流，在火花塞附近形成浓的混合气，采用分层充气，实现稀薄燃烧，可使空燃比 A/F 达到 30～40（采用 EGR 时可达 35～55）。大负荷时，在进气行程（上止点后 60°～120°）喷射均匀的混合气，由于燃油喷入缸内后蒸发，使缸内的充气温度降低，爆燃倾向减少，可提高压缩比，从而使发动机热效率得到提高，如图 2－223 所示。

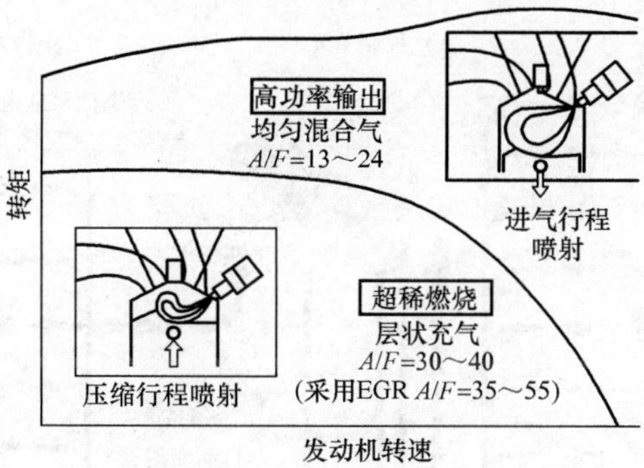

图 2－223　GDI 发动机在压缩和进气行程喷射燃油

（三）缸内直喷控制

图 2－224 所示为 BOSCH MED 7. 5. 11 用于 1. 6L 81kW 发动机。图 2－225 所示为发动机控制系统组成。

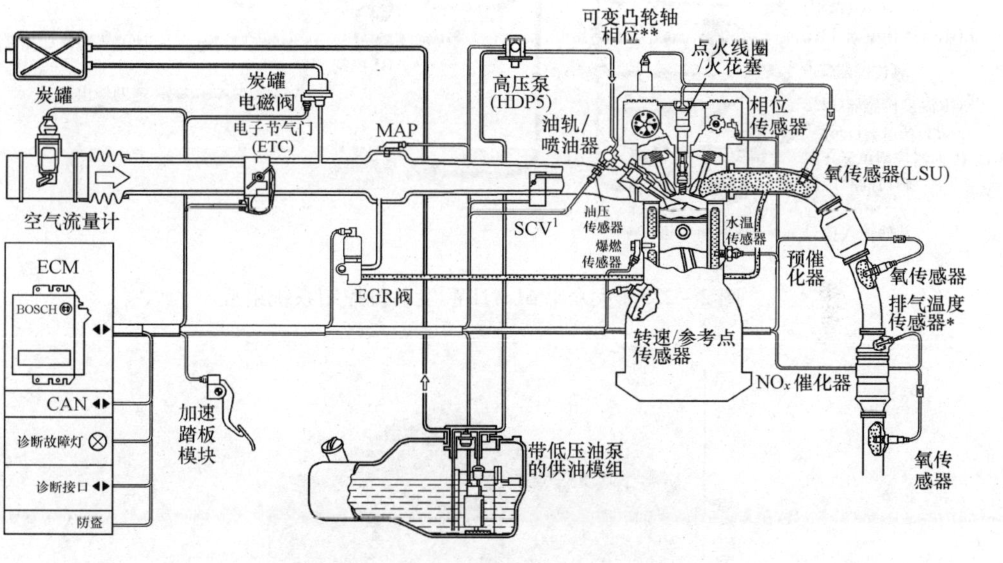

图 2－224　缸内直喷发动机

1. 工作模式

大众 1. 6L 81kW FSI（FUEL STRATIFIED INJECTION，燃油分层喷射）发动机除了分层充气模式和均质充气模式外，还增加了第三种工作模式即均质稀薄充气模式，如图 2－226所示。

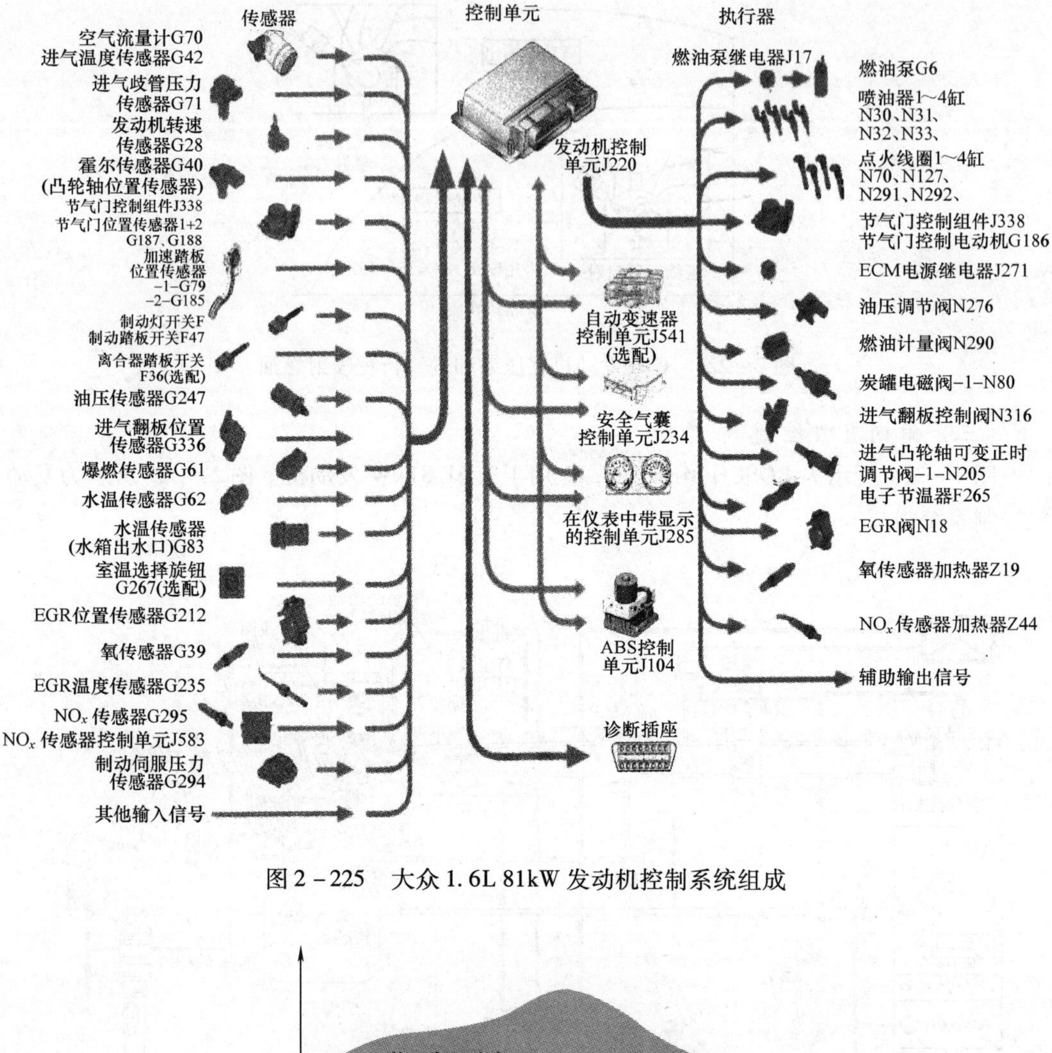

图2－225　大众1.6L 81kW发动机控制系统组成

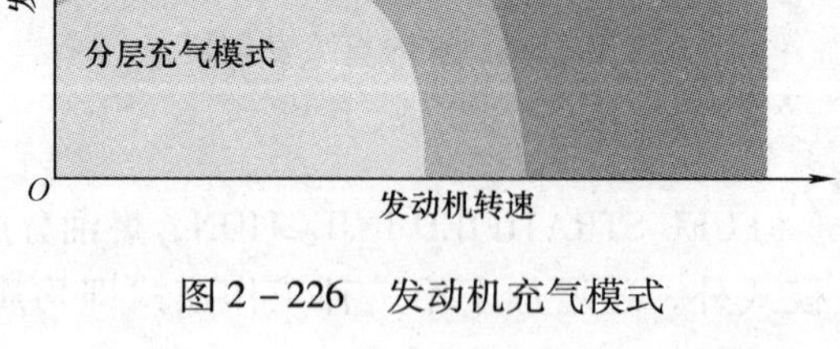

图2－226　发动机充气模式

（1）分层充气模式。分层充气模式就是在燃烧室内采用分层混合气的模式。通过喷油器的位置设计及进气歧管翻板转换机构（湍流控制阀）和进气凹室在汽缸内产生旋涡的充气动作，将混合气往火花塞的方向上引导，在火花塞周围形成较浓的混合气，如图 2－227所示。发动机可在 $\lambda=1.6\sim3$ 的工况下工作。

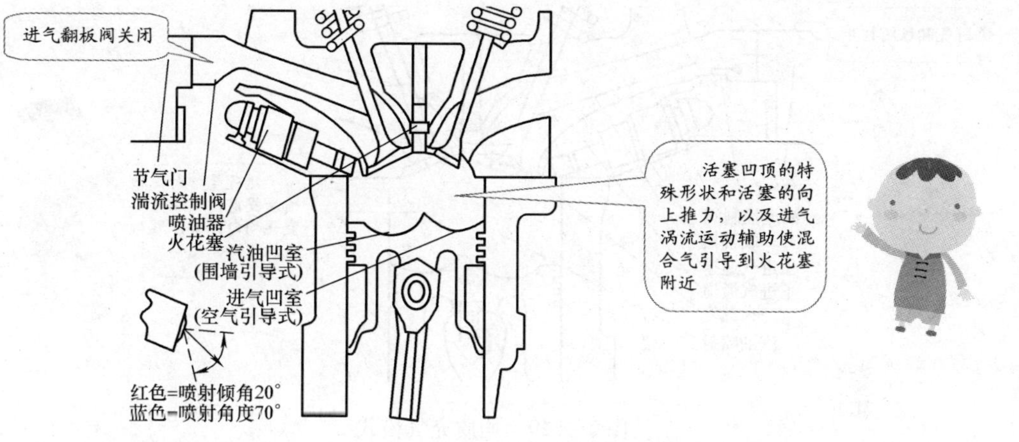

图 2－227　分层充气模式

（2）均质稀薄充气模式。均质稀薄充气模式是在发动机处于分层充气和均质充气的过渡区域工作。在此模式运行下，节气门尽可能打开，减少节气损失；进气翻板阀关闭，汽缸内产生强烈的涡流。同时喷油需要提前（在进气上止点后 60°），有更多的时间形成点火混合气，如图 2－228 所示。此时 $\lambda\approx1.55$，与分层模式相似。

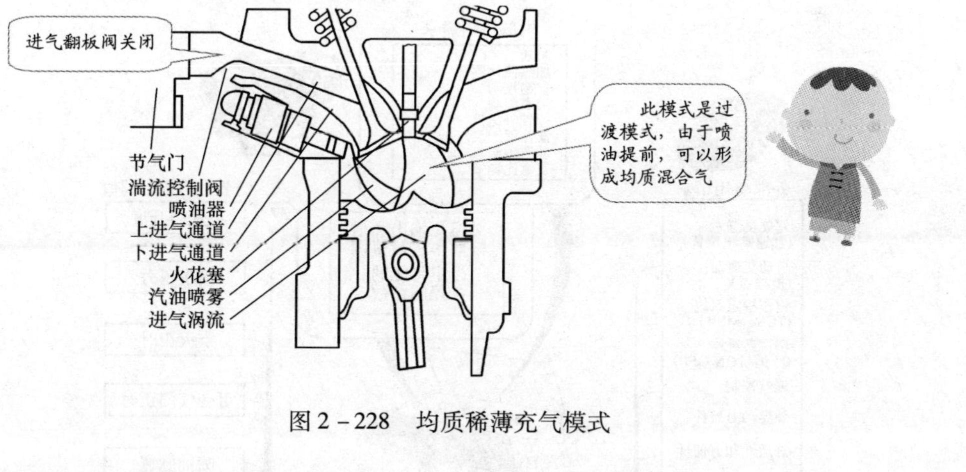

图 2－228　均质稀薄充气模式

（3）均质充气模式。均质充气模式是在发动机负荷和转速较高的工况下工作。在此模式运行下，进气歧管翻板阀打开，气流通过下进气导管进入汽缸，增大进气量，如图

2－229所示。高压的汽油（约12MPa）在进气上止点后60°直接喷入汽缸与进气混合并进行冷却，这相当于提高了歧管喷射的压缩比，由于喷油在进气行程进行，有足够的时间形成混合气，结果汽缸内燃油与空气均匀分布，形成均质混合气，此时，$\lambda=1$。在均质模式，点火提前角是影响发动机扭矩、油耗和排放的主要因素。

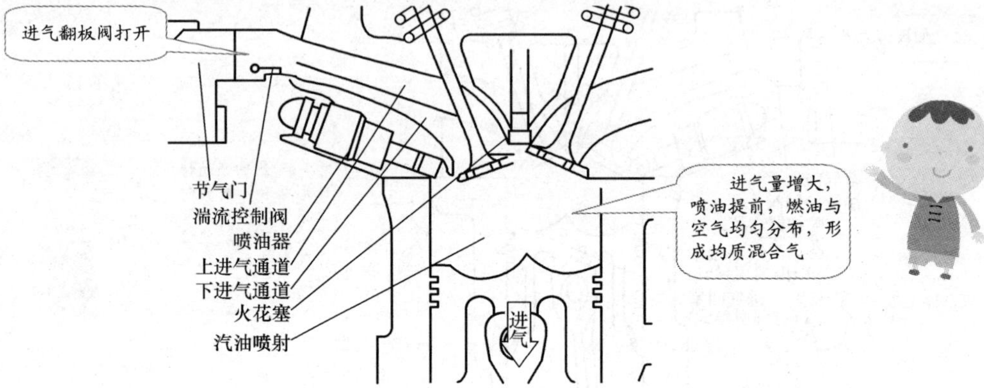

图2－229　均质充气模式

2. 控制模式

（1）发动机控制单元。由于采用缸内直接喷射，发动机控制单元增加了NO_x传感器、EGR温度传感器、EGR位置传感器、进气翻板位置传感器、油压传感器、进气凸轮轴正时控制阀及稀燃工况的诊断等，扩展了车载诊断系统。发动机管理系统以扭矩为控制目标，收集、评估、协调和实现所有的扭矩需求，发动机的扭矩调节如图2－230所示。

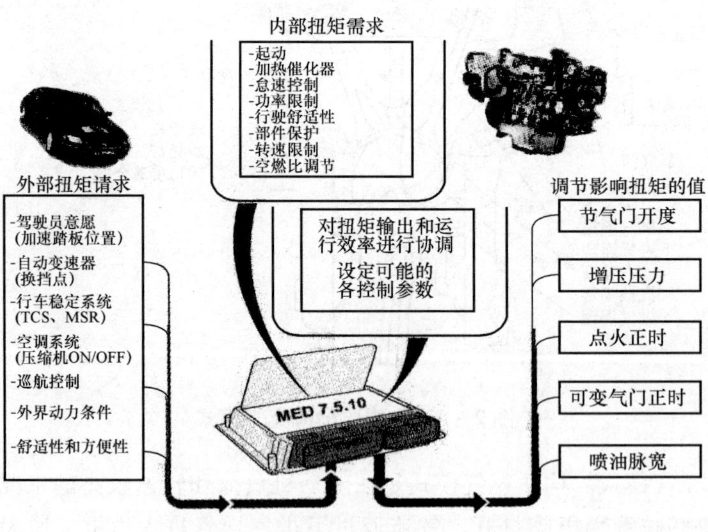

图2－230　发动机扭矩调节

当控制单元计算出目标扭矩后，通过两个通道实现扭矩控制：① 第一通道包括控制汽缸的充气量，即长期修正量，在分层模式运行时，实现目标扭矩的方法是控制喷油脉宽，汽缸的充气量几乎对扭矩无影响，因为在此模式为减少节气损失，节气门接近全开；② 第二通道是与进气无关的瞬时修正量，在均质稀薄模式和均质模式时通过点火提前角和进气量分别进行瞬时修正和长期修正。由于均质稀燃模式 $\lambda \approx 1.55$，均质模式 $\lambda = 1$，喷油量是按进气量计算的，因此扭矩控制不采用喷油量调节。

（2）进气系统。进气系统的设计目的是为了满足缸内直喷发动机的要求，而进入汽缸的气流是根据工况控制的。

1）加速踏板与电子节气门。电子加速踏板是缸内直喷的基本扭矩信号，是控制节气门开度的主要信号因素。但加速踏板不与节气门直接相连。

发动机控制单元通过加速踏板位置传感器检测到驾驶员的扭矩需求信号，再根据其他相关信号，计算出所需的发动机扭矩，然后控制执行器产生所需的扭矩。

2）翻板转换阀。翻板转换阀位于进气歧管的上下进气导管，如图 2－231 所示，其作用是根据工况模式控制进气气流。

在分层充气模式、均质稀薄充气模式及某些特定的均质充气模式，翻板转换阀动作，关闭气缸盖的下进气道，使进入汽缸的进气产生涡流，进气的涡流运动可将燃油引导至火花塞附近，同时提高混合气的形成质量，实现稀薄燃烧。当发动机大负荷高转速下，翻板转换阀停止动作，气缸盖的上下进气道都打开，进气截面增大，以产生大扭矩和高功率输出

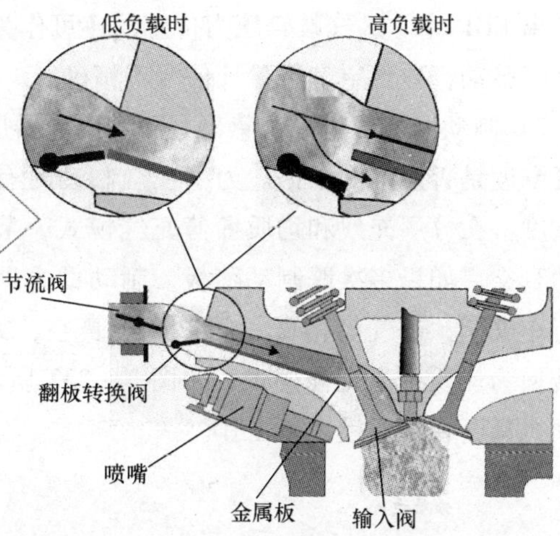

图 2－231　进气翻板转换阀

3）进气翻板转换阀电位计。进气翻板转换阀电位计的作用是检测进气歧管翻板的位置。进气歧管翻板的位置会影响排放，自诊断系统必须对它进行检测。进气翻板转换阀电位计如果出现故障，发动机只会在均质模式下工作。

4）进气翻板气流控制阀。进气翻板气流控制阀安装在进气歧管上进气通道旁。它受控制单元控制，从而控制真空罐到真空执行器的通道，进气歧管翻板由真空执行器控制。进气翻板气流控制阀如果出现故障，发动机只会在均质模式下工作。

5）空气流量计和进气温度传感器如图2－232所示。

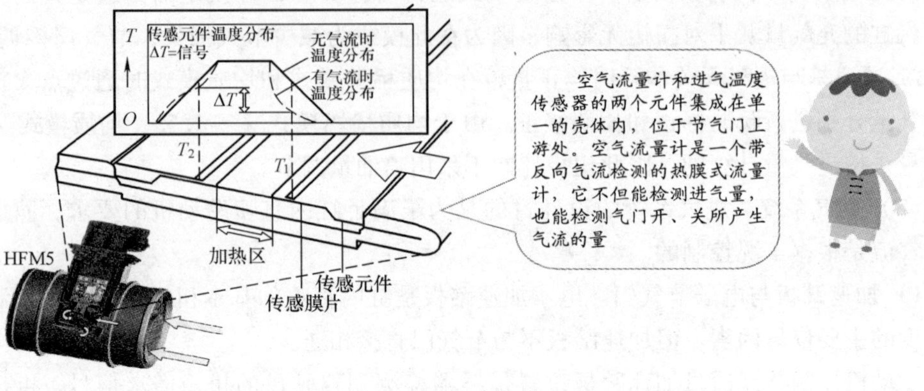

图2－232　带反向气流检测的热膜式空气流量计

6）进气歧管压力传感器。进气歧管压力传感器的作用除了能替代空气流量计外，还能通过检测进气歧管内部压力。电控单元根据空气流量计和进气温度传感器等信号精确计算出EGR率。进气歧管压力传感器还可作为发动机起动时的负荷信号，因为起动时由于进气脉动，导致空气流量计信号不精确。

7）制动助力器压力传感器。制动助力器压力传感器信号是电控单元判断制动助力器的真空度是否足够的依据。为了在全制动时有足够的制动力，制动助力器需要有一定的真空度。在分层充气和均质稀薄充气模式，节气门基本完全打开，在进气歧管中产生极少的真空，如果多次踩制动踏板，制动助力器内的真空就不能产生足够的助力。为了保证行车安全，节气门稍微关闭以产生真空，如果还是不能满足要求，节气门关闭更多，并转换为均质稀薄充气模式，如图2－233所示。制动助力器压力传感器如果出现故障，发动机只会在均质模式下工作。

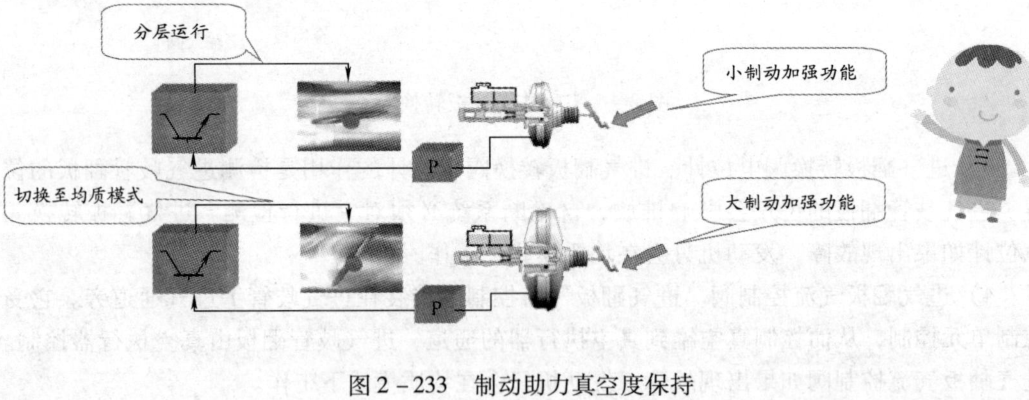

图2－233　制动助力真空度保持

（3）供油系统。供油系统如图2－234所示。它分为低压供油和高压供油两部分，燃油泵将燃油从油箱吸出，加压（低压）后送至高压油泵，经高压油泵送至燃油分配管，并由油压传感器检测油压，通过油压调节阀将油压控制在5～10MPa范围内。

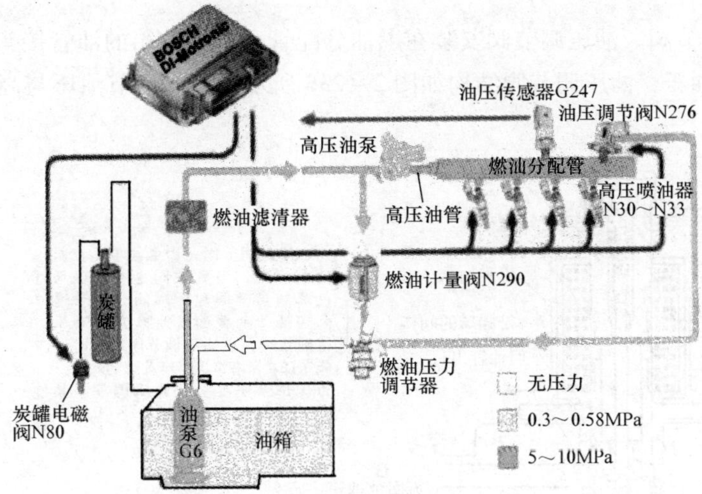

图2－234　供油系统

1）高压油泵。高压油泵是一个三缸径向活塞泵，固定在凸轮轴的壳体中，由凸轮轴驱动，其作用是将燃油系统的压力提高到大于10MPa。三个对置排列成120°的泵元件，可最大限度地降低燃油分配管内的压力波动，结构如图2－235所示。偏心凸轮上有提升环，安装在驱动轴上。当驱动轴转动，带着提升环的偏心凸轮使活塞上下移动，当泵活塞向下移动时，从低压供油系统吸入燃油，当泵活塞向上移动时，将高压燃油送到分配管。

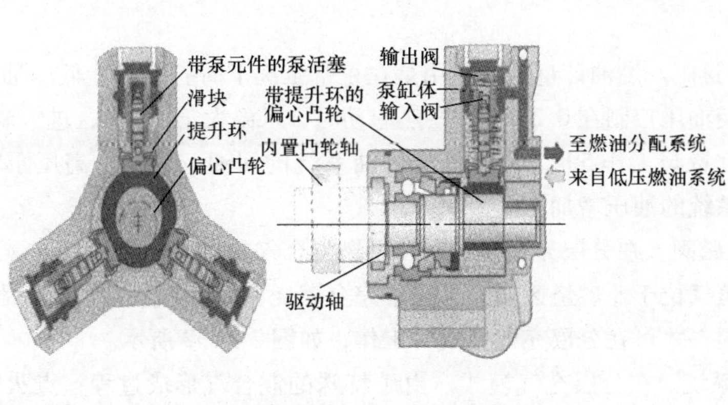

图2－235　高压油泵结构

2）油压传感器。油压传感器固定在燃油分配管上，测量燃油分配管中的油压。电控单元根据油压传感器的输出信号，按特性曲线图控制高压供油系统中的燃油压力，油压通过油压调节阀调节。如果油压传感器出现故障，电控单元将控制油压调节阀使油压为一个固定值。

3）油压调节阀。油压调节阀安装在燃油分配管和流回油箱的油管接头之间，调节燃油分配管中的油压，油压调节阀结构如图 2－236 所示，此阀调节油压与高压泵的输送量无关。

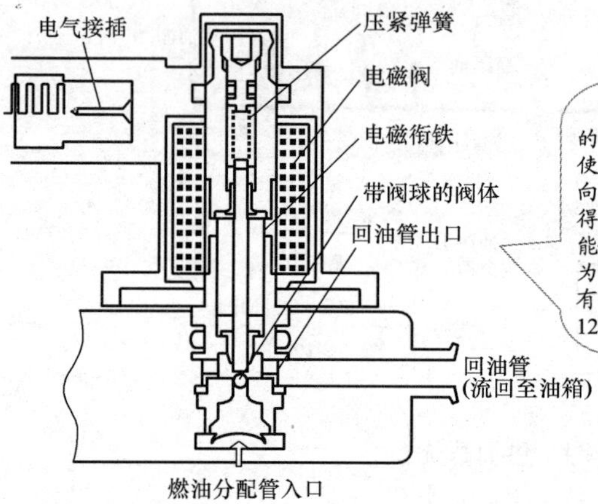

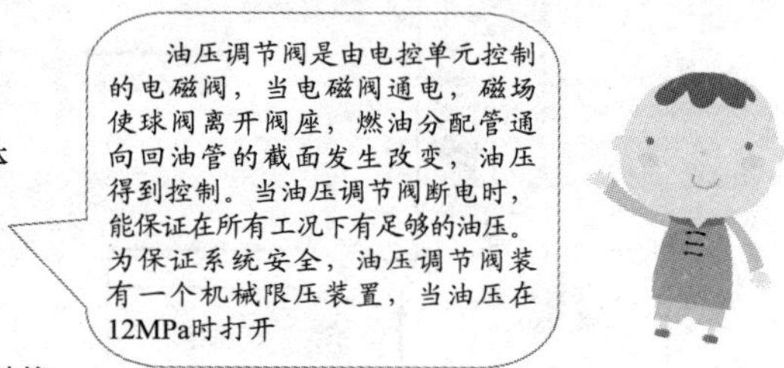

图 2－236　油压调节阀结构

4）高压喷油器。高压喷油器与前述喷油器的结构原理基本相同，不同的地方是：① 为使喷油器快速工作，电控单元供给短时间的预激励电流后，再供给高达 90V 的电压，电流可达 10A；② 当喷油器全开时，供给 30V 电压，3～4A 电流，确保针阀处于全开位置；③ 在分层喷射模式时，为使燃油精确定位，喷油器的喷射倾斜角度为 20°，喷射发散角度为 70°。

5）燃油计量阀。燃油计量阀的作用是在正常工况下时打开，让低压油通过油压调节器流回油箱，使油压控制在 0.3MPa。在热起动时，水温大于 110℃，进气温度大于 50℃，电控单元控制计量阀工作 50s，关闭低压供油系统的回油。为防止高压泵吸油端产生气阻，低压供油系统的油压增加至 0.58MPa。

6）炭罐电磁阀。在分层充气模式时，可燃混合气只在火花塞附近区域产生。但有可能小部分燃油蒸气位于非燃烧区域，导致不完全燃烧和 HC 排放量增加。因此，只有检测到炭罐负荷低时，才可在分层充气模式时工作，如图 2－237 所示。

（4）点火系统。在分层充气模式，由于特殊的混合气形成过程，点火正时只能在很窄的曲轴转角范围内进行，此时混合气才能正常点燃。在均质稀薄和均质充气模式，点

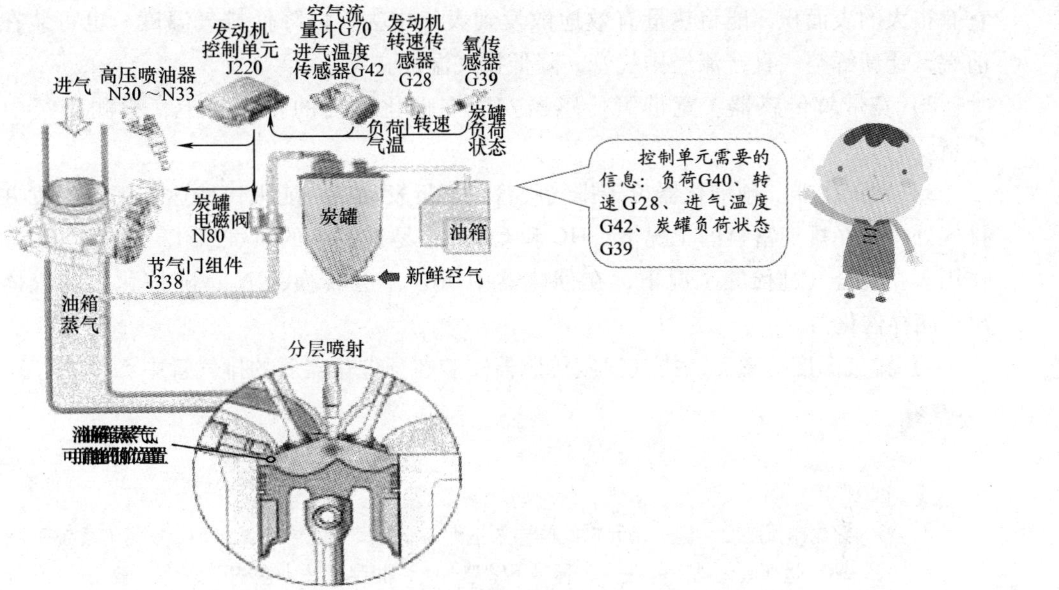

图 2－237　炭罐负荷低时在分层充气模式工作

火正时与进气管喷射一样。

（5）排放控制系统。缸内直喷最大的问题是排气后处理。在分层充气模式和均质稀薄充气模式中，传统的闭环催化器转换 NO_x 的速度跟不上燃烧产生 NO_x 的速度。因此，缸内直喷发动机装备了 NO_x 储存催化器，排放控制系统如图 2－238 所示。当储存 NO_x 满后，系统进入再生模式，从储存器中释放 NO_x 并转换为 N_2。

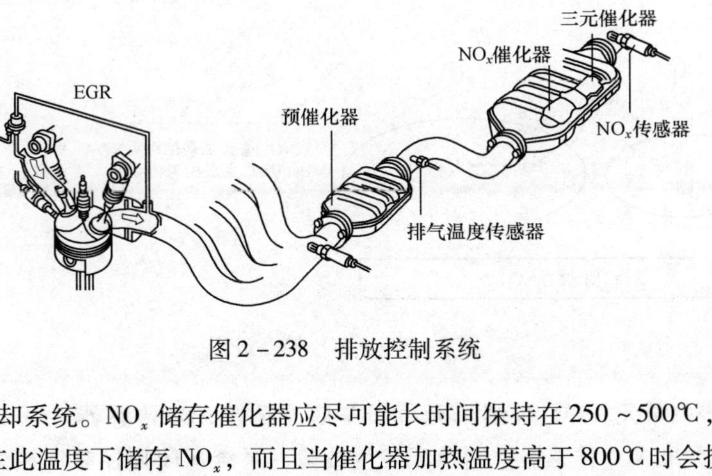

图 2－238　排放控制系统

1）排气冷却系统。NO_x 储存催化器应尽可能长时间保持在 250～500℃，因为 NO_x 储存催化器只能在此温度下储存 NO_x，而且当催化器加热温度高于 800℃时会损坏 NO_x 储存催化器。因此，排气系统采用的冷却方式是，采用三拐式排气管，位于 NO_x 催化器上游，它有很大的表面积，能将热量有效地散发到大气中去，以降低排气温度，也可装在车的前端，让新鲜空气直接流经排气管，降低排气温度。

2）宽带氧传感器。宽带氧传感器安装在催化器前的排气管上，检测排气中的氧含量。

3）预催化器。预催化器位于排气歧管，靠近发动机，能很快地达到工作温度并进行排气处理。在排气富氧的工况下，HC 和 CO 很容易被剩余的氧气氧化，而对 NO_x 却不起作用。在混合气过稀的工况下，在催化器中 NO_x 不会转换为 N_2，随催化后的气体流至 NO_x 储存催化器。

4）排气温度传感器。排气温度传感器安装在预催化器后的排气管中。

作用：

检测排气温度，电控单元将此信号为基础，根据其他信号计算出 NO_x 储存催化器的温度。因为 NO_x 储存催化器只能在一定温度下储存 NO_x，而且汽油中含有硫成分，硫的化学性质与 NO_x 相似，都储存在 NO_x 储存催化器中，而清除储存的硫，催化器温度必须高于 600℃。

5）NO_x 储存催化器。NO_x 储存催化器的作用是闭环控制催化器，同时储存 NO_x。在 $\lambda=1$ 的均质充气模式，NO_x 储存催化器的功能与传统的闭环控制催化器一样。在 $\lambda>1$ 的均质稀薄充气和分层充气模式，NO_x 储存催化器不能转换 NO_x，这就是需要储存的原因，当储存能力饱和时，就开始再生过程。

传统的催化器表面有铂、铑和钯，在 NO_x 储存催化器表面增加覆盖第四种合金钡。这样就可以在稀混合气下储存 NO_x。储存过程如图 2－239 所示，再生过程如图 2－240 所示。

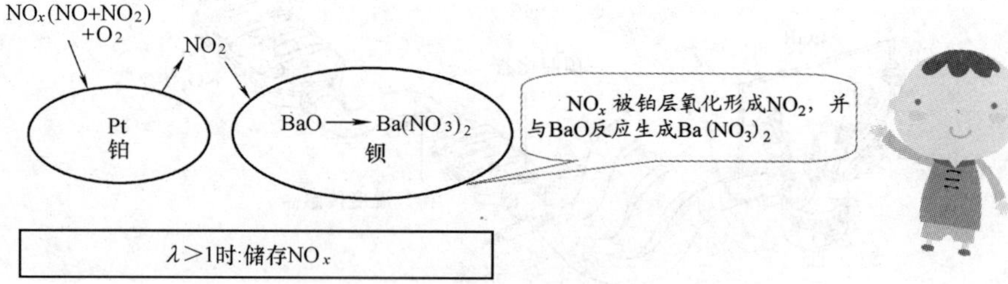

图 2－239　NO_x 储存过程

6）NO_x 控制单元。NO_x 控制单元位于车底，靠近 NO_x 传感器，可以防止外界干扰 NO_x 的信号。如果 NO_x 传感器控制单元发生故障，系统从闭环控制切换为开环控制。这

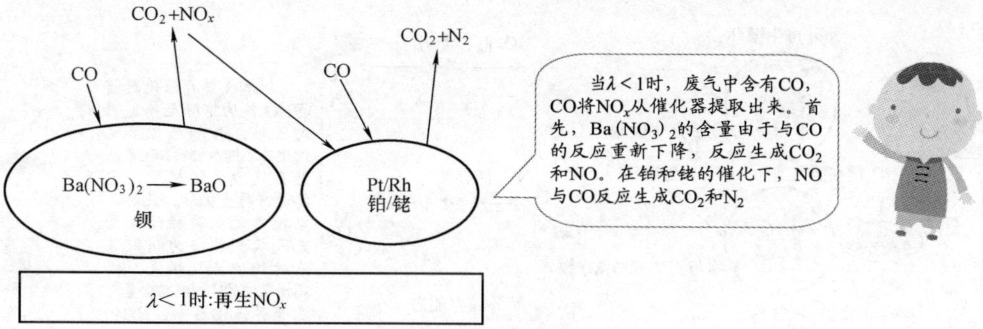

图 2－240 NO_x 再生过程

样可能会导致 NO_x 排放增加，系统不会进行分层和均质燃烧。

7）NO_x 传感器。NO_x 传感器安装在紧靠 NO_x 传感器储存催化器后，其作用是检测排气中的 NO_x 传感器含量和氧含量，并将此信号输送给 NO_x 传感器控制单元。NO_x 传感器信号用于判断和检测催化器是否正常，结构原理如图 2－241 所示。NO_x 传感器是前述的宽带氧传感器的延伸，结构原理相同。

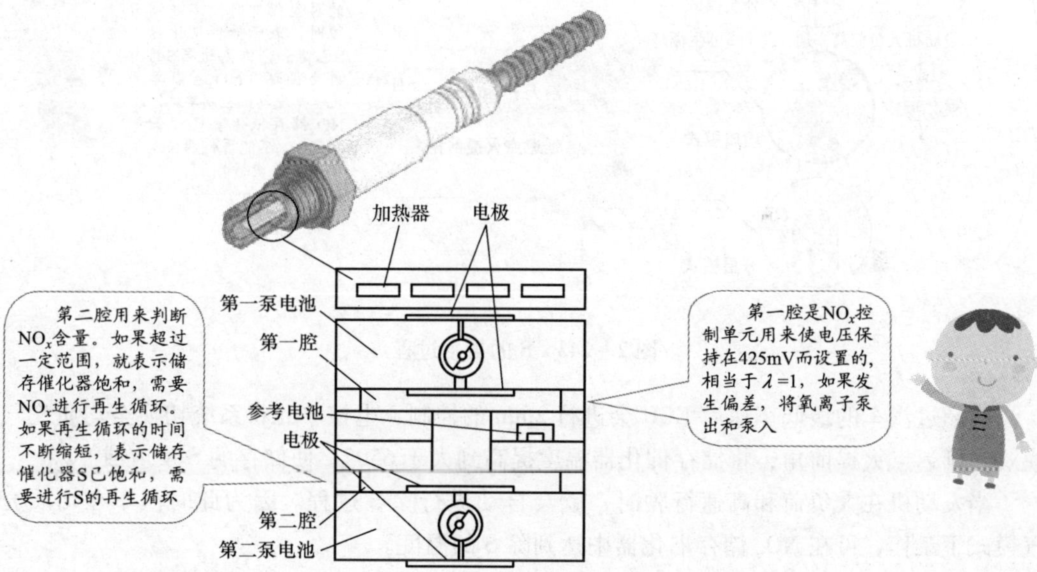

图 2－241 NO_x 传感器结构原理

8）再生循环模式。再生循环是释放出储存在 NO_x 储存催化器中的 NO_x 和 S，并转换为 N_2（无毒）和 SO_2。NO_x 的再生如图 2－242 所示，S 的再生如图 2－243 所示。

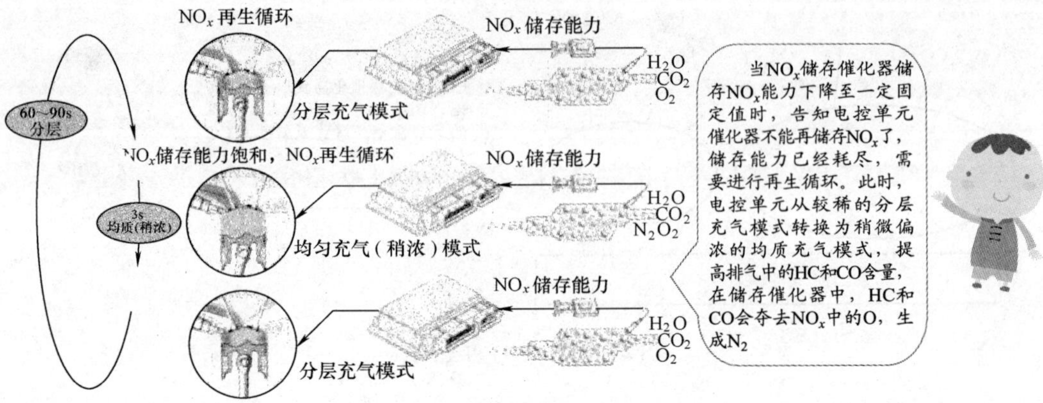

图 2－242　NO$_x$ 的再生过程

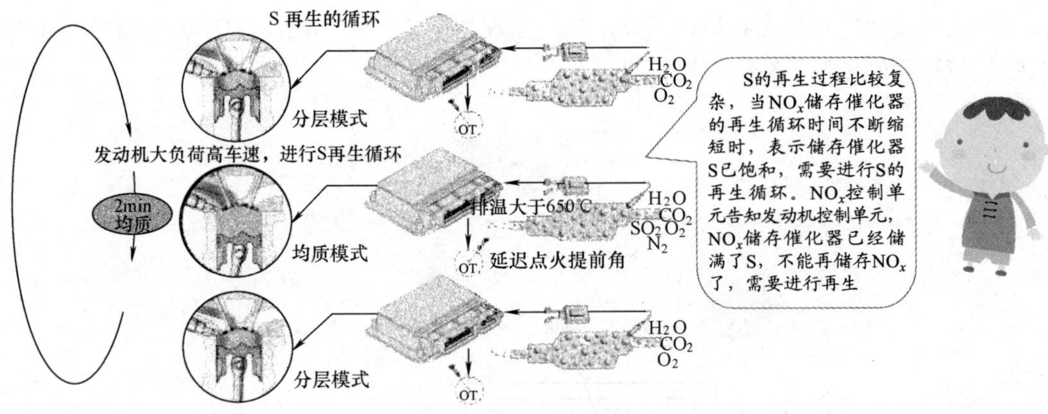

图 2－243　S 的再生过程

当超过汽车的最低车速后 ECU 会进行 2min 的控制，电控单元将系统切换至均质充气模式，延迟点火提前角，将储存催化器温度提高到大于 650°，使储存的 S 反应成 SO_2。

当发动机在大负荷和高速行驶时，就会自动进行除 S 过程。因为此时汽车在均质充气模式下工作，可在 NO$_x$ 储存催化器中达到除 S 的温度。

注意：

为了降低除 S 过程的油耗，需加无 S 的汽油。

二、节气门电子控制

现代电子控制发动机在不同的运行工况，转矩的需求是在不断的改变的，如分缸断油、稀薄燃烧和变速器换挡等。转矩的突变影响汽车的平稳性，为了实现转矩的平稳过渡，一般采用调节点火提前角，但这样会破坏点火提前角的优化，增加燃油消耗。当然也可以采用改变进气量的方法，但上述工况的控制都是电子控制，驾驶员无法知晓，也就是说驾驶员无法通过加速踏板改变进气量来实现转矩的平稳过渡。因此，只有电子节气门才能即时调节进气量。

传统的发动机进气量调节是驾驶员通过对加速踏板的操纵来实现的。

（一）电子节气门的组成

电子节气门实际是由一个电动机操纵的控制系统。它取消了加速踏板与节气门之间的拉索，这就意味着驾驶员的意愿通过加速踏板传递到发动机电控单元，电控单元将发出相应的指令调节节气门的开度，即调节发动机的进气量。电子节气门控制系统组成如图 2－244所示。

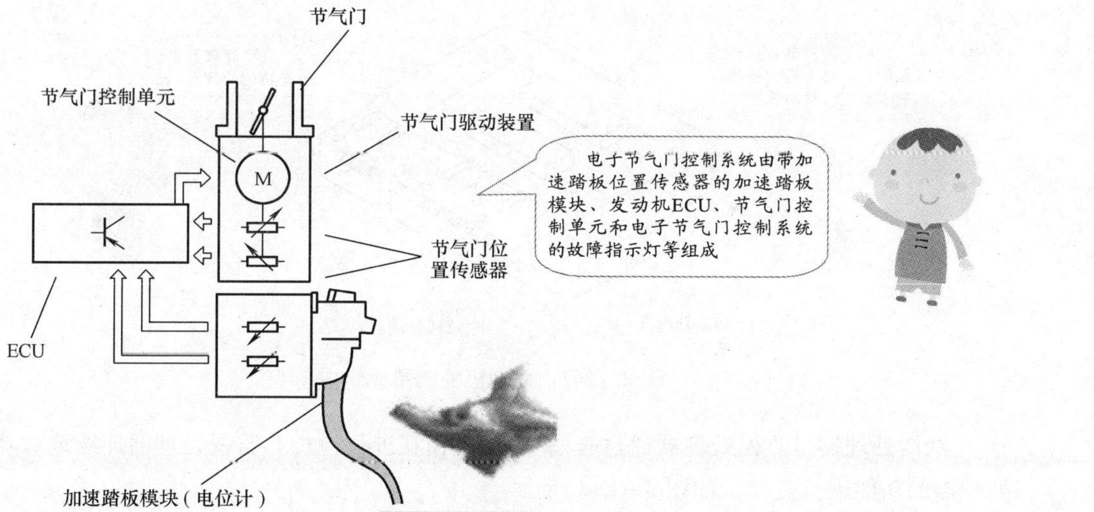

图 2－244　电子节气门控制系统组成

1. 加速踏板模块

加速踏板模块如图 2－245 所示。实质是一个电位计，内有两个加速踏板位置传感器，如图 2－246 所示。电控单元根据两个加速踏板位置传感器输出的电压信号识别出当前加速踏板的位置。

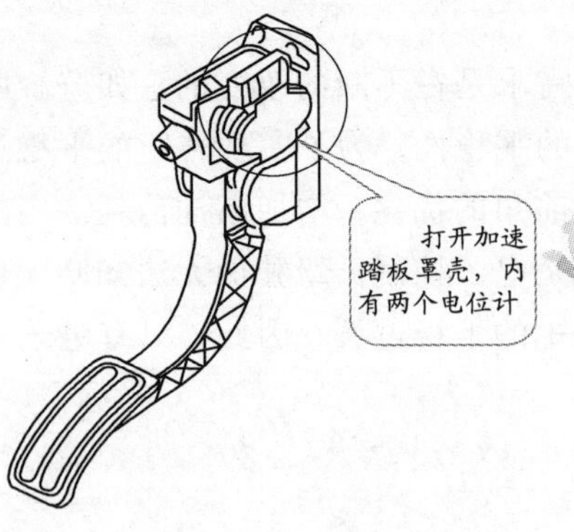

图 2－245　加速踏板模块

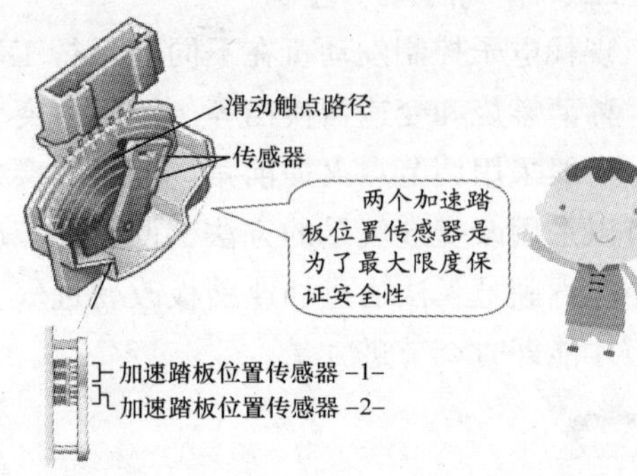

图 2－246　加速踏板模块内部结构

2. 发动机控制单元

发动机控制单元将加速踏板位置传感器的信息换算出驾驶员需要的发动机动力，并将此信息转换成发动机的扭矩值，激活节气门驱动装置，调节节气门开度。在激活节气门驱动装置的同时，还要根据其他信息考虑满足其他的扭矩要求，如空调等，另外还监测电子节气门控制系统的功能。电控单元由两个处理单元组成，如图 2－247 所示。

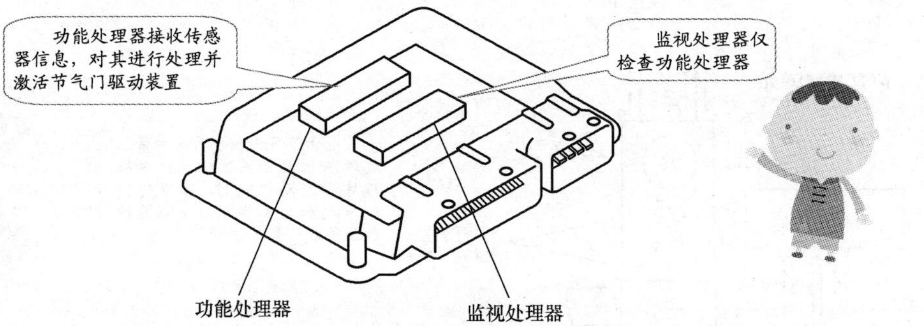

图 2－247　发动机控制单元组成

功能处理器与监视处理器通过查询/应答来相互进行检查，监视处理器连续地对功能处理器的功能进行监控，如图 2－248 所示。

监视处理器还会查询功能处理器，如查询发动机转速与点火提前角，如图 2－249 所示。为了监视监视处理器，功能处理器故意给出一个错误的回答，如图 2－250 所示，如果监视处理器识别出该错误的应答，则该错误就会被记录在错误计数器中并返回给功能处理器，如果监视处理器没有识别出该错误的应答，则功能处理器中的故障数被增加一次。在监视计数器没有识别出 5 次错误的应答后，发动机则关闭。功能处理器没有作出应答或应答的时间点不正确，发动机立即停止运行，如图 2－251 所示。

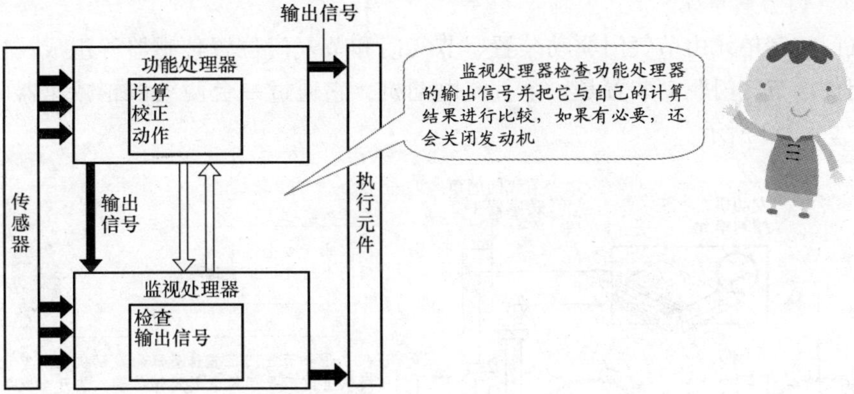

图 2－248　两个处理单元相互检查

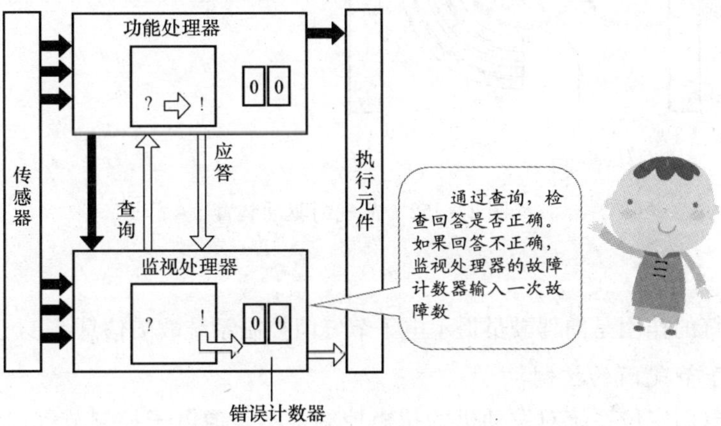

图 2－249　两个处理单元的查询

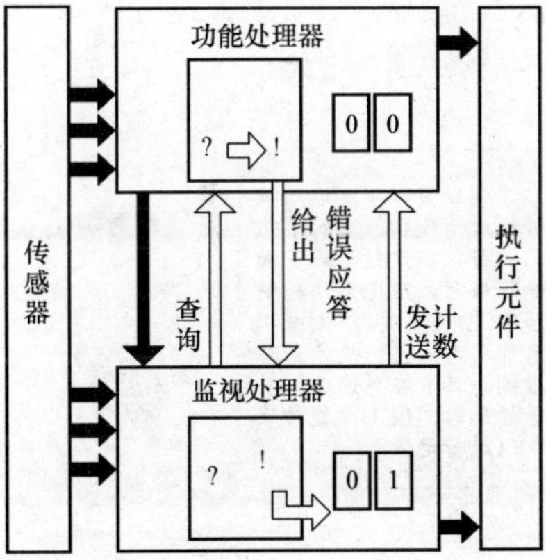

图 2－250　功能处理器监视监视处理器

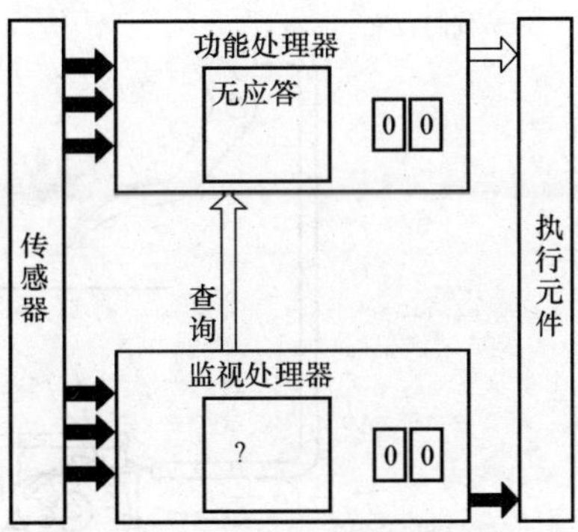

图 2－251　功能处理器无应答

3. 节气门控制单元

节气门控制单元由节气门驱动装置、节气门和节气门位置传感器等组成，也称节气门控制组件。节气门驱动装置是一个直流电动机，它通过一台两级齿轮减速器驱动节气门，如图 2－252 所示。

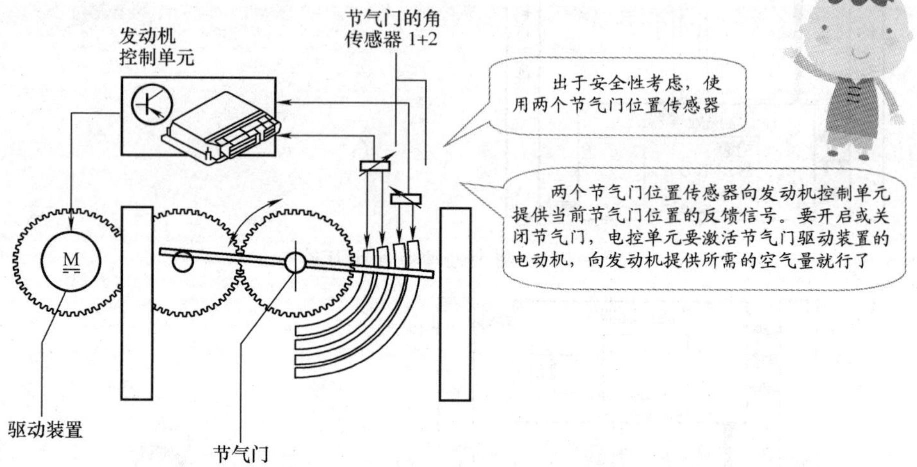

图 2－252　节气门驱动装置

4. 故障指示灯

故障指示灯的作用是向驾驶员提示电子节气门控制系统故障信息。

（二）电子节气门的控制

机械式节气门定位系统对发动机的扭矩控制，不是像电子控制节气门定位系统那样根据各种需要的扭矩信号输入到 ECU，然后再进行处理的，而是直接控制机械拉索去调节节气门开度，如图 2－253 所示（由加速踏板控制）。

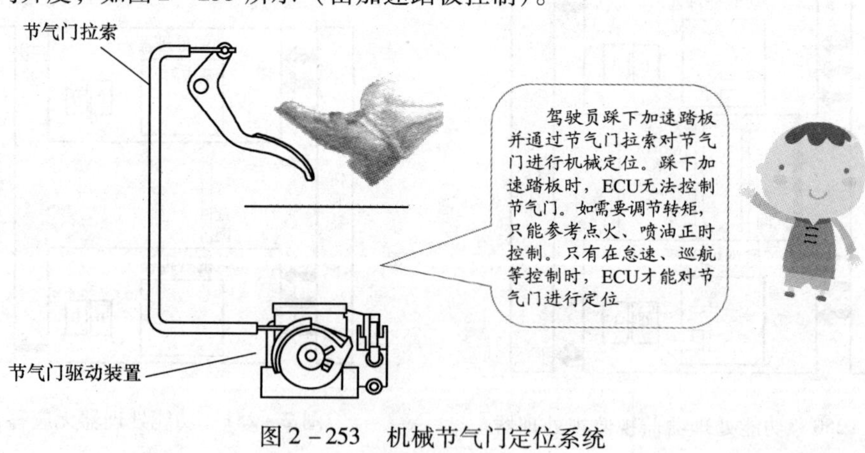

图 2－253　机械节气门定位系统

电子控制节气门定位系统对发动机的扭矩控制是以扭矩为导向的发动机管理系统。电控单元根据所有内部和外部的扭矩信号，然后计算出发动机实际扭矩的需求，指令节气门驱动器动作，如图 2－254 所示。发动机进气量优化控制使系统控制更精确、更优化，如图 2－255 所示。

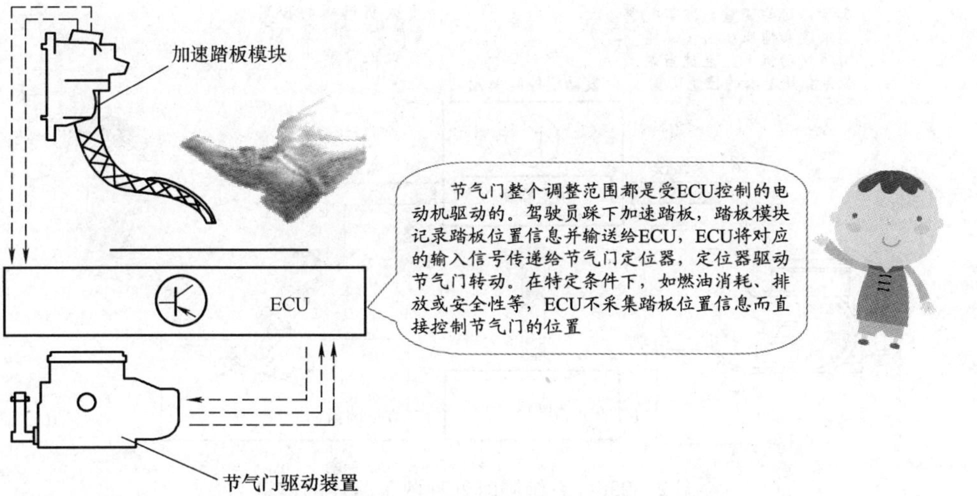

图 2－254　电子控制节气门定位系统

发动机内部扭矩需求包括：起动、怠速控制、发动机转速、负荷、三元催化和 λ 控制等。

发动机外部的扭矩需求包括：自动变速器换挡、牵引力控制、发动机制动控制、空调、巡航控制等。

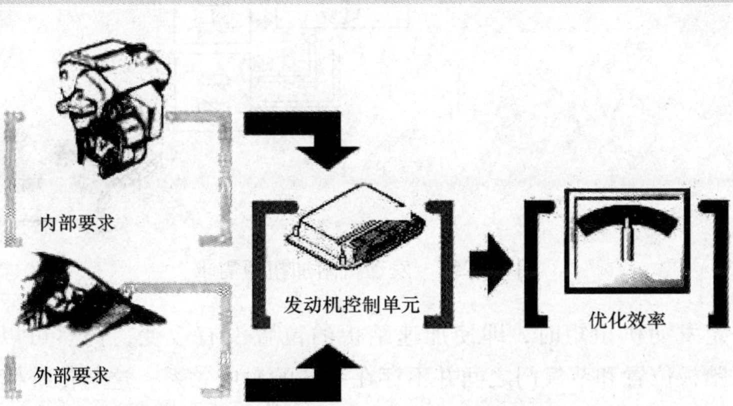

图 2－255　发动机进气量优化控制系统

发动机控制单元通过比较实际扭矩与额定扭矩的差值，确定必要的差值修正方式，使两者差值达到匹配，如图 2-256 所示。

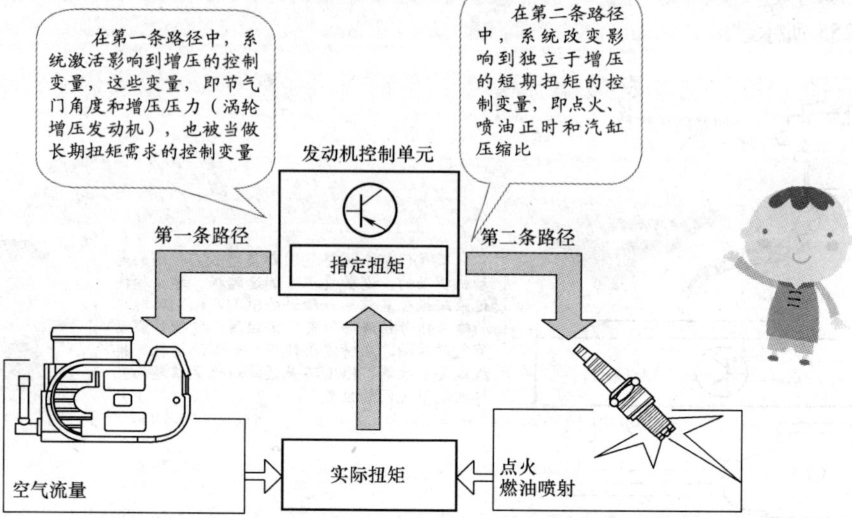

图 2-256　系统同时处理两条路径的信息

发动机控制单元在计算出必要的节气门位置时，还要附加发动机其他扭矩需求，如图 2-257 所示。这些需求包括速度限制装置、巡航控制、牵引力控制和发动机制动控制。

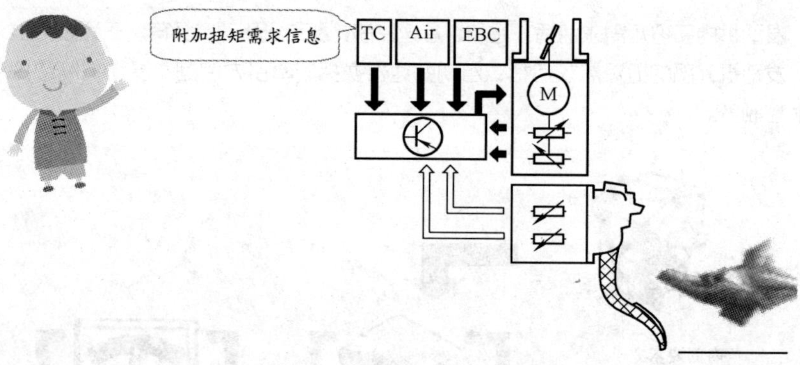

图 2-257　发动机附加扭矩需求

当需要一定发动机扭矩时，即使加速踏板的位置没有改变，仍然可以调节节气门，也就是说加速踏板位置和节气门之间并不存在一一的对应关系，这与传统模式根本不同。

三、闭缸控制

对于多缸发动机或输出功率很大的发动机，一般有较高的储备功率，在低速行驶或城区行驶时，发动机输出功率不高，只是在小负荷或在较低的部分负荷下运行。在这种情况下，发动机既不能充分发挥其应有的效率，而又浪费燃油。为了克服这一弊端，采用闭缸控制技术。当发动机处于部分负荷下运行时，控制系统指令切断几个汽缸的汽油喷射与点火，停止几个汽缸工作，则剩下各缸的工作效率得到增大，提高了发动机的效率并降低了燃油消耗，如图 2－258 所示。当发动机处于大负荷工况下，闭缸后的输出功率不能满足大负荷工况要求，控制系统再恢复其余汽缸的工作，如图 2－259 所示。

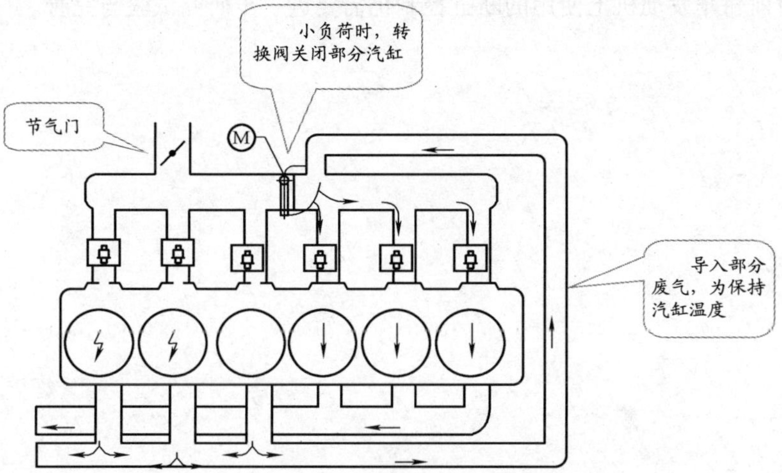

图 2－258　半数汽缸关闭

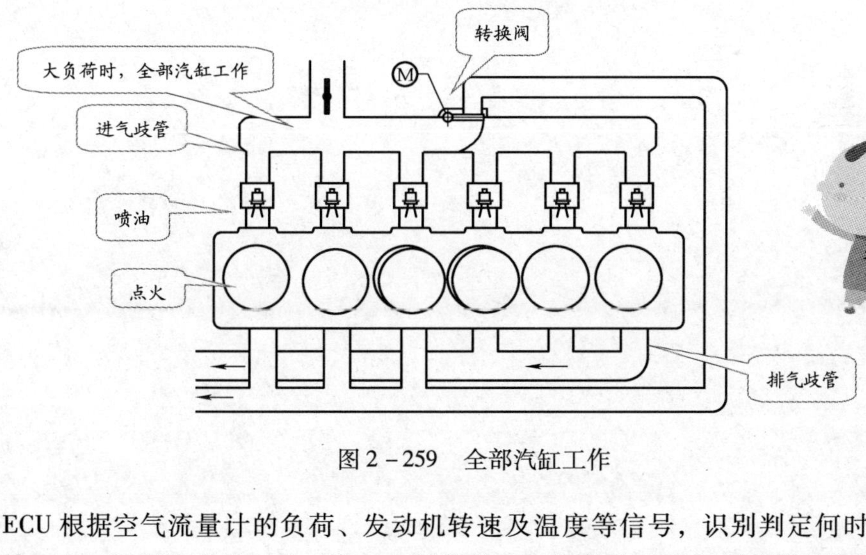

图 2－259　全部汽缸工作

ECU 根据空气流量计的负荷、发动机转速及温度等信号，识别判定何时需要闭缸，然后将一个工况切换到另一个工况。在转换前后，即使发动机只用半数汽缸工作，驾驶员应该是感觉不到的。

电控系统在部分负荷下的闭缸控制是把点火与供油同时切断，而且只在需要工作的汽缸内充入混合气。对于不工作的汽缸，没有新的混合气进入，也没有点火，这样发动机在小负荷运行时，不可避免的换气损失也可得到一定程度的减小。此外，由于汽缸关闭使被关闭的汽缸温度下降，导致汽缸恢复工作后温度过低，燃油雾化不良，燃烧不充分，增加燃油消耗和排气污染。此时，炽热的废气流过被关的汽缸，可使发动机保持一定的运行温度。目前轿车发动机上使用的断缸控制仍需要进一步研究试验与完善。

第三章 汽车柴油发动机新技术

第一节 汽车柴油发动机电控技术

一、柴油发动机电控技术的发展

汽车柴油发动机（简称柴油机）电控技术较汽油机电控技术出现迟，直到20世纪80年代中期，柴油机电控技术才开始在市场上出现。随着对柴油机性能要求的提高，控制系统控制的项目不断增多，控制任务也从简单到复杂；控制功能从仅具有循环供（喷）油量控制，供（喷）油正时控制等最基本控制项目发展到包括供（喷）油速率控制和喷油压力控制在内的多项目标的燃油喷射控制；从单一的燃油喷射控制扩展到包括怠速控制、进气控制、增压控制、排放控制、起动控制、故障自诊断、失效保险、发动机与变速器的综合控制等在内的全方位控制。

二、柴油机电控技术的特点

柴油机电控系统由传感器、电控单元和执行器三大部分组成，如图3－1所示，其控制技术与汽油机电子控制技术有许多相似之处，在电控系统中所用的许多传感器，如转速、温度、压力等传感器，也与汽油机电控系统一样。但由于柴油发动机燃油喷射具有高压、高频、脉动等特点，喷射压力高达60～200MPa，是汽油喷射的几百倍乃至上千倍，故对于它的燃油高压喷射系统实施喷射量的电子控制，困难比汽油机要大得多，并且柴油机需要对喷油量、喷油定时、喷油压力等多参数进行综合控制，其控制软件的开发难度也大于汽油机。加之柴油机喷射对喷射正时的精度要求也很高，对柴油机活塞上止点的角度位置的测量精确度要求远比汽油机要高，这就导致柴油喷射的电控执行器要复杂得多。

柴油机电子控制技术的关键和难点是柴油机喷射电控执行器，主要控制量是喷油量和喷油正时。

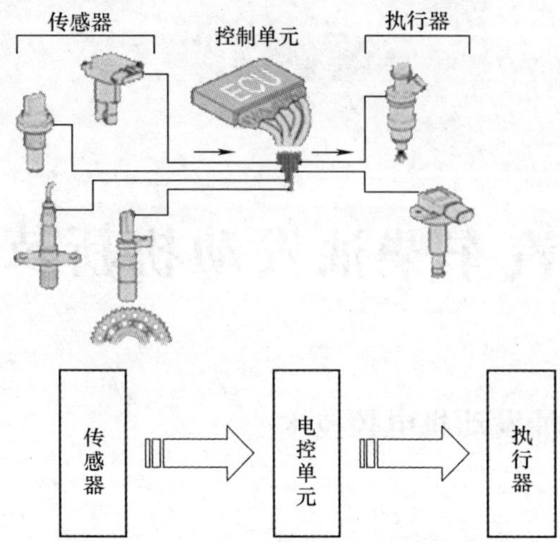

图 3－1　柴油机电控系统基本组成

柴油机在电控系统出现之前，就已经有直列泵、分配泵、喷油器泵、单缸泵等结构完全不同的系统，每个系统各具特点和适用范围，每种系统又有多种结构形式，呈现出多样化的特点。而柴油机实施电子控制的执行器又是比较复杂的，这就形成了柴油机电控喷射系统的多样化。

综上所述，柴油机电控技术具有两个明显的特点：

（1）柴油机电控技术的关键和难点在柴油喷射电控执行器上。

（2）柴油机电控喷射系统具有多样化特点。

三、柴油机电控系统控制原理

柴油机电控单元（ECU）根据各种传感器实时检测到的柴油机运行参数，与 ECU 中已储存的参数值或参数图谱（MAP 图）相比较，按其最佳值或计算后的目标值，将控制指令输送到执行器，执行器按照 ECU 控制指令对喷油量、喷油定时等进行控制。柴油机电控喷油系统还可与整车传动装置的 ECU、制动防抱死装置（ABS）的 ECU，以及其他系统的 ECU 进行数据通信，实现对整车的电子控制，如图 3－2 所示。

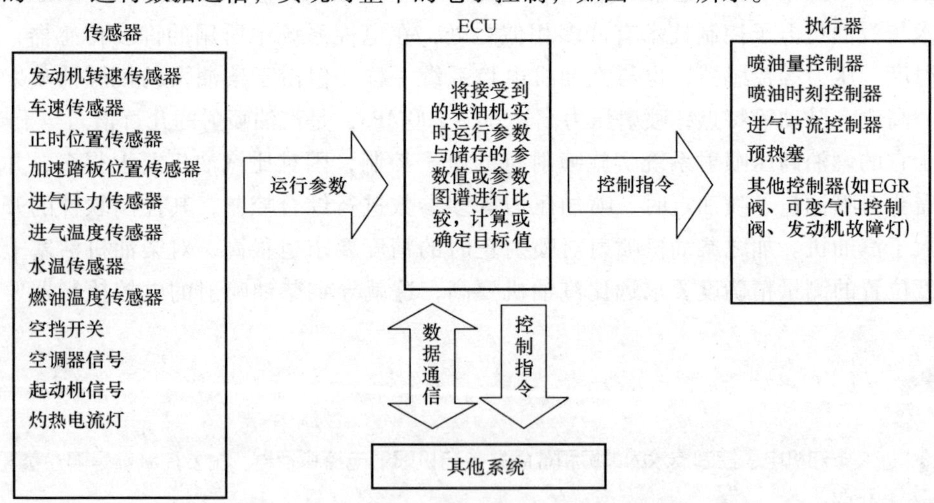

图 3－2　柴油机电控系统控制原理图

第二节 柴油机电控燃油喷射系统

一、现代柴油机燃油喷射控制要求及内容

由于柴油燃料特性的不同，则柴油机着火方式、供油方式、混合气形成时间以及所需过量空气系数等方面均与汽油机不同。由于柴油具有较高的能量密度，比液化天然气高出近一倍，比汽油高出10%以上，产生的热效率较高，所以柴油发动机汽缸内的燃烧压力比汽油发动机的最大燃烧压力高出很多，它在为柴油机带来比汽油发动机更优越的燃油经济性的同时，也使传统柴油机存在一些明显的不足，即产生比汽油机更大的噪声和振动；又由于柴油机是以内部混合的方式来形成可燃混合气的，混合气形成、燃烧的时间很短，过程交错在一起，混合气的成分始终处于不断变化之中，喷入柴油的雾化质量、汽缸内气体的流动等均会直接影响燃烧过程的进展及有害排放物的生成。因而柴油机的燃油控制不同于汽油机只是控制空燃比那样单一，而要求实现对喷油量、喷油压力以及喷油定时随运行工况进行实时控制，从技术层面上分析，柴油机的控制要求明显要比汽油机高，依靠传统的机械控制喷油系统已无法满足上述要求。因此，传统柴油机给人们留下噪声大、工作粗暴、喷黑烟等不良的直观印象，甚至曾一度受到一些城市的歧视。随着计算机技术、传感器技术以及信息技术的迅速发展，目前人们利用电子控制平台已经实现按柴油机最佳工况要求对燃油喷射的控制。

小贴士：

单位体积的能源中所含有的能量，称为能量密度（Energy Density）。能源的能量密度越高，则产生的热效率越高。

现代柴油机燃油喷射控制内容主要有：

（1）在各种工况下对循环供（喷）油量进行精确的控制，并保证各缸喷油量的均匀性。

（2）在各种工况下对供（喷）油正时进行精确的控制。

（3）在各种工况下对喷油速率和喷油规律进行精确的控制，以获得燃烧过程中理想的放热率。

（4）在各种工况下对喷油压力进行精确的控制，以得到足够高的燃油喷出的初速度，使燃油雾化质量提高并加快燃烧速度。

二、柴油机电控燃油喷射系统的分类及其特点

柴油机燃油喷射系统按其直接控制的量进行分类，一般可分为位置控制系统、时间

控制系统、时间—压力控制系统等三种；按照其产生高压燃油的机构进行分类，则可分为直列泵电控喷射系统、分配泵电控喷射系统、泵喷油器电控喷射系统和共轨电控喷射系统等。

1. 位置控制系统

位置控制系统保留了传统柴油机的“喷油泵—高压油管—喷油器”燃油供给系统，以及喷油泵中齿条、滑套、柱塞上控油槽等一些控制油量的机械传动机构，取消了其中机械控制部件（如调速器），新增了由传感器、电控单元、执行器等组成的电子控制系统，使控制精度和响应速度得以提高。该系统在机械控制喷油正时与喷油量的基础上，用执行机构（电磁液压或电磁式）控制油量调节和喷油提前器，实现喷油正时和喷油量的电子控制；也可通过改变柱塞预行程的方法，实现可变供油速率的电子控制，以满足高压喷射中高速、大负荷和低怠速喷油过程的综合优化控制。

采用位置控制系统，柴油机在结构上几乎不用作改动，具有生产继承性好、便于对现有柴油机升级换代的优点，但存在系统响应慢、控制频率较低、控制自由度低、控制精度不高、供油压力不能控制等缺点。

小贴士：

在直列柱塞泵上实施位置控制的有：日本电装公司的 ECD - P1、ECD - P2、ECD - P3 系统；德国波许公司的 EDR 系统；美国的 PEEC 系统等。

在分配泵上实施位置控制的有：日本电装公司的 ECD - V1 系统；德国波许公司的 EDC 系统；美国的 PCF 系统等。

2. 时间控制系统

时间控制是指用高速电磁阀直接控制高压燃油的适时喷射。时间控制系统基本保留了传统的“喷油泵—高压油管—喷油器”燃油供给系统，但取消了传统喷油泵中机械传动机构和机械控制部件，在高压油路中利用一个或两个高速电磁阀的启闭，直接控制高压燃油的喷油过程。一般情况下，电磁阀关闭，执行喷油；电磁阀打开，喷油结束。喷油量由喷油器开启时间的长短和喷油压力的大小来决定，喷油正时则由控制电磁阀的开启时刻所确定，从而能实现喷油正时、喷油量和喷油速率的柔性一体控制。

时间控制系统的控制自由度比位置控制系统更大，供油加压与供油调节在结构上相互独立（油泵柱塞只承担供油加压功能，喷油量、喷油时刻则由高速电磁阀单独完成），使喷油泵结构得以简化，强度得到提高。时间控制系统的高压喷油能力也得到大大加强，其高压喷射可使柴油雾化的很细，使发动机的燃烧过程进行的相当完善，且速度快，燃烧温度也不致明显提高，有利于降低柴油机油耗，减少 HC、CO、微粒和炭烟的排放。但时间控制系统依然无法实现对供油压力的控制。

小贴士：

在分配泵上实施时间控制的有：日本电装公司的 ECD－V3 系统、美国 Stanadyne 公司的 DS 型和 RS 型（DS 型已用于 GM 公司 1994 年的增压柴油机上，RS 型已用于 GM 公司的客货两用车和越野车）、日本丰田公司的 ECD－2 系统等。

电控泵喷嘴系统有德国波许公司的 PDE27/PDE28 系统等。

3. 时间—压力控制系统

时间—压力控制系统摒弃了以往传统使用的“喷油泵—高压油管—喷油器”燃油供给系统，用高压油泵在柴油机的驱动下，以一定的速比连续将高压或中压燃油送到一个公共容器（共轨）中消除压力脉动后，再分送至各喷油器，根据电控单元发出的控制指令迅速打开或关闭高速电磁阀，控制喷油器的燃油喷射。在这种控制系统中，高压油泵并不直接控制喷油，而仅仅是向共轨供油以维持所需的共轨压力，通过调节共轨压力，利用电磁阀的开闭控制燃油喷射过程，喷射压力完全独立于发动机转速，能实现理想喷油规律。

时间—压力控制系统通常被称为电控共轨式喷油系统，若输送入共轨的燃油压力为高压，则称为电控共轨式高压喷油系统；若输送入共轨的燃油压力为中压，则称为电控共轨式中压喷油系统。

电控共轨式高压喷油系统的喷油压力只取决于共轨中的燃油压力，通过高速电磁阀的开闭即能实现燃油高压喷射（最高压力可达 200MPa）和停喷，电控共轨式高压喷油系统通过采用高速电磁阀可实现喷油量、喷油压力、喷油定时和喷油速率的柔性控制，燃油喷射具有良好的喷射特性。

电控共轨式中压喷油系统由于共轨中燃油为中压，需通过控制高速电磁阀控制喷油器，并利用喷油器中的高压柱塞的增压作用，将来自共轨的中压燃油加压至高压后喷出，喷油器的喷油压力要取决于共轨燃油压力和高速电磁阀的通电时间，燃油喷射压力一般比电控共轨式高压喷油系统要低一些。电控共轨式中压喷油系统在燃油喷射前需经过一个升压过程，故采用高速电磁阀可实现喷油量、喷油压力、喷油定时的柔性控制，但难以通过电控方式实现喷油速率形状控制和预喷射，而通常只能依靠机械方式去实现，这就会使电控共轨式中压喷油系统在控制的自由度、精度及响应速度等方面逊色于电控共轨式高压喷油系统。目前已投入使用的电控共轨式喷油系统中，大多数都是采用电控共轨式高压喷油系统。

小贴士：

电控共轨式喷油系统是20世纪90年代中期才研制的一种新型柴油机电控技术，它是目前国际上最先进的燃油系统，代表着未来柴油机燃油系统的一个发展方向。博士公司于1997年率先开始批量生产。

典型共轨高压喷射系统：日本电装公司的ECD－U2系统、德国Bosch公司的CR系统等。

典型共轨中压喷射系统：美国BKM公司的servojet系统；美国Caterpiller公司的HEUI系统等。

三、柴油机电控燃油喷射系统的优点

1. 改善低温起动性能

电子控制系统能够以最佳的程序替代驾驶员的起动操作，使柴油机低温起动更容易。

2. 降低氮氧化物和烟度的排放

采用柴油机电控技术，可精确地将喷油量控制在不超过冒烟界限的适当范围内，同时根据发动机实际工况对喷油时刻进行调节控制，从而有效地抑制排烟。

3. 提高发动机运转稳定性

无论发动机负荷怎样增减，柴油机电控系统都能保证发动机怠速工况下以最低的稳定转速运转，有利于提高其经济性。

4. 提高发动机的动力性和经济性

柴油机电控系统电控单元（ECU）能够根据传感器信号，实时对喷油量和喷油正时进行精确控制，有利于提高发动机的动力性和经济性。

5. 控制涡轮增压

采用电子控制技术对增压装置进行精确控制。

6. 适应性广

只要改变ECU的控制程序和数据，一种喷油泵就能被广泛地应用在各种柴油机上，并且柴油机燃油喷射控制通过与变速器控制、怠速控制等各种控制系统的组合可实现集中控制，扩大柴油机电控系统的应用范围。

四、典型柴油机电控燃油喷射系统

（一）直列式柱塞泵电控燃油系统

（1）电控直列式柱塞泵位置控制系统，结构特点如图3－3、图3－4所示。

电控直列式柱塞泵位置控制系统结构特点：

（1）以直列式柱塞泵为基础改造而成。

（2）用电子调速器取代原有的机械调速器。

1）用发动机转速传感器和加速踏板位置传感器代替原有的转速和负荷传感机构（如离心飞块、真空室）。

2）用 ECU 控制的正时控制器取代原有的机械离心式调速执行机构和加速踏板传动机构。

（3）对供油量和供油正时位置控制均采用闭环控制。

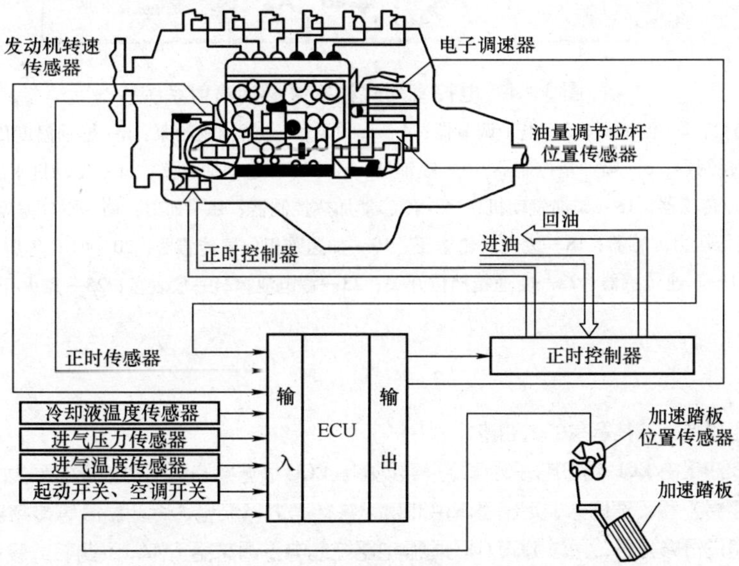

图 3－3　电控直列式柱塞泵系统位置控制框图

特别提示：

执行元件：电子调速器、正时控制器。

反馈元件：齿条位置传感器、正时传感器。

（2）直列式柱塞泵电控系统供油量位置控制。

1）电控直列式柱塞泵供油量位置控制原理，如图 3－5 所示。

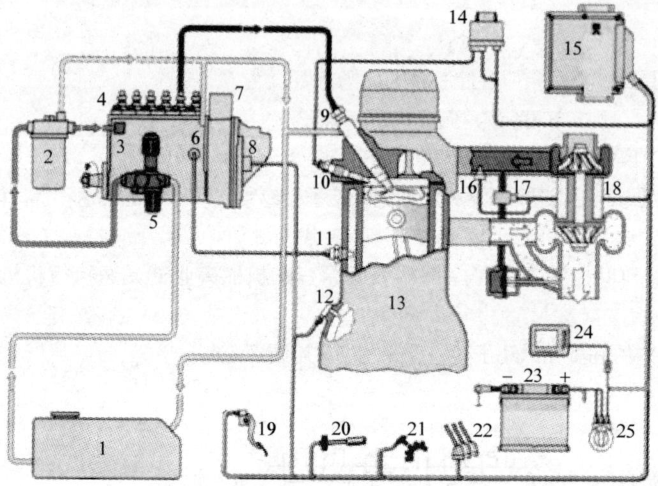

图 3－4　电控直列式柱塞泵燃油喷射系统

1—油箱；2—滤清器；3—电子调节器；4—直列泵；5—燃油供给泵；6—燃油温度传感器；7—正时控制器；8—喷油量控制器；9—喷油器；10—冷却起动加热器；11—发动机水温传感器；12—转速传感器；13—柴油发动机；14—冷起动加热控制器；15—ECU；16—空气温度传感器；17—增压压力传感器；18—废气涡轮增压；19—加速踏板位置传感器；20—EGR 等服务部件；21—车速传感器；22—变速箱挡位开关；23—蓄电池；24—仪表盘；25—点火开关

电控直列式柱塞泵的供油量控制：

喷油量由 ECU 通过电子调速器来实现的。ECU 根据柴油机加速踏板位置传感器信号（即负荷信号）和转速信号确定出基本供油量，并参考进气流量、冷却温度等传感器信号对基本供油量进行修正后，通过 ECU 中的伺服电路控制电子调速器工作，以调节或保持直列柱塞泵供油齿条（或拉杆）的位置，从而实现直列柱塞泵喷油量的位置控制。

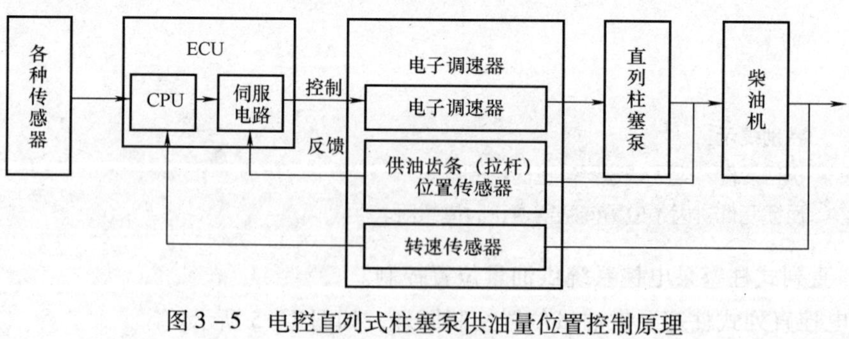

图 3－5　电控直列式柱塞泵供油量位置控制原理

电控直列式柱塞泵供油量位置控制的闭环控制方式：

利用电子调速器内的供油齿条（或拉杆）位置传感器，对油泵供油齿条（或拉杆）的实际位置进行检测，将检测结果实时反馈给 ECU 中的伺服电路，由伺服电路对 ECU 发送给电子调速器的控制信号进行修正，以实现供油量的闭环控制，提高对油泵供油量的控制精度。

小贴士：

直列式柱塞泵电控位置控制系统中常用的电子调速器：

（1）线性直流电动型电子调速器；

（2）螺线管型电子调速器。

2）直列式柱塞泵电控位置控制系统常用电子调速器。

a）直列式柱塞泵直流电动机型电子调速器，如图 3－6 所示。

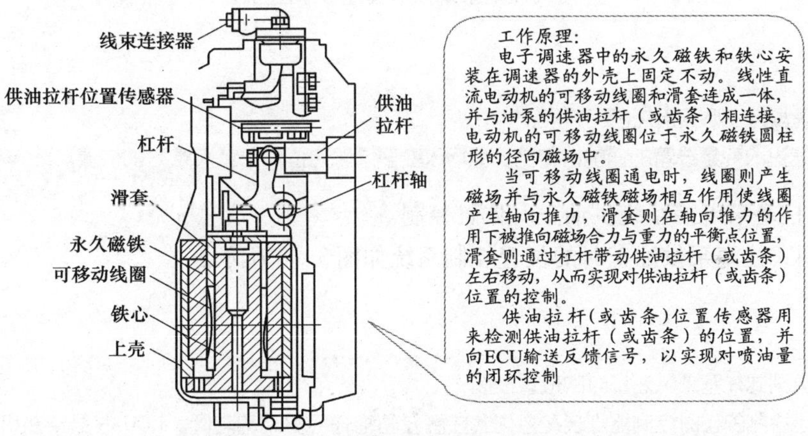

图 3－6　直列式柱塞泵直流电动机型电子调速器

直流电动机型电子调速器位置控制的特点：

（1）调节器滑套的移动受控于其所受的轴向力的大小和方向。

（2）滑套所受轴向力的大小和方向与可移动线圈中的电流（取决于通电占空比）及其移动的距离（即线圈与永久磁铁间的距离）有关。

（3）ECU 通过输送不同占空比的控制信号，可控制可移动线圈和滑套的移动量；通过改变可移动线圈的电流方向可控制线圈和滑套的移动方向。

b）直列式柱塞泵螺线管型电子调速器，如图 3 – 7 所示。

工作原理：
电子调速器中的螺线管安装在油泵供油拉杆（或齿条）的一端，并与它连成一体。当控制电流通过螺线管时，则产生与通电占空比成正比的电磁力，该电磁力与供油拉杆（或齿条）复位弹簧力相互作用，将供油拉杆（或齿条）推向电磁力与复位弹簧力的平衡点位置，从而实现对供油拉杆（或齿条）位置的控制。
在调速器内设置供油拉杆（或齿条）位置传感器，可实现对喷油量的闭环控制

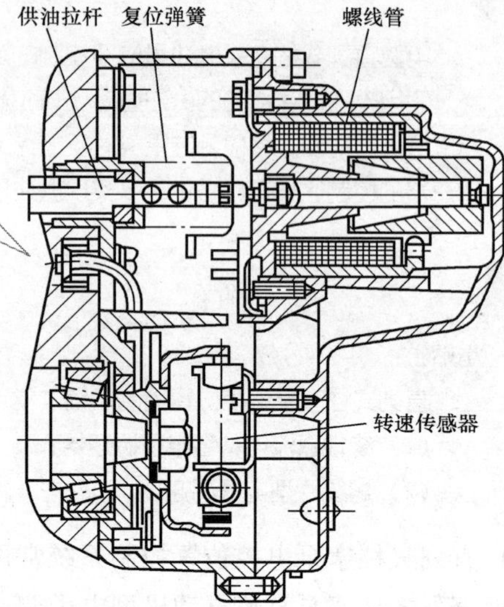

图 3 – 7　直列式柱塞泵螺线管型电子调速器

螺线管型电子调速器控制的特点：

ECU 通过改变螺线管的通电占空比，即可改变油泵供油拉杆（或齿条）的位置。

（3）直列式柱塞泵电控系统供油正时位置控制。

1）电控直列式柱塞泵供油正时的位置控制系统如图 3 – 8 所示。

电控直列式柱塞泵供油正时的位置控制：

受液压控制的正时控制器安装在直列式柱塞泵凸轮轴与驱动轴之间。ECU 根据柴油机加速踏板位置传感器信号（即负荷信号）和转速信号确定出基本供油提前角，并参考进气流量、冷却液温度等传感器信号对基本供油提前角进行修正后，对两个电磁阀发出控制信号，通过电磁阀的工作使正时控制器动作，正时控制器的运动可使直列泵凸轮轴相对驱动轴作一定范围的转动，从而实现直列柱塞泵供油时间的控制。

特别提示：

执行元件：正时控制器。

反馈元件：正时传感器。

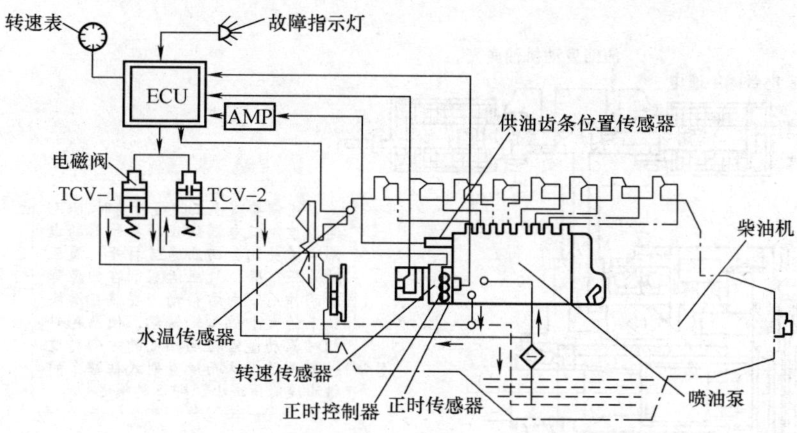

图 3－8　电控直列式柱塞泵供油正时位置控制系统

电控直列式柱塞泵供油正时位置控制的闭环控制方式：

利用安装在直列式柱塞泵凸轮轴上的正时传感器，对油泵凸轮轴的位置和转角进行检测并反馈给 ECU，ECU 则根据正时传感器的反馈信息计算并判断实际的供油正时，并对供油正时的控制信号进行实时修正，以实现对供油正时的闭环控制，提高对油泵供油正时的控制精度。

小贴士：

直列式柱塞泵电控位置控制系统中常用的正时控制器：

（1）电磁阀控制型正时控制器；

（2）步进电动机控制型正时控制器。

2）直列式柱塞泵电控系统中常用的正时控制器。

a）直列式柱塞泵电磁阀控制型正时控制器，如图 3－9 所示。

b）直列式柱塞泵步进电动机控制型正时控制器，如图 3－10 所示。

直列式柱塞泵步进电动机控制型正时控制器，是将驱动柱塞分泵的滚轮体安装于一个滑套内，滑套的左右两侧分别承受弹簧力和机油压力。滑套随机油压力的变化向左或向右移动，并带动滚轮体一同移动，使滚轮体与分泵驱动凸轮间的相对位置发生改变，而使得油泵的供油时刻发生变化，从而实现对供油正时的控制，如图 3－10 所示。滑套一侧机油压力的控制由 ECU 通过对步进电动机的控制得以实现，如图 3－11、图 3－12 所示。

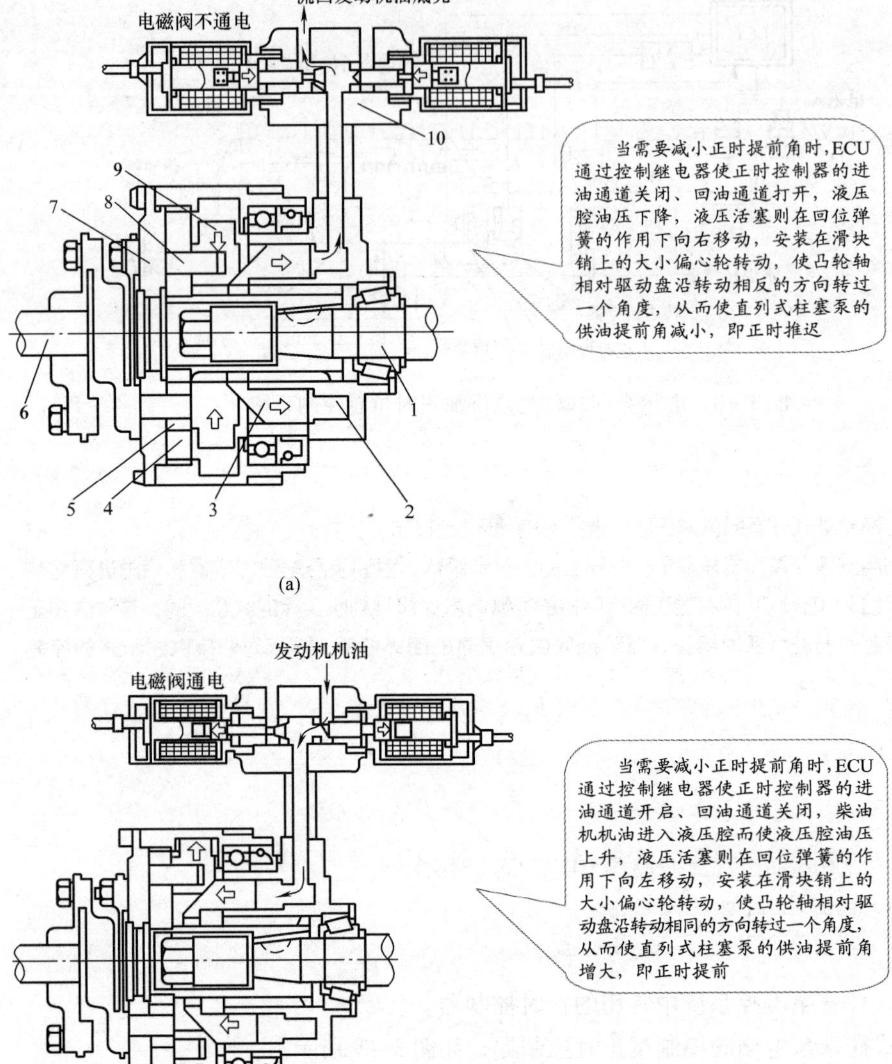

图 3－9　直列式柱塞泵电磁阀控制型正时控制器

（a）电磁阀控制型正时控制器工作状态图（正时推迟）；

（b）电磁阀控制型正时控制器工作状态图（正时提前）

1—喷油泵凸轮轴；2—液压腔；3—液压活塞；4—大偏心轮；5—小偏心轮；

6—喷油泵驱动轴；7—驱动外壳；8—滑块；9—滑块销；10—电磁换向阀

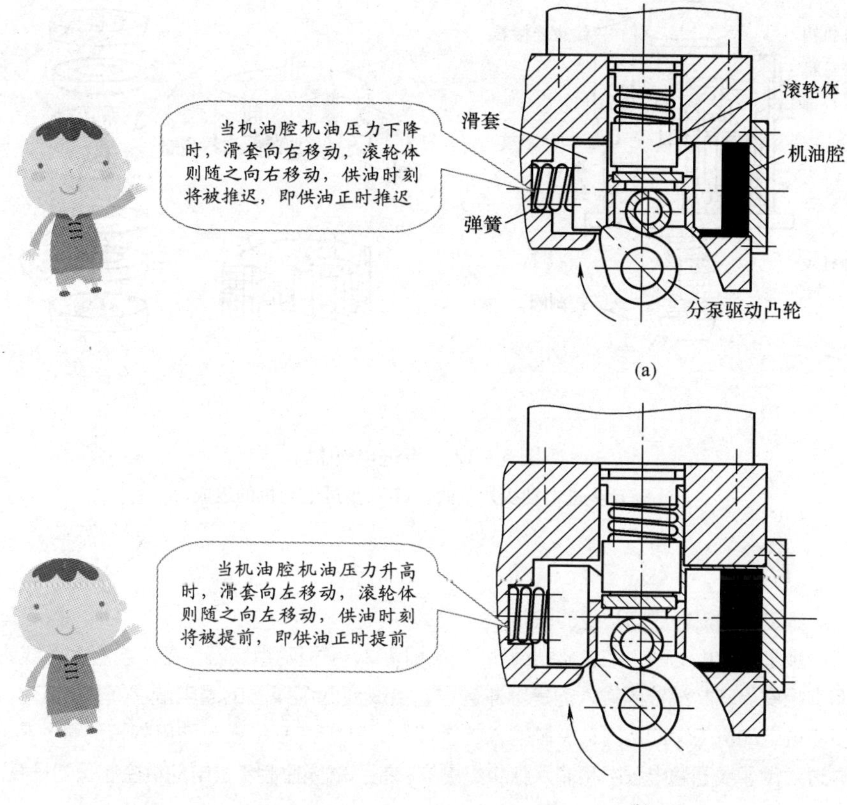

图 3－10 直列式柱塞泵步进电动机控制型正时控制器

（a）步进电动机控制型正时控制器工作状态图（正时推迟）；

（b）步进电动机控制型正时控制器工作状态图（正时提前）

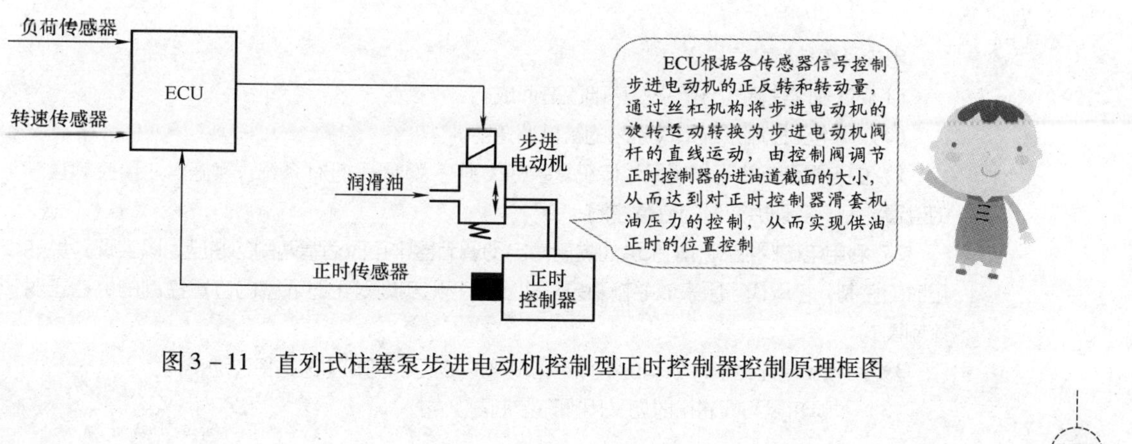

图 3－11 直列式柱塞泵步进电动机控制型正时控制器控制原理框图

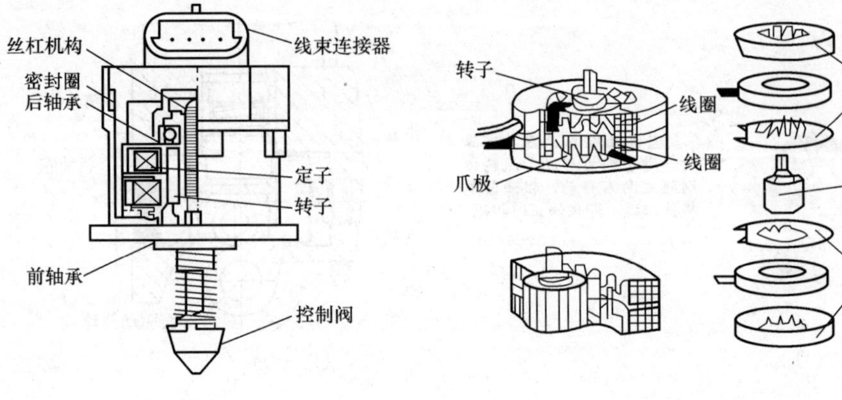

(a)　　　　(b)

图 3 – 12　步进电动机

（a）步进电动机控制阀；（b）步进电动机的组成

步进电动机控制阀开度的控制：

步进电动机的两个定子分别绕有 1、3 相和 2、4 相两组线圈，每个线圈上两线圈的绕制方向相反。ECU 给线圈输入的是脉冲信号，当改变四个线圈的通电顺序（即相位），就能改变步进电动机的转动方向；控制输入的脉冲量，就能控制步进电动机的转动量。故此，ECU 通过对定子线圈通电顺序和输入脉冲数量的控制，就能控制步进电动机控制阀的开度。

（二）轴向柱塞式分配泵电控燃油系统

1. 轴向柱塞式分配泵位置控制系统

（1）轴向柱塞式分配泵位置控制系统结构特点，如图 3 – 13、图 3 – 14 所示。

电控系统结构特点：

（1）以轴向柱塞式分配泵为基础改造而成。

（2）用电子控制系统取代原来的机械调速器。

1）由电驱动的执行机构取代传统复杂的飞锤—弹簧—杠杆系统，实施对油量控制套筒的位置控制，实现供油量的位置控制。

2）利用电磁阀控制分配泵供油提前角自动调节器中正时活塞两侧的油压，以实现对供油正时的控制，它取代了原来依靠输油泵输油压力变化实施对正时活塞的位置控制的供油正时控制模式。

3）用电子调速器取代原有的机械离心式调速执行机构和加速踏板传动机构。

（3）对喷油量和喷油正时均采用闭环控制。

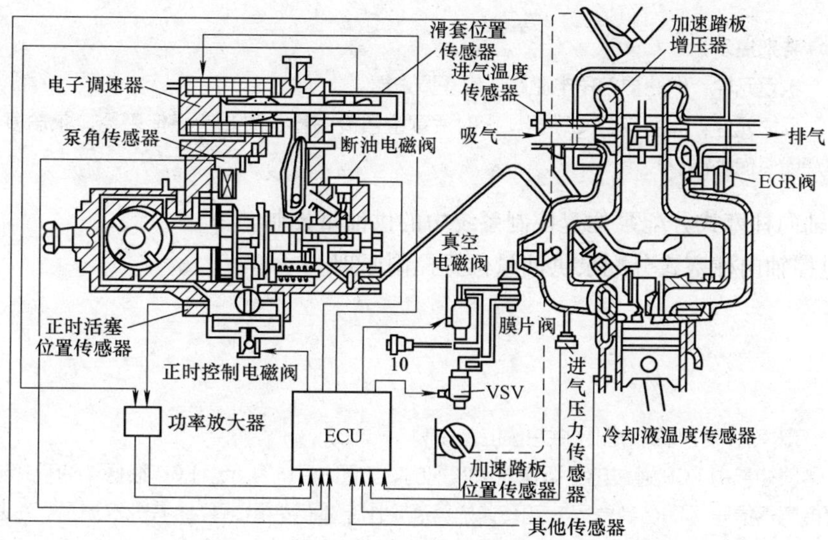

图 3－13　轴向柱塞式分配泵位置控制系统

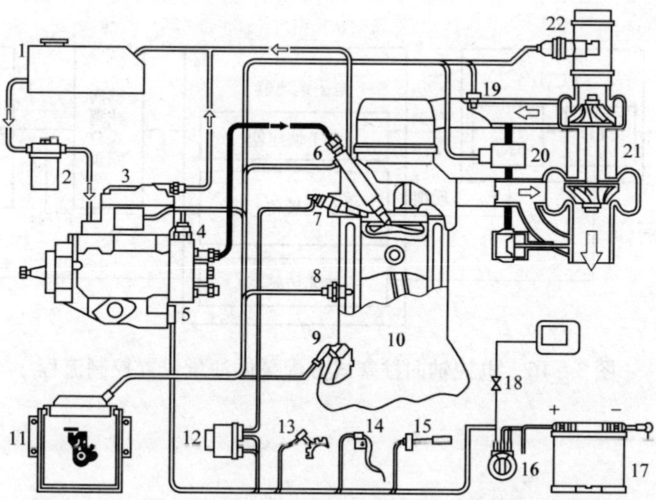

图 3－14　位置控制式轴向柱塞式分配泵燃油喷射系统

1—油箱；2—滤清器；3—回油装置；4—供油量控制器；5—定时装置；6—喷油器；7—预热塞；8—发动机水温传感器；9—曲轴位置传感器；10—发动机；11—ECU；12—预热塞控制器；13—凸轮轴位置传感器；14—加速踏板位置传感器；15—电器设备接口；16—点火开关；17—蓄电池；18—诊断接口；19—增压压力传感器；20—废气放气阀控制器；21—增压器；22—空气流量传感器

特别提示：

执行元件：供油提前角电磁阀、电子调速器。

反馈元件：滑套位置传感器、正时活塞位置传感器、喷油始点传感器、泵角度传感器、燃烧始点传感器。

（2）轴向柱塞式分配泵位置控制系统中的供油量控制。

1）电控轴向柱塞式分配泵供油量位置控制原理。

电控轴向柱塞式分配泵供油量位置控制：

喷油量由 ECU 通过电子调速器来实现的。如图 3－15 所示。ECU 根据柴油机加速踏板位置传感器信号（即负荷信号）和转速信号确定出基本供油量，并参考进气流量、冷却温度等传感器信号对基本供油量进行修正后，通过 ECU 中的伺服电路控制电子调速器工作，以调节或保持油量控制滑套的位置，从而实现对喷油泵供油量的位置控制。

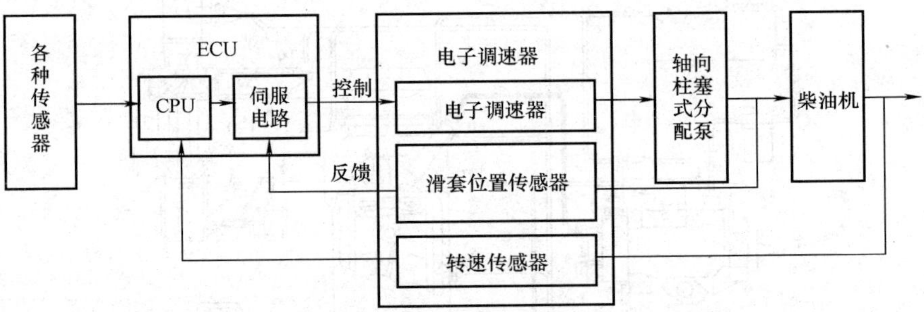

图 3－15　电控轴向柱塞式分配泵供油量位置控制流程

电控轴向柱塞式分配泵供油量位置控制的闭环控制方式：

利用电子调速器内的滑套位置传感器，对油量控制滑套的实际位置进行检测，将检测结果实时反馈给 ECU 中的伺服电路，由伺服电路对 ECU 发送给电子调速器的控制信号进行修正，实现对分配泵供油量的闭环控制，以提高供油量的控制精度。为提高对供油量的控制精度，通常还加装有燃油温度传感器，如图 3－16 所示。

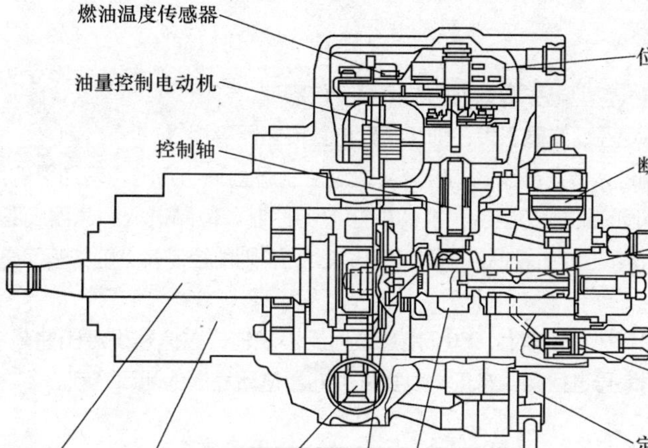

图 3－16 带有位置传感器的轴向柱塞式分配泵

小贴士：

轴向柱塞式分配泵供油量位置控制系统中常用的电子调速器：

（1）螺线圈型电子调速器；

（2）螺线管型电子调速器。

2）轴向柱塞式分配泵供油量位置控制的电子调速器。

a）螺线圈型电子调速器，结构如图 3－17 所示。

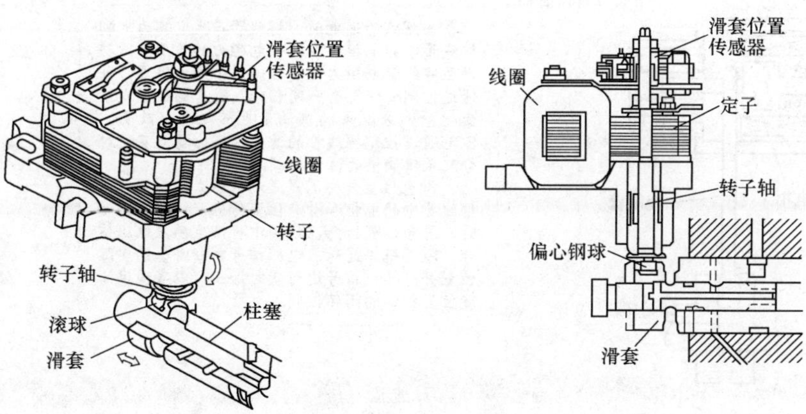

图 3－17 分配泵螺线圈型电子调速器结构

分配泵转子螺线管型电子调速器的结构与工作原理：

调速器主要由定子、线圈、转子轴和滑套位置传感器等组成。

ECU 通过控制进入调速器线圈的电流实现对控制滑套转动方向和转动量的控制，从而达到控制分配泵柱塞回油时间的目的，实现供油量的控制。控制进入调速器线圈的电流方向，则能控制转子轴的转动方向；控制线圈的通电占空比，则能控制转子轴的转动量，如图 3－18 所示。

滑套传感器安装在转子轴上，ECU 能通过检测转子轴位置信号确定出油量控制滑套的实际位置，并对控制信号进行实时修正，以实现供油量位置控制的闭环控制。

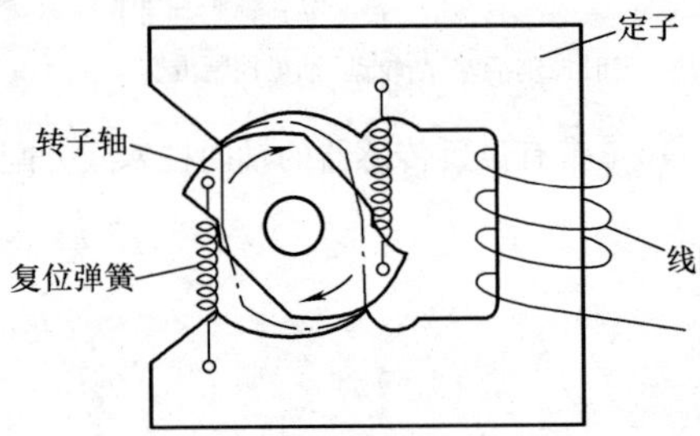

图 3－18　分配泵螺线圈型电子调速器原理

b）螺线管型电子调速器如图 3－19 所示。在螺线管电子调速器中，螺线管中的电枢、滑套位置传感器的铁心与控制臂连成一体，控制臂的一端插入油量控制滑块的凹槽中。

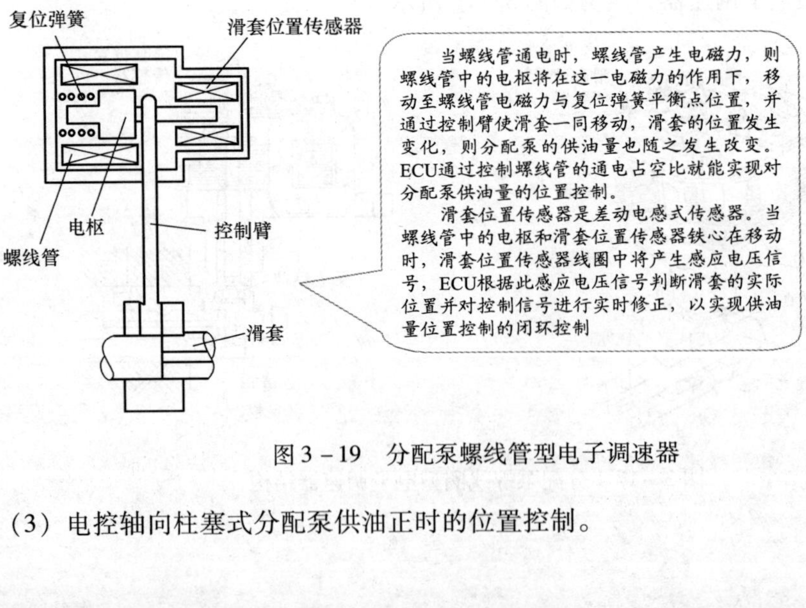

图 3－19　分配泵螺线管型电子调速器

（3）电控轴向柱塞式分配泵供油正时的位置控制。

1）轴向柱塞式分配泵供油正时的位置控制原理，如图 3－20 所示。

轴向柱塞式分配泵供油正时的位置控制原理：

在轴向柱塞式分配泵供油正时的位置控制系统中，通常在分配泵原供油提前角自动调节活塞两侧油腔之间增加一条燃油通道，由 ECU 通过供油提前角电磁阀控制该燃油通道的开度，来实现供油正时控制的。如图 3－20 所示，ECU 根据柴油机加速踏板位置传感器信号（即负荷信号）和转速信号确定出基本供油提前角，并参考进气流量、冷却液温度等传感器信号对基本供油提前角进行修正后，对电磁阀发出控制信号，通过控制供油提前角电磁阀的开度达到控制正时活塞两侧油腔间的燃油压力差的目的，从而控制正时活塞的位置，以实现对分配泵供油正时的位置控制。

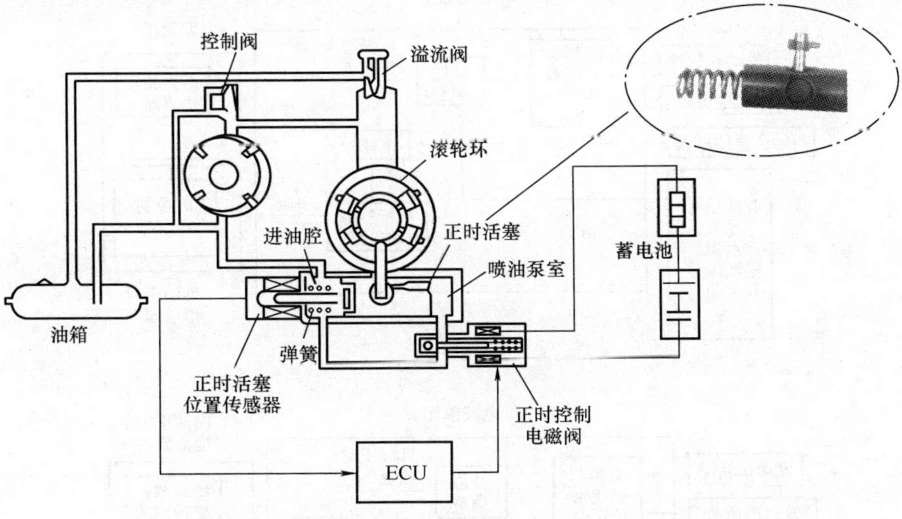

图 3－20　轴向柱塞式分配泵供油正时的位置控制原理

轴向柱塞式分配泵供油正时位置控制的闭环控制方式：

如图 3－20 所示，系统利用正时活塞位置传感器对正时活塞的实际位置进行检测，将检测结果实时反馈给 ECU 中的伺服电路，由伺服电路对 ECU 发送给正时控制电磁阀的控制信号进行修正，实现对分配泵供油量的闭环控制，以提高供油量的控制精度。在轴向柱塞式分配泵供油正时的位置控制中，不同的油泵其所采用的反馈元件可能不同，通常有提前器位置传感器、喷油始点传感器、泵角传感器、燃烧始点传感器等几种，但它们的控制模式和流程均相同，如图 3－21 所示。

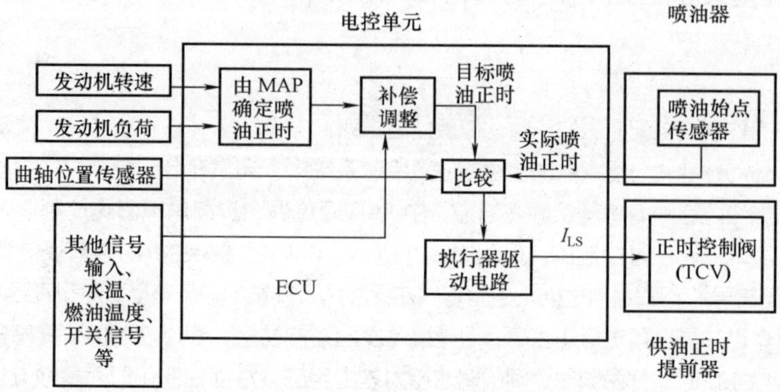

(a)

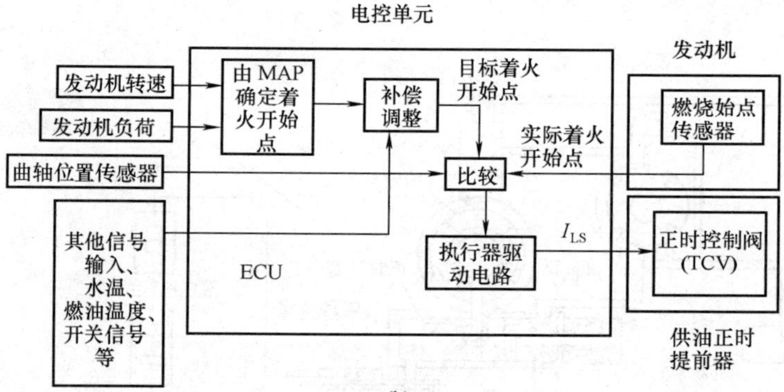

(b)

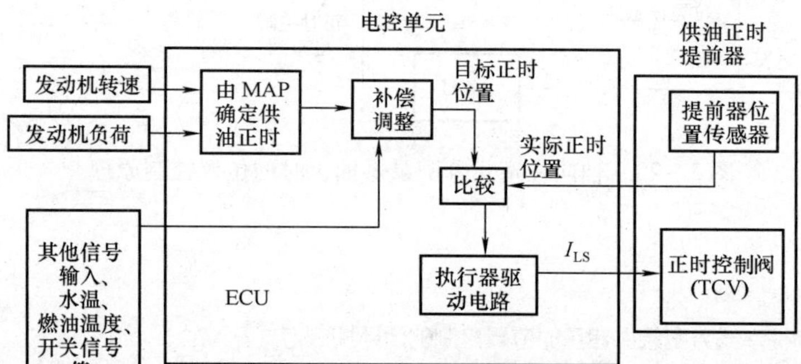

(c)

图3-21 轴向柱塞式分配泵采用不同反馈元件的供油正时位置控制流程

（a）喷油始点传感器；（b）燃烧始点传感器；（c）提前器位置传感器

2）分配泵供油提前角电磁阀（供油正时控制阀），如图3-22所示。

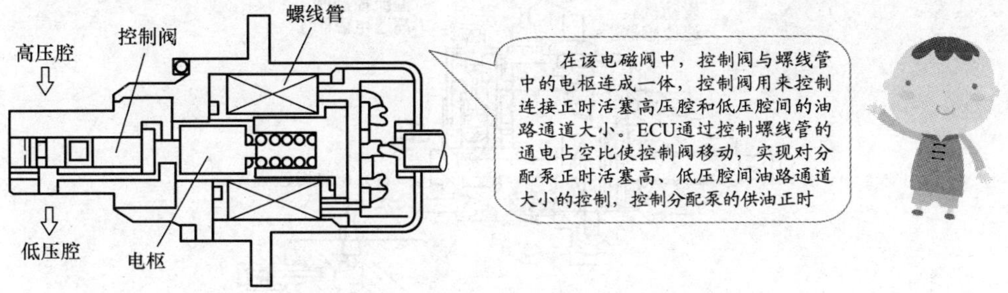

图 3－22　分配泵供油提前角电磁阀

3）正时活塞位置传感器，如图 3－23 所示。

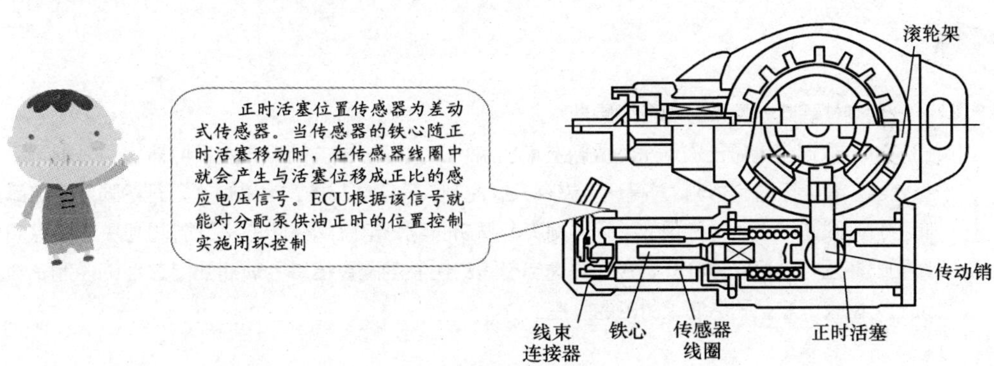

图 3－23　正时活塞位置传感器

2. 轴向柱塞式分配泵时间控制系统

（1）轴向柱塞式分配泵时间控制系统结构，如图 3－24 所示。

轴向柱塞式分配泵时间控制系统结构特点：

（1）在轴向柱塞式位置控制分配泵的基础上改造而成。

（2）在分配泵回油通道中安装一个由 ECU 控制的高速电磁阀，用它来控制回油通道的开闭。利用计算机时钟控制供油终了时间，控制供油量，因而可取消分配泵原来的供油量控制机构（如油量控制滑套）。

（3）用着火正时传感器取代位置控制分配泵中供油正时活塞位置传感器。

（4）能依据传感器的反馈信号对系统进行闭环控制。

（2）轴向柱塞式分配泵时间控制系统，如图 3－25 所示。

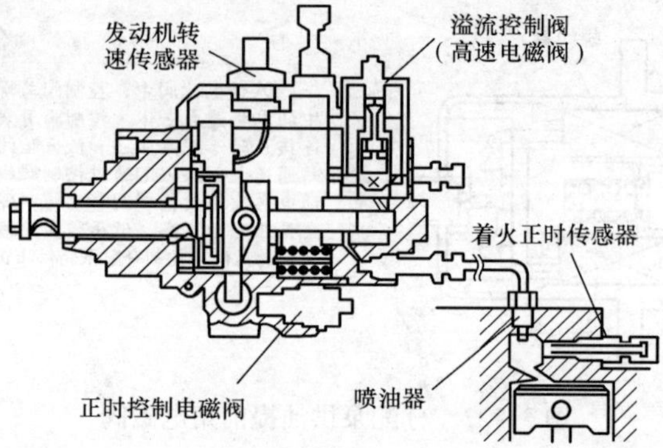

图 3-24　轴向柱塞式分配泵时间控制系统的结构

轴向柱塞式分配泵时间控制原理：

ECU 根据由传感器输送来的反映发动机实际工况的信号（如加速踏板位置信号、进气流量信号、着火正时信号），对高速电磁阀实施控制。一般情况下，电磁阀关闭开始喷油，电磁阀打开则喷油结束。电磁阀的关闭时刻决定喷油时刻，电磁阀关闭的持续时间则决定着供油量和喷油压力。这样，ECU 通过对高速电磁阀的控制就能直接参与燃油喷射过程的控制，实现对分配泵供油量和供油正时的时间控制。

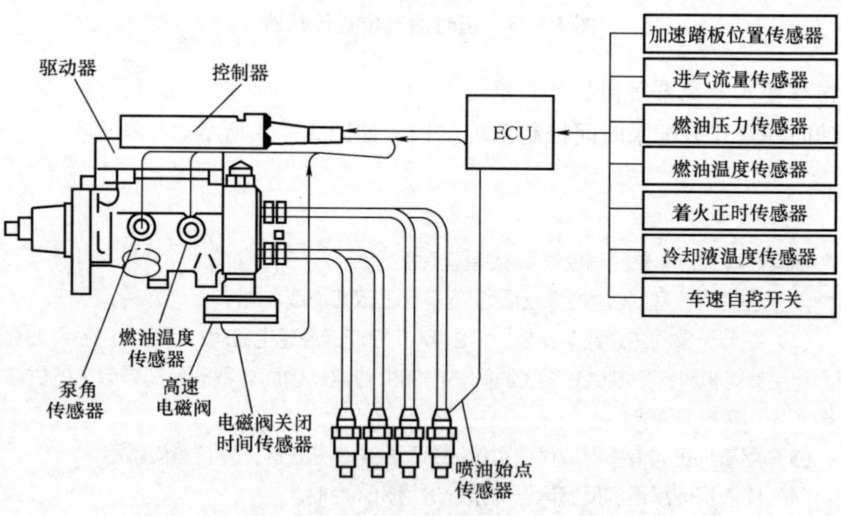

图 3-25　轴向柱塞式分配泵时间控制系统

特别提示：

执行元件：高速电磁阀。

反馈元件：泵角传感器、EGR 阀、着火正时传感器。

（3）轴向柱塞式分配泵供油量的时间控制。分配泵回油控制方式如图 3－26 所示，进油控制方式如图 3－27 所示。

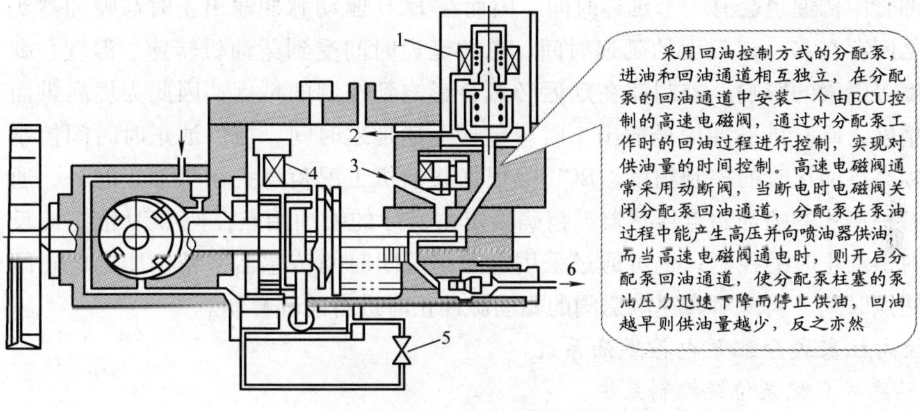

图 3－26　分配泵供油量回油控制方式

1—高速电磁阀；2—回油口；3—进油口；

4—泵角传感器；5—正时控制电磁阀；6—至喷油器

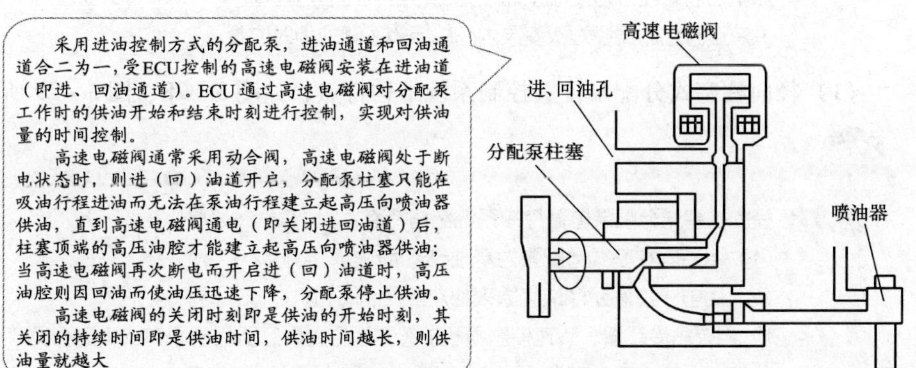

图 3－27　分配泵供油量进油控制方式

轴向柱塞式分配泵供油量的时间控制方式的分类：

根据高速控制阀对分配泵供油的控制方式不同，供油量控制方式一般可分为回油控制方式和进油控制方式两种。

（4）轴向柱塞式分配泵供油正时的时间控制。

ECU 通过控制高速电磁阀的关闭和开启，能直接控制分配泵供油的开始和结束，实现对油泵供油正时的时间控制。但由于在分配泵柱塞高压腔内建立油压需要时间，燃油压力在高压油管中传递也会有一个延迟时间，因而在 ECU 驱动脉冲输出正时与喷油器实际喷油正时之间存在着一定程度的延迟时间，总的延迟时间受到柴油机转速、温度、高压油管的长度等因素的影响。控制存在延迟必然会影响到控制的精度，因此为提高供油正时的控制精度，ECU 的脉冲信号输出正时应包括上述延迟时间。在供油正时时间控制系统中，为提高供油正时的控制精度，ECU 除根据柴油机工况信息控制供油正时外，通常需要采用各种型式的喷油始点传感器，精确测定出实际的喷油始点，使 ECU 能据此反馈信息修正对供油正时的控制；也可通过采用电磁阀关闭时间传感器来精确测定电磁阀关闭始点和终点时刻，实现对高速电磁阀的驱动脉冲正时进行闭环控制。

（三）径向柱塞式分配泵电控燃油系统

1. 径向柱塞式分配泵位置控制系统

特别提示：

径向柱塞式分配泵供油量、供油正时位置控制途径：

油量控制途径分为控制泵油柱塞的行程和控制进油量；

供油正时控制途径为改变泵内凸轮与转子间的相对位置。

（1）径向柱塞式分配泵位置控制系统结构特点，如图 3－28、图 3－29 所示。

径向柱塞式分配泵位置控制系统结构特点：

（1）以径向柱塞式分配泵为基础改造而成。

（2）用电子控制元件取代原来的油量控制阀和机械调速器。

1）用泵角传感器、转速传感器和加速踏板位置传感器代替原有的转速和负荷机械传感机构（如离心飞块、真空室）。

2）用 ECU 控制的电磁阀取代原来的油量控制阀。

（3）对供油量和供油正时位置控制均实行闭环控制。

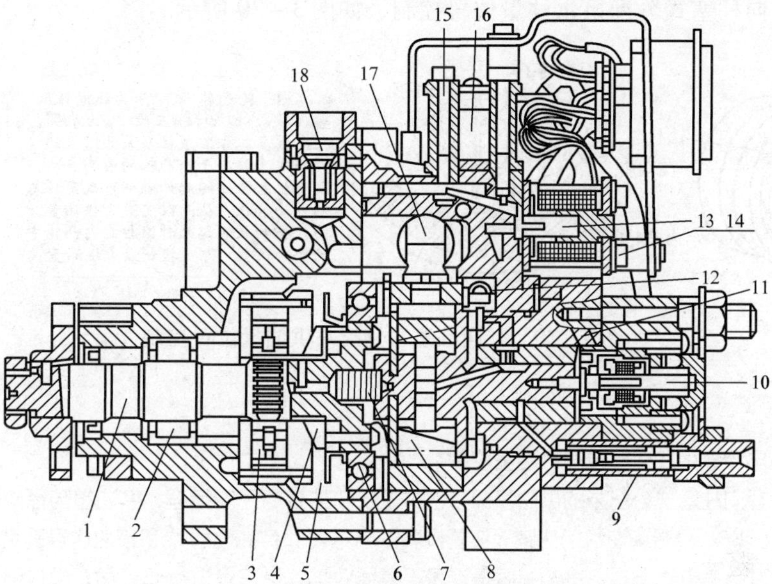

图 3－28 径向柱塞式分配泵位置控制系统

1—驱动轴；2—滚针轴承；3—输油泵；4—滤清器；5—泵腔；6—滚珠轴承；7—回位弹簧；8—滚子；9—出油阀；10—转子位置传感器；11—节流阀；12—提前器活塞位移传感器；13—电动停油阀；14—供油阀；15—泄油阀；16—供油提前角调节阀；17—正时活塞；18—泵腔回油阀

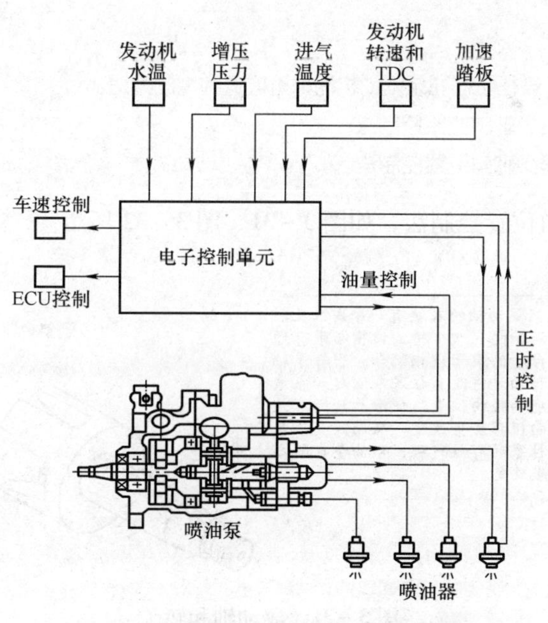

图 3－29 径向柱塞式分配泵位置控制系统

（2）径向柱塞式分配泵供油量位置控制，如图 3－30 所示。

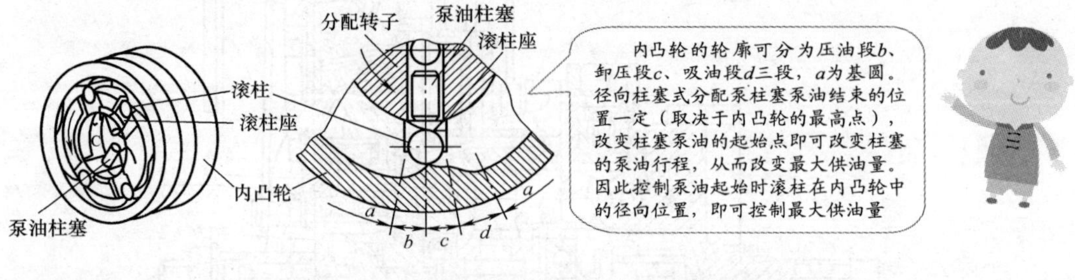

图 3－30　径向柱塞式分配泵供油量位置控制

电控直列式柱塞泵的供油量控制：

径向柱塞式分配泵的供油量调节取决于泵油柱塞的径向行程，供油量随径向行程增大而增大。ECU 根据柴油机加速踏板位置传感器信号（即负荷信号）和转速信号确定出基本供油量，并参考进气流量、冷却温度等传感器信号对基本供油量进行修正后，通过电子控制元件控制分配泵柱塞座架或转子的轴向位移来控制分配转子或滚柱座的相对位置，从而达到控制泵油柱塞的径向行程的目的，以实现对径向柱塞式分配泵供油量的位置控制。

特别提示：

分配转子与滚柱座在油泵驱动机构相对位置的控制方法：

（1）分配转子轴向位置控制法；

（2）柱塞座架轴向位置控制法。

1）分配转子轴向位置控制法，如图 3－31、图 3－32 所示。

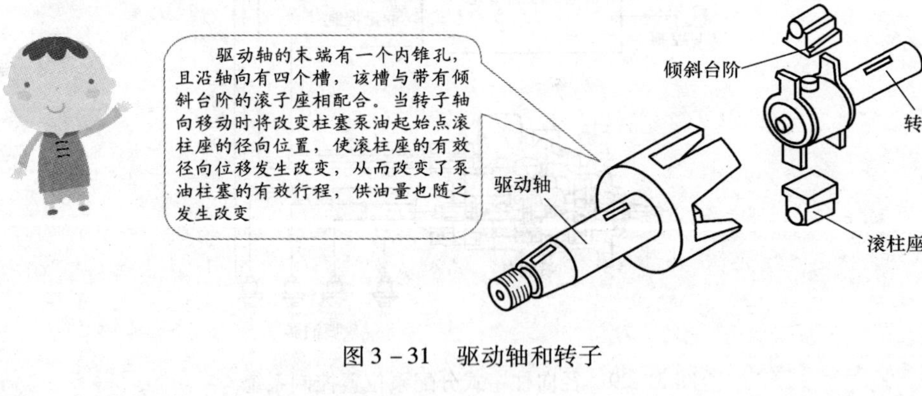

图 3－31　驱动轴和转子

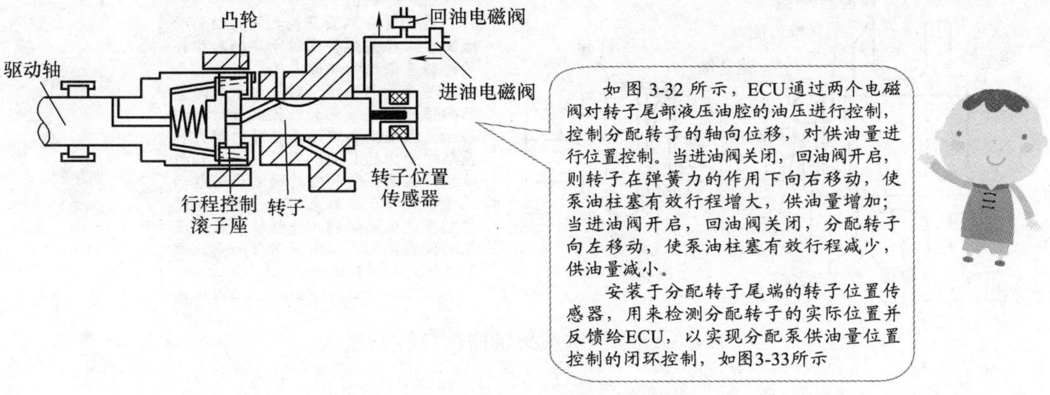

图3－32　分配转子轴向位置控制

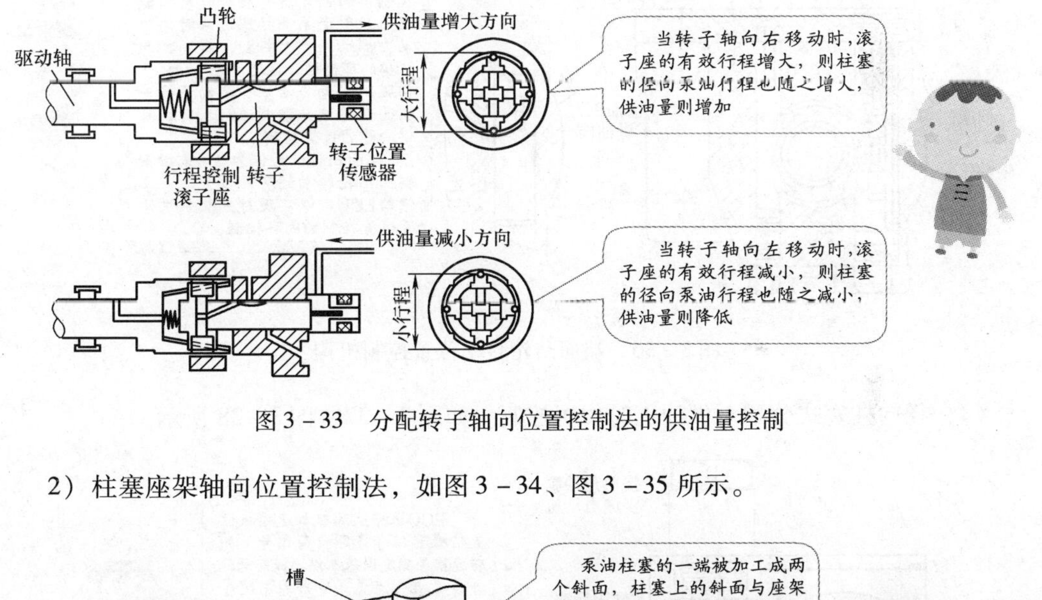

图3－33　分配转子轴向位置控制法的供油量控制

2）柱塞座架轴向位置控制法，如图3－34、图3－35所示。

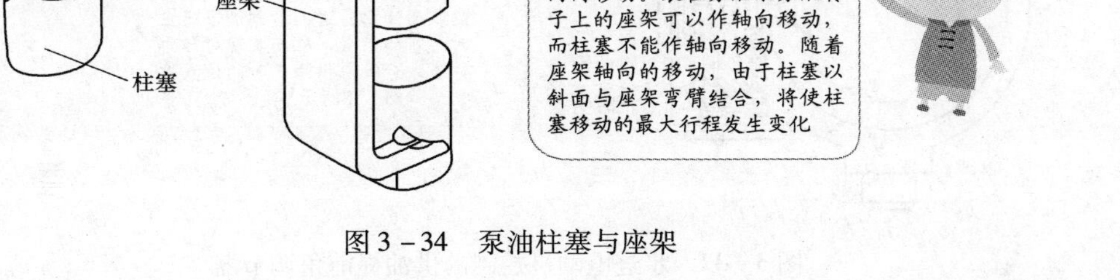

图3－34　泵油柱塞与座架

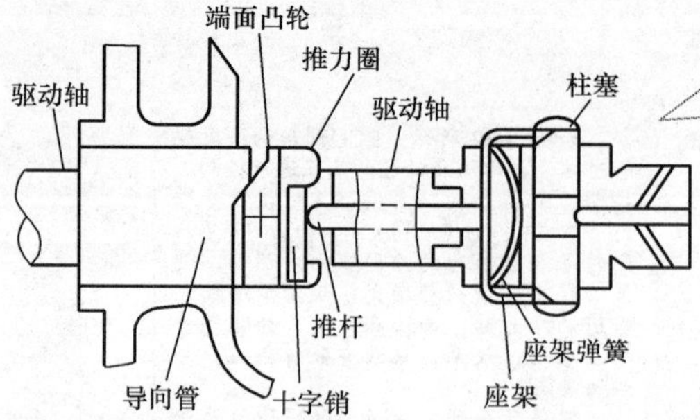

导向管和端面凸轮之间为曲面廓线配合，座架弹簧通过十字轴和推杆始终将座架压向端面凸轮。当端面凸轮相对于导向管转动时，由于导向管轴向位置固定，端面凸轮便进行轴向移动，座架则在端面凸轮轴向推力和座架弹簧力的共同作用下，发生轴向位移。端面凸轮的转动通过步进电动机控制的液压油缸来实现。ECU通过控制步进电动机的工作就能实现对座架的位置控制，以实现对供油量的位置控制，如图3-36所示

图 3－35　柱塞座架轴向位置控制机构

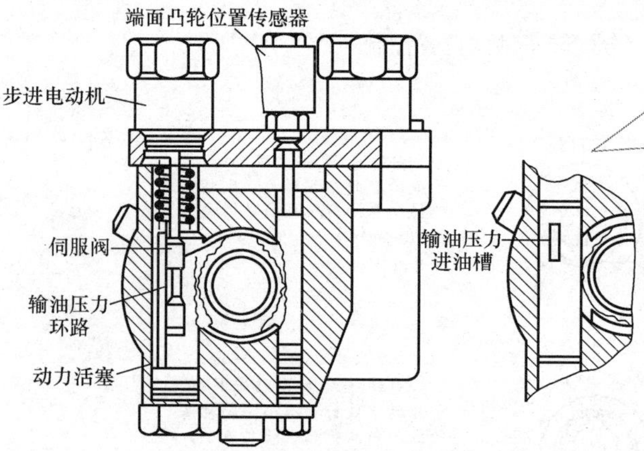

步进电动机采用液压伺服机构控制端面凸轮进行相对转动，能避免座架受泵油柱塞进油时的脉动力影响而产生抖动，提高控制机构的可靠性。通过步进电动机—伺服阀—动力活塞—驱动齿杆—端面凸轮这一控制流程，实施对供油量的位置控制。

端面凸轮位置传感器用来检测端面凸轮转动的实际位置，并反馈给ECU，以实现对分配泵供油量位置控制的闭环控制

图 3－36　端面凸轮转动位置控制机构

（3）径向柱塞式分配泵供油正时位置控制，如图 3－37、图 3－38 所示。

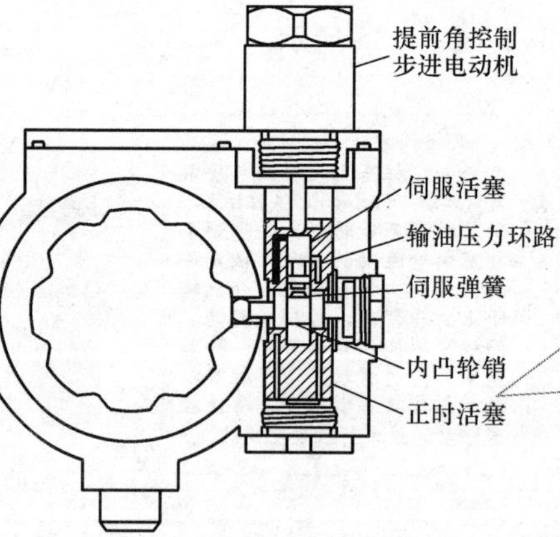

ECU根据柴油机加速踏板位置传感器信号（即负荷信号）和转速信号确定出基本供油提前角，并参考进气流量、冷却液温度等传感器信号对基本供油提前角进行修正后，对步进电动机发出控制信号，步进电动机工作并通过伺服活塞控制供油提前角调节器的液压油路，进而控制调节器正时活塞的位置，从而实现对径向柱塞式分配泵供油正时的位置控制，如图3-38所示

图 3－37　步进电动机控制的供油提前角调节器

径向柱塞式分配泵供油正时位置的控制方式，与轴向式分配泵的供油正时位置控制方式基本相同，一般在供油提前角自动调节器的油道中安装电磁阀或步进电动机，通过控制正时活塞的位置来实现对供油正时的位置控制。

正时活塞一侧承受输油泵输油压力作用，另一侧承受经过伺服阀的压力油和弹簧力的作用。伺服阀开度增大，则进入弹簧室的燃油量增大，压力增大，此压力与弹簧力共同克服正时活塞另一侧的燃油压力，将凸轮环推向供油滞后方向，反之，则将凸轮环推向供油提前方向。

正时活塞位置传感器用来检测正时活塞的实际位置，并反馈给ECU，以实现对分配泵供油正时位置控制的闭环控制

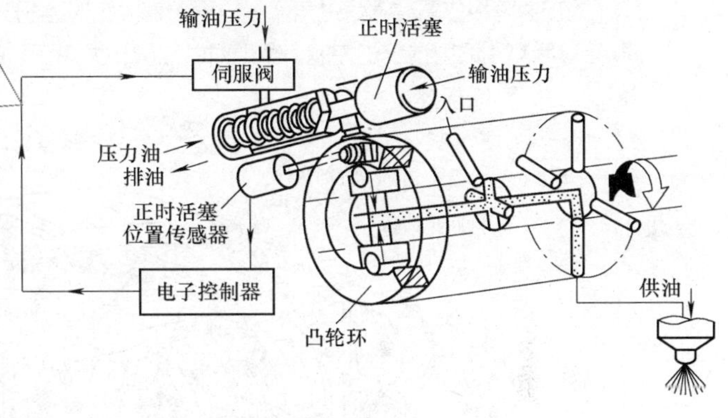

图 3－38　径向柱塞式分配泵供油正时位置控制系统

2. 径向柱塞式分配泵时间控制系统

（1）径向柱塞式分配泵时间控制，如图 3－39、图 3－40 所示。

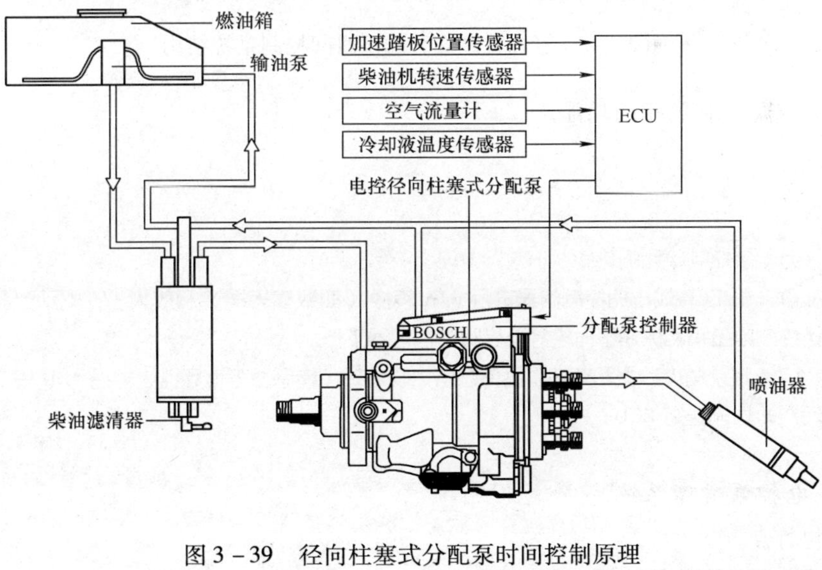

图 3－39　径向柱塞式分配泵时间控制原理

径向柱塞式分配泵时间控制原理：

径向柱塞式分配泵时间控制原理与轴向柱塞式分配泵的时间控制原理相同，它们的系统结构也相似。在分配泵的进油道（也是回油道）中安装一个由 ECU 控制的电磁阀（喷射控制电磁阀），取代传统的油量控制阀。ECU 根据由传感器输送来的反映发动机实际工况的信号（如加速踏板位置信号、进气流量信号、着火正时信号），通过对电磁阀开闭时刻的控制，直接参与燃油喷射过程的控制，实现对供油量和供油正时的时间控制。

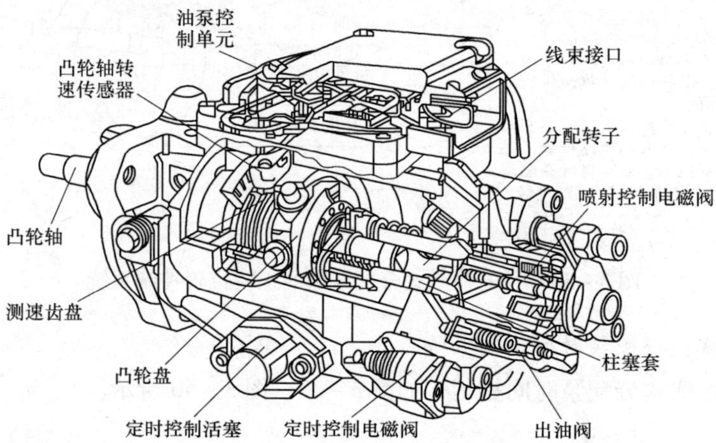

图 3－40　径向柱塞式分配泵时间控制系统结构

（2）分配泵控制单元的功能。

分配泵控制单元的功能：

（1）将 ECU 输出的控制信号进行 D/A 转换（即数模转换）和放大后，驱动分配泵中供油量控制电磁阀和供油正时控制电磁阀等执行器工作。

（2）将泵角传感器和柴油温度传感器、喷油始点传感器等传感器信号经 A/D 转换（即模数转换）后输送给 ECU。

（四）电控泵喷嘴系统

1. 结构特点

电控泵喷嘴系统的结构特点如图 3－41、图 3－42 所示。

电控泵喷嘴系统结构特点：

（1）由传统的 P－T 燃油供给系统发展而来。

（2）在传统的机械式泵喷嘴基础上嫁接了一套电控系统（由 ECU 控制的高速电磁阀及向 ECU 提供信号的传感器）。

（3）没有高压油管，将产生高压的柱塞泵与喷油器直接连成一个整体，发动机每缸都有一个，电控泵喷嘴系统直接采用顶置凸轮轴驱动。

（4）各缸的喷射过程由不同的电磁阀独立控制，ECU 通过控制高速电磁阀的开闭，对供油量和供油正时进行时间控制。

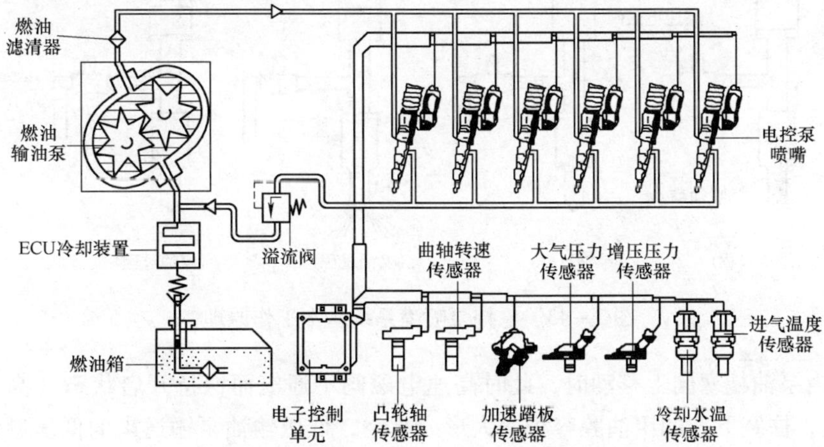

图 3－41　电控泵喷嘴燃油喷射系统

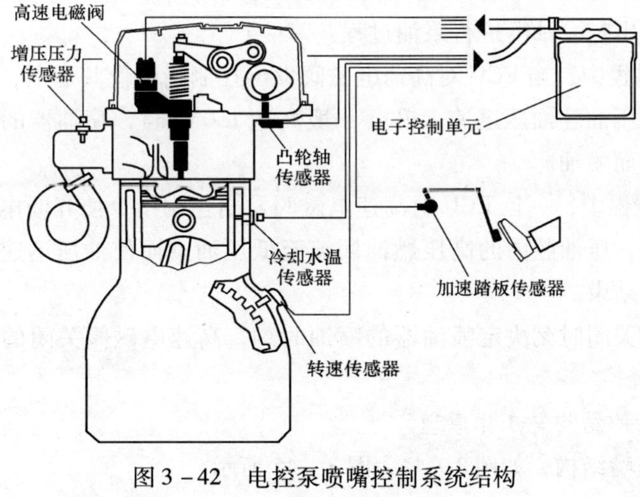

图 3－42　电控泵喷嘴控制系统结构

2. 电控泵喷嘴系统基本工作原理

电控泵喷嘴系统利用机械装置驱动喷油器的喷油柱塞进行泵油，工作原理与柱塞式高压油泵相同。电控泵喷嘴系统的喷油循环一般包括进油过程、泵油过程、喷油过程和停油过程四个阶段，如图 3-43 所示。

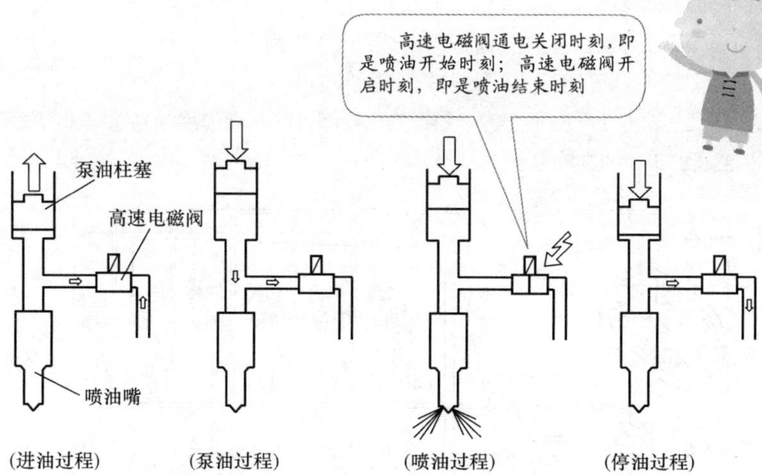

图 3-43　电控泵喷嘴系统基本工作原理

（1）当泵油柱塞向上移动时，此时高速电磁阀不通电而保持开启状态（高速电磁阀为动合阀），柱塞下方的压油腔容积增大形成真空，低压输油泵输送来的低压燃油被吸入压油腔，电控泵喷嘴进行进油过程。

（2）在柱塞向下移动的初期，电磁阀断电保持开启，压油腔的燃油受压，部分燃油被压回低压油道，电控泵油嘴进行泵油过程。

（3）在泵油过程中，当 ECU 对高速电磁阀发出控制指令使其通电，则高速电磁阀关闭低压进油油道，压油腔油压迅速上升（一般高达 150MPa），喷油器的针阀在高压油的作用下打开喷油孔而喷油。

（4）在喷油过程中，一旦 ECU 对高速电磁阀发出控制指令使其断电，高速电磁阀则开启低压进油通道，压油腔内的高压燃油回流至低压油道而使油压迅速下降，喷油器停止喷油，喷油过程结束。

高速电磁阀的关闭时刻决定喷油器的喷油时刻，高速电磁阀关闭的持续时间决定着喷油量的大小。

3. 电控泵喷嘴的结构与工作原理

（1）电控泵喷嘴结构，如图 3-44、图 3-45 所示。

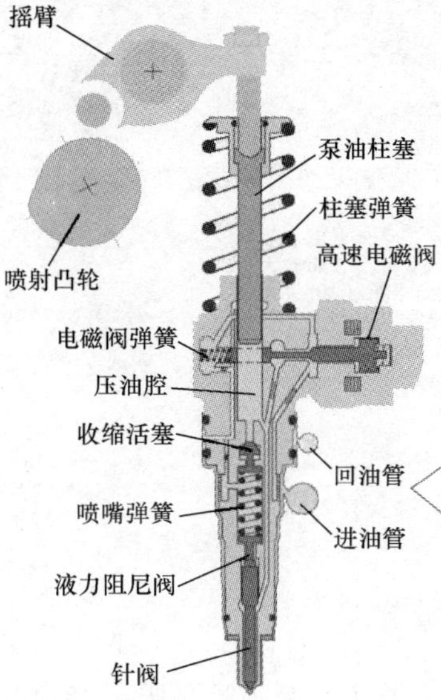

泵喷嘴主要由高压燃油生成部分、燃油喷射雾化部分和电子控制部分等三部分组成。

高压燃油生成部分主要由喷射凸轮、摇臂、泵油柱塞、柱塞弹簧及柱塞套筒与柱塞形成的压油腔等组成。

燃油喷射部分主要由针阀与针阀座、液力阻尼阀、针阀弹簧、收缩柱塞等组成。

电子控制部分即是受电控单元控制的高速电磁阀（为动合阀）

图 3－44　电控泵喷嘴的结构

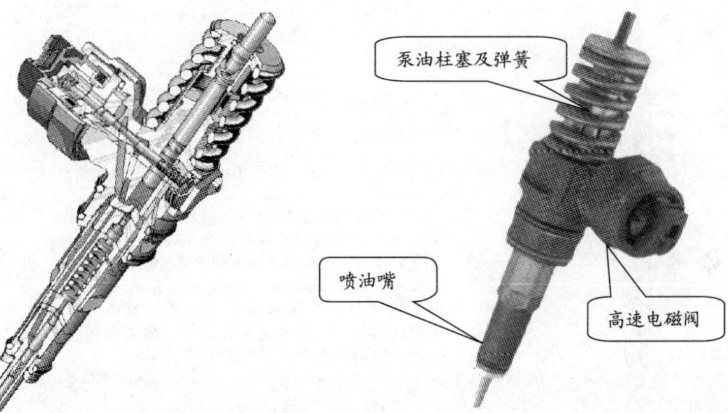

图 3－45　电控泵喷嘴实物图

电控泵喷嘴的工作分四个阶段：

进油阶段、预喷射循环阶段、主喷射阶段和主喷射结束阶段。

（2）电控泵喷嘴工作原理。

1）进油阶段状态如图 3－46 所示。

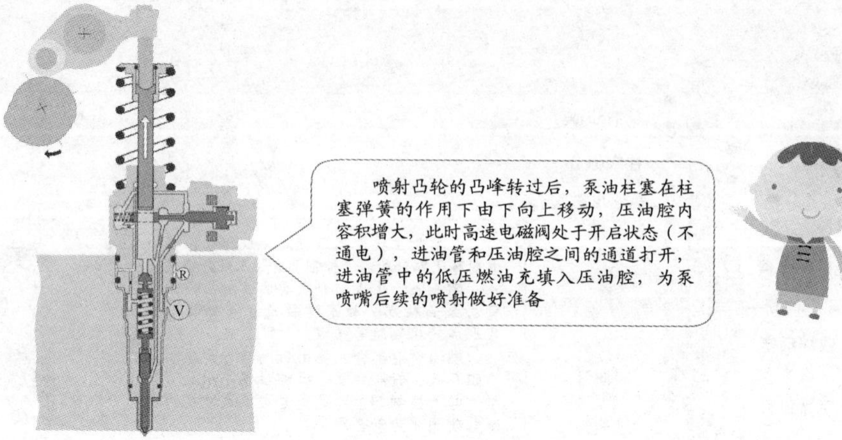

图 3－46　泵喷嘴进油状态

2）预喷射循环阶段，泵喷嘴预喷射状态如图 3－47 所示，泵喷嘴预喷射结束状态如图 3－48 所示。

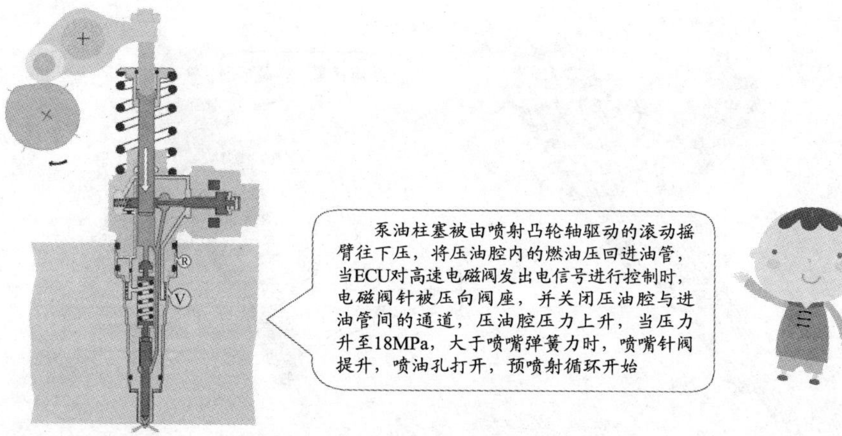

图 3－47　泵喷嘴预喷射状态

特别提示：

在预喷射过程中，上升的油压使收缩活塞下移，增加了针阀弹簧的预紧力，使得在后续主喷射再次打开针阀时的油压要比预喷射时的油压要高。

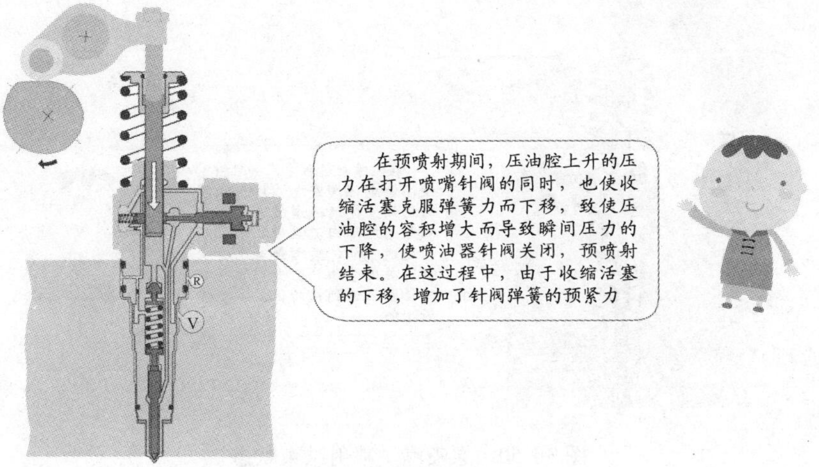

图 3－48　泵喷嘴预喷射结束状态

3）主喷射阶段状态如图 3　49 所示。

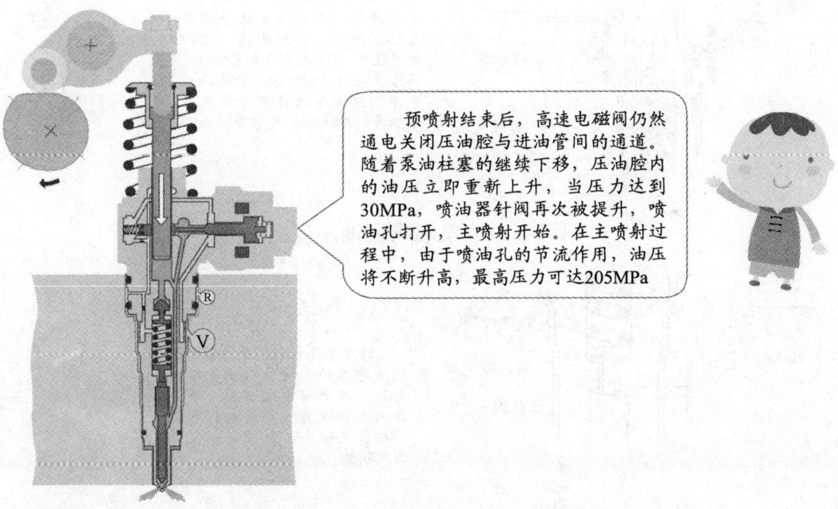

图 3－49　泵喷嘴主喷射状态

4）主喷射结束阶段状态如图 3－50 所示。

（3）泵喷嘴回油，如图 3－51 所示。

（4）泵喷嘴液力阻尼阀和收缩活塞的功用。

1）液力阻尼阀，如图 3－52 所示。

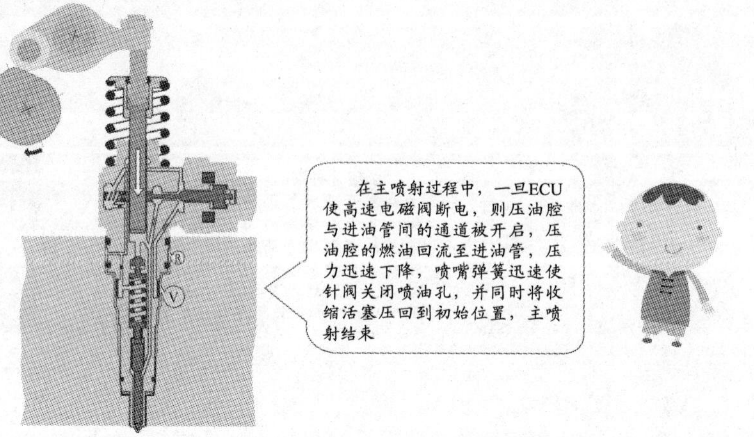

图3－50　泵喷嘴主喷射结束状态

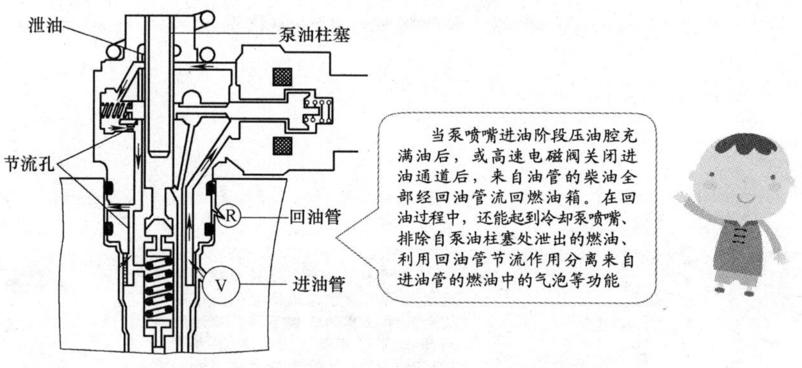

图3－51　泵喷嘴回油示意图

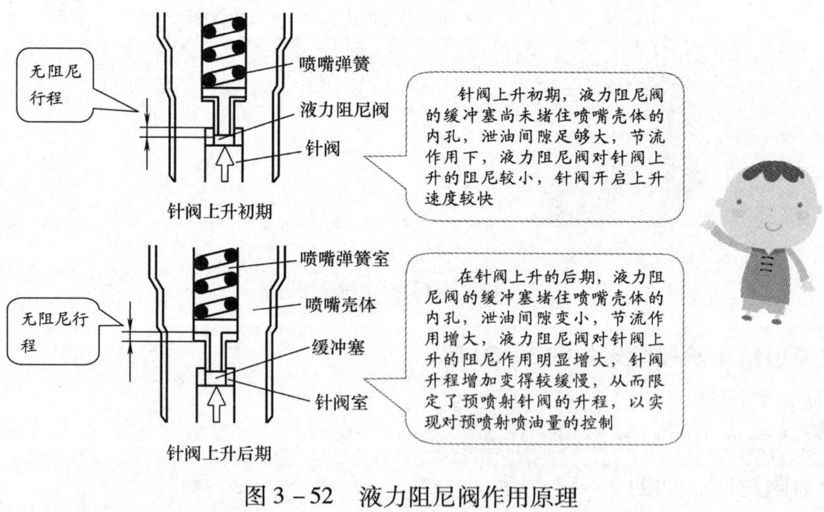

图3－52　液力阻尼阀作用原理

2）收缩活塞，如图 3－53 所示。

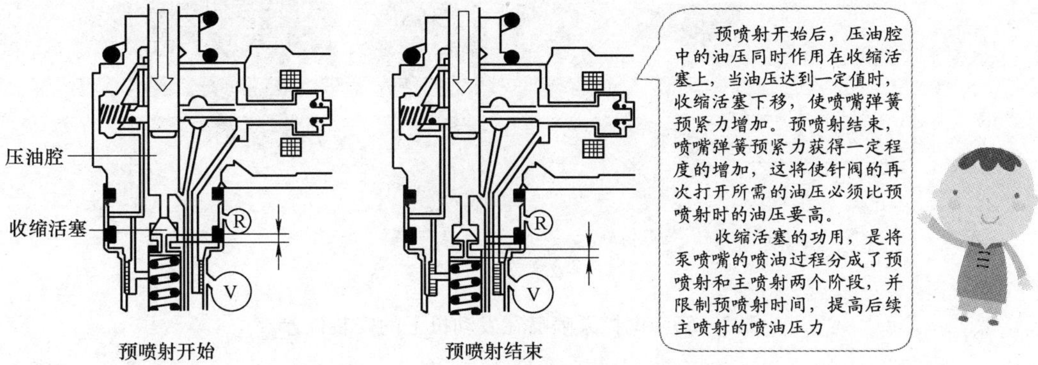

图 3－53　收缩活塞作用原理

（5）泵喷嘴的燃油喷射特性，如图 3－54、图 3－55 所示。

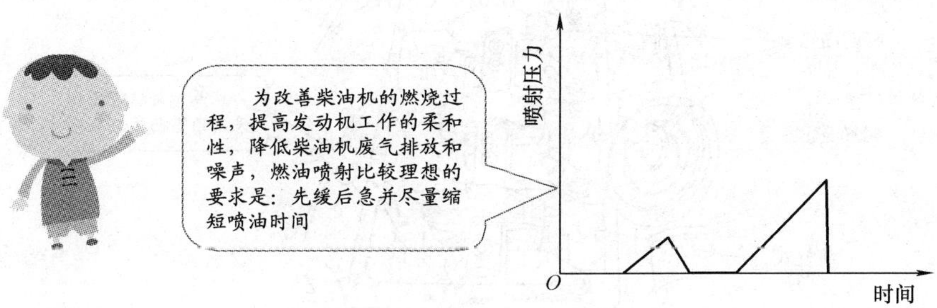

图 3－54　柴油发动机理想的喷射曲线

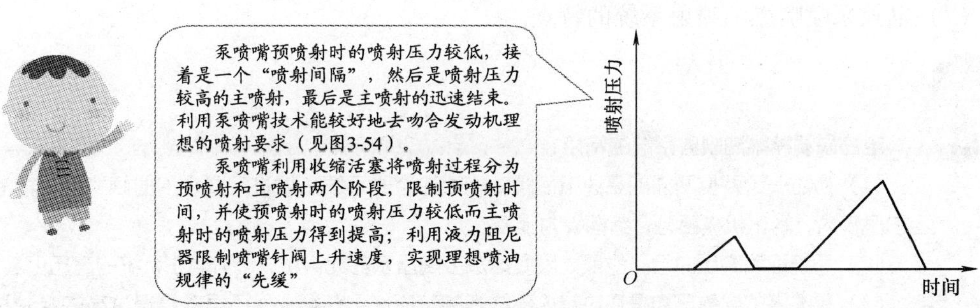

图 3－55　电控泵喷嘴喷射曲线

（6）泵喷嘴在发动机上的安装位置及其驱动机构，如图 3－56、图 3－57 所示。

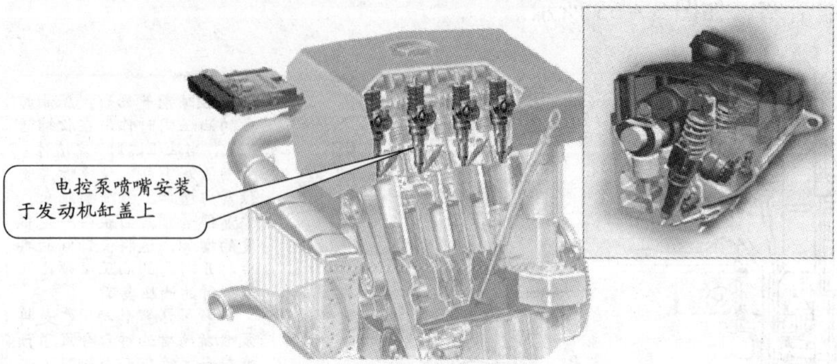

图 3－56 电控泵喷嘴在发动机上的安装位置

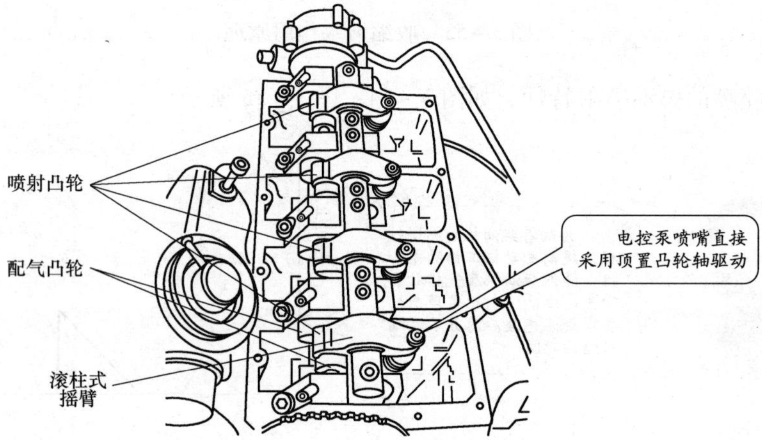

图 3－57 电控泵喷嘴驱动机构

（7）电控泵喷嘴燃油喷射系统的特点。

电控泵喷嘴燃油喷射系统的特点：

（1）通过一个两位两通的高速电磁阀就能喷油定时与喷油量进行联合的时间控制，控制自由度较大，简化机械部分，结构较为紧凑。

（2）系统取消高压油管，能最大限度地减少高压系的死容积，十分利于系统的高压化。

（3）泵喷嘴的喷射压力是通过其内部柱塞的液压作用获得，而不再依靠通过高的泵油柱塞速度获得，故泵喷嘴能实现较高的喷射压力。

（4）通过对喷射凸轮、液力阻尼器、收缩活塞等零部件相关参数的合理设计，能获得较为理想的喷射曲线。

（5）系统仍需要凸轮型线的驱动产生喷射所需的高压，喷射压力依赖于凸轮型线的设计，不仅喷射区间受到限制，而且也是脉动的，使系统对喷油压力、喷油速率、喷油定时等的控制受到一定限制。受凸轮型线的限制，只能实现一次预喷射。

（6）电控泵喷嘴驱动机构只能布置在缸盖上，使缸盖结构复杂。

（五）电控单体泵燃油喷射系统

1. 结构特点

电控单体泵燃油喷射系统的结构，如图 3－58、图 3－59 所示。

电控单体泵系统结构特点：

（1）电控单体泵系统是在电控泵喷嘴的系统的基础上衍生出来的，其与泵喷嘴系统的最大区别是：产生高压的泵与喷油嘴不是一体，它们通过一根较短的高压管相连接，泵与喷油器的位置相互独立。

（2）电控单体泵系统采用凸轮轴中置的方式驱动。

（3）各缸的喷射过程由不同的电磁阀独立控制。

（4）ECU 通过控制高速电磁阀的开闭，对供油量和供油正时进行时间控制。

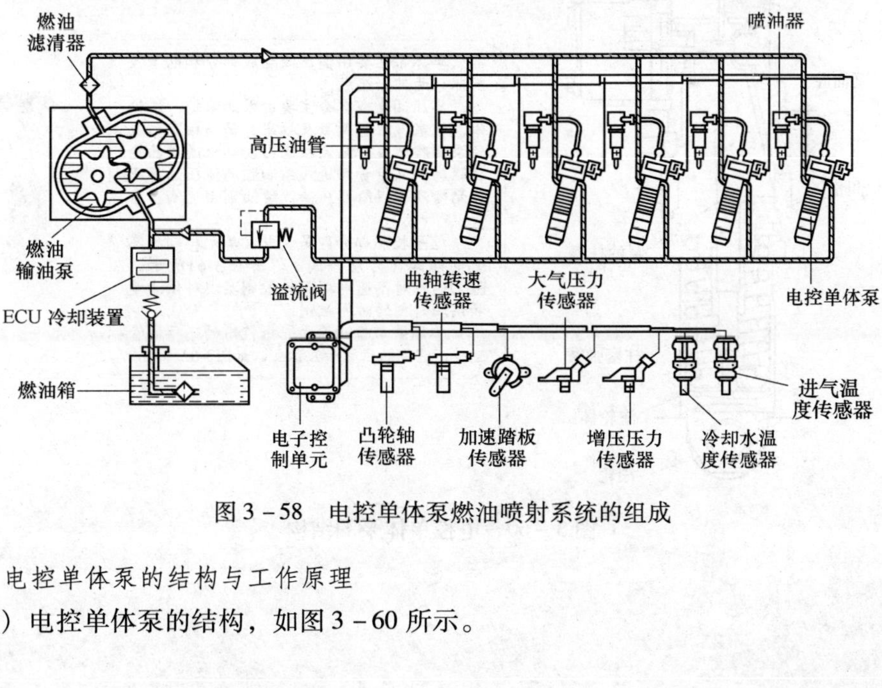

图 3－58 电控单体泵燃油喷射系统的组成

2. 电控单体泵的结构与工作原理

（1）电控单体泵的结构，如图 3－60 所示。

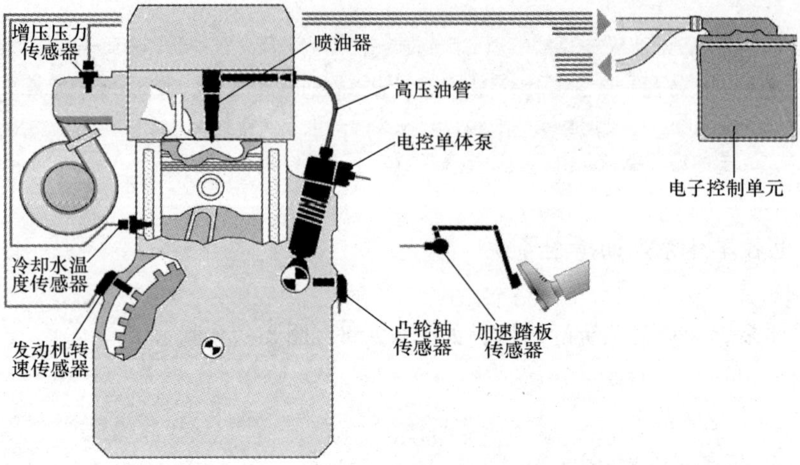

图 3－59　电控单体泵控制系统结构简图

单体泵主要由高压油生成部分和电子控制部分两部分组成。

高压油生成部分主要由泵油滚轮、滚轮体、柱塞、柱塞弹簧及柱塞套筒与柱塞形成的泵油腔组成，泵油柱塞由发动机通过凸轮轴驱动，只负责对进入泵油腔的低压油加压并向喷油器供给高压油，喷油则由喷油器负责。

电子控制部分即是受电控单元控制的高速电磁阀（为动合阀），如图3-61所示。ECU通过对高速电磁阀的控制实现对供油量和供油时刻的时间控制。

单体泵与喷油器由一根较短的高压油管连接，它们的位置相互独立，如图3-62所示

图 3－60　电控单体泵的结构

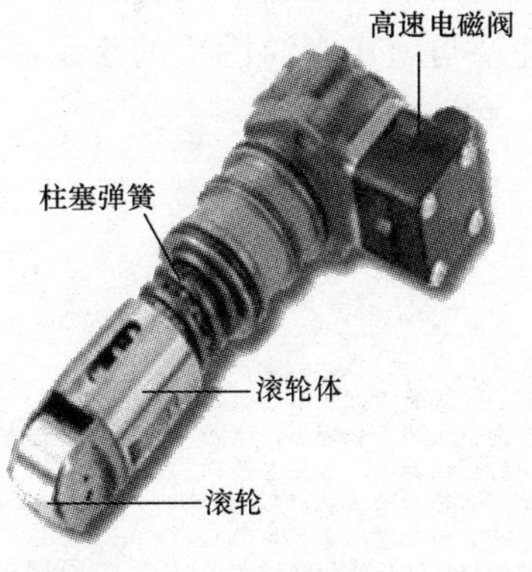

图 3－61 单体泵实物图

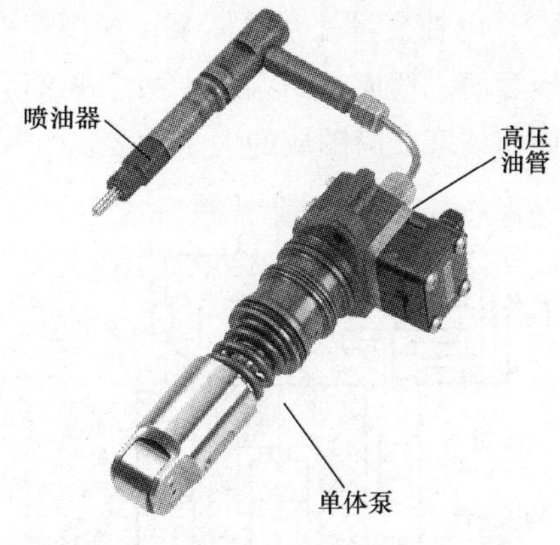

图 3－62 单体泵与喷油器的连接

（2）电控单体泵工作原理，如图 3－63 所示。

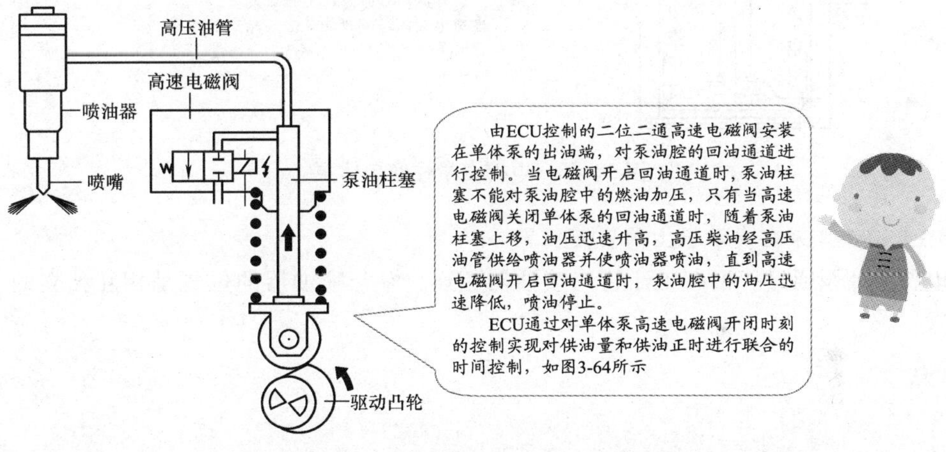

图 3－63 电控单体泵系统工作原理

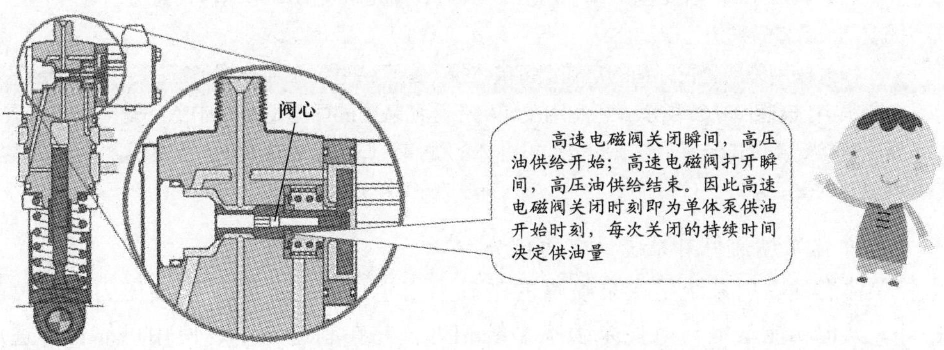

图 3－64 单体泵高速控制阀

(3) 电控变量柱塞单体泵，如图3－65所示。变量柱塞泵在泵油柱塞上方增加了一个增压套筒，形成了一大一小两个泵油腔，即泵油柱塞与增压套筒围成的小泵油腔、增压套筒与柱塞套筒围成的大泵油腔。

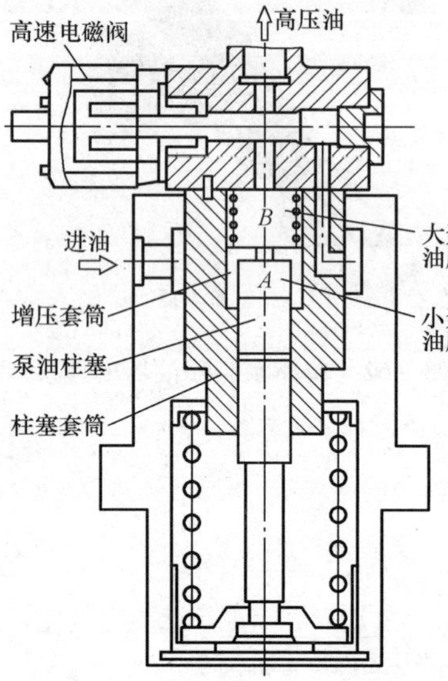

变量柱塞单体泵在泵油行程的初期，由泵油柱塞首先从泵油柱塞的顶部压缩小泵油腔中的柴油，此时由于压油面积较小，供油量则较少；在泵油行程的后期，当柱塞顶部推压至增压套筒时，则带动增压套筒压缩大泵油腔中的柴油，此时由于增压套筒顶部面积大于柱塞顶部的面积，使压油面积增大，供油量加大。这样，变量柱塞单体泵的泵油过程被分为了两个阶段，即较小容量A的泵油过程和较大容量B的泵油过程，能有利于通过对泵油柱塞、增压套筒和柱塞套筒尺寸参数的合理匹配，实现对单体泵泵油规律的调整，更好地符合发动机工作要求。

高速电磁阀控制供油开始与结束的原理则与普通单体泵完全相同

图3－65　电控变量柱塞单体泵

3. 电控单体泵在发动机上的安装位置

电控单体泵通过一根高压油管与喷油器相连，泵与喷油器的位置是相互独立的，便于布置。

单体泵通常有两种布置形式：

(1) 直接安装于发动机缸体中，由发动机凸轮轴直接驱动，但这种布置方式有一个缺点，即发动机缸体必须进行改动。

(2) 采用外挂凸轮轴箱的方式安装单体泵，像安装直列泵那样将各缸的泵体都安装在一个泵箱中，如图3－66所示，它利用发动机原驱动装置即可驱动泵箱中的凸轮轴使单体泵工作，这种安装方式具有无需改动发动机缸体的优点，但由于单体泵的尺寸较大，泵箱通常显得较为笨重。

4. 电控单体泵燃油喷射系统具有的优势

电控单体燃油喷射系统是在泵喷嘴的基础上衍生出来的，除了供油压力较泵喷嘴稍低一些外，其他功能基本与电控泵喷嘴系统相近，并在制造成本、使用可靠性、适应性等方面具有优势。

图 3-66　外挂式电控单体泵

(1) 成本优势。单体泵主要由柱塞和柱塞套构成，本身不带凸轮轴，制造工艺相对简单而使制造成本降低。由于单体泵与喷油嘴的位置相互独立，单体泵在发动机上安装布置较为便利，对发动机的主体结构改动较小，若采用外挂凸轮轴箱的安装形式，几乎不用对原发动机的机械结构进行改动，只需将机械式喷油器改为电控喷油器即可形成电控单体泵燃油喷射系统，因而电控单体泵燃油喷射系统还具有改造性好的优势，能较大幅度地降低发动机的改装成本。

(2) 可靠性优势。电控单体泵由于分列泵的特点，泵体具有很好的刚度，驱动凸轮和轴承等受力较大的部件，都有一定的空间进行加强，其能承受住很高的泵端压力，并且单体泵在使用过程中，可以保证排放水平和燃油消耗率水平。电控单体泵非常强化和可靠的使用性能和寿命，不仅在国外已得到了 10~15 年的实际使用时间、数百万辆整车使用的证明，而且仍在进一步得到提高。

(3) 适应性优势。电控单体泵的喷油压力目前可达到 200~250MPa，通过对单体泵驱动凸轮线型的合理设计，能实现较为理想的供油速率和供油规律；利用对高速电磁阀的控制，不仅可以对压力进行控制，而且能实现多次预喷射；单体泵精密零件少，对燃油清洁度要求不高，具有较好油品质量适应性。

(六) 电控共轨式燃油喷射系统

1. 电控共轨式燃油喷射系统的基本组成及控制机理

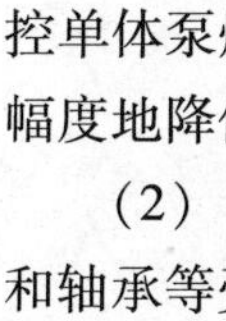

电控共轨式燃油喷射系统的基本组成及控制机理：

如图 3-67 所示，电控共轨式燃油喷射系统由供油泵、压力传感器和 ECU 组成一个闭环系统，由供油泵将高压（或中压）燃油输送到公共容器（共轨）中消除压力脉动后，再分送至各喷油器，通过对油轨内的油压实施精确控制，使油管压力大小与发动机的转速无关，以克服传统柴油机的缺陷；由电子执行单元根据电控单元发出的控制指令控制喷油器的燃油喷射过程，以实现喷油量、喷油压力、喷油定时、喷油速率等的柔性控制，获得较理想的喷油规律，从而保证柴油机达到最佳的燃烧比和良好的雾化，以及最佳的着火时间和最少的污染排放。

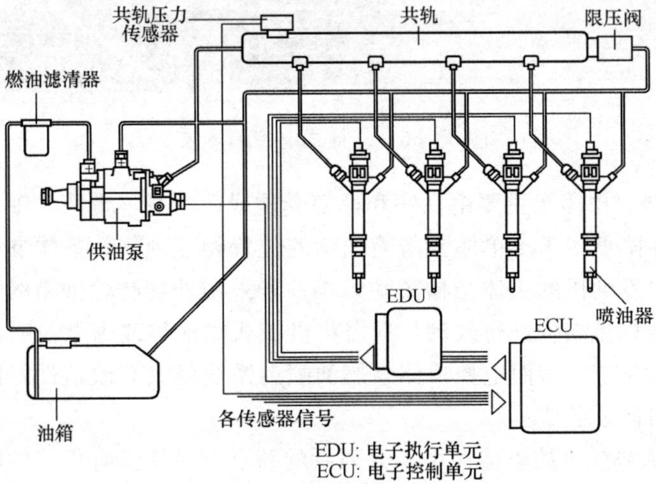

图 3－67 电控共轨式燃油喷射系统

小贴士：

电控共轨式燃油喷射系统在喷油量的控制中，保持喷油压力一定，通过控制喷油时间来控制喷油量，称为“时间—压力控制”方式；保持喷油时间一定，通过控制喷油压力来控制喷油量，称为“压力控制”方式。

2. 电控共轨式燃油喷射系统的类型

电控共轨式燃油喷射系统的类型：

按共轨中的油压大小进行分类，通常可分为高压共轨和中压共轨两种；按控制喷油器喷油的执行元件分类，可分为电磁阀式和压电式两种。

3. 典型电控共轨式燃油喷射系统

（1）电控高压共轨燃油喷射系统。

1）电控高压共轨燃油喷射系统的组成及其工作原理如图 3－68 所示。

高压共轨系统主要由油箱、高压泵、共轨、喷油器、电控制单元及电子元件等组成。

高压供油泵从油箱中吸出柴油并将油压提高到 120MPa 后输送入共轨，为保证供油，高压泵的供油量一般是实际喷油量的几倍，多余的燃油经回油管流回油箱。在高压供油泵的出口端装有压力控制阀，ECU 根据由传感器输送来的反映发动机实际工况的信号（如加速踏板位置信号、发动机转速信号），通过对高压泵输送油量的控制，实现对共轨中油压的控制，以保证供油压力稳定在目标值，使喷油压差保持不变。ECU 根据共轨压力传感器信号对共轨中的油压进行闭环控制。

ECU 通过控制高速电磁阀的开闭，实现对喷油器喷油时刻和喷油持续时间的时间控制。柴油机高压共轨系统中所采用的喷油器均为电/液控制式喷油器，液压伺服机构工作油液即是共轨中的高压柴油。

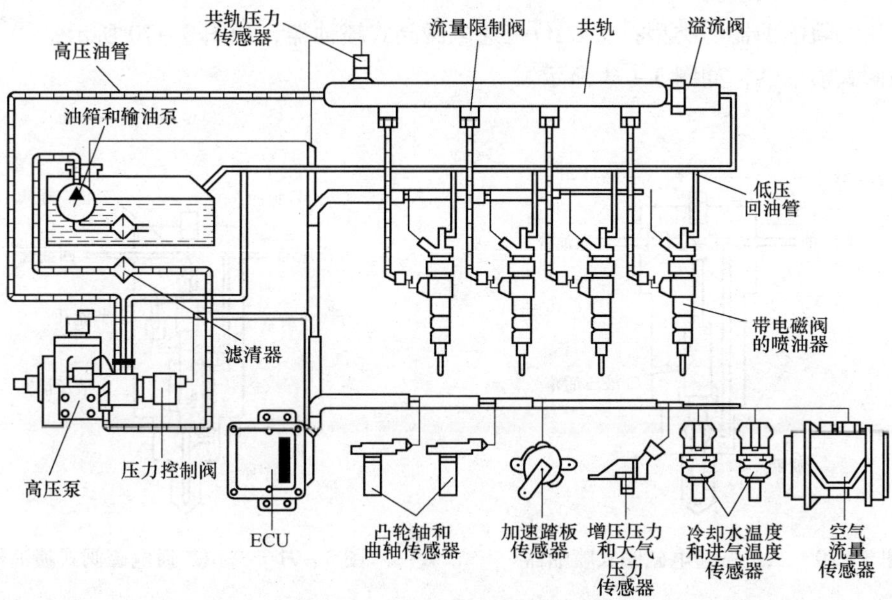

图 3－68　电控高压共轨燃油喷射系统

2）高压共轨式燃油喷射系统在发动机上的安装位置，如图 3－69 所示。

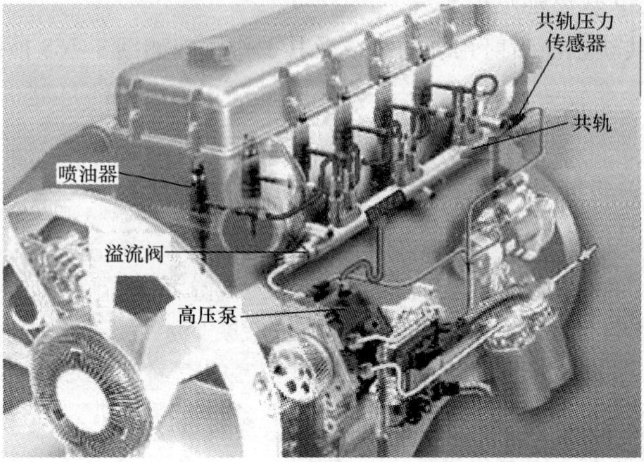

图 3－69　高压共轨式燃油喷射系统在发动机上的安装位置

3）高压共轨喷油器功能。受 ECU 信号的控制向气缸喷射柴油，通过电触发喷油器控制喷油始点和喷油数量。

高压共轨喷油器的类型：① 二位三通电磁阀式喷油器，如图 3－70 所示；② 二位二通电磁阀式喷油器，如图 3－71 所示。

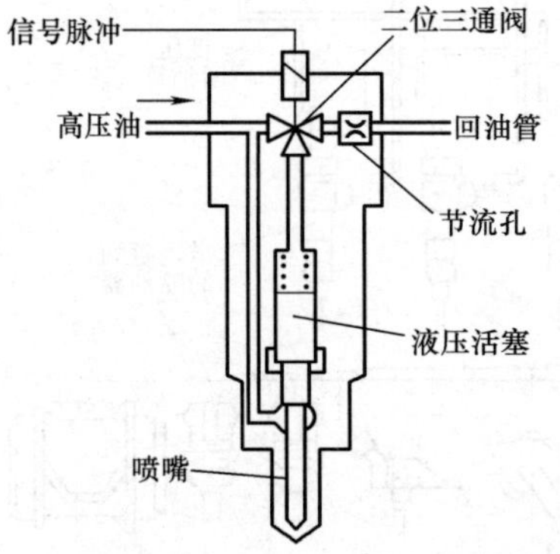

图 3－70　二位三通电磁阀式喷油器

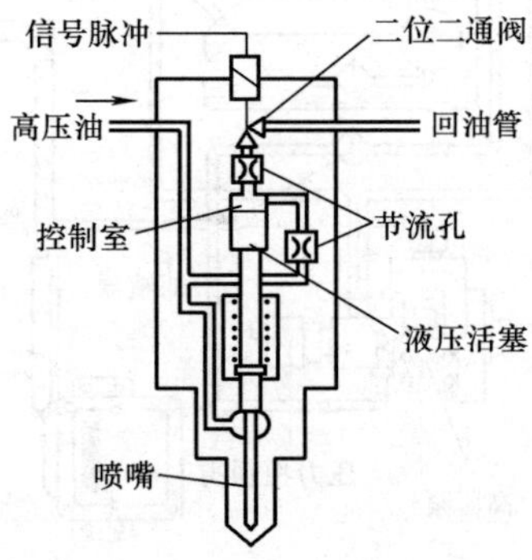

图 3－71　二位二通电磁阀式喷油器

a）二位三通电磁阀式喷油器工作原理，如图 3－72～图 3－75 所示。

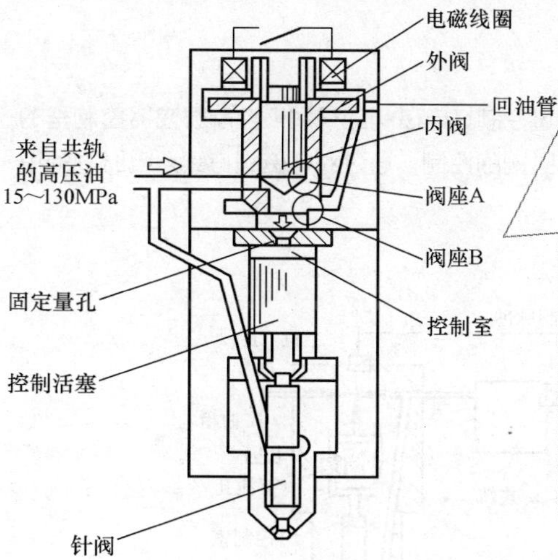

二位三通电磁阀安装在喷油器顶部，其主要由阀体、内阀、外阀、电磁线圈组成。内阀和电磁线圈固定在阀体上；套装在内阀上的外阀与电磁阀的电枢做成一体，并可在轴向力的作用下作上下移动。来自共轨的高压油进入喷油器进油道分为两路，一路直接进入针阀的承压锥面，而另一路经过内阀可进入控制室。

当电磁阀断电，不再产生电磁力，外阀受其复位弹簧力的作用而被推向下端极限位置，压紧阀座B使控制室的回油通道关闭，内阀离开阀座而将进油管与控制室连通，使共轨的高压油进入控制室。此时针阀顶端受到控制室高压油压及外阀复位弹簧力的合力的作用，针阀不能提升，喷油器处于不喷油状态

图 3－72　喷油器电磁阀断电不喷油状态

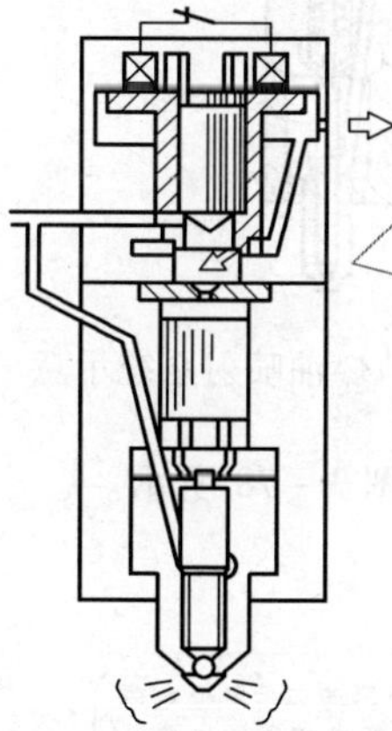

当ECU发出控制信号使电磁阀通电，电磁阀产生电磁力将外阀向上吸拉，外阀离开阀座B使控制室的回油通道开启，内阀压紧阀座A使控制室的进油通道关闭，则控制室因回油而使油压迅速下降，此时针阀顶端所受作用力下降，针阀则能在其承压锥面高压油的作用下向上提升，喷油器开始喷油

图 3－73　喷油器电磁阀通电喷油状态

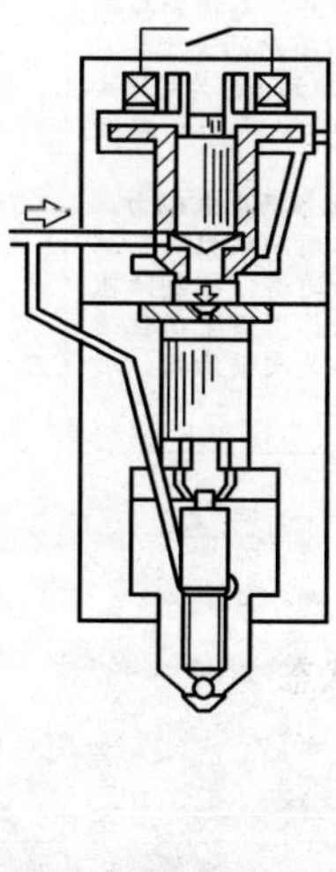

喷油器在喷油过程中，当电磁阀断电，电磁力消失，外阀受复位弹簧力的作用又被推向下端极限位置，使控制室的回油通道关闭，进油道开启，共轨的高压油迅速流入控制室，针阀被迅速压向针阀座而关闭喷油孔，喷油器结束喷油

图 3－74　喷油器喷油结束状态

对于二位三通电磁阀式喷油器，ECU是通过控制其电磁阀的开闭来控制喷油器控制室的油压，实现对喷油器喷油开始时刻和停止喷油时刻的控制；通过对电磁阀持续通电时间的控制实现对喷油器喷油量的控制。

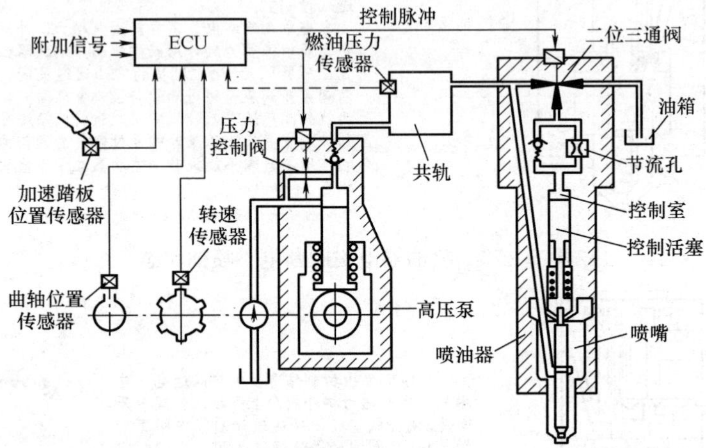

图3－75　一种带二位三通阀喷油器的电控高压共轨燃油喷射系统示意

b）二位二通电磁阀式喷油器工作原理，如图3－76～图3－78所示。

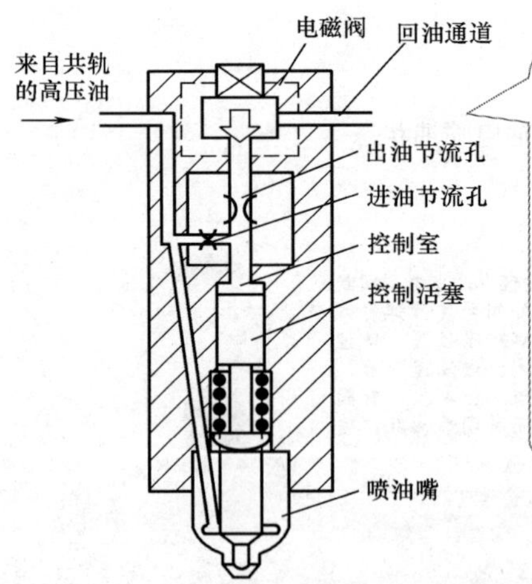

二位二通电磁阀式喷油器与二位三通电磁阀式喷油器的结构及原理基本相同，主要区别是：二位二通电磁阀式喷油器的电磁阀只控制喷油器控制室的回油通道，不控制控制室的进油通道，并在进油道设有进油节流孔。来自共轨的高压油进入喷油器进油道分为两路，一路直接进入针阀的承压锥面，而另一路经节流孔进入控制室。

当电磁阀断电时，电磁阀不产生电磁力，电磁阀心受复位弹簧力的作用而被推向下端极限位置，关闭控制室回油通道，控制活塞在顶端油压及其复位弹簧的作用下紧压住喷油器针阀，使其不能提升而关闭喷油孔，喷油器不喷油

图3－76　电磁阀断电喷油器不喷油状态

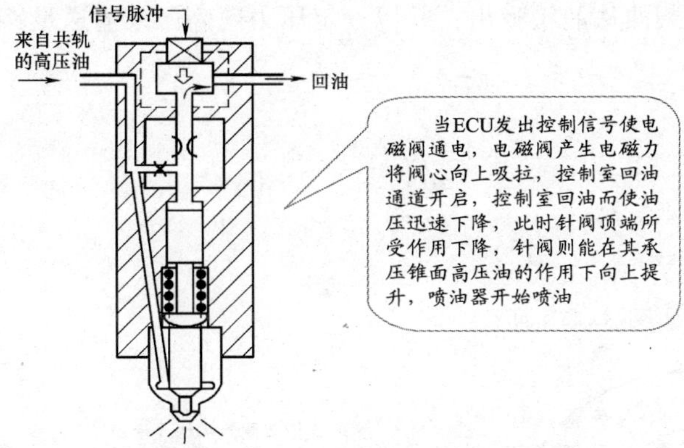

图 3－77　电磁阀通电喷油器喷油状态

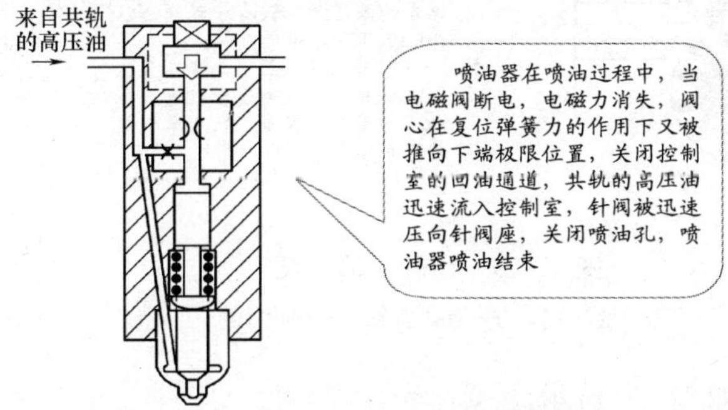

图 3－78　喷油器喷油结束

对于二位二通电磁阀式喷油器，ECU 控制电磁阀的目的和二位三通阀喷油器相同，均是为了通过对喷油器控制室油压的控制，实现对喷油器喷油开始时刻、停止喷油时刻及喷油量的控制，它们只是在电磁阀控制控制室油压的途径上有所区别。二位三通电磁阀对喷油器控制室进油通道和回油道均进行控制；而二位二通电磁阀，只控制回油通道，不控制进油通道。

与二位三通阀相比，二位二通电磁阀具有控制灵活性好、制造成本低的优点，但在循环油量较大时存在效率较低的缺点。

特别提示：

（1）在二位二通电磁阀式喷油器中设回油节流孔，是为了控制控制室回油时的油压下降速度，减缓针阀提升速度，以实现控制喷油规律的目的，满足发动机对喷油规律“先缓后急”的要求。

（2）二位二通电磁阀式喷油器中的进油节流孔比回油节流孔小，是为了使喷油器控制室在回油时能实现降压，从而使喷油器开启喷孔喷油。

4）输油泵功能。将柴油从油箱吸出，并以一定压力向高压泵输送足够量的柴油。

在共轨燃油喷射系统中，输油泵一般有两种类型：

（1）齿轮式输油泵。

（2）滚柱式输油泵。

a）齿轮式输油泵，如图3－79所示。

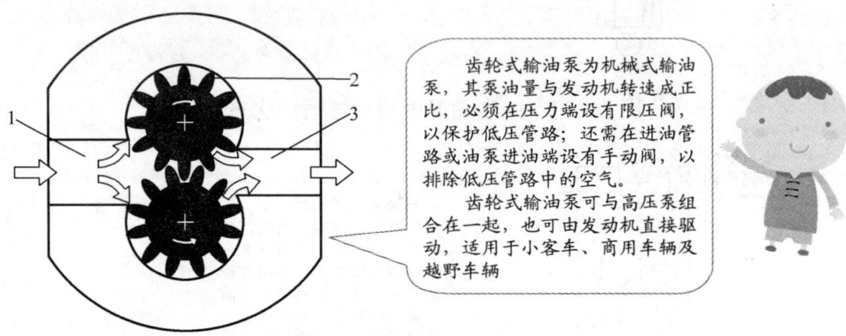

图3－79　齿轮式输油泵

1—吸油侧；2—驱动齿轮；3—压力侧

b）滚柱式输油泵，如3－80所示。

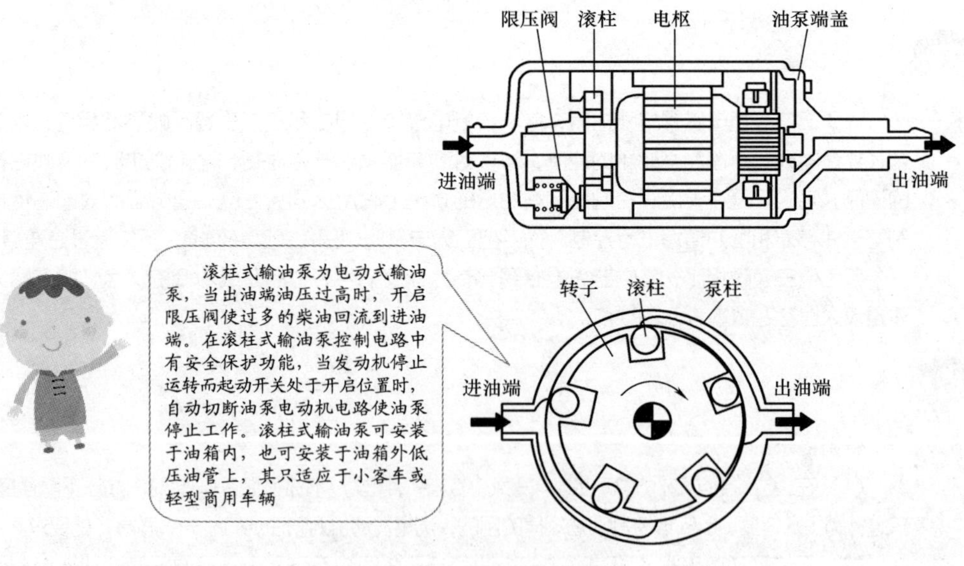

图3－80　滚柱式输油泵

5）高压泵功能。将输油泵输送来的低压柴油进一步加压至共轨供油压力，并向共轨提供足够量的高压柴油。

在共轨燃油喷射系统中，高压泵一般有两种类型：

（1）直列柱塞式高压泵，其按驱动凸轮上的凸起数量又可分为单作用型、双作用型、三作用型和四作用型等多种形式。

（2）径向柱塞式高压泵。

a）直列柱塞式高压泵（以三作用型凸轮的直列柱塞泵为例），如图 3－81、图 3－82 所示。

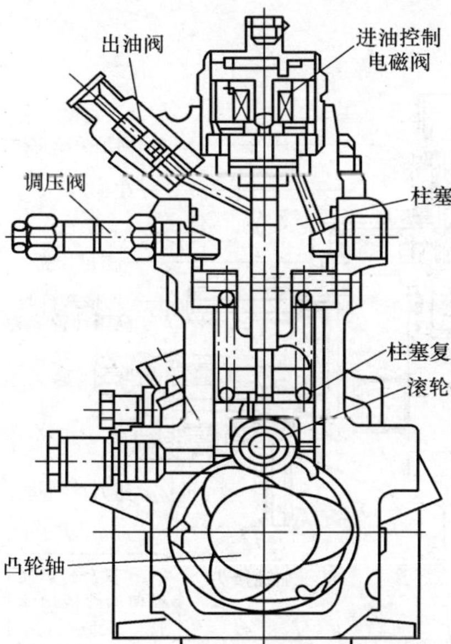

直列柱塞式高压泵通常由多个分泵组成，分泵的结构与直列式柱塞泵基本相同。在三作用型直列柱塞式高压泵的每个凸轮上有三个凸起，凸轮轴每转一周，每个凸轮上的三个凸起轮流驱动柱塞压油，每个柱塞分泵可完成三个泵油过程。在每个柱塞分泵的进油口处都安装有进油控制电磁阀，用来控制分泵供油正时和供油量。在柱塞吸油行程时，进油控制电磁阀处于断电开启状态，低压燃油经进油电磁阀被吸入柱塞泵油腔；在柱塞压油行程初期，电磁阀因断电开启，泵油腔燃油能回流至低压油道而不能建立起高压，只有当ECU对电磁阀发出控制信号使电磁阀通电并关闭回油通道，泵油腔内油压迅速提升，推开出油阀将高压油输送给共轨，一旦ECU使电磁阀断电则泵油行程停止。

高压泵采用发动机润滑油进行强制润滑，无需维护。直列柱塞式高压泵通常被应用于供油量要求较大的大型柴油机上

图 3－81　直列柱塞式高压泵

小贴士：

为保证共轨中压力的稳定，使高压泵的供油频率与喷油频率一致，直列柱塞式高压油泵分泵的数量、凸轮的凸起数量应与发动机的汽缸数相匹配。如六缸柴油机的喷油频率为每工作循环六次，若采用单作用型凸轮时应匹配六个分泵，若采用双作用型凸轮时应匹配三个分泵，若采用三作用型凸轮时，则应匹配两个分泵。

电磁阀通电开启时间越迟，柱塞的预行程越大，则供油时刻越迟，供油量越少，反之亦然。进油电磁阀通电关闭时刻即为高压泵的供油开始时刻，进油电磁阀通电关闭的持续时间决定着供油量

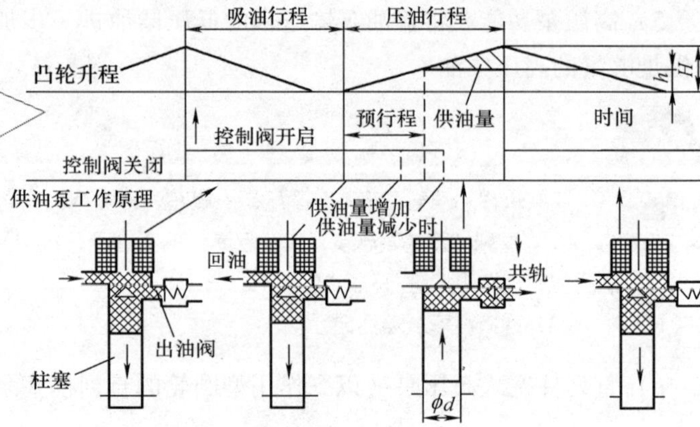

图 3－82　直列柱塞式油泵工作原理

b）径向柱塞式高压泵，如图 3－83～图 3－85 所示。

在发动机怠速或小负荷工作时，高压油泵柱塞的连续泵油会使泵油量过大，大量多余的燃油将经调压阀流回油箱，将导致柱塞压缩能量的损失和油温的上升，此时给回油关断电磁阀通电，安装在其电枢上的销子则能将进油阀打开，使柱塞泵油腔始终与低压油路保持相通，使泵油腔不能建立起高压，暂时停止高压油的供给。ECU通过控制回油关断电磁阀的工作能使高压泵在发动机低负荷时不再连续泵油，处于间隙供油状态，以减少功率损失

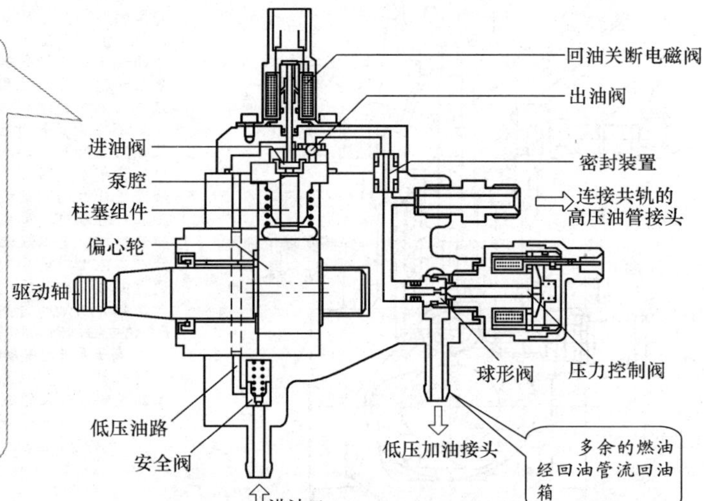

图 3－83　径向柱塞式高压油泵纵向结构图

径向柱塞式高压泵结构及其基本工作原理：

高压泵上有三套柱塞组件，由偏心轮驱动，偏心轮上的三个凸起在相位上互成 120°，使三个柱塞能同时吸油和泵油，偏心轮由发动机曲轴驱动。径向柱塞式高压泵的工作原理与直列式高压泵基本相同，泵油过程也分吸油和压油两个过程。

输油泵将燃油输送至高压泵，燃油经安全阀中的节流孔进入高压泵的润滑和冷却系统。当燃油压力达到安全阀的开启压力（0. 05～0. 15MPa）时，输油泵输送来的燃油将能被输送

至进油阀，此时若柱塞下行，燃油经进油阀进入至柱塞的泵油腔，实现充油过程；当柱塞上行时，进油阀关闭，泵油腔建立起高压，当油压高于共轨中的油压时，出油阀被打开，泵油腔中的高压油在压力控制阀的控制下进入共轨。

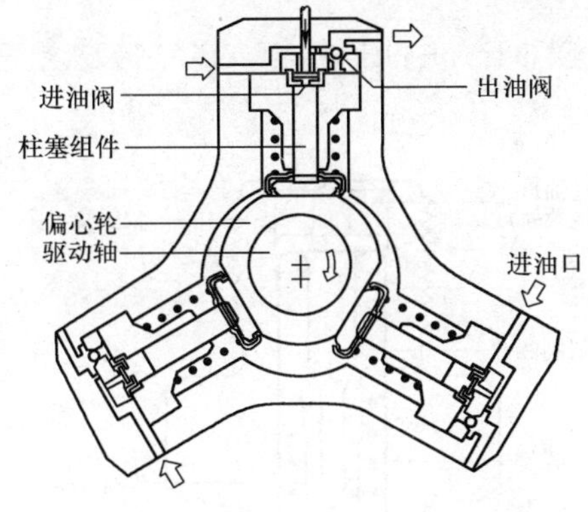

图 3－84　径向柱塞式高压油泵横向结构图

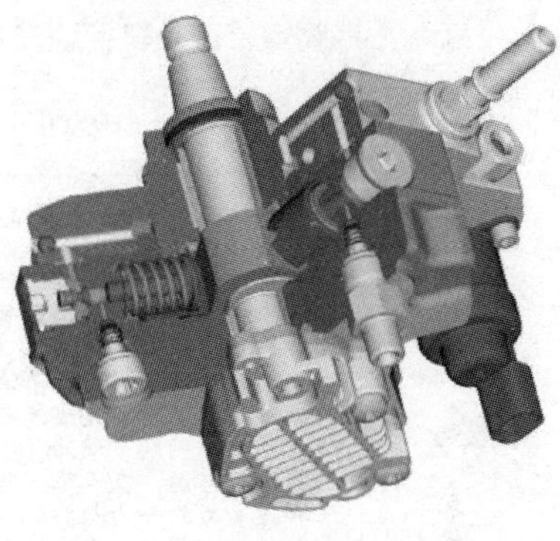

图 3－85　径向柱塞式高压油泵实物解剖图

6）压力控制阀如图 3－86 所示，其功能为：根据 ECU 的指令实现对共轨压力的闭环控制，以保持共轨中压力的正确和恒定。

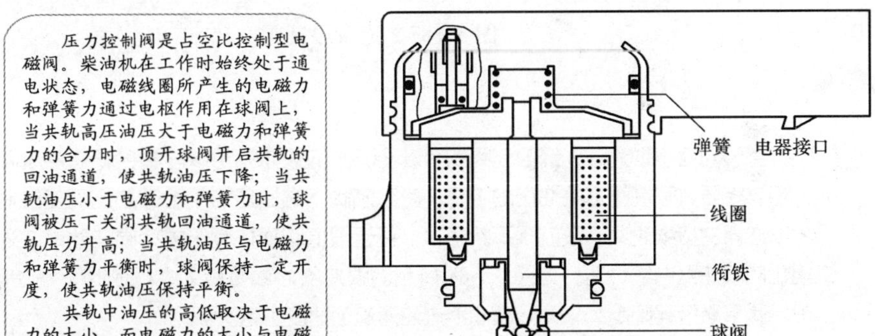

图 3－86　压力控制阀

特别提示：

在压力控制阀不通电或电磁阀通电占空比保持恒定时，其功能相当于限压阀。

7）流量限制阀如图 3－87 所示，其功用为：喷油器处于持续永久开启的异常状况下，为防止喷油器的连续喷射，当共轨输出的油量达到一定限值时，流量限制阀则将关闭该喷油器的供油通道。

特别提示：

流量限制阀安装在共轨与喷油器之间，每个喷油器的进油通道中都安装有一只流量限制阀。

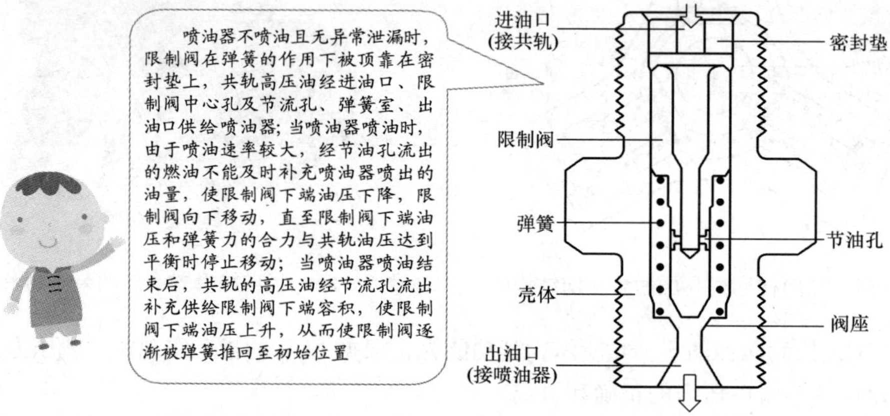

图 3－87　流量限制阀

当喷油器出现泄漏，经限制阀的节流孔流出的柴油不足以能补偿喷油器所喷出或流失的油量，将导致限制阀下端油压的下降，使限制阀下端油压小于上端油压而使限制阀下移，随着喷油器的持续泄漏，限制阀不断下移，直至限值阀顶住阀座关闭喷油器进油通道为止，以阻止向喷油器供给燃油，如图 3－88 所示。喷油器泄漏量越大，限制阀下端油压下降越快，限制阀下移行程则越大，关闭喷油器进油通道的速度也越快。

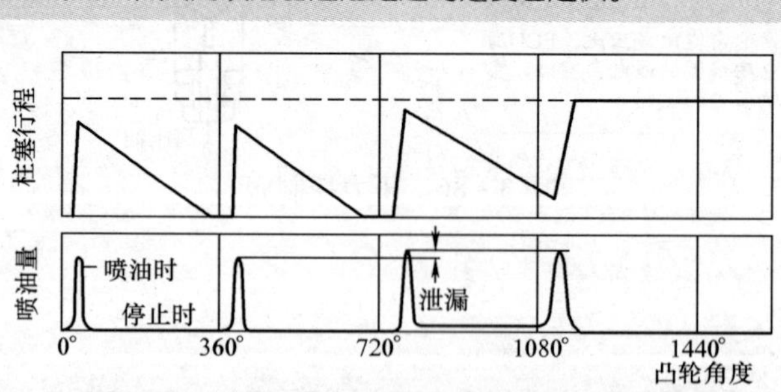

图 3－88　喷油器泄漏时流量限制器工作特性

8）共轨（见图3－89、图3－90）功能：储存高压燃油，起储压器作用，并根据需要将高压油分配给各喷油器。

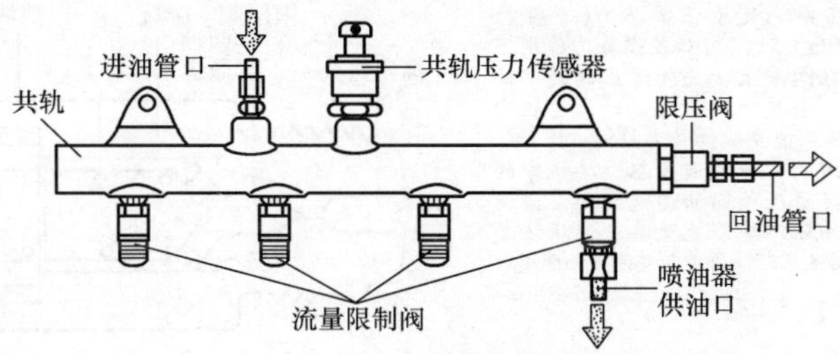

图3－89　共轨结构图

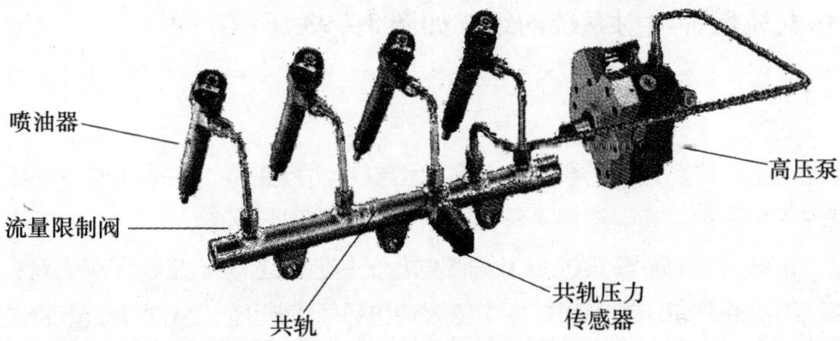

图3－90　共轨实物图

9）共轨压力传感器如图3－91所示，其功能为：检测共轨中的压力变化，并将压力信号转变为电压信号输送给ECU。

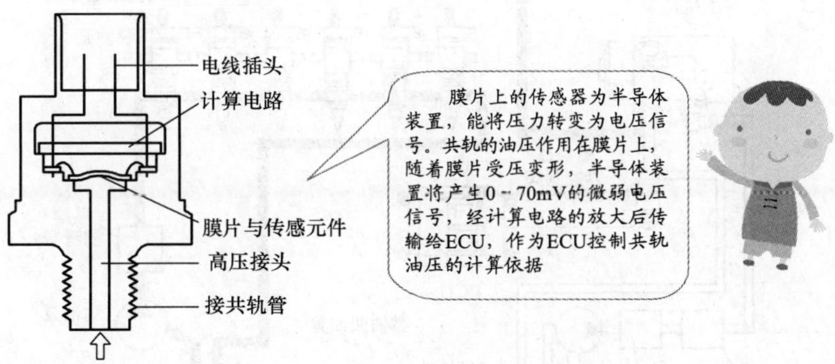

图3－91　共轨压力传感器的结构

10）限压阀如图3－92所示，其功能为：通过开启共轨旁通道以限值共轨中的最大油压。限压阀允许共轨内短时间的最大压力为150MPa。

限压阀的高压接头与共轨相连，在共轨处于正常压力（一般约135MPa）时，阀心在弹簧力作用下紧压在阀座上，关闭限压阀的回油通道；当共轨压力过高时，共轨中的油压则能克服弹簧力将阀心推开，限压阀的回油通道开启，共轨中的柴油经限压阀回油通道回油，促使共轨油压下降，直至共轨油压恢复至正常油压后，再重新关闭回油通道

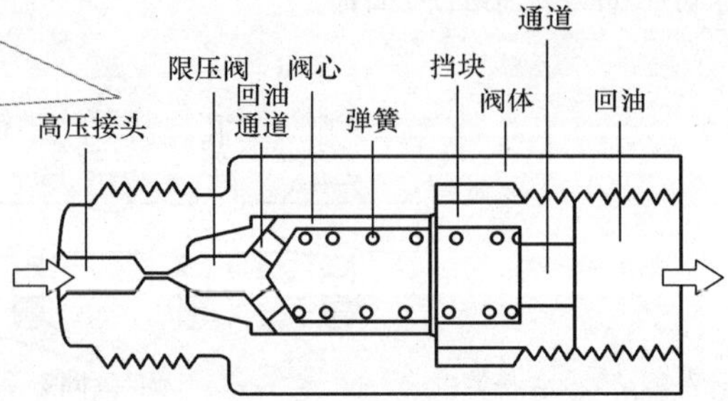

图3－92　限压阀的结构

（2）电控中压共轨燃油喷射系统。

1）电控中压共轨燃油喷射系统的组成如图3－93所示。

在电控中压共轨燃油喷射系统中有燃油和机油两套油路，主要由燃油供给系统、机油压力调节系统和高压燃油喷射装置（整体式喷油器）三部分组成。

中压共轨燃油喷射系统通过ECU对喷射压力控制阀的闭环控制来实现对机油共轨油压的控制，并利用机油共轨压力对喷油器中的燃油进行二次加压，从而实现燃油喷射压力的“压力控制”；ECU通过对高速电磁阀的控制，实现对喷油量的时间控制。

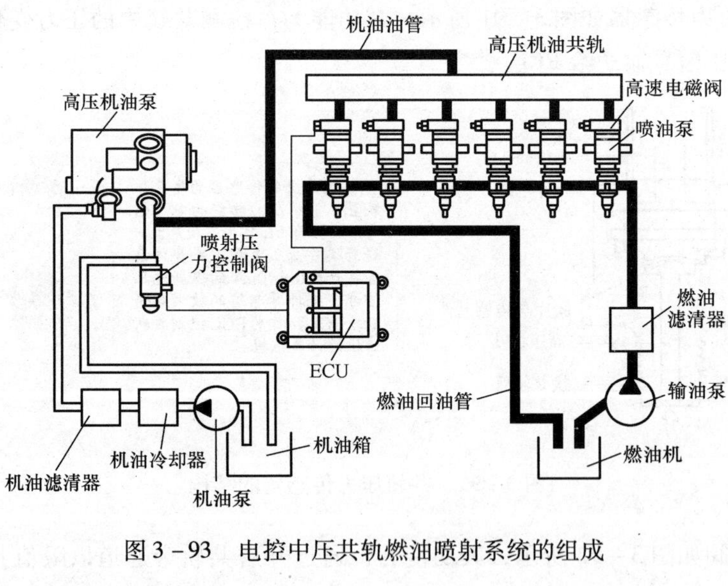

图3－93　电控中压共轨燃油喷射系统的组成

2）电控中压共轨燃油喷射系统的燃油供给系统，如图 3－94 所示。

电控中压共轨燃油喷射系统的燃油供给系统主要由主、次滤清器、柴油输油泵、柴油共轨、柴油压力调节器等组成。

柴油输油泵由发动机凸轮轴驱动，将油箱中的柴油吸出，并经次滤清器和主滤清器的过滤后，以一定油压（200～250kPa）泵至柴油共轨内，由柴油共轨将柴油送入各喷油器的储油囊内，待命二次加压后从喷油器喷出。柴油共轨的压力由柴油压力调节器进行调节控制。

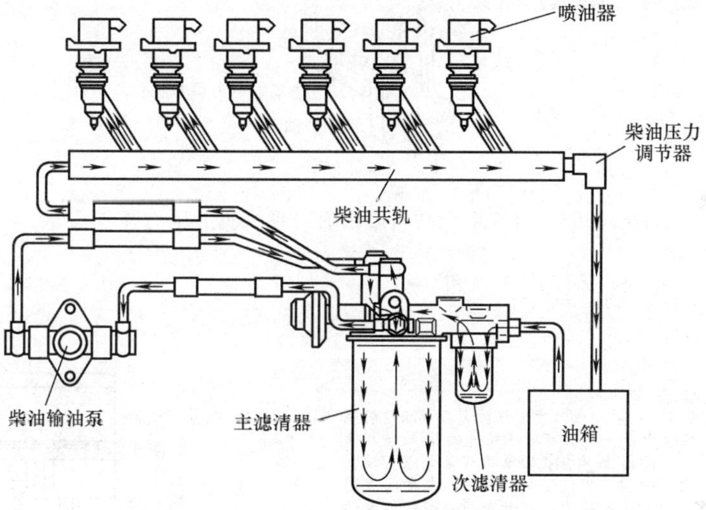

图 3－94　电控中压共轨燃油喷射系统的燃油供给系统

3）电控中压共轨燃油喷射系统机油压力调节系统，如图 3－95 所示。

电控中压共轨燃油喷射系统的机油压力调节系统主要由高压机油泵、机油压力传感器、喷射压力调节阀、机油共轨等组成。

高压机油泵由发动机曲轴驱动，其将来自发动机主油道的机油增压至约 20MPa 后，泵送至机油共轨，以作为对喷油器燃油进行二次加压的动力源。ECU 根据机油压力传感器的反馈信号通过喷射压力调节阀对机油共轨的实际压力进行闭环控制。

4）电控中压共轨燃油喷射系统的高压燃油喷射装置如图 3－96 所示，工作过程如图 3－97 所示。

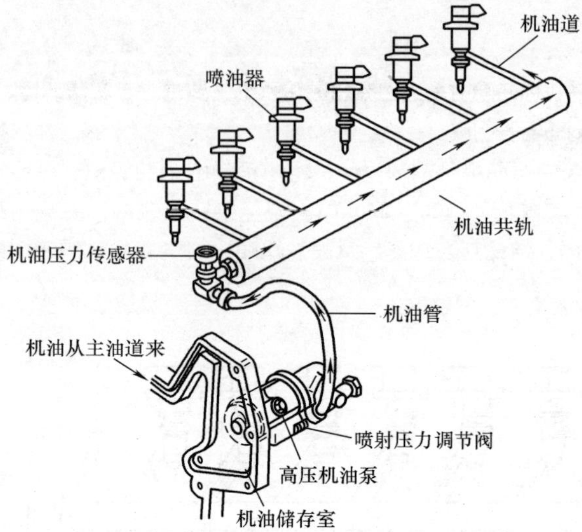

图 3－95　电控中压共轨燃油喷射系统机油压力调节系统

电控中压共轨燃油喷射系统高压燃油喷射装置，实质上是一种具有增压功能的电/液控制喷油器。喷油器上部安装的电磁阀是受ECU控制的三通电磁阀。当电磁阀断电时，电磁阀线圈不产生向上的电磁力，提升阀在其回位弹簧的作用下压紧密封座A而离开密封座B；当电磁阀通电时，电磁阀线圈产生向上的电磁吸力，将与衔铁成一体的提升阀向上吸起，提升阀离开密封座A而压紧密封座B。

密封座A的开闭，用来控制高压机油共轨中与增压油腔间通道的开闭；密封座B的开闭，用来控制增压油腔与机油回油孔间通道的开闭

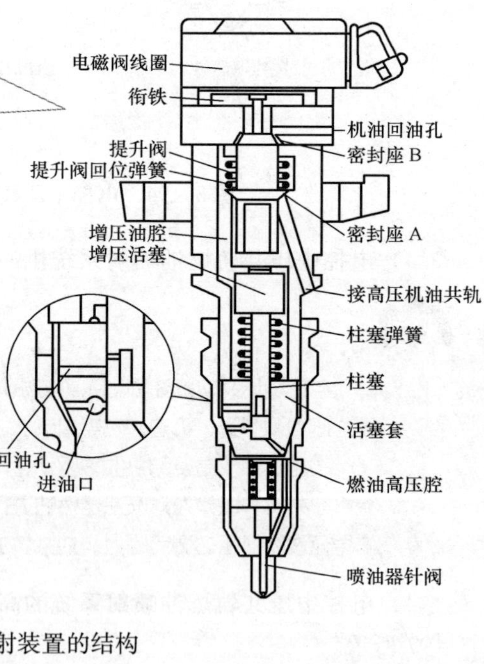

图 3－96　高压燃油喷射装置的结构

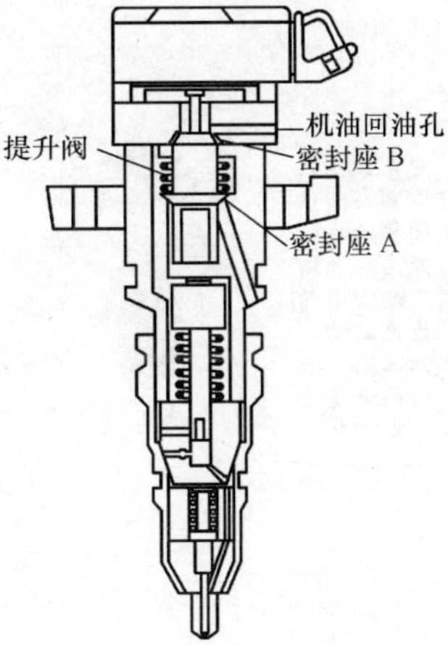

(a)

电磁阀不通电时，电磁线圈对衔铁不产生向上的电磁吸力，提升阀在回位弹簧的作用下被压向最下端位置，提升阀压紧密封座A而离开密封座B。此时，机油共轨与增压油腔间的通道被切断，机油共轨的中压机油不能进入增压油腔，柱塞下方的低压柴油因未增压而不能使针阀提升，喷油器处于不喷油状态

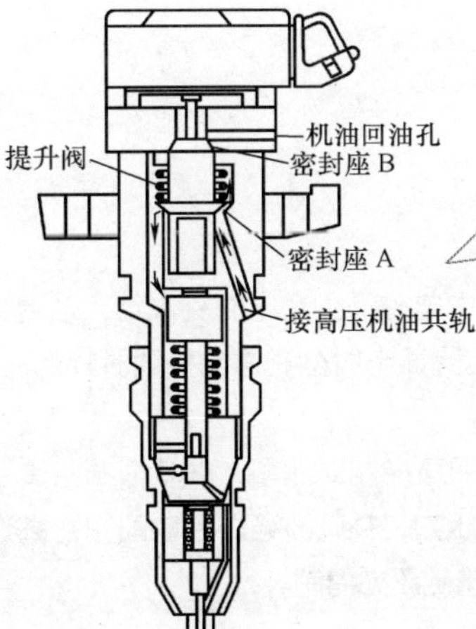

(b)

电磁阀通电时，电磁线圈产生电磁力将提升阀向上吸拉，使提升阀上移紧压在密封座B，将机油回油通道切断，与此同时，随提升阀的上移而离开密封座A，使机油共轨与增压油腔间的通道开启，使机油共轨中的中压机油进入增压油腔，由于增压活塞上方的面积大于柱塞下方的面积，利用液力放大原理，中压机油作用在增压活塞上方的压力将在柱塞下方被放大（放大10~16倍），则柱塞下方的低压柴油被迅速高压化，将喷油器针阀开启，喷油器开始喷油

图 3－97　高压燃油喷射装置工作过程（一）

（a）电磁阀断电，喷油器不喷油；（b）电磁阀通电，喷油器喷油

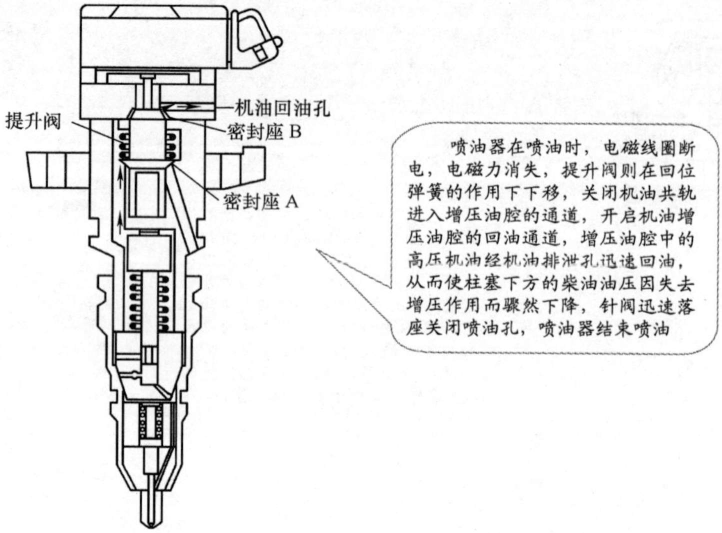

(c)

图 3－97　高压燃油喷射装置工作过程（二）

（c）喷油器结束喷油

5）电控中压共轨燃油喷射系统喷油量的控制。

在电控中压共轨燃油喷射系统中，喷油器何时喷油由电磁阀的通电时刻决定，电磁阀通电时间长短决定喷油器的喷油量。因此通过 ECU 对电磁阀通电时刻和通电持续时间的控制，可实现对喷油量的时间控制。

当喷油器喷孔一定，喷油时间一定，控制喷油压力即可控制喷油量，ECU 根据各传感器反馈信号对喷射压力调节阀进行控制，以调节机油共轨压力，并同时通过控制喷油器高速电磁阀工作，使喷油持续时间保持不变，则可实现对喷油量的压力控制。

（3）压电式共轨燃油喷射系统。

1）压电式共轨燃油喷射系统的结构特点如图 3－98、图 3－99 所示。

压电式共轨燃油喷射系统的结构特点：

（1）以电控高压（或中压）共轨燃油喷射系统为基础改造而成；

（2）用压电元件取代控制喷油器的电磁阀，喷油器采用压电式喷油器。

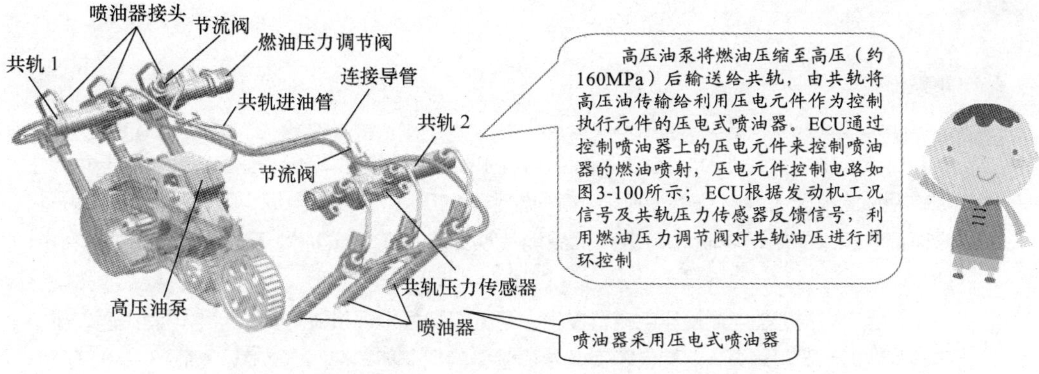

图 3－98　压电式共轨燃油喷射系统的结构组成

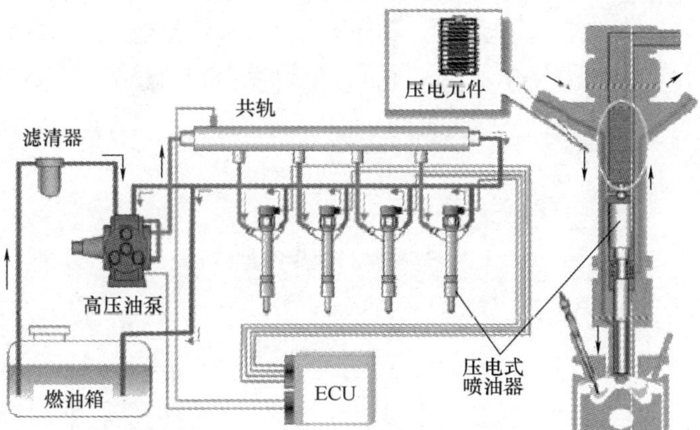

图 3－99　压电共轨燃油喷射系统控制原理

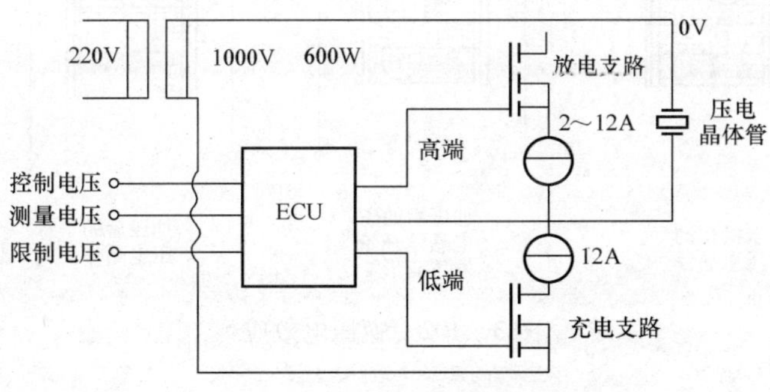

图 3－100　压电晶体的控制电路

小贴士：

压电元件的压电效应与逆压电效应。

当压电材料受到外力而发生变形时，其内部则出现极化现象，在材料的两个表面产生极性相反的电荷（受力方向改变，电荷极性也随着改变），形成电场，则当外力消失后，它又回复到原来的不带电状态，这种机械能转换为电能的现象称为压电效应，如图 3－101 所示。

在压电材料施加电场使压电材料极化，则材料则会出现机械变形，当电场消失后，压电材料的变形也随之消失，这种电能转换为机械能的现象称为逆压电效应，如图 3－102 所示。压电式喷油器正是利用了压电材料的逆压电效应，实现对喷油器的喷射控制。

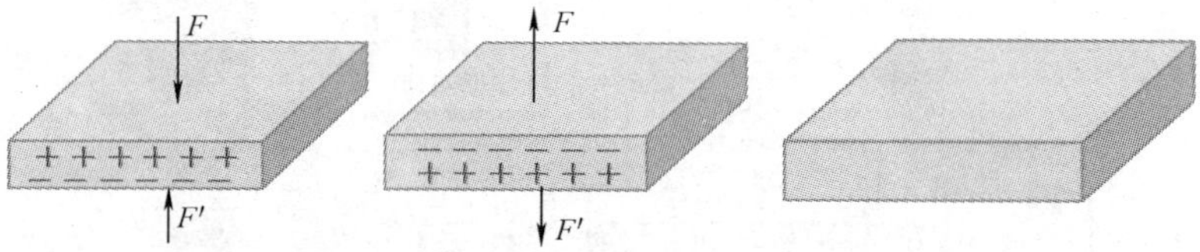

图 3－101　压电效应

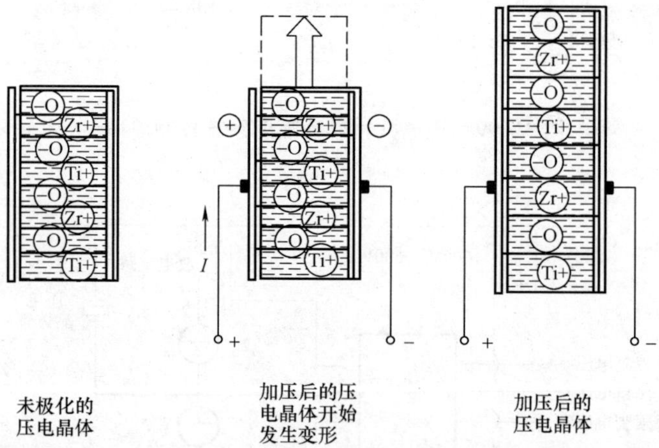

图 3－102　逆压电效应

2）压电式喷油器。

压电式喷油器的种类：

（1）用压电元件控制油道的喷油器；

（2）用压电元件控制针阀升程的喷油器。

a）用压电元件控制油道的喷油器，如图 3－103 所示。

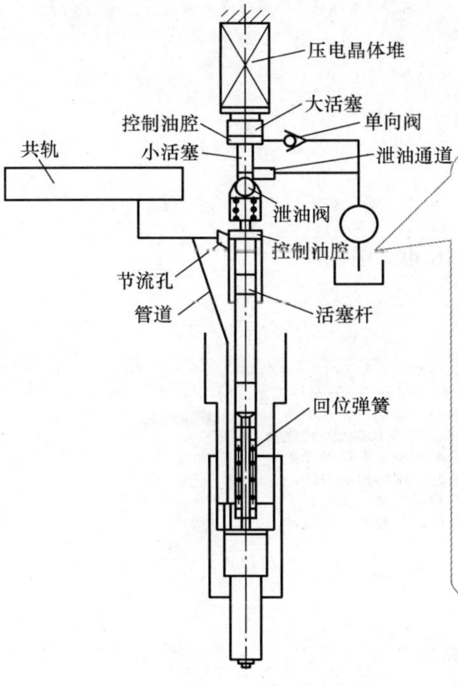

当压电晶体不通电时，共轨高压油一路通过管道针阀储油腔；另一路通过节流孔进入控制油腔，泄油阀在高压油及弹簧的作用下被关闭，将共轨高压油封闭在控制油腔内。此时由于针阀承受着共轨高压油压力与针阀回位弹簧力的合力作用，使针阀储油腔中的高压油不能将针阀向上提升，针阀关闭喷油器喷孔而处于不喷油状态。

当ECU给压电晶体通电后，压电晶体产生变形，使压电晶体堆拉长，推动喷油器大活塞下移，使由低压输油泵经单向阀送入控制油腔内的燃油压力增压，将单向阀关闭，增压后的燃油推动小活塞下移使泄油阀开启，从而使经节流孔进入控制油腔的共轨高压油进行泄油，由于泄油孔远大于节流孔的孔径，使活塞杆上方的油压迅速下降，喷油器针阀则在针阀储油腔共轨高压油的作用下开启喷孔，喷油器进行喷射燃油。压电晶体一旦断电收缩，大活塞向下推力消失，泄油阀则在回位弹簧作用下自动回位，泄流停止，活塞杆上端压力又迅速回复至共轨油压，喷油器针阀立即落座而停止喷油

图 3－103　压电式喷油器（控制油道）结构

用压电元件控制油道的喷油器的结构原理，与高压共轨、中压共轨燃油喷射系统中采用电磁阀控制的喷油器基本相同，只是用压电元件取代了电磁阀，所以该类型喷油器在柴油高压共轨喷射系统和柴油中压共轨燃油喷射系统中均可使用。Bosch 公司生产的压电式共轨燃油喷射系统一般采用此类型喷油器，如图 3－104 所示。

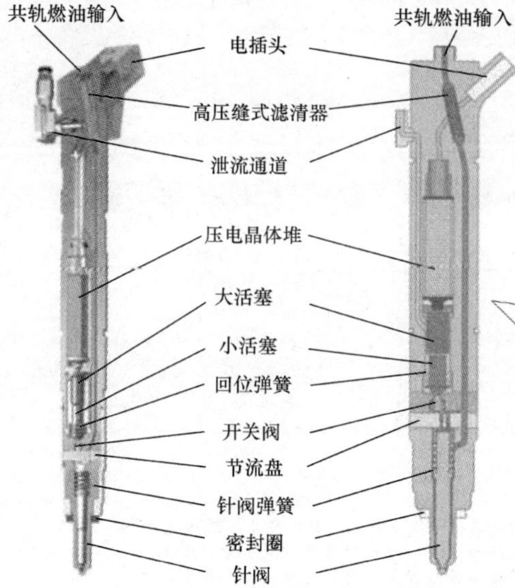

该喷油器按功能可分为驱动部分、连接部分、切换部分和喷嘴部分组成。

驱动部分主要由压电晶体堆组成，由ECU控制压电晶体堆的供电，以控制压电晶体堆的伸缩。

连接部分如图3-105所示，主要由大、小活塞组成，承担传递压电晶体驱动力的作用。

切换部分主要由开关阀和节流盘组成。主要作用是控制喷哟器针阀的工作状态，如图3-106所示。

喷嘴部分的结构及功能与普通喷油器相同

图 3－104　Bosch 公司采用的压电式喷油器

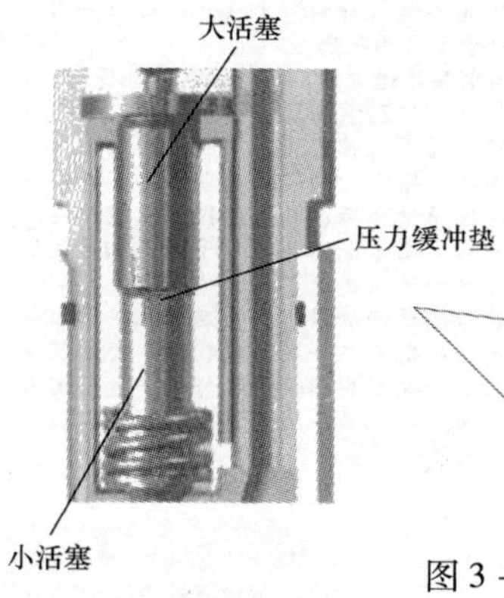

压电晶体堆不通电时，在小活塞的下端始终作用着1000kPa的燃油压力，使小活塞与其下端的开关阀保持分离状态，该燃油压力还同时作用在大小活塞之间，在大、小活塞进行压力传递时起到压力缓冲垫的作用

图 3－105　连接部分

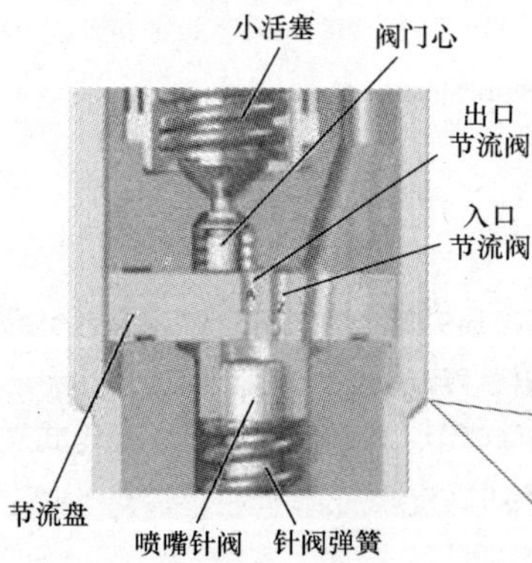

当压电晶体堆不通电时，共轨高压油经节流盘的入口节流阀进入针阀上部油腔，并使阀门心处于关闭状态，针阀上、下端均承受着共轨高压油的作用，针阀在其回位弹簧的作用下关闭喷孔，喷油器不喷油。

当压电晶体堆通电后，小活塞被向下推移而压缩其下端油腔，使小活塞下端油腔油压增大将阀门心开启，则针阀上端的共轨高压油则能通过出口节流阀、阀门心向燃油箱泄油，由于出口节流阀的孔径远大于入孔节流阀的孔径，使得针阀上端的油压急剧下降，喷嘴针阀在共轨高压油的作用下迅速抬离针阀座，开启喷孔，喷油器开始喷油

图 3－106　切换部分

b）用压电元件控制针阀升程的喷油器，如图 3－107 所示。

传统喷油器及柴油机共轨系统中利用压电元件控制油道的喷油器，都是利用燃油压力作用在针阀中部的承压锥面，使针阀提升开启喷孔实现喷油，喷油器中均需有一个存储高压油的压力室，这种喷油器通常又称为压力室喷油器；而用压电元件控制针阀升程的喷油器，由于是利用压电元件直接来控制针阀升程，喷油器针阀中部不需要承压锥面和相应的压力室，使用的喷油器是一种无压力室喷油器，即 VCO 喷油器。无压力室喷油器无增压功能，故它只适用于高压柴油共轨系统。

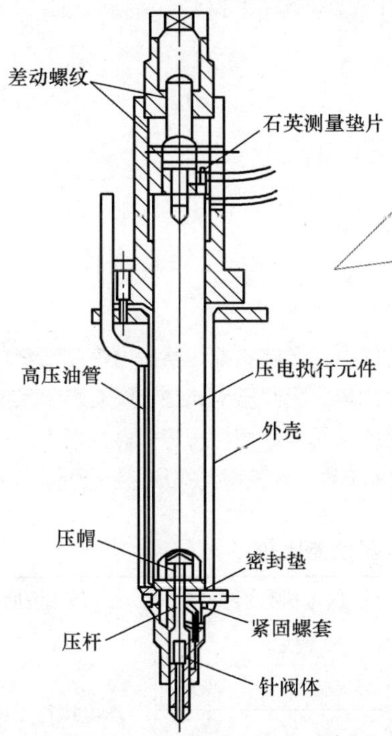

ECU通过对喷油器中压电元件输入电压信号的控制，使压电元件的长度发生改变，从而实现对喷油器针阀升程的控制。

如图3-108所示，当给压电元件施加正向电压时，压电元件膨胀伸长，通过压杆、压帽将针阀压紧在针阀座，关闭喷孔，则喷油器不喷油；当给压电元件施加反向电压时，压电元件收缩，将针阀向上提升，喷孔开启，喷油器开始喷油。

喷油器针阀的升程与压电元件的收缩量成正比，而压电元件的收缩量则与施加其上的反向电压成正比，因此通过控制施加在压电元件上反向电压的大小，可实现喷油器针阀升程的控制。

喷油器在不喷油时，若利用压电元件的刚度（即预紧度）将针阀可靠压紧，可避免给压电元件施加正向电压所带来电能损耗，在喷油器顶部设有差动螺纹，可通过差动螺纹对压电元件的刚度进行调整，石英测量垫片可精确测量差动螺纹的调整量

图 3－107　VOC 喷油器结构图

3）压电式共轨燃油喷射系统的喷油量控制。

压电式共轨系统采用压电元件控制油道的喷油器，可通过改变共轨中的油压和喷油器喷油时间，实现对喷油量的控制；压电式共轨系统采用压电元件控制针阀升程的喷油器，直接通过针阀改变喷油器喷孔有效流通面，实现对喷油量的控制，通过控制施加在压电元件上反向电压实现喷油量控制。

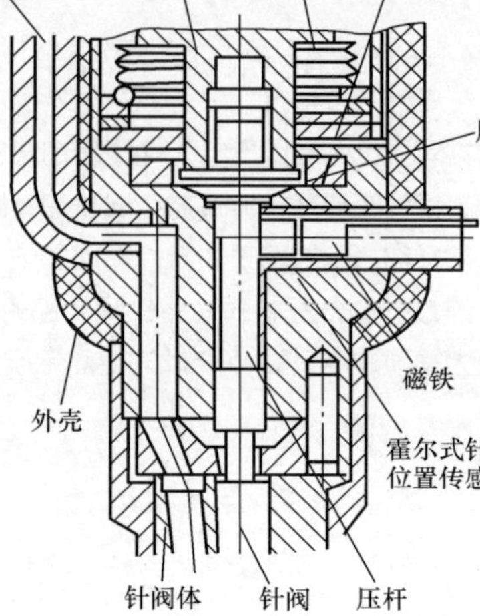

图 3－108　VOC 喷油器下部结构

4）压电式共轨燃油喷射系统的性能特点，见表 3－1。

喷油器压电执行器具有响应速度快，重复性高的优点，压电式喷油器通过控制可获得比电磁式喷油器小得多的最小喷油量，能实现多次喷射功能，因此压电式共轨燃油喷射系统具有喷射压力高、控制精度高、切换频率高、响应速度快、节能和寿命长等优点，可使喷油速率、喷油规律及精确度达到更优，能更好满足柴油机动力性、经济性和排放控制要求。

表 3－1　　喷油器电磁执行器与压电执行器性能比较

性能项目	电磁执行器	压电执行器	备注说明
开关时间	慢	快	压电执行器比电磁执行器快 30 倍以上
迟滞时间	长	短	
重复性	差	好	
能　耗	一般	少	
针阀升程可变的可能性	无	有	

4. 电控共轨柴油喷射系统的主要特点

（1）喷油压力柔性可调。对不同工况可采用最佳喷射压力，从而可以优化柴油机的综合性能；喷油压力不随转速改变，解决了传统喷射系统因低速时喷油压力下降而导致的低速转矩差和低速烟度大的缺陷。

（2）喷射压力高。可实现较高的喷射压力（120～170MPa），比普通的柱塞泵高出一倍。加上可独立柔性控制喷油正时和喷油量，可将排放和微粒控制在较小范围内。

（3）可柔性控制喷油规律。可实现灵活多样的喷油规律，喷油速率柔性化。既能保证优良的动力性、经济性，又可降低汽车排放。

（4）控制精度高。柴油机在运转范围内，喷油量的波动较小，各缸的不均匀得到较大改善，能有效减小柴油机的振动与有害排放，利于汽车驱动性能的改善。

第三节 柴油发动机的其他控制技术

一、柴油机的怠速控制

1. 柴油机怠速控制要求

发动机的怠速过低，容易引起发动机熄火，而怠速过高又将会增加发动机能耗，影响其燃油经济性，所以从节能的角度分析，应在确保发动机不熄火的前提下，尽可能地降低发动机的怠速。但从发动机排放的角度分析，柴油机在低的怠速运行，一氧化碳（CO）、碳氢化物（HC）和颗粒物（PM）等的排放量相对较高，柴油机的怠速转速又不能过低。因此，对于柴油机的怠速控制，不仅应考虑柴油机的排放要求，同时又要考虑到冷车运转，汽车空调、动力转向伺服机构等一些设备接入，以及自身性能状况的改变等因素对怠速的影响。这就要求柴油机应根据不同的控制目标，对怠速转速进行调节，并对破坏怠速稳定的各种影响作出快速反应。

这种控制要求，通过传统柴油机的机械控制方式是无法实现的，只有在电控发动机上利用电子控制的手段才能获得满足，控制柴油机的怠速使其保持在理想的目标转速。

2. 柴油机的怠速控制内容

柴油机怠速控制内容：

（1）怠速转速控制——使发动机的怠速转速维持在一定的稳定转速。

（2）怠速时各缸均匀性控制——控制发动机在同一工作循环中的各缸供油量差值，以保持怠速运转稳定，降低发动机振动。

3. 柴油机的怠速转速控制

柴油机怠速转速控制的机理不同于汽油机，其是通过对燃油喷射系统的循环供（喷）油量的控制，实现对柴油机怠速转速的控制。由于怠速转速的控制方法与一般工况下对循环供（喷）油量的控制是一样的，所以在电控柴油发动机中，将怠速控制系统与燃油喷射控制系统合二为一，由 ECU 根据柴油机转速信号、加速踏板位置传感器信号及内存控制模型（MAP 图）确定出基本供油量，并根据各种传感器的反馈信号对基本供油量进行修正，实现对循环供（喷）油量的控制。柴油机基本供（喷）油量的控制模型见图 3－109。

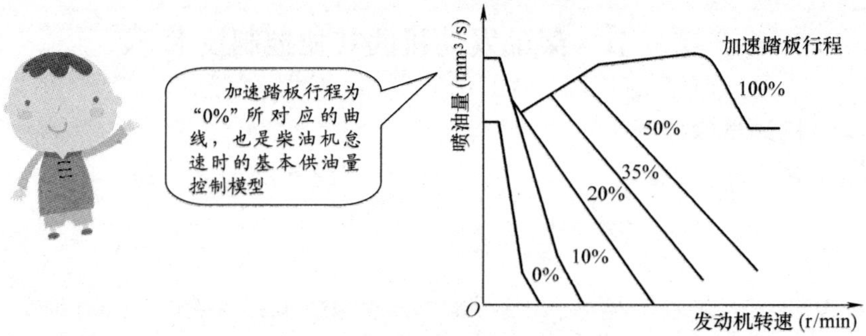

图 3－109　柴油机基本供油量控制模型

4. 柴油机怠速时的各缸均匀性控制

ECU 根据柴油机在怠速时各缸工作过程的曲轴转速，计算出怠速时各缸循环供（喷）油量的偏差值，并根据偏差值对各缸的实际循环供（喷）油量进行补偿调节，以实现对柴油机怠速时各缸均匀性的控制，使发动机的怠速转速稳定性得到提高，减小振动。有、无各缸均匀性控制时，某一柴油机转速和振动变化的对比情况，如图 3－110、图 3－111 所示。

二、柴油机的进气控制

柴油机进气控制的常用系统：

（1）进气管节流控制系统。

（2）可变进气涡流控制系统。

（3）可变正时控制系统。

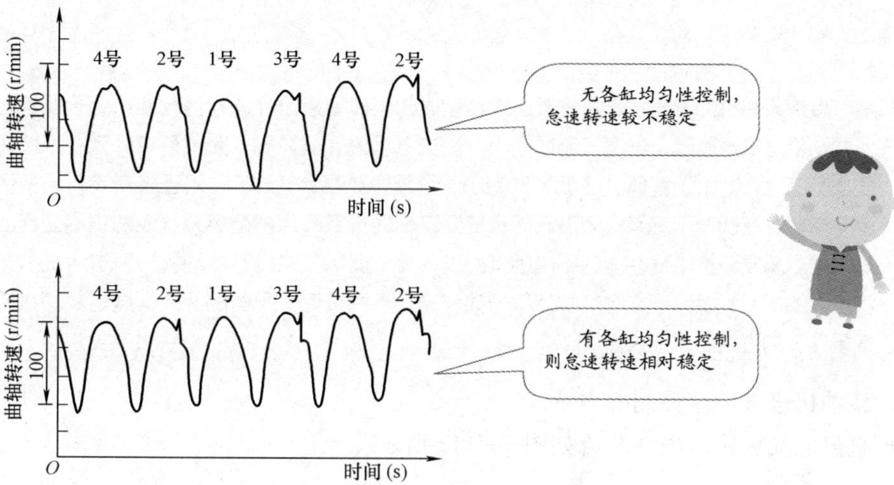

图 3－110 怠速转速稳定性对比

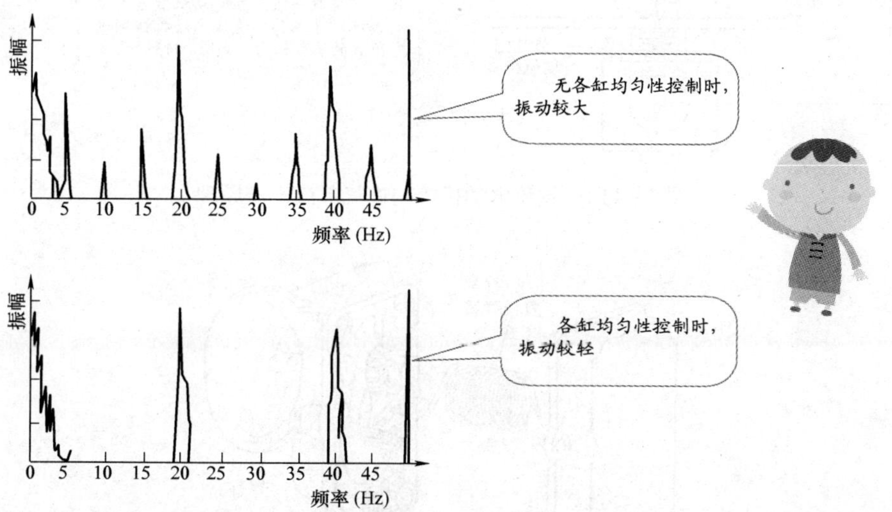

图 3－111 怠速振动频谱对比（汽缸盖处的振动）

（1）进气管节流控制系统。

1）柴油机对进气节流控制的功能要求。

传统柴油机的进气系统是按高速大负荷时的工作要求设计的，当柴油机处于低速时，由于发动机进气流速低、进气气流惯性小，使进气涡流强度减弱，充气系数降低；当柴油机处于小负荷时，则由于循环供（喷）油量小，容易导致混合气过稀；对于装有废气再循环装置的柴油机，在低速工况又会因进气管真空度较小而导致废气再循环系统无法正常工作。从消除上述影响发动机工况性能的不良因素出发，要求现代柴油机对发动机进气进行进气量和进气压力的调节，以保证混合气的体积分数能满足不同负荷工况时的要求，满足发动机不同转速条件下的进气压力要求。

2）柴油机进气节流控制的方法。

a）直流电动机控制进气节流如图 3－112 所示。

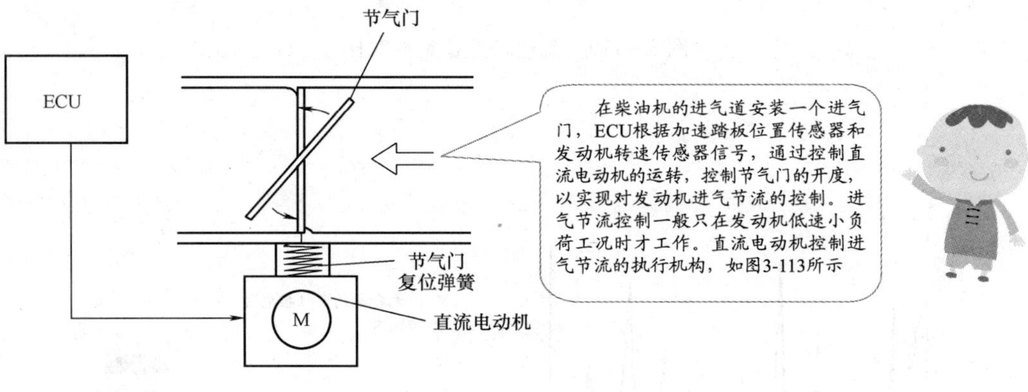

图 3－112　直流电动机控制进气节流工作原理

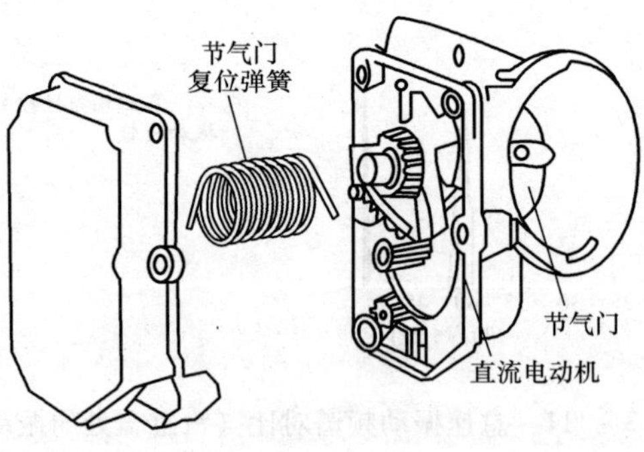

图 3－113　直流电动机控制进气节流的执行机构

b）电控气动控制进气节流如图 3－114 所示。

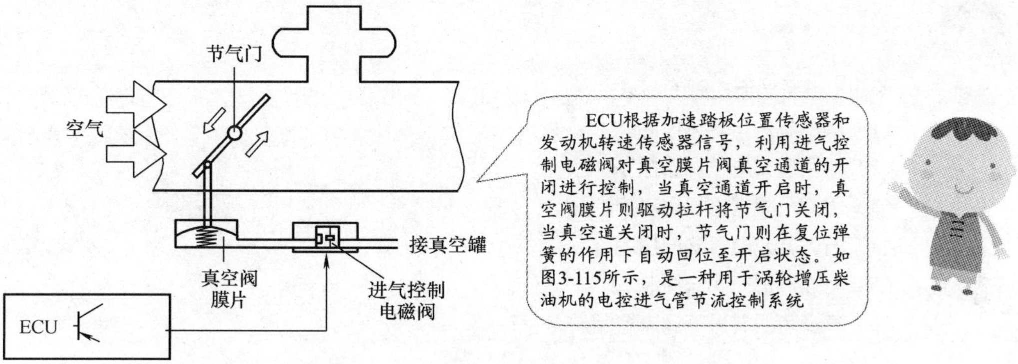

图 3－114　电控气动控制进气节流工作原理

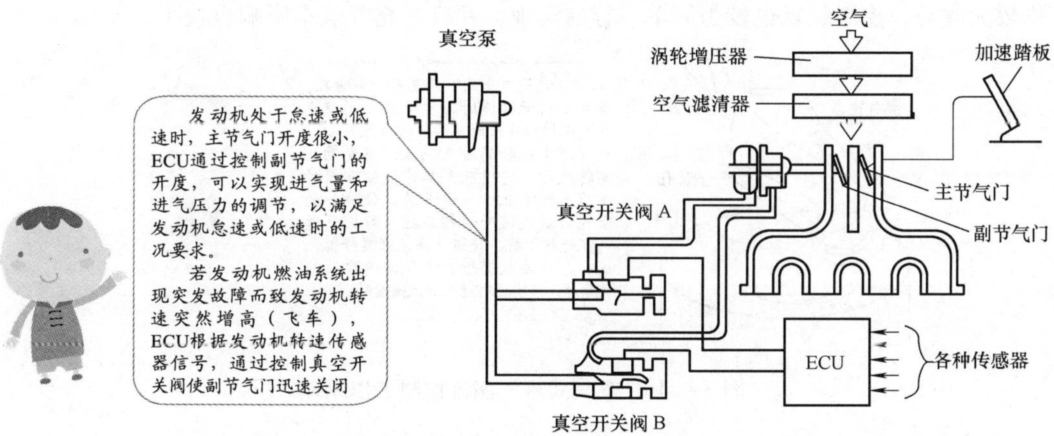

图 3－115　一种用于涡轮增压柴油机的电控进气管节流控制系统

（2）可变进气涡流控制系统。

1）柴油机对进气节流控制的功能要求。

进气涡流的强弱对混合气的形成和燃烧有着重要影响。与汽油机相比，柴油机对进气涡流的要求更高，但并不是进气涡流强度越高越好。一般情况下，柴油机进气道的进气涡流随发动机转速的增高而增强，但转速升高至一定程度时，由于进气涡流过强反而导致进气效率下降，燃烧速度过快，致使缸内热负荷提升，噪声加大，NO_x 排放增加；发动机处于低转速时，由于进气涡流相对较弱，也会使混合气混合不良而导致燃烧速度过慢，使发动机的热效率降低，排气烟度增加。所以，为改善柴油机的工作性能，应根据柴油机的转速变化适当调节进气涡流的强度。

2）柴油机进气涡流控制的方法。

柴油机进气涡流控制的方法：

（1）喷气式进气涡流控制。

（2）双气道式进气涡流控制。

（3）气道分隔式进气涡流控制。

（4）导气屏式进气涡流控制。

（5）旁通道进气涡流控制。

（6）气道转换式进气涡流控制。

a）喷气式进气涡流控制如图 3－116 所示。这种控制方法，无需对进气系统的结构作较大改动，控制装置也较为简单，容易实现，并且对充气效率影响也较小。

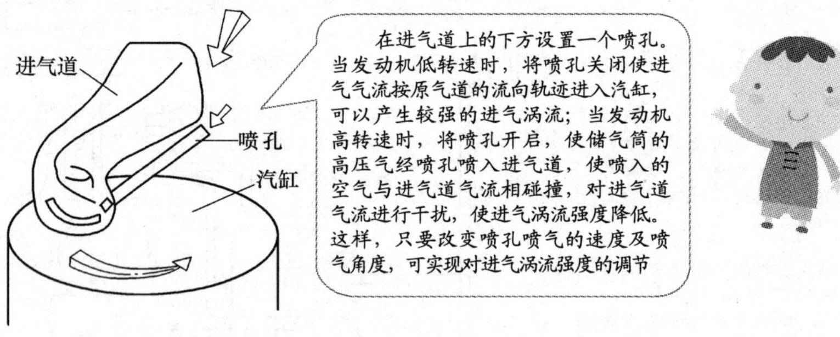

图 3－116　喷气式进气涡流控制工作原理

b）双气道式进气涡流控制如图 3－117 所示。

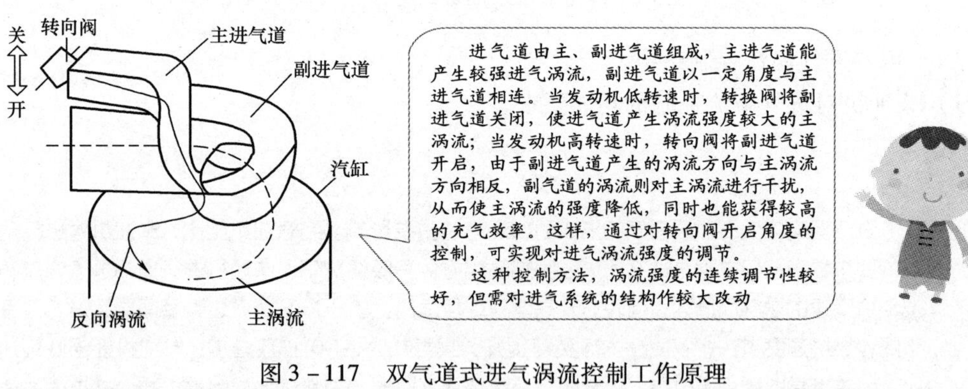

图 3－117　双气道式进气涡流控制工作原理

c）气道分隔式进气涡流控制如图 3－118 所示。

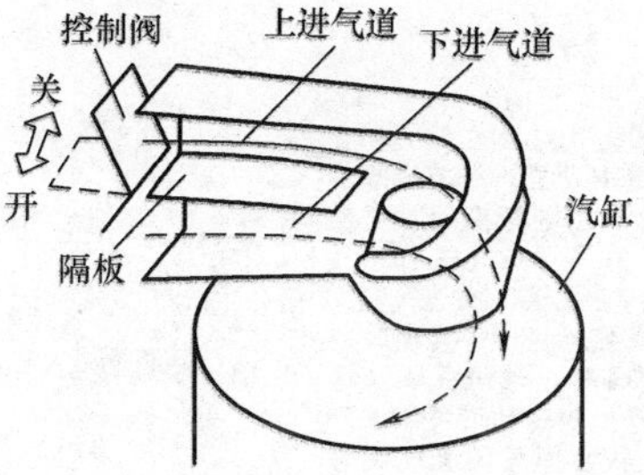

在气道中设置有水平隔板，控制阀可启闭上进气道。当发动机低转速时，关闭上进气道，使进气气流全部经下进气道进入，使进气气流速度提高，涡流强度增大；当发动机高转速时，将控制阀开启，上、下两个气道同时进气，增大进气流通截面，从而使进气速度降低，进气涡流强度减弱。这样，控制控制阀对上进气道的开度，可实现对进气涡流强度的调节。

这种控制方法较为简单，但对发动机低速时的充气效率影响较大

图 3－118　气道分隔式进气涡流控制工作原理

d）导气屏式进气涡流控制如图 3－119 所示。

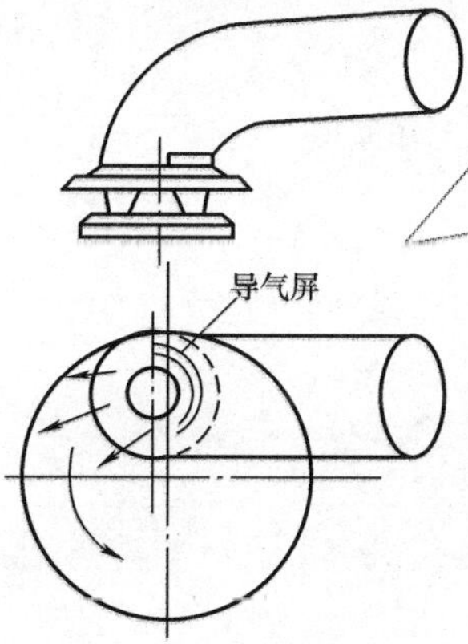

导气屏安装于进气门上，并可绕气门旋转，它其实就是一块导向叶片，对进气气流起导向作用。当发动机进气时，由于导向屏的导向作用，产生绕汽缸轴线旋转的进气涡流，随着导向叶片包角和方位角的变化，导入的气流方向也随之发生变化，从而使进气涡流强度发生变化。这样通过对导向叶片包角和方位角的控制，可实现对进气涡流强度的调节。

这种控制方法，对涡流的调节较为方便，但控制装置结构较复杂，制造成本高，会增加进气阻力，并容易造成气门磨损

图 3－119　导气屏式进气涡流控制工作原理

e）旁通道进气涡流控制如图 3－120 所示。

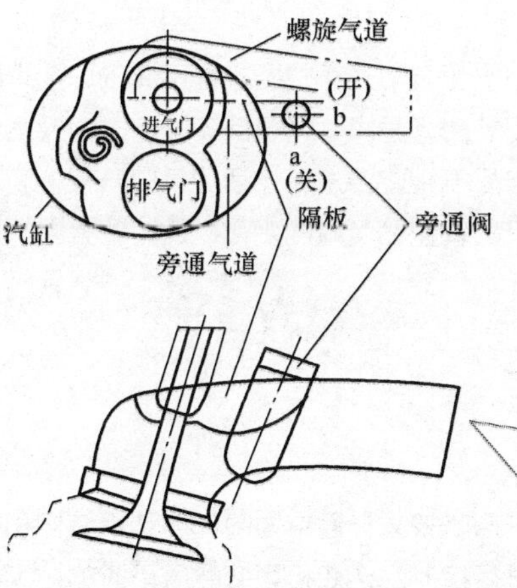

利用进气道里向下凸起的隔板将气道分隔为螺旋气道和旁通气道，通过控制旁通阀的开闭来控制旁通气道的启闭，对进气流通截面进行调节，实现对进气涡流强度的控制，其控制原理与气道分隔式进气涡流控制基本相同。

在这种控制方法中，隔板及旁通阀会增加进气阻力，影响进气效率，且隔板在气道的固定也较为困难

图 3－120　旁通道进气涡流控制工作原理

f）气道转换式进气涡流控制如图3－121所示。

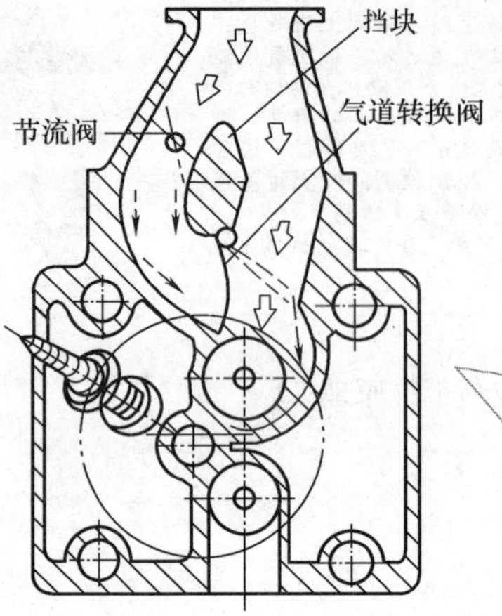

> 挡块将气道分隔为螺旋气道（左侧）和直气道（右侧），在螺旋气道中设置一个节流阀，在两气道的汇合处设置一个气道转换阀。发动机高转速时，气道转换阀关闭螺旋气道与总气道间的通路，使进气气流从直气道进入总气道，此时进气涡流强度较弱；在发动机中等转速时，关闭直气道与总气道间的通路，使进气气流通过螺旋气道进入总气道，产生较强的进气涡流；当发动机低转速时，气道转换阀关闭直气道与总气道的间通路，并同时部分关闭节流阀，使气流加速，提高进气气流涡流强度。
>
> 这种控制方法，根据发动机转速对进气涡流强度进行调节较为方便

图3－121　气道转换式进气涡流控制工作原理

3）选用进气涡流控制方法的基本原则。

选用进气涡流控制方法的基本原则：

（1）在确保不降低进气流量的前提下，能对进气涡流强度调节的发动机转速范围尽可能大。

（2）对进气系统结构的改变尽可能小。

（3）可变配气正时控制。

1）柴油机对可变配气正时控制的功能要求。

发动机在不同转速和负荷条件下，其对配气相位和气门升程的要求是不同的，要求随转速和负荷的提高而不断增大气门开启提前角、气门关闭迟后角、气门持续开启时间及气门升程。为使发动机在不同工况条件下都能获得最佳的配气相位要求和合适的气门升程，使发动机性能获得优化，这就要求配气机构能根据发动机的转速和负荷的变化，适时调整配气相位和气门升程。

2）柴油机可变配气正时的控制方法。

由于进气门配气相位和气门升程对发动机性能影响较大，通常为简化发动机结构和降低制造成本，一般只对进气门配气相位和气门升程进行控制。柴油机可变配气正时的控制机构与汽油机通用，其控制原理参见第二章第四节“可变气门正时控制”。

三、柴油机的增压控制

1. 柴油机增压控制的目的

所谓增压，就是将空气预先压缩后供入汽缸。增压的目的是为了提高进入汽缸的空气密度，增加进气质量，从而使循环供油量能得到相应增加，使发动机在不增加排量的基础上大幅提高功率和扭矩，同时也能促进燃料的充分燃烧，改善发动机的燃油经济性和排放性能。一台装有涡轮增压器的柴油发动机功率输出比未装增压器的桨油发动机高20% ~30%。新型涡轮增压器的使用，意味着可以用小排量的发动机替代大排量发动机，减轻发动机和整车质量，提高经济性和排放性。

2. 柴油机增压的方式

增压的方式通常有涡轮增压、机械增压、气波增压、复合增压等。在现代柴油机中运用最广泛的是废气涡轮增压，主要是由于这种增压方式使发动机废气得到利用，能提高柴油机的热效率，改善发动机的动力性和经济性，同时由于增压能使排气背压增高，不仅有利于降低排气噪声，而且有利于HC和CO能在排气歧管中继续燃烧。

3. 柴油机废气涡轮增压

（1）柴油机废气涡轮增压的工作原理，如图3-122所示。

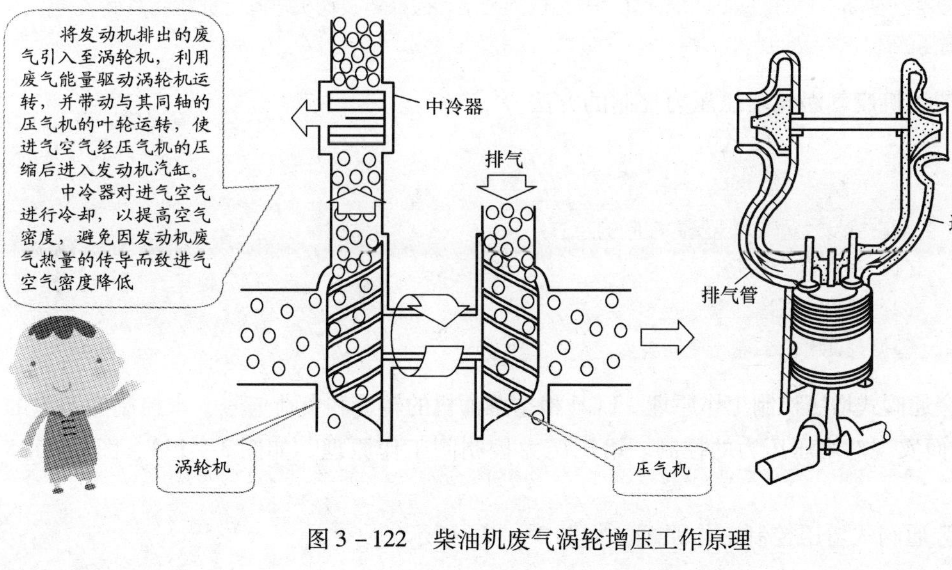

图3-122 柴油机废气涡轮增压工作原理

（2）柴油机涡轮增压器在发动机上的连接，如图 3－123 所示。

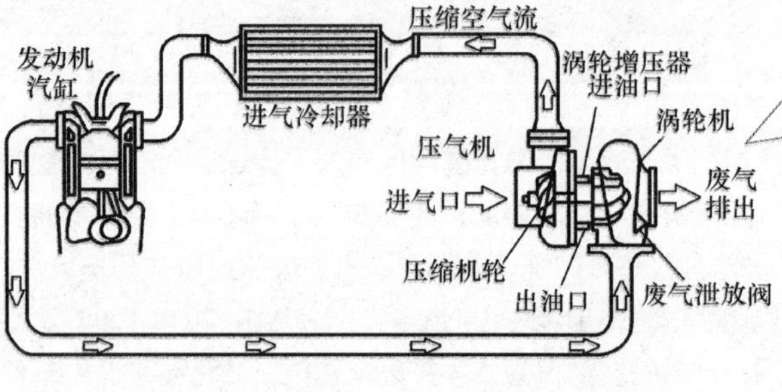

图 3－123　柴油机涡轮增压器在发动机上的连接

（3）柴油机废气涡轮增压的控制。

1）柴油机废气涡轮增压控制的功能要求。

废气涡轮增压的能量来自于发动机废气排放的流速，因此废气涡轮增压具有增压压力随发动机转速的提高而增大的特性，而汽车发动机（尤其是轿车发动机）的转速变化范围大，废气涡轮增压的这种特性难以在各种工况下与发动机实现良好的匹配，如发动机处于低速大负荷工况时，会因增压压力过低而导致进气量不足，造成发动机燃烧不充分，出现冒黑烟现象，导致动力性和燃油经济性的下降；发动机处于高速大负荷工况时，则容易造成增压器超速，出现过高的增压压力，并产生额外的机械负荷，增加噪声。所以，为实现发动机在全工况范围内与增压器的良好匹配，优化发动机的性能，应根据发动机不同工况特点对废气涡轮增压的压力进行控制。

2）柴油机废气涡轮增压压力控制的方法。

柴油机废气涡轮增压压力控制的方法：

（1）旁通阀式增压控制。

（2）节流阀式增压控制。

（3）可调叶片式增压控制。

a）旁通阀式增压控制工作原理。ECU 根据柴油机的转速和负荷信号，来控制旁通阀的开度，从而实现对增压压力的控制。增压压力控制阀工作原理，如图 3－124、图 3－125 所示。

b）旁通阀式增压控制工作原理，如图 3－126 所示。

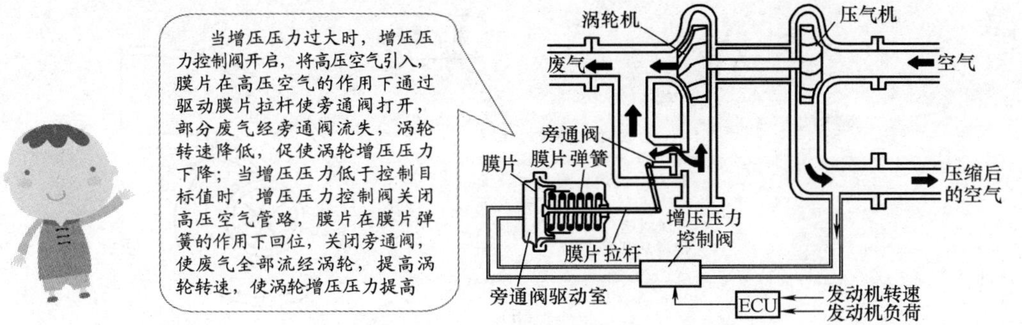

图 3－124　旁通阀式增压控制工作原理

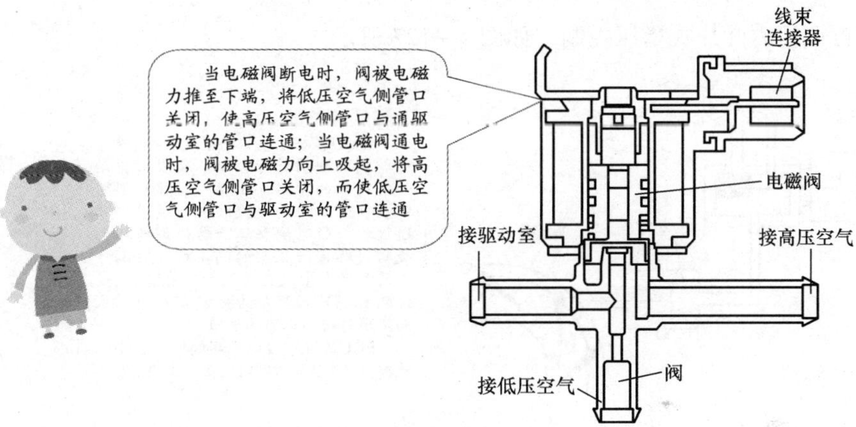

图 3－125　增压压力控制阀

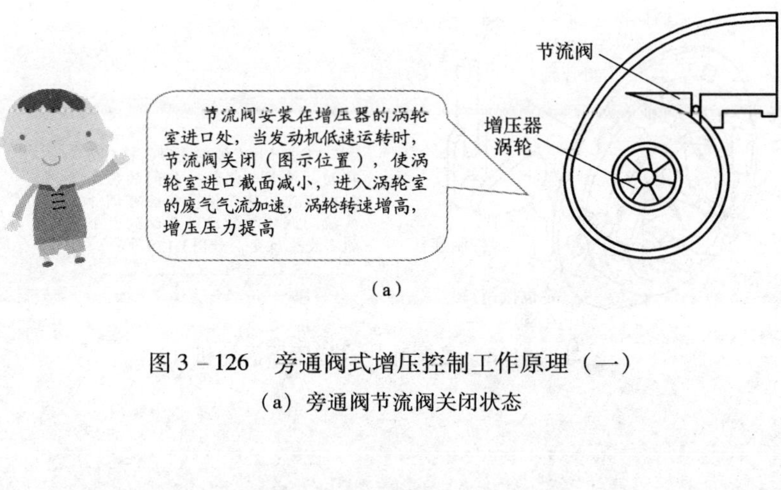

（a）

图 3－126　旁通阀式增压控制工作原理（一）

（a）旁通阀节流阀关闭状态

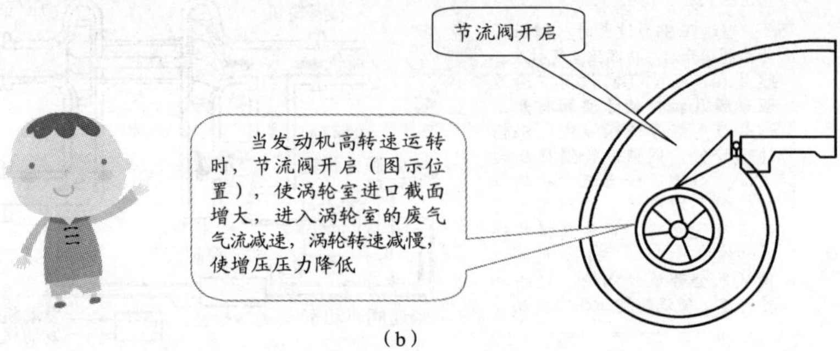

图 3－126　旁通阀式增压控制工作原理（二）
（b）旁通阀节流阀开启状态

c）可调压力叶片式增压控制，如图 3－127 所示。

图 3－127　可调叶片式增压控制系统

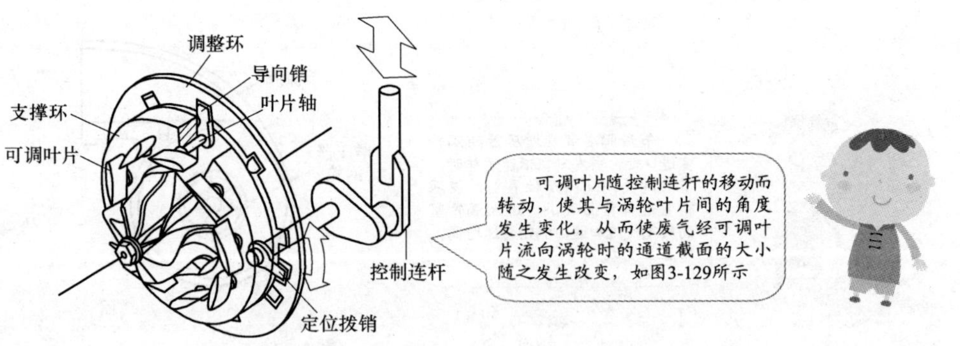

图 3－128　可调叶片式增压器涡轮机

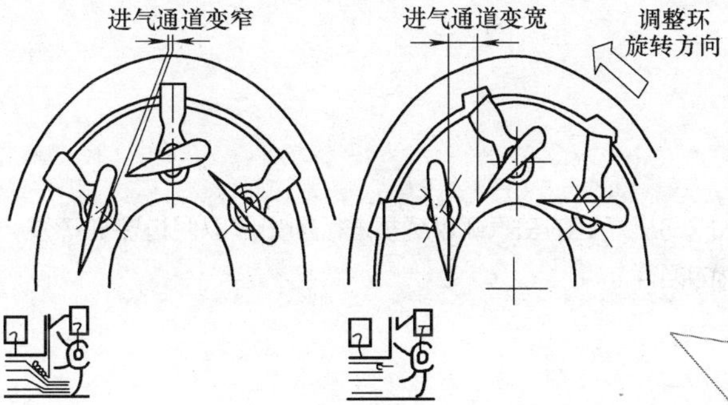

当可调叶片的角度变小时（如图3-129所示），废气经过可调叶片流向涡轮时的通道截面变小，使废气气流速度加快，并且废气气流冲击涡轮叶片的外边缘，加大涡轮的驱动力矩，从而使涡轮转速提高，使增压压力提高；反之，当可调叶片的角度较大时（如图3-129所示），则使废气气流的通道截面变大，废气气流速度降低，废气气流方向也偏离涡轮叶片外缘，从而使涡轮的驱动力矩下降，增压压力则随之降低

图 3－129　可调节叶片式增压器增压压力调节原理

四、柴油机的起动控制

1. 柴油机的起动工况特点及其起动控制的功能要求

柴油机的起动工况特点及其起动控制的功能要求：

由于柴油机压缩比大、运动件质量重，导致起动时的阻力较大，起动所需的功率比汽油机大；柴油机依靠压缩自燃，并且柴油燃料的蒸发性差，从而使混合气形成质量较差，着火条件不如汽油机；当处于柴油机低温状态时，机油黏度增大使机件运动阻力加大，低温也使燃料蒸发困难，气缸吸热量增加，使压缩自燃条件变差而导致低温起动困难。所以，为保证柴油机具备良好的起动性能，应根据柴油起动工况的特点，对柴油机起动时的燃油喷射、进气及增压进行相应的控制，增设必要的辅助装置，以改善柴油机起动时的压缩自燃条件，促进起动性能的提高。

2. 柴油机起动控制的方法

柴油机起动控制的方法：

（1）起动时的燃油喷射控制。

（2）起动时的进气控制。

（3）起动时的增压控制。

（4）辅助起动装置的控制。

上述控制方法中，起动时的燃油喷射控制、进气控制、增压控制都是按预存的程序进行控制的，其控制原理与其他工况下的控制相同。

3. 柴油机的辅助起动装置的控制

（1）起动预热系统（空气预热）。

1）柴油机起动预热的目的。

柴油机的起动预热的目的：

在起动前，通过预热装置对进入发动机汽缸的空气或燃烧室进行加热，以促进燃油蒸发，改善发动机起动时汽缸内的压缩自燃的条件。

2）柴油机起动预热的方法。

柴油机起动预热的方法：

（1）进气加热式（见图 3－130）。

（2）燃烧室预热式（见图 3－131）。

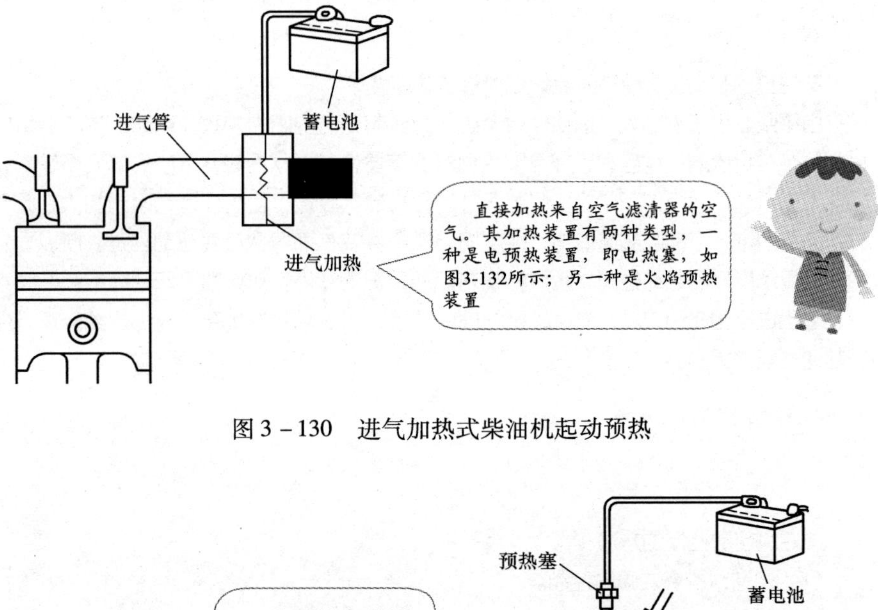

图 3－130　进气加热式柴油机起动预热

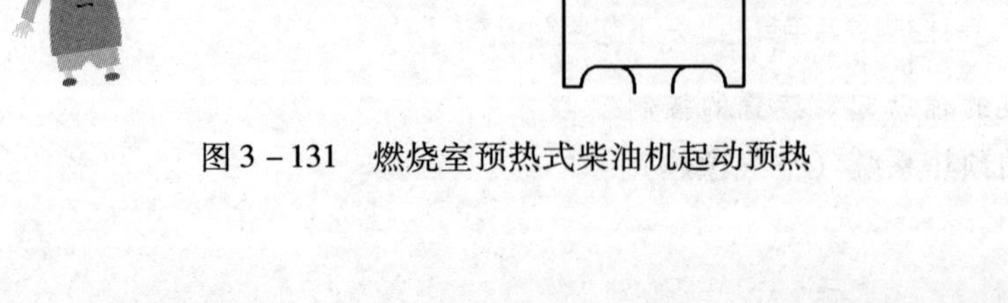

图 3－131　燃烧室预热式柴油机起动预热

电热塞内的线圈由控制线圈和加热线圈两部分串联而成。控制线圈的电阻具有正温度特性，其电阻值随温度的升高而增大。这样，当电热塞通电后，电热塞温度升高，控制线圈的电阻则随之增加，从而使进入加热线圈的电流下降，使预热塞的温度不致上升过高。电热塞的通电时间—温度曲线，如图3-133所示

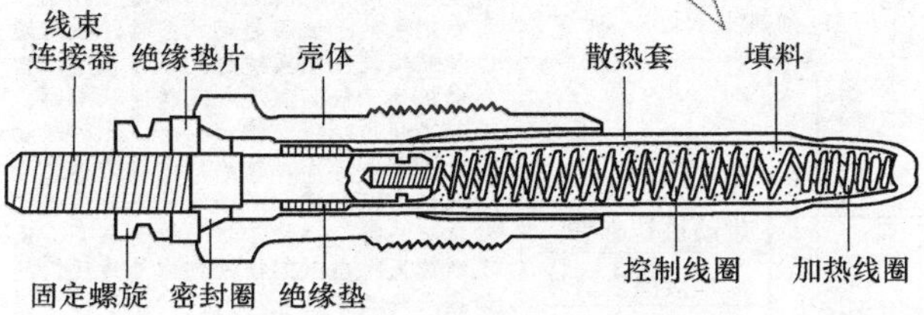

图 3－132　电热塞结构

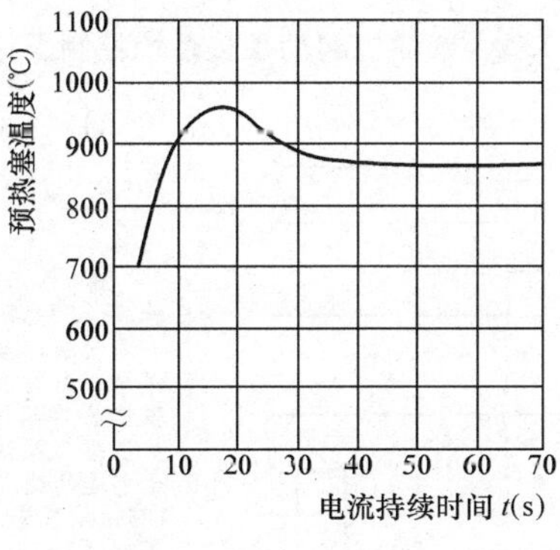

图 3－133　电热塞的通电时间—温度曲线

火焰预热器结构如图 3－134 所示，其中 ECU 或温控开关对控制火焰预热器供油的电

当发动机低温起动时，ECU或温控开关开启炽热管电路回路和火焰预热器供油电磁阀电路，炽热管则通电60～90s，产生出高温（温度可达1000℃以上），来自低压油泵的低压燃油则能进入火焰预热器，通过滤网过滤，并经计量孔限值流量后进入蒸发管与空气混合，混合气在炽热管高温的作用下而燃烧，燃烧产生的热量通过火焰罩的传导对进气管中的空气进行加热；当起动后或起动时温度较高，ECU或温控开关则切断火焰预热器的供油电磁阀电路及炽热管电路回路，火焰预热器则不工作，从而停止对进气进行预热

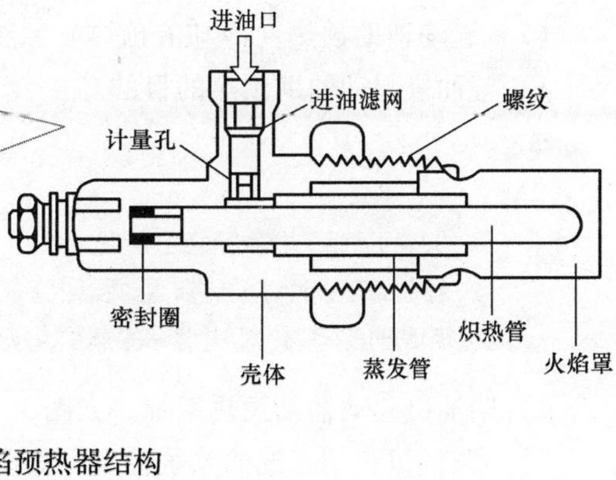

图 3－134　火焰预热器结构

磁阀电路及炽热管电路回路进行通断控制。

3）柴油机起动预热系统的控制，如图 3－135 所示。

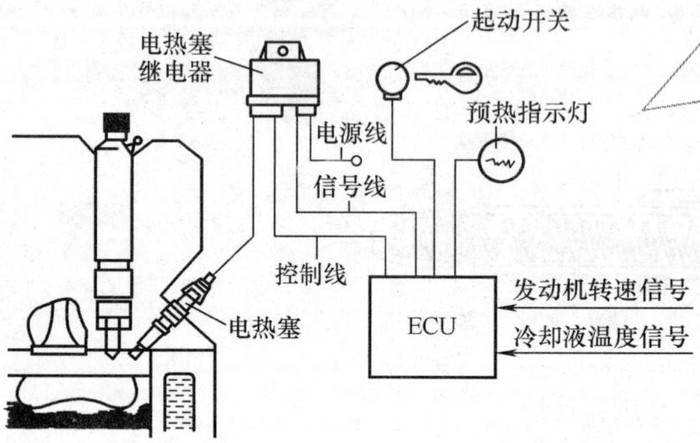

ECU根据发动机的转速和冷却液温度信号以及起动开关信号，通过控制线对起动预热系统的电路回路进行控制。当发动机处于低温起动状态时，ECU通过控制线使预热系统进入工作状态；当发动机处于较高温度或高转速状态时，ECU不向控制线发控制指令，此时起动预热系统不工作。预热指示灯的点亮与熄灭也受ECU控制，当发动机处于起动预热状态时，“指示灯”持续点亮，反之则熄灭，当ECU接收到信号线反馈的预热系统故障信号，则使“指示灯”闪烁。

发动机起动时控制信号，如图3-136所示

图 3－135　柴油机起动预热系统控制工作原理

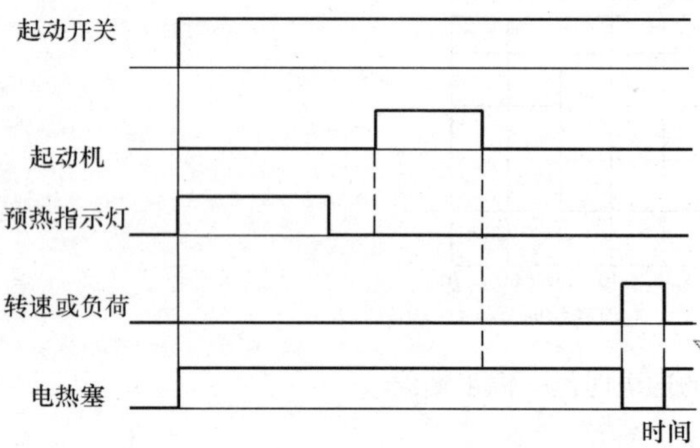

图中所示的预热控制分为两个阶段：预热阶段和后预热阶段。当发动机起动着火后，电热塞仍保持一段时间的通电状态，此阶段称为后预热。后预热的目的是为了缩短柴油机的暖机时间，利于怠速的稳定，降低噪声和HC、CO的排放量。后预热的时间一般不超过4min；在后预热阶段，当柴油机负荷超过规定值或转速超过2000 r/min时，后预热将被终止

图 3－136　发动机起动时控制信号

（2）起动辅助预热（冷却液预热）系统。

1）柴油机起动辅助预热的目的。

柴油机的起动辅助预热的目的：

在起动前，通过预热装置对发动机冷却系统中的冷却液进行加热，以提高发动机的温度，减小起动时的阻力，促进燃油的蒸发，从而促进发动机汽缸内压缩自燃条件的改善。

2）柴油机起动辅助预热系统，如图 3－137、图 3－138 所示。

（3）柴油机起动工况的系统控制，如图 3－139 所示。

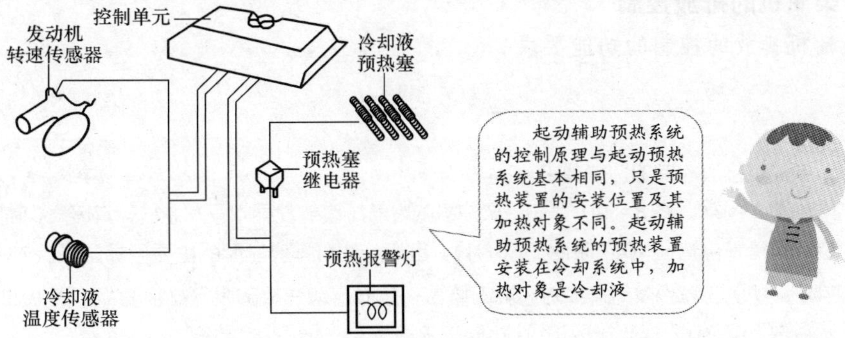

图 3－137　柴油机起动辅助预热系统

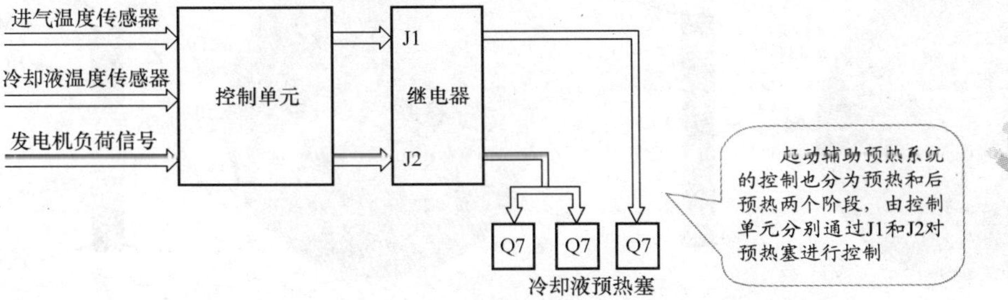

图 3－138　柴油机起动辅助预热系统控制电路

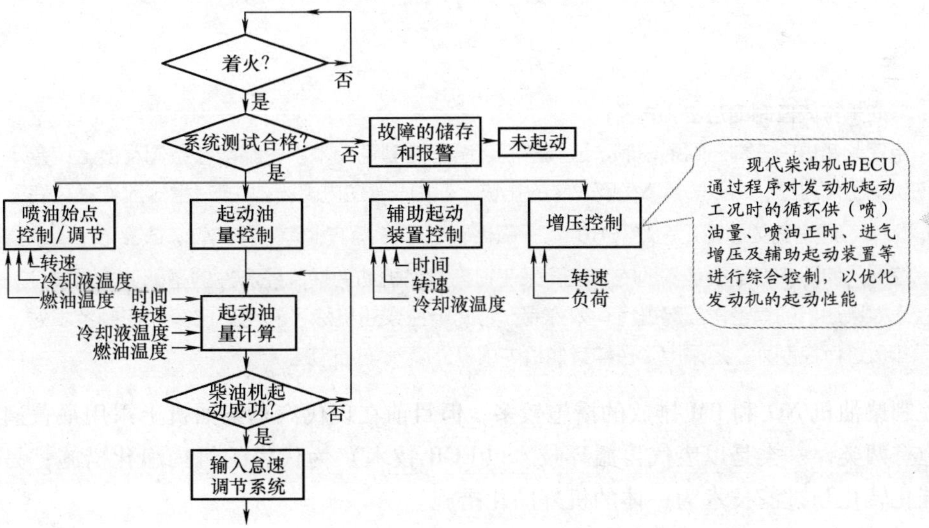

图 3－139　柴油机起动工况系统控制流程

五、柴油机的排放控制

1. 柴油机排放的控制的功能要求

柴油机排放控制的功能要求：

由图3－140、图3－141可知，柴油机的废气排放情况不同于汽油机，其废气中的主要有害成分是氮氧化物（NO_x）和碳烟（PM），因而柴油机排放控制的主要目标是降低NO_x和PM的排放。所以为减少废气排放对环境的危害，应根据柴油机的废气排放特点，对柴油机不同工况条件下的NO_x和PM排放进行控制。

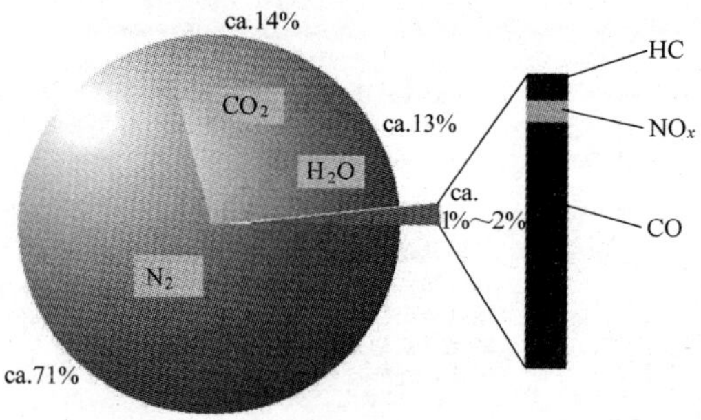

图3－140　汽油机排放物及其成分

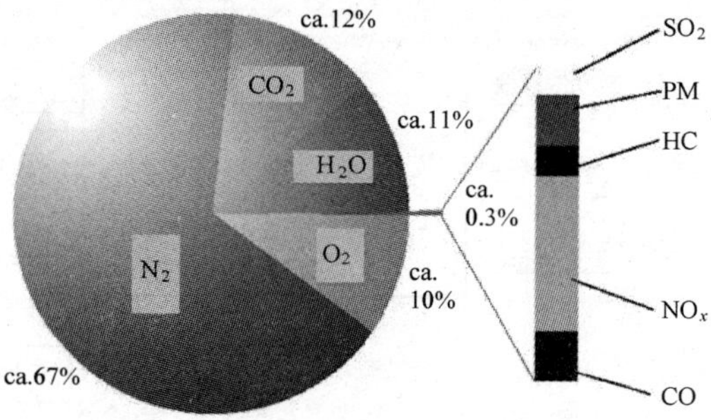

图3－141　柴油机排放物及其成分

2. 柴油机排放的控制方法和途径

柴油机排放控制的方法和途径：

电控柴油机中的燃油喷射控制、进气控制、增压控制等技术手段都能在不同程度上改善发动机的工作过程，有效降低NO_x和PM的排放，但由于柴油机废气中的有害排放物不仅有NO_x和PM，还有诸如碳氢化合物（HC）、一氧化碳（CO）等其他有害排放物，依靠单一技术同时控制几种污染物是很难实现的，应确保在提高发动机动力性、经济性的基础上，积累几种技术对柴油机的有害排放物进行有效控制，为此电控柴油机除了利用其自身的控制技术对废气排放进行控制外，还采用了各种其他机内或机外废气净化措施。

尽管控制柴油机NO_x和PM排放的措施较多，但目前在现代汽车柴油机上采用最普遍的净化措施有两类，一类是以废气再循环技术（EGR技术）为代表的机内净化措施；另一类是集催化转化与过滤技术为一体的机外净化措施。

（1）柴油机的废气再循环控制。

1）柴油机废气再循环系统的工作机理与应用特点。

柴油机废气再循环系统（EGR）的工作机理与应用特点：

（1）柴油机废气再循环的工作机理：通过引入部分废气与新鲜空气共同参与到缸内燃烧，利用废气中的大量惰性气体具有较高的比热容的特性，来降低最高燃烧温度，控制废气的生成。

（2）柴油机废气再循环系统的应用特点：汽油机引入 EGR 后的空燃比不变，而柴油机引入 EGR 后，将使进入气缸的空气量减少，使空燃比变小；另外，柴油机采用增压后，废气不能自动从排气管流向进气管。柴油机的这些特点对柴油机的控制提出了新的要求，须通过有效措施对废气再循环的量或 EGR 率进行有效的控制，以保证柴油机性能的优化。

2）柴油机废气再循环的实现途径。

柴油机实现废气再循环的途径有两种类型：

（1）内部 EGR 系统（见图 3－142）。

（2）外部 EGR 系统，其按废气引入到进气系统位置的不同，又分为低压回路 EGR 系统和高压回路 EGR 系统两种类型（见图 3－143、图 3－144）。

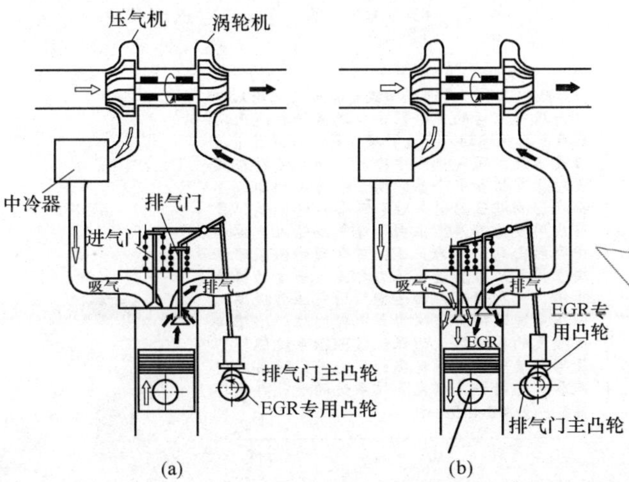

在凸轮轴上增设EGR专用凸轮。在发动机进气过程中的适当时刻，通过EGR专用凸轮使排气门稍有提升，使部分排出的高压废气经排气门回流到汽缸，从而实现废气再循环。

这种EGR系统不需要外加设备，结构简单，应用方便，同时EGR系统不需要节流，不影响发动机的泵气损失。但由于是在进气行程中直接开启排气门使废气回流，EGR率难以精确控制；废气未经冷却直接回流，会引起混合气温度的升高，致使NO_x的抑制效果不明显，因此这种系统目前在柴油机上应用不广泛

图 3－142 内部 EGR 系统工作原理

（a）发动机排气行程；（b）发动机进气行程

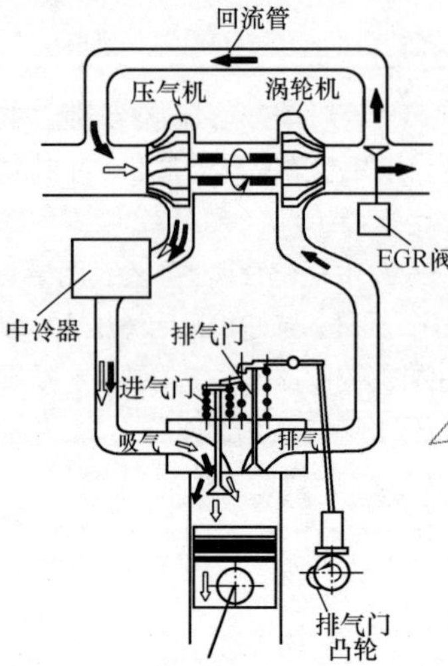

通过回流管直接将涡轮机的出口端和压气机的入口端相连接。由于涡轮机的出口端为正压，压气机的入口端为负压，EGR系统很容易能获得所需要的压力差，使发动机废气流入进气管，实现废气的再循环。

但在这种废气再循环方式中,废气直接流过压气机和中冷器，易造成压气机的腐蚀和中冷器的污染，以及造成压气机的进气温度高于设计温度而导致压力损失增加，而且对增压装置的可靠性和耐久性也有一定影响

图 3－143　增压发动机低压回路 EGR 系统

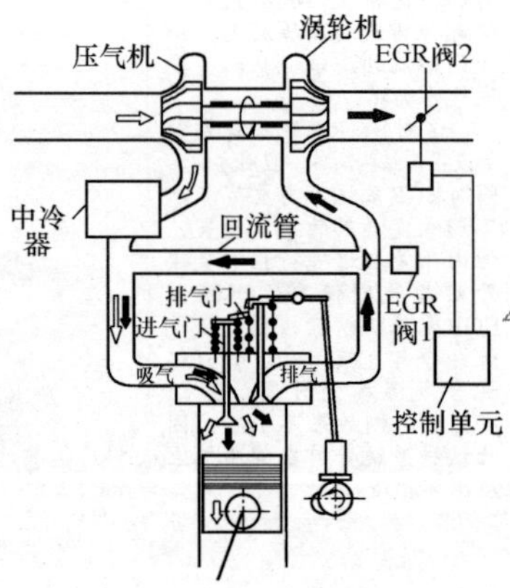

此EGR系统是通过回流管将废气涡轮入口端与压气机后的中冷器出口端直接相连来实现废气再循环的。在这种废气再循环方式中，废气不流过压气机和中冷器，所以不存在废气对压气机和中冷器的腐蚀和污染问题，不存在影响增压器耐久性和可靠性的问题，目前应用较为普遍。但由于废气涡轮入口端和中冷器出口端均为正压，可实现的EGR率取决于排气压力和进气压力之差，当发动机处于中、大负荷时，由于增压进气压力提高，EGR系统获得所需压力差比较困难，很难实现废气的再循环。为保证该EGR系统能获得足够的废气循环所需要的压力差，通常通过采取一些措施，以完善该系统的废气再循环性能，如图3-145所示

图 3－144　增压发动机高压回路 EGR 系统

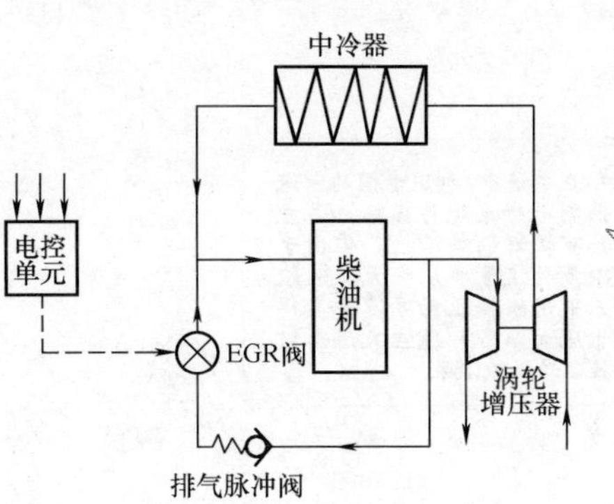

(a)

在EGR阀前（或后），加一个排气脉冲阀，利用排气脉冲加大废气再循环量，并防止EGR阀开启时增压空气的逆流

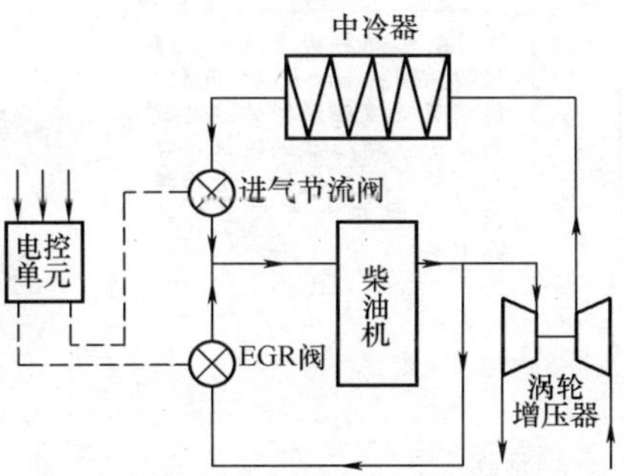

(b)

利用进气节流阀对增压空气进行节流，以降低进气管内的进气压力，使进气与排气的压力差增大，从而提高废气再循环量，提高EGR率。该方法由于利用进气节流方法实现进气压力的降低，会增压柴油机的进气阻力，造成泵气损失而影响柴油机的燃料经济性

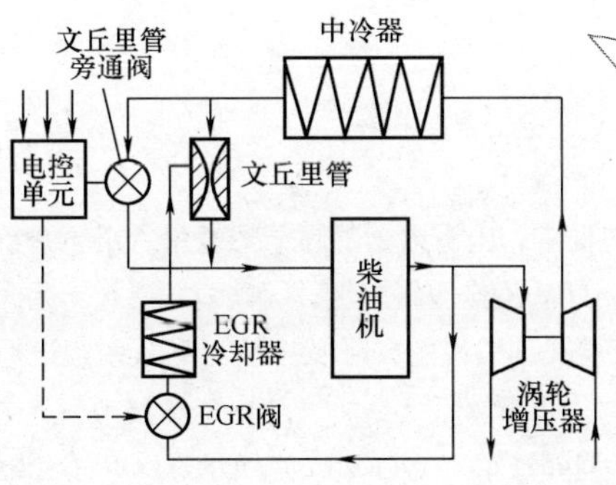

(c)

在进气系统中安装一个文丘里管，利用文丘里管喉口的压降，获得废气再循环所需的压力差；通过调节文丘里管旁通阀的开度，可改变EGR的有效压差，从而扩大EGR率的可调范围。

进气气流在文丘里管喉口处的压降，在喉口下游处能得到部分的恢复，进气压力损失可以减少

图 3－145　增压发动机高压回路 EGR 系统的改善措施（一）

（a）用排气脉冲阀的 EGR 系统；（b）用进气节流阀的 EGR 系统；

（c）用文丘里管的 EGR 系统

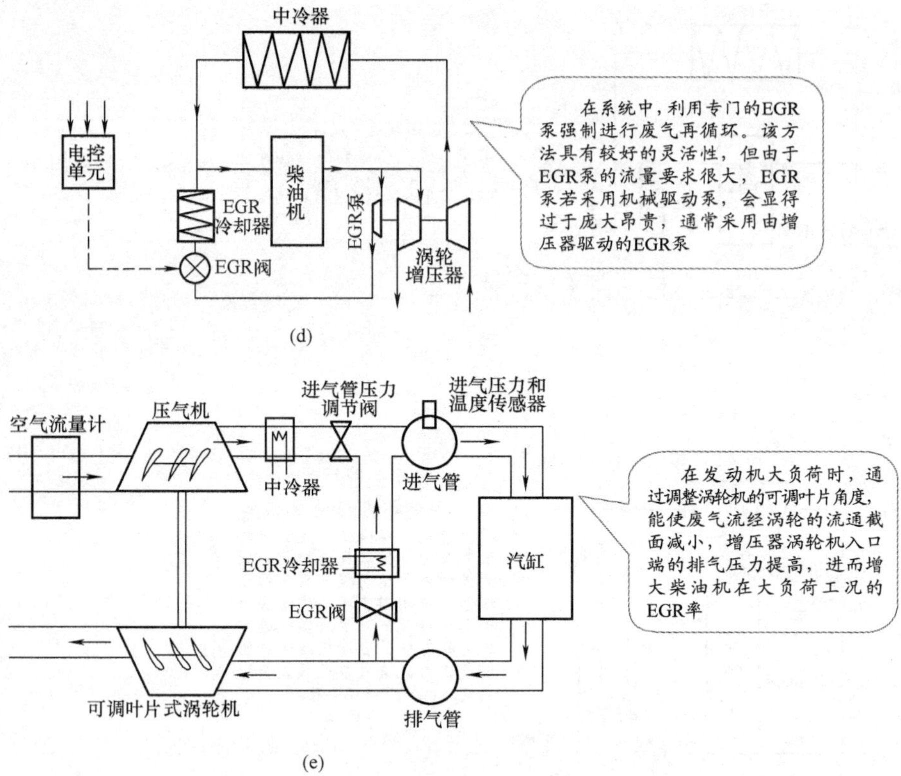

图 3－145　增压发动机高压回路 EGR 系统的改善措施（二）

（d）用 EGR 泵的 EGR 系统；（e）用可调叶片式增压器的 EGR 系统

3）废气再循环排气的冷却。

由于 EGR 系统在将废气引入进气系统的过程中，也将大量的废气热量带入进气系统，使实际进气量减少，造成燃烧不完全，HC、CO 和 PM 的排放量增加，因此有必要对再循环的废气进行冷却，以减少新鲜空气的进气损失，改善发动机性能，降低排放。EGR 系统进行冷却对排放的影响，如图 3－146 所示。

废气再循环排气的冷却装置的布置如图 3－145（c）、（d）、（e）所示。EGR 冷却器可以利用柴油机的冷却水冷却，也可以用空气直接冷却，由于用冷却水冷却的温降有限，效果不理想，所以最好采用空气冷却。目前一些 EGR 冷却器可在不同工况下使 EGR 温度下降 50～150℃，使 NO_x 下降 10% 左右。如图 3－147 所示，为日本五十铃公司的 EGR 冷却系统。

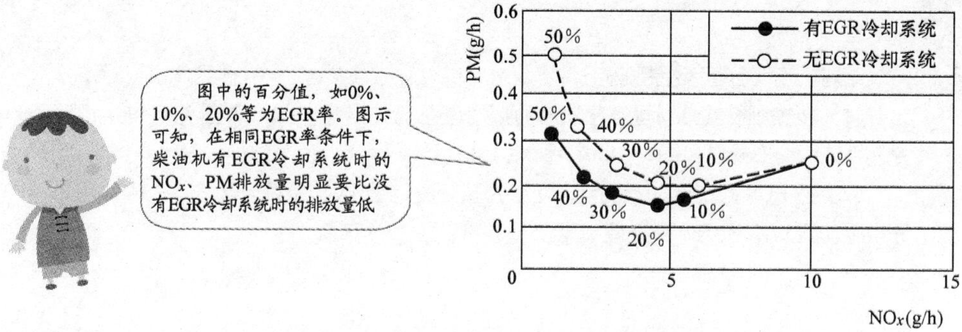

图 3－146　EGR 冷却系统对排放的影响

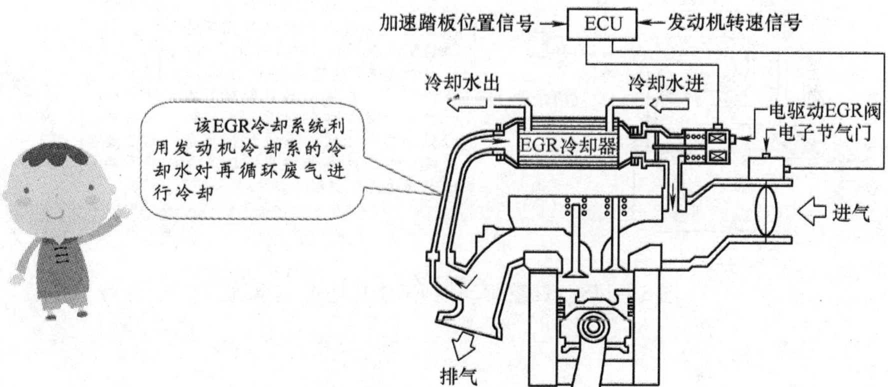

图 3－147　EGR 冷却系统

4）柴油机废气再循环的控制。

a）柴油机废气再循环控制的功能要求。

柴油机废气再循环控制的功能要求：

柴油机不同运行工况条件下的 EGR 率要求是不同的，为优化柴油机的性能，减少废气排放，要求柴油机能根据不同工况对最佳 EGR 率的要求以及废气再循环量进行控制，一般在柴油机大负荷（通常在额定功率的90%以上）或低转速（通常在750r/min以下）时，柴油机不进行废气再循环，而在其他工况下，废气再循环量随进气量的增加而增加。

b）柴油机废气再循环控制的方式。

柴油机废气再循环控制的方式：

（1）按控制模式分，可分为 EGR 开环控制系统（见图 3－148、图 3－149）和闭环 EGR 控制系统两种形式（见图 3－150、图 3－151）。

（2）按 EGR 阀的驱动方式分，可分为真空驱动型 EGR 系统（见图 3－148、图 3－150）和电驱动型 EGR 系统两种类型（见图 3－149、图 3－151）。

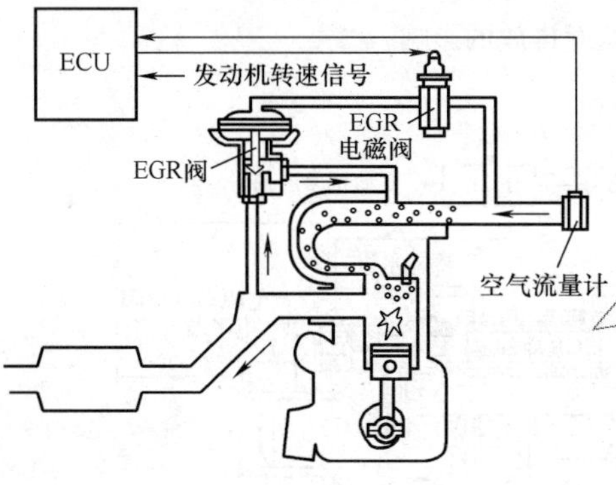

ECU根据发动机转速、负荷、冷却液温度等信号对EGR电磁阀进行控制，由电磁阀来控制EGR阀的真空道的启闭。当电磁阀通电时，EGR阀的真空道被开启，进行废气再循环；当电磁阀断电时，EGR阀的真空道被切断，使废气再循环停止。真空驱动型EGR阀的工作原理参见图2-190。

此系统只能根据内存于ECU中的EGR率脉谱图进行控制，而不能对其控制结果进行检测，故其控制精度不高；由于采用真空驱动型EGR阀，系统结构复杂，响应速度慢，但EGR阀能远离高温废气，其开启EGR阀的真空驱动力较大

图 3－148 真空驱动型 EGR 开环控制系统

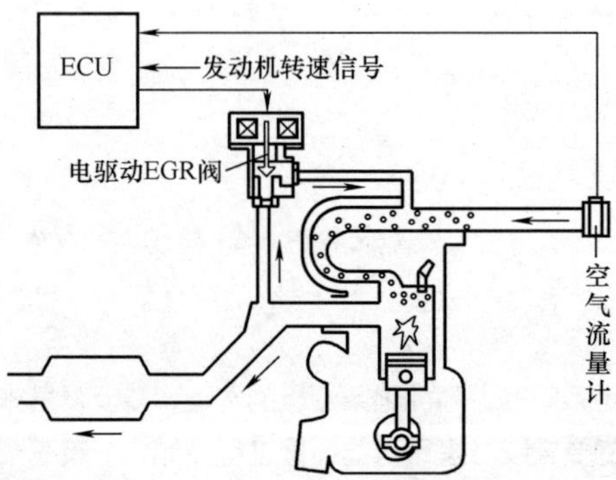

ECU通过对电驱动EGR阀的控制，直接控制废气再循环量，与真空驱动型EGR开环控制系统相比，控制精度较高且响应速度快，但由于电驱动装置靠近高温废气，工作环境差，对电驱动EGR的可靠性要求较高。电驱动型EGR阀的工作原理参见图2-191。

该系统与真空驱动型EGR开环控制系统相同，不能对控制结果进行检测，使控制精度受到限制

图 3－149 电驱动型 EGR 开环控制系统

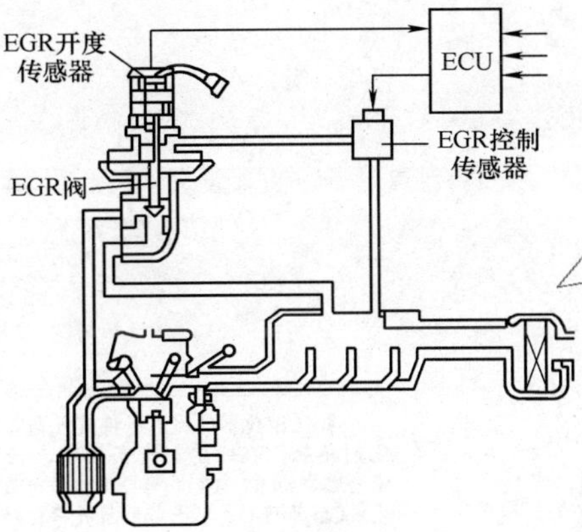

该系统在真空驱动型EGR开环控制系统的基础上，在EGR阀上增设了EGR阀开度传感器，使ECU能根据EGR阀开度传感器的反馈信号，对电磁阀实际开度进行动态修正，实现对EGR量的闭环控制，从而使废气再循环系统的EGR率控制精度得以提高

图 3－150　真空驱动型 EGR 闭环控制系统

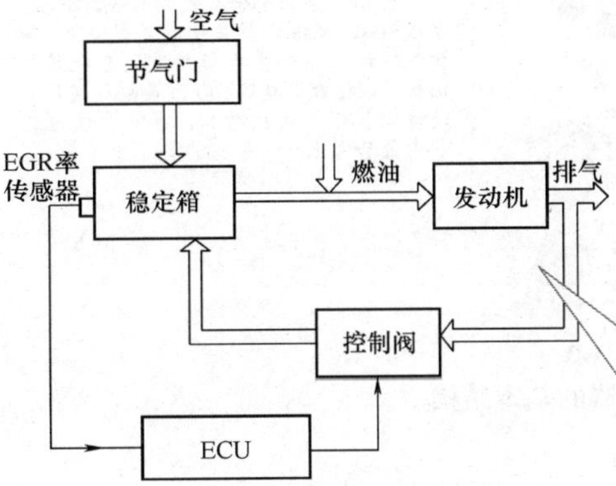

EGR率传感器安装在进气总管中的稳定箱上，新鲜空气经节气门进入稳定箱，参与再循环的废气经电驱动EGR阀也进入稳定箱。EGR率传感器通过对稳定箱中的氧含量的检测（氧含量随EGR率的增加而降低）来测量出实际的EGR率，并以电信号形式反馈给ECU，使ECU能根据反馈信号动态修正电驱动EGR阀的实际开度，实现对EGR率的闭环控制，以使EGR保持在最佳范围。

电驱动型EGR闭环控制系统比其他EGR系统更具响应速度快、控制精度高的特点，已被广泛地应用于现代电控柴油机

图 3－151　电驱动型 EGR 闭环控制系统

（2）柴油机废气排放机外净化技术。

1）柴油机废气排放机外净化的功能要求。

柴油机废气排放机外净化的功能要求：

在柴油机排放的废气中，HC、CO、CO_2的排放量远比汽油机低，NO_x的排放量也与汽油机相当，但由于柴油机排气温度低、排放特性随发动机工况的变化较大、排气中的氧含量大，废气中的 SO_x、PM 的排放量要比汽油机都要多，无法利用汽油机的三元催化器对排放物进行有效处理，需根据柴油机废气排放的特点进行综合处理，以提高柴油机废气排放的机外净化效率。

2）柴油机废气机外净化系统的基本组成。

柴油机废气机外净化系统由以下几部分组成：

（1）氧化催化器。

（2）NO_x还原催化器。

（3）微粒捕捉器。

a）氧化催化器如图 3－152 所示。

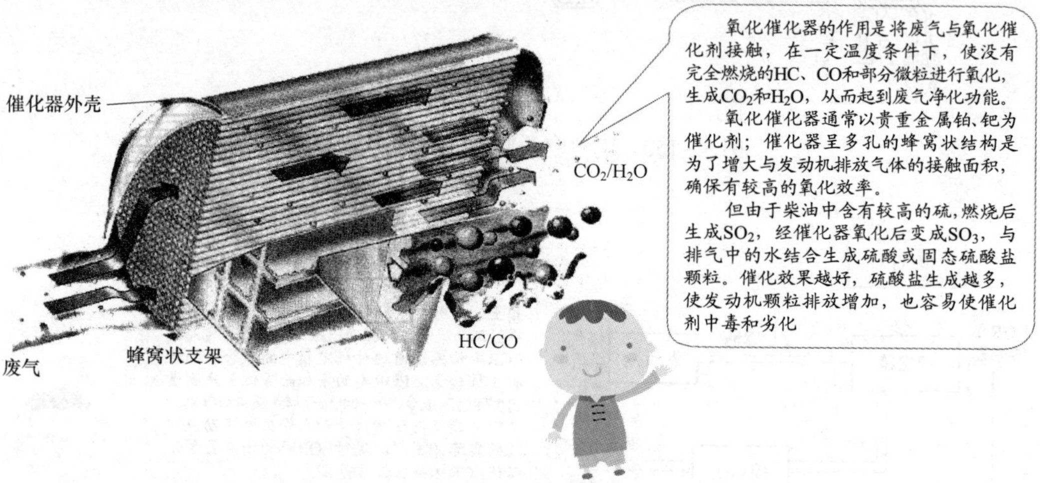

图 3－152　氧化催化器的基本结构

b）NO_x还原催化器。

柴油机 NO_x还原催化器工作机理：

将还原剂排入柴油机排放的废气中，使废气中的有害的 NO_x与还原剂发生还原反应而生成无害的 N_2，从而起到降低柴油机 NO_x排放的目的。还原剂通常有氨（NH_3）、尿素（Urea）、碳氢化物等。尿素具有还原效果好、水溶性好、储存运输方便、价格低廉、使用安全等优点，故现代柴油机上一般采用尿素作为还原剂，尿素的催化机理如图 3－153 所示。图 3－154 所示是一种以尿素为还原剂的催化转换电控系统。

尿素水解：$CO(NH_2)_2 + H_2O = 2NH_3 + CO_2$

在低温区：$4NH_3 + 4NO + O_2 = 4N_2 + 6H_2O$

在高温区：$4NH_3 + 6NO = 5N_2 + 6H_2O$

（低温区、高温区两式：NO 经催化被还原为 N_2）

图 3－153　尿素催化氮氧化物的过程方程

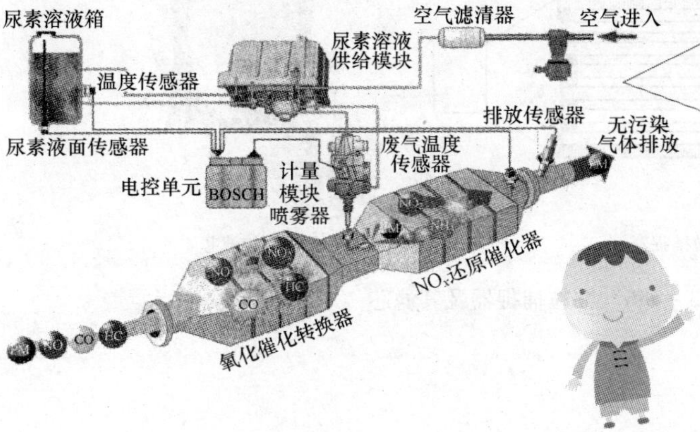

ECU根据柴油机负荷、排气温度等传感器信号，按内存确定的最佳喷射量，通过控制带电磁阀的喷雾器，将适量的尿素溶液与空气的混合物喷入NO_x还原催化器中，使废气中的NO_x还原成N_2。由于柴油机不同负荷下，NO_x的排放量不同，对尿素溶液的需求量也不同，故在排气管上加装了排放传感器（或称氧化氮传感器），ECU根据其反馈信号实施对尿素溶液供给量的闭环控制。

在尿素溶液箱和排气管上安装温度传感器，用于检测尿素溶液的质量和排气的实际温度，ECU根据温度反馈信号，对尿素溶液实际供给量进行调节

图3－154　一种以尿素为还原剂的催化转换电控系统

c）颗粒捕捉器。

颗粒捕捉器安装在柴油机排气系统中，其主要功能是利用过滤技术将废气中的颗粒滤去，以减少排入大气的颗粒含量，减小废气对环境的危害，如图3－155所示。但仅通过过滤器过滤颗粒，只能物理性地降低颗粒排放，随着过滤下来的颗粒积累，会造成柴油机排气背压增加，当排气背压达到16～20kPa时，柴油机的性能将会恶化。因此，为了从根本上解决减少颗粒排放，还必须定期除去过滤器中的颗粒，使过滤器回复到原来的工作状态，即过滤器再生。目前，过滤器再生的方法如表3－2所示。

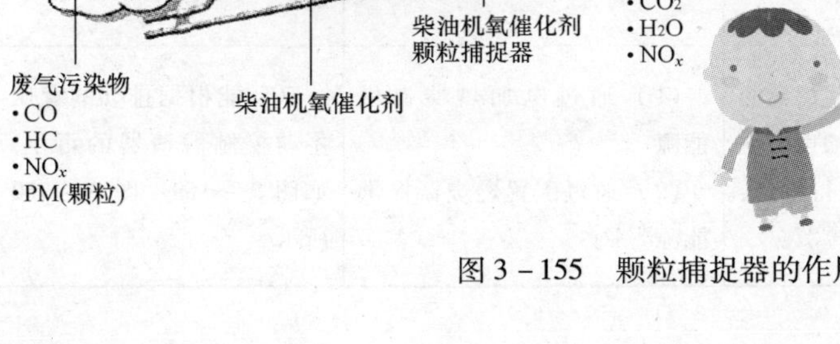

利用过滤技术将废气中的颗粒滤去。目前有如下一些过滤技术：过滤材料过滤技术、静电吸附捕集技术、旋流分离捕集技术、电压捕集技术、高压脉冲电晕等离子技术等，在这些过滤技术中除了过滤材料技术外，大多尚处于研制阶段。目前在柴油机使用最为广泛的过滤器是一种用陶瓷材料制造的蜂窝结构滤清器，如图3-156所示，其过滤机理如图3-157所示

图3－155　颗粒捕捉器的作用

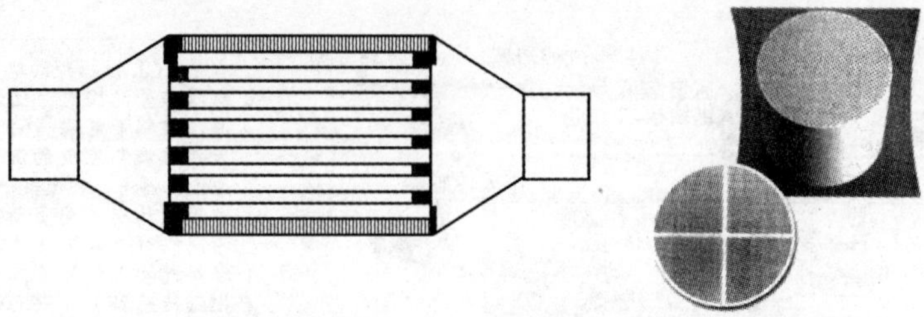

图 3－156 颗粒捕捉器及其滤芯

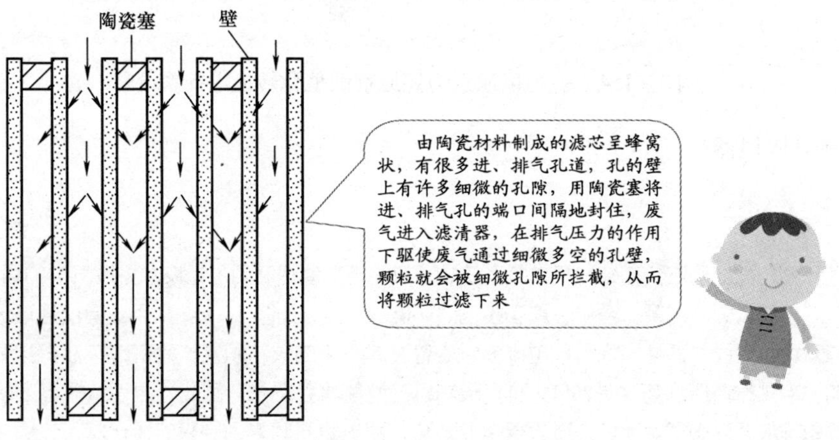

图 3－157 蜂窝状陶瓷滤芯的过滤机理

表 3－2 过滤器再生方法

再生方式	再生的机理	实现的途径	性能特点
被动再生	利用催化剂使颗粒物的温度高于其最低氧化温度，使过热的颗粒在过滤器中得到氧气而迅速燃烧，以减少颗粒的积累	（1）降低颗粒着火最低温度 （2）提高排气温度	柴油机在降低颗粒排放的同时，也在连续不断地进行着再生，如图3－158所示
主动再生	利用外加能源使颗粒过滤器的温度达到颗粒氧化燃烧温度，促使颗粒在过滤器中能进行燃烧，从而使颗粒减少	（1）通过电加热器提供能源 （2）通过配置燃烧器提供能源	ECU 能根据排气的背压主动控制滤清器的再生，如图 3－159、图 3－160 所示

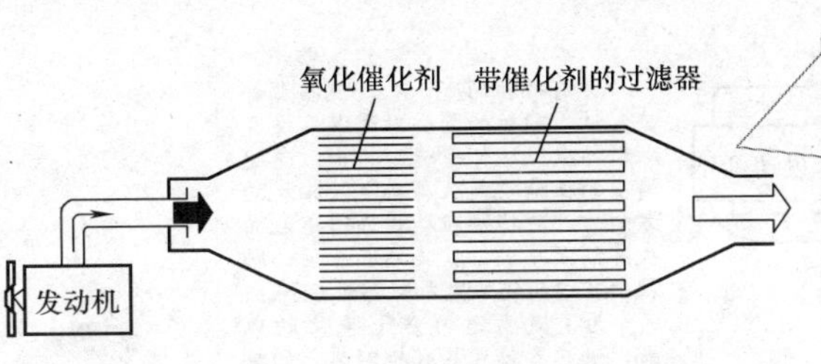

将氧化催化转换器（DOC）和催化型柴油颗粒捕捉器（CDPF）集成一体，利用氧化催化器，使排气中的HC、CO等可燃成分加速氧化提高排气温度，为颗粒的氧化创造有利的温度条件；利用附着在颗粒捕捉器滤芯上的催化剂来降低颗粒氧化反应所需的温度。这样通过提高排气温度和降低颗粒着火最低温度，实现过滤器的再生

图 3－158　DOC＋CDPF 型过滤器

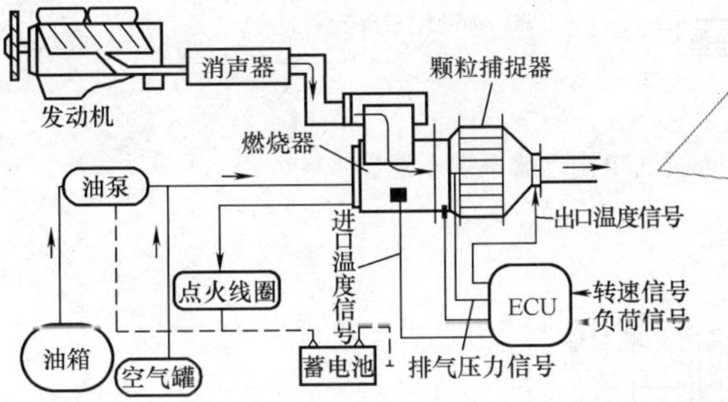

在颗粒捕捉前设置一燃烧器，用喷油器将少量燃油喷入燃烧器，利用排气中的氧或另外提供燃烧器二次空气，用火花塞或电热塞点燃燃油，利用燃油燃烧产生的高温燃气使颗粒进行燃烧，一般经过1～2min，即可完成再生过程

图 3－159　燃烧器主动再生系统

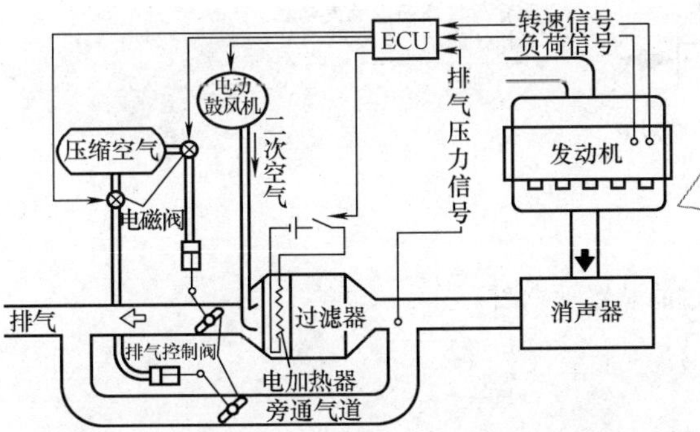

在颗粒捕捉器过滤器的入口端安装一个电加热器，利用电加热器产生的热量使颗粒燃烧。加热器内置于颗粒捕捉器内，易使颗粒捕捉器温度过高而损坏，所以有些电加热主动再生系统将电加热装置独立布置在颗粒捕捉器的前方。为解决颗粒燃烧后灰烬的积累问题，可采取逆向喷气的方法去除颗粒灰烬，如图3-161所示

图 3－160　电加热主动再生系统

故障自诊断系统：

故障自诊断系统主要由 ECU 中的部分软件和“故障指示灯”等组成，不需要专门的传感器。电控系统工作时，自诊断系统对电控系统各种输入、输出的信号进行检测，并运用程序进行推理、判断，将结果迅速反馈到主控制系统，改变控制状态；此外，还根据自诊断结果控制“故障指示灯”工作。

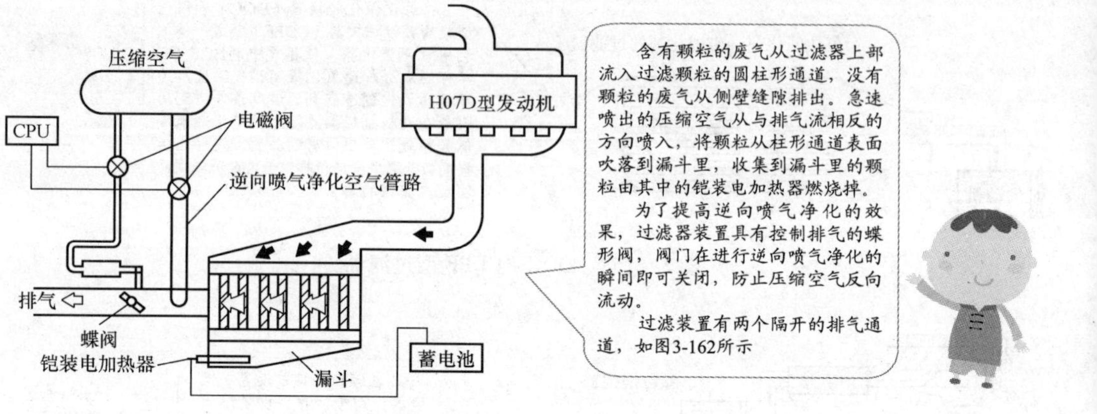

图 3－161 逆向喷气净化过滤系统示意图

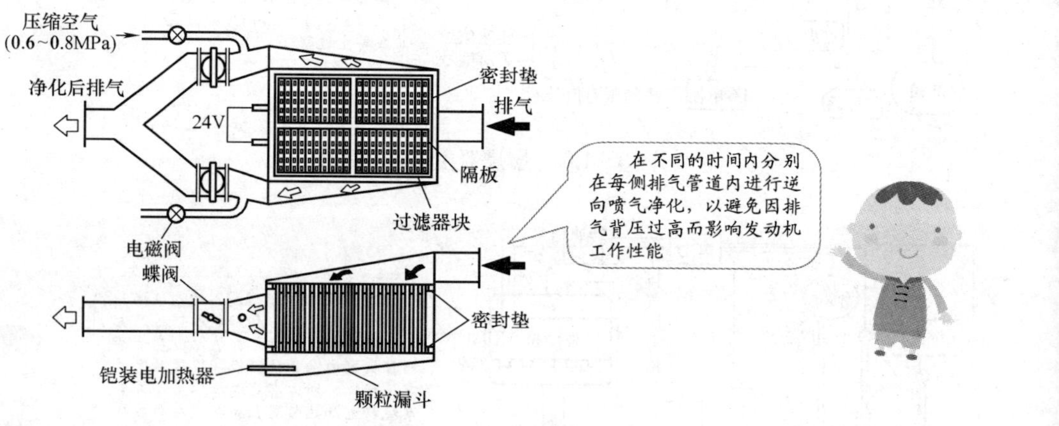

图 3－162 过滤装置示意图

六、巡航控制

在巡航模式下，ECU 根据传感器输送来的信号判断汽车的运行工况，通过柴油机电控燃油喷射系统控制喷油量，使汽车的行驶速度与设定的车速保持一致。其工作原理与汽油机巡航控制基本相同，仅在控制的途径上有所区别，汽油机通过控制混合气的量来实现巡航控制，而柴油机是通过控制循环供（喷）油量实现巡航控制。巡航控制系统的功能主要包括车速设定、匀速控制、加速、减速、解除等。

七、柴油机的失效保护

失效保护系统是利用预先存储在 ECU 内的程序，通过发动机原控制系统的执行机构来实施失效保护的，其工作原理与汽油机失效保护原理相同，只是它们在相关程序上有所区别。其功能是：当自诊断系统确定某传感器或其电路出现故障（即失效）时，给ECU提供预先设定的该传感器信号来替代故障信号，以保证控制系统的正常运行，使发动机仍能继续运转。此外，当ECU或重要传感器（如凸轮轴位置传感器、加速踏板位置传感器）发生故障时，失效保护系统则会按设定程序控制柴油机运转，除起动或熄火外，一般无法改变柴油机工况，以免发生严重事故。

第四章 新型发动机及控制技术

第一节 转子发动机

一、转子发动机结构特点（见图4-1、图4-2）

转子发动机结构特点：

（1）点燃式发动机，发动机采用的是旋转运动，其机械结构完全不同于传统发动机，其主要由茧形壳体和安置于壳体中的三角形转子组成。

（2）缸体内部空间总是被三角形转子分成三个工作室，这三个工作室随转子的转动而同时运动。

（3）主轴为偏心轴，主轴齿轮由主轴驱动旋转，转子围绕主轴齿轮边作自转，边摆动，使转子与缸体围成的各工作室的容积随转子的转动而不断发生变化，从而使各工作室能在摆线型缸体内的不同位置依次完成进气、压缩、做功（燃烧）和排气四个过程。由于转子发动机将可燃混合气燃烧所产生的膨胀压力直接转化为三角形转子和偏心轴的转动力，所以不需要设置曲柄连杆机构。

（4）发动机采用控制进排气通道的方式来控制混合气的进入和废气排出，进气口和排气口依靠转子本身的运动来实现打开和关闭，不再需要配气机构。

图4-1 转子发动机解剖图

图 4-2　转子发动机外形

二、转子发动机工作原理

转子发动机工作原理：

当三角形转子在发动机缸体中转动时，由缸体内表面与转子外轮廓弧面所围成的三个工作室的容积不断发生变化，使各工作室在摆线型缸体内的不同位置依次完成进气、压缩、做功（燃烧）和排气四个工作过程，发动机做功过程在工作室所产生的高压直接驱动三角形转子和偏心轴旋转，将动力输出。转子发动机各工作过程与往复式四冲程发动机的工作循环相同。下面以转子发动机其中一个工作室的工作过程说明转子发动机的工作原理，如图 4-3 所示。

三角形转子顺时针旋转，一旦转子外轮廓将进气孔与工作室连通，则该工作室便开始进入进气过程，该工作室容积随着三角形转子继续旋转而增大，将可燃混合气吸入工作室，当容积达到最大时（图示位置），转子外轮廓将进气孔遮盖而关闭，使工作室成为一个封闭空间，该工作室则完成进气工作。转子在整个进气过程中自转90°，由于转子与主轴间的速比为1∶3，则主轴在进气过程中转动角度为270°

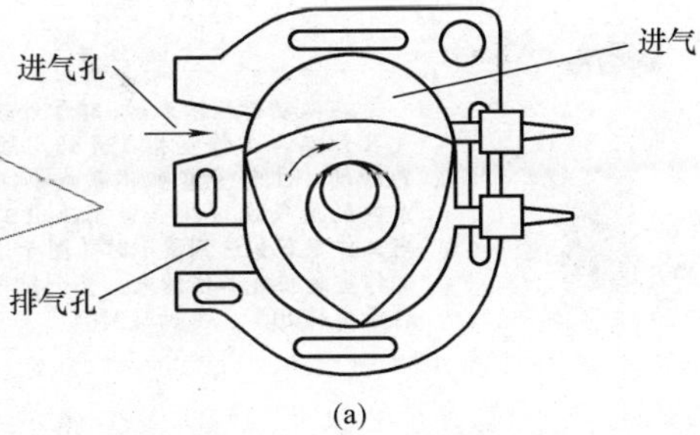

(a)

图 4-3　转子发动机工作原理（一）

（a）进气过程

在此工作过程，转子外轮廓始终遮度进气孔，该工作室是一个封闭的空间，工作室容积随转子的转动而减小，将该工作室内的可燃混合气压缩，当容积达到最小时（图示位置），结束压缩过程。整个压缩过程，转子自转90°，主轴旋270°

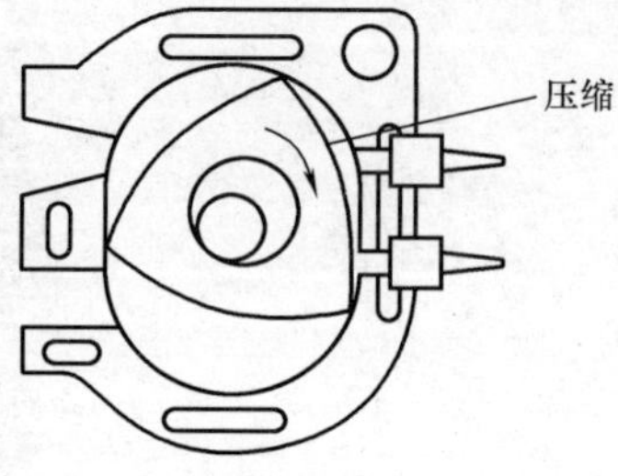

(b)

在压缩结束后,工作室仍保持封闭空间，此时两个火花塞先后产生电火花，将工作室内经过压缩的可燃混合气点燃，使工作室开始进入做功过程。

利用两个火花塞先后对可燃混合气进行点燃，一是为了保证可燃混合气的可靠点燃，以避免因火焰传播路径长而断火；二是为了使工作室的混合气在着火初始有一个理想的压力提升过程，更有效地将膨胀压力转化为转子的切向推力，以提高工作室在做功过程的功率转换率，并克服因工作室压力增大过快而加大对转子的径向冲击载荷

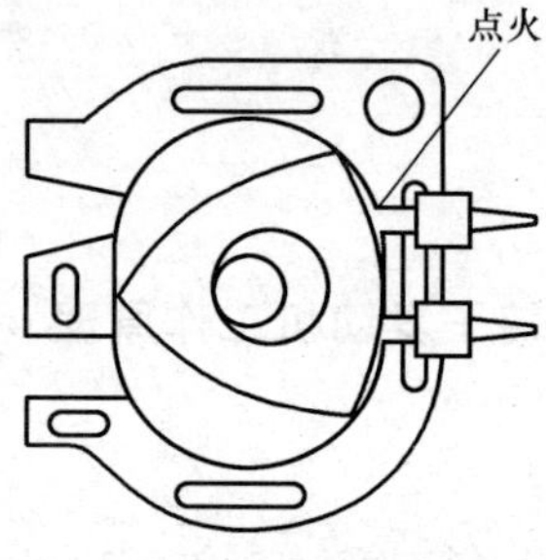

(c)

火花塞点燃工作室内的可燃混合气，使其剧烈燃烧，工作室内的高温高压气体推压转子外轮廓弧线，推动转子继续转动并向外输出功率，工作室容积随转子的转动而增大，当容积达到最大时（图示位置），做功工作结束。整个做功过程，转子自转90°，主轴旋270°

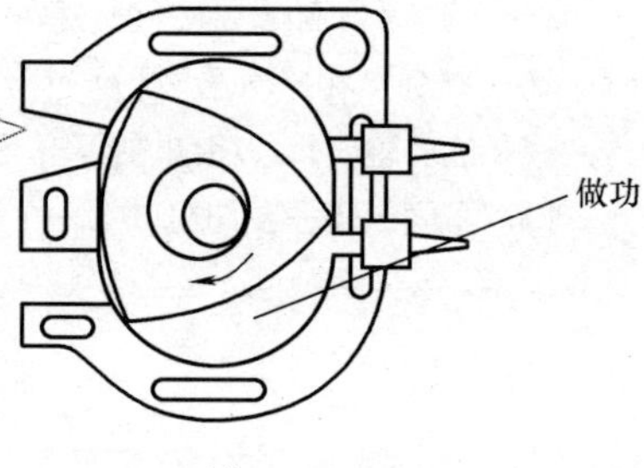

(d)

在做功行程结束后，转子外轮廓将排气孔开启，工作室排气开始，随着转子的转动，工作室容积不断减小，将工作室内的废气通过排气口挤压出工作室，当工作室容积达到最小时（图示位置），工作室的排气工作结束。整个排气过程，转子自转90°，主轴旋270°

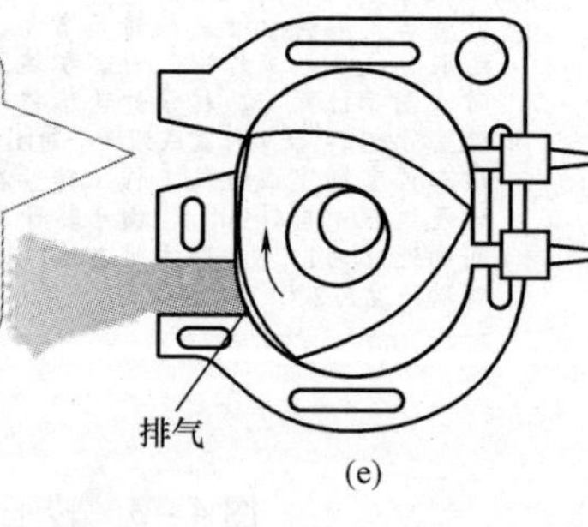

(e)

图4-3 转子发动机工作原理（二）

（b）压缩过程；（c）点火；（d）做功过程；（e）排气过程

特别提示：

转子发动机的每个工作过程都是在摆线形缸体中的不同位置进行；转子发动机的转子每自转一周，则其主轴旋转三周。

三、转子发动机主要零部件

1. 缸体与缸盖（见图4－4）

图4－4　转子发动机缸体与缸盖

2. 转子与主轴（见图4－5、图4－6）

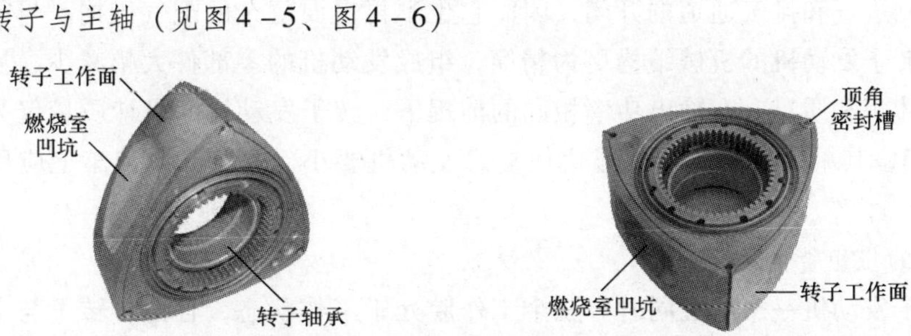

图4－5　转子发动机的三角形转子

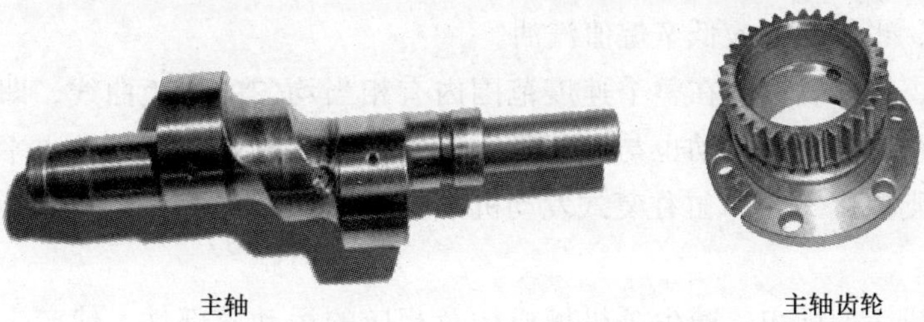

图4－6　转子发动机主轴与主轴齿轮

3. 转子发动机工作室的密封（见图4－7）

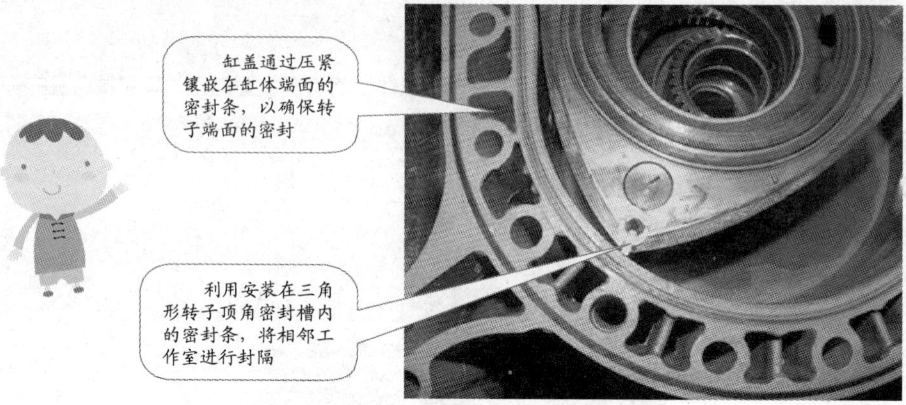

图4－7　转子发动机工作室的密封

四、转子发动机的特点

1. 结构简单、单位功率质量小

由于转子发动机将可燃混合气燃烧产生的膨胀压力直接转化为转子的扭矩，取消了无用的直线运动，所以发动机无需设置曲轴连杆机构；又由于转子发动机通过转子自身的运动来控制进气和排气通道的开闭，因而它也不再需要复杂的配气机构。与往复式发动机相比，转子发动机的机械结构更为精简，组成发动机的零部件大幅减少，从而减小了发动机的体积和质量。在输出功率相同的前提下，转子发动机的设计质量仅为往复式发动机的2/3，其单位功率质量明显比往复式发动机要小，这对其在汽车上应用极具吸引力。

2. 均匀的扭矩特性

由于转子发动机一个汽缸同时有三个工作腔处于工作状态，且由于转子与主轴的速比为1∶3，即主轴转三周，转子只转一周，转子在工作过程中能获得较长的过程时间，形成较小的扭矩波动，使运转更为平稳流畅，所以转子发动机的扭矩输出比往复式活塞发动机更加均匀，也较能适应低辛烷值汽油。

根据试验，转子发动机在整个速度范围内有相当均匀的扭矩曲线，即使是在两转子发动机中，运行时的扭矩波动也与直列六缸往复式发动机具有相同的水平，三转子发动机的扭矩波动则要比V形八缸往复式发动机小。

3. 噪声小

转子发动机结构简单，减少了机械机构及相应的运动零部件，使产生噪声的振动源大为减少，转子的旋转运动所产生的振动也比较小，因此转子发动机具有噪声小的特点。

4. 利于发展高速发动机

由于转子与主轴的速比为1∶3，即转子的转速只是发动机转速的1/3，转子不需达到很高的转速即可实现发动机的高转速，使发动机在高速运转中，仍能有充分的进气和排气时间，因而转子发动机更利于向高速发动机发展。

5. 低速时的动力性、燃料经济性差

当发动机处于低转速时，转子的转动速度将更低（比发动机转速慢2/3），转子各工作过程时间增加，使转子工作室内混合气的泄漏及工作室间的窜气增加，从而影响燃料的充分燃烧，使油耗增加，发动机动力下降。由于转子发动机低速时的动力性、燃料经济性较差，所以其较适合于作为高速发动机使用。

6. 成本比较高

由于转子发动机的加工制造技术要求高，其制造成本比较高。

第二节　燃气涡轮发动机

1. 燃气涡轮发动机结构与原理

如图4－8所示，燃气涡轮发动机主要由进气道、压气机、燃烧室、普通涡轮、自由涡轮等组成。发动机混合气通过进气道进入压气机，经压气机压缩后送入燃烧室燃烧，混合气在燃烧室燃烧产生高压气体，高压气体流过普通涡轮使其带动压缩机运转，从普通涡轮流出的高温高压燃气在尾喷管中继续膨胀，以高速沿发动机轴向冲向自由涡轮，从而驱动自由涡轮转动并通过传动轴将动力输出，废气最后通过喷管排出。自由涡轮不带动压气机，其与普通涡轮没有机械联动。燃气涡轮发动机产生能量的原理与活塞式发动机相似，都需要有进气、加压、燃烧、排气等四个工作阶段。它们所不同的是，在活塞式发动机中四个工作阶段是依次进行的，而在燃气涡轮发动机中是连续进行的。

2. 燃气涡轮发动机的性能特点

燃气涡轮发动机与往复活塞式发动机相比，具有质量轻、发动机摩擦副少、转速高、起动性好、废气有害成分少、转矩特性好等优点，但由于发动机涡轮转速高达每分钟数万转，对空气的消耗量很大，发动机噪声较大，对发动机材料的性能要求也较高，制造成本较大，同时发动机的高转速运行较难适应复杂的汽车行驶状况。涡轮发动机通常适应于高速运行的赛车。

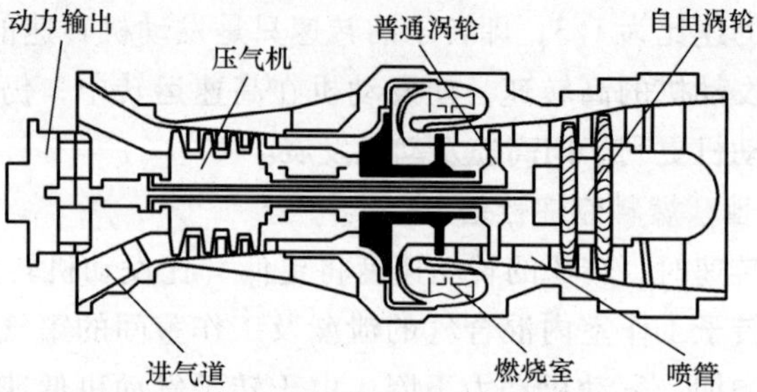

图 4－8　燃气涡轮发动机组成

第三节　斯特林发动机

一、斯特林发动机工作原理

斯特林发动机是一种外燃的闭式循环往复活塞式热力发动机。依据斯特林循环（见图 4－9），发动机封闭的汽缸中充有一定容积的工质（一般用氢、氮、氦作为工质），汽缸的一端为热腔，另一端为冷腔。工质在冷腔中收缩，流入热腔中迅速加热，使工质膨胀推动动力活塞做功。燃料在汽缸外的燃烧室内连续燃烧，通过加热器传给工质，工质则不直接参与燃烧，如图 4－10 所示。

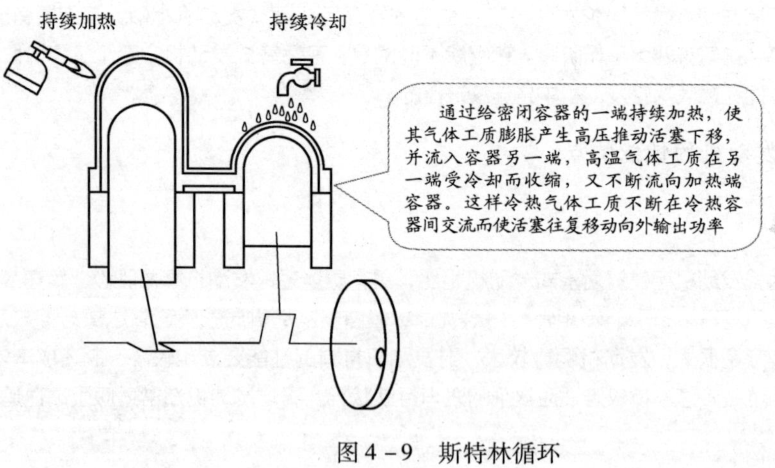

图 4－9　斯特林循环

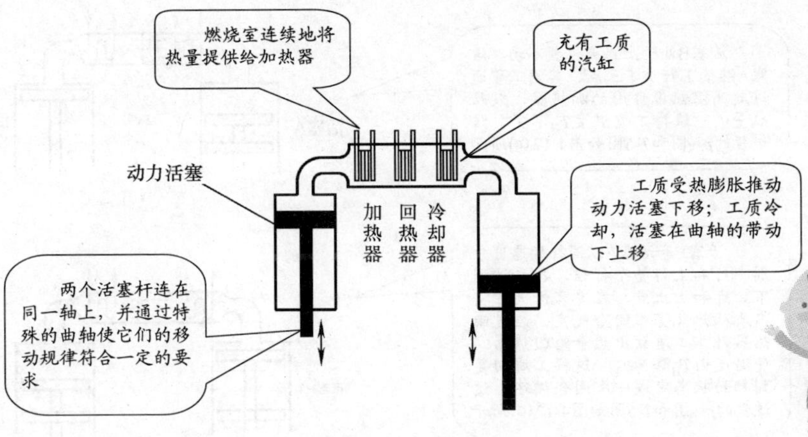

图4－10　斯特林发动机工作原理（双缸活塞式）

二、斯特林发动机的热力循环

斯特林发动机的热力循环可分为四个过程，即定温压缩过程、定容吸热过程、定温膨胀过程、定容放热过程，如图4－11所示。

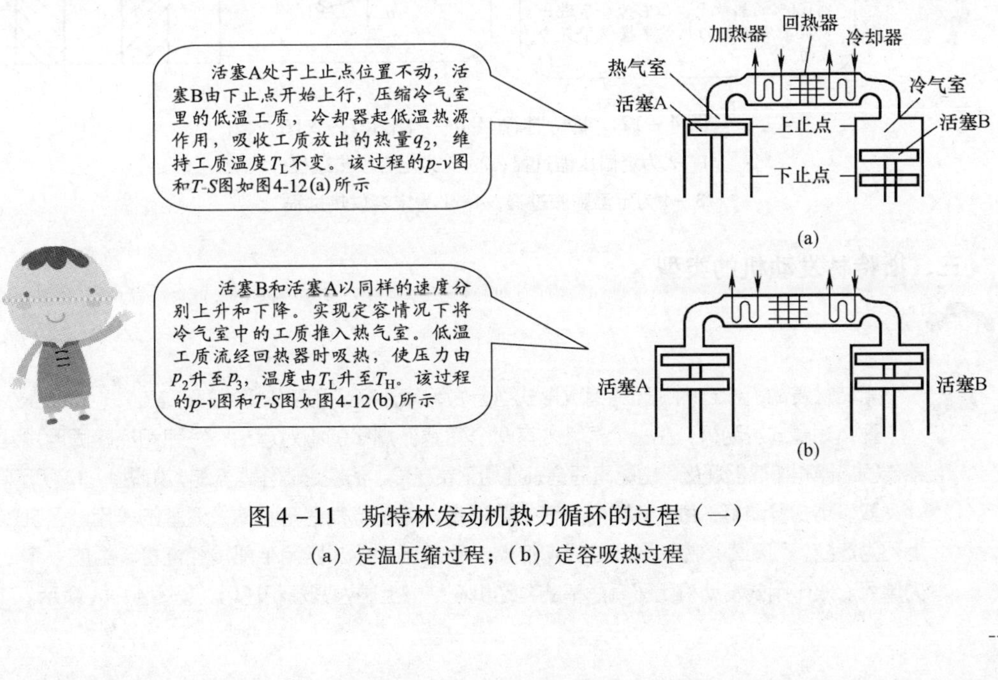

图4－11　斯特林发动机热力循环的过程（一）

（a）定温压缩过程；（b）定容吸热过程

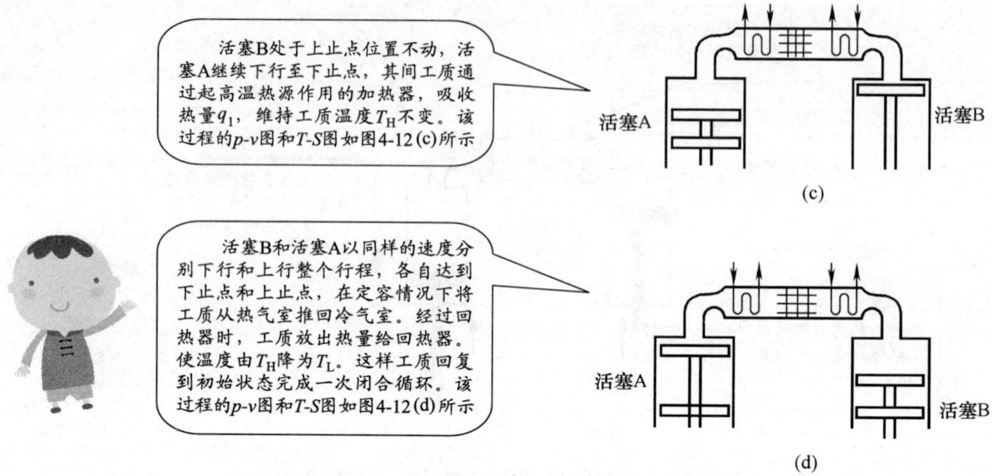

图4－11　斯特林发动机热力循环的过程（二）

（c）定温膨胀过程；（d）定容放热过程

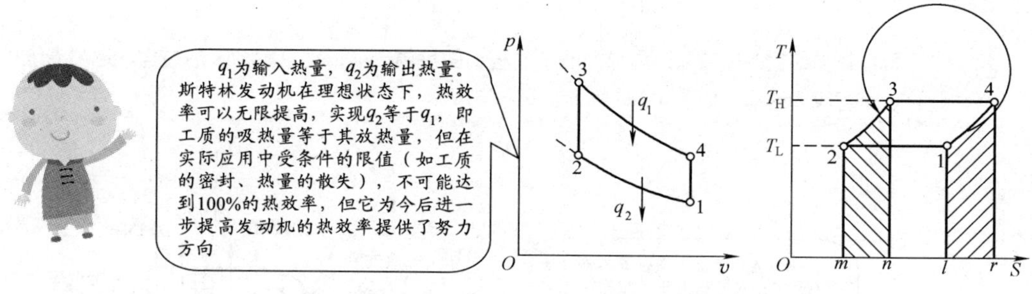

图4－12　斯特林循环 $p-v$ 图和 $T-S$ 图

1—2 为定温压缩过程；2—3 为定容吸热过程；

3—4 为定温膨胀过程；4—1 为定容放热过程

三、斯特林发动机的类型

斯特林发动机按缸内循环的组成形式可分为配气活塞式和双作用式两种。

配气活塞式发动机，在一个汽缸内有两个活塞作规律的相对运动，冷腔和热腔间用冷却器、回热器和加热器连接，由配气活塞来推动工质在冷、热腔之间往返流动，如图4－13所示。

双作用式发动机，每个汽缸内只有一个活塞，兼起配气活塞和动力活塞的作用。各缸的上部为热腔，下部为冷腔。各热腔经加热器、回热器和冷却器与下部冷腔连接，组成一个动力单元。双作用式发动机比配气活塞式发动机在结构上更为紧凑和轻巧，如图4－14所示。

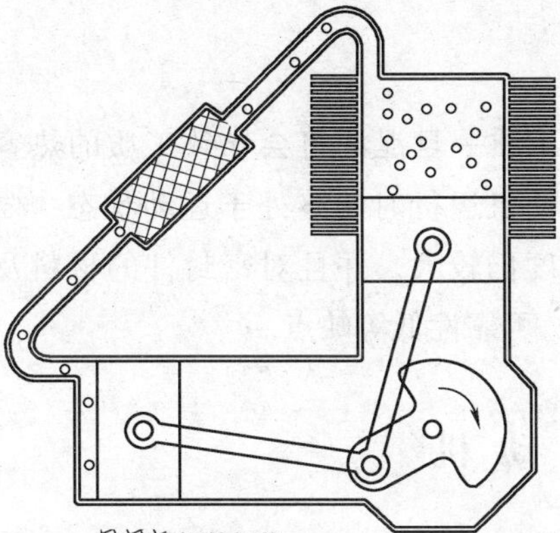

图 4－13　配气活塞式斯特林发动机示意

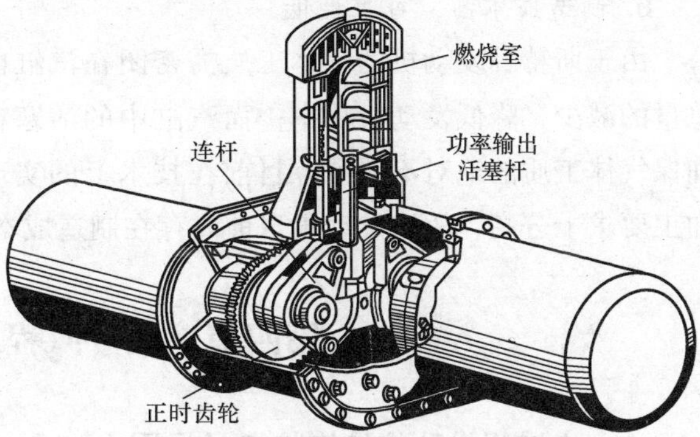

图 4－14　斯特林双作用式发动机结构

四、斯特林发动机的性能特点

1. 适用各种能源

斯特林发动机适用于各种能源，无论是液态、气态或固态的燃料，当采用载热系统（如热管）间接加热时，几乎可以使用任何高温热源（包括太阳能放射性同位素和核反应堆等）。

2. 结构简单

斯特林发动机的零件比内燃机要少 40% 左右，因此其结构比内燃机大为简化。

3. 平稳低噪和高效低排

斯特林发动机在运行时，由于燃料在缸外的燃烧室连续燃烧，独立于燃气的工质通过加热器吸热，并按斯特林循环对外做功，因此避免了类似内燃机的间隙燃烧做功过程，并且燃料可在较大的过量空气系数条件下连续充分燃烧，从而实现了高效、低噪、低排放运行。斯特林发动机本身并不排废气，其排放只来自于热源的提供过程，若提供热源过程中实现零排放，则斯特林发动机运行也就实现零排放。目前斯特林发动机的总能效率可达 80%，其裸机 1m 处的噪声低于 68dB，发动机尾气排放达到欧洲汽车尾气排放标准 5 号标准。

4. 良好的扭矩特性

斯特林发动机是在连续的热量输入过程中进行着持续的能量转换，因此在很宽的速度范围内具有良好的扭矩特性。

5. 应用前景好

斯特林发动机在理论上可实现 100% 的热效率，随着斯特林发动机密封技术难点的突破和新材料的应用，可不断获得更高的热效率，因此，斯特林发动机是一种很有前途的热力发动机，具有良好的应用前景。

6. 制造成本高，可靠性低

由于斯特林发动机的气体工质需密闭在汽缸内，工质一旦泄漏将会导致工质的热容总量的减少，降低发动机功率；而汽缸中的活塞在发动机运行时始终处于运动状态，要确保气体工质的绝对不泄漏，目前在技术上的实现难度仍较大，并且对密封件的材料及加工要求十分高，故该发动机目前尚存在制造成本高、可靠性低等缺点。

第四节　六 冲 程 发 动 机

一、六冲程发动机结构特点（见图4-15）

六冲程发动机结构特点：

（1）由现代发动机改造而成，其结合了二冲程和四冲程发动机技术。

（2）去除了四冲程发动机原来的汽缸盖、菌状气门机构和凸轮轴，重新配置了一种称为BeareHead的全新发动机缸盖，缸盖使用了活塞和气道，很像是用两冲程发动机代替了传统缸盖。发动机缸体上的缸筒、活塞、曲轴都没有改变。

（3）缸盖内镶嵌有缸套，缸套中的锥形上活塞通过上下移动控制进、排气孔的开闭。

（4）在汽缸盖上安装有超短行程的上置式曲轴，由发动机原凸轮轴正时齿轮带动，以驱动上活塞运动。

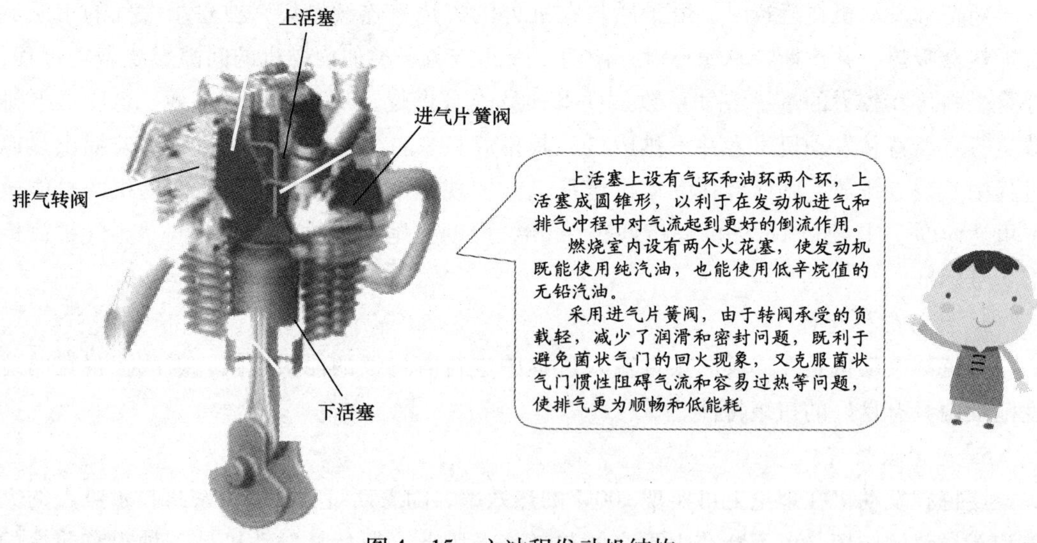

图4-15　六冲程发动机结构

特别提示：

六冲程发动机又称为 2/4 冲程发动机，是指结合了二冲程和四冲程技术的发动机。

二、六冲程发动机性能特点

1. 转速高

六冲程发动机用排气转阀和进气片簧阀取代原四冲程发动机菌状气门，解决了菌状气门惯性阻碍气流的问题及发动机高速时气阀的密封问题，使提高发动机转速的限值得到突破，六冲程发动机在理论上的安全极限转速可达到 28 000r/min。

2. 油耗少及排放低

六冲程发动机排气转阀和进气片簧阀，不仅有效减少了进、排气阻力，而且解决了四冲程发动机菌状排气门容易过热的问题，并能避免菌状气门的回火现象及由此带来的密封、润滑、机油消耗等系列问题，使发动机进气和排气时的气流更为顺畅，进、排气功率消耗降低，因充气效率和排气效率的提高，发动机燃烧将更为充分，从而有利丁发动机降低燃油消耗，减少废气排放。

六冲程发动机在低转速、节气门全闭时的油耗，比传统的发动机低35%；在高转速、节气门全开时的油耗也比传统发动机低约 13%。发动机的低油耗同时也实现了发动机低排放。

3. 改善了发动机低转速扭矩特性

六冲程发动机通过对原四冲程发动机气门机构的改造，提高了发动机充气和排气效率，尤其较好地克服了菌状气门在发动机低速时开闭的惯性影响，使发动机低速时的做功效率得到较大提高，从而改善发动机低速扭矩特性。

六冲程发动机比产生相同扭矩的四冲程发动机的转速低 1000r/min，并随着转速的上升，发动机扭矩呈线性增加，具有较良好的转速—扭矩特性。

4. 制造成本低

六冲程发动机每一个汽缸只有 15 个部件，而传统四冲程发动机是 40～50 个部件，同时它的运动部件也比四冲程发动机运动部件要少，因而其制造成本比传统发动机要低。

综上所述，六冲程发动机无复杂的机械结构，不需要采用昂贵的材料，具有低能耗、低排放、制造成本低、扭矩输出特性好等特点，尤其在缩小发动机尺寸（采用一个较小、较轻和较大比功率）方面具有较大潜力，因此其具有良好的应用前景。

第五节　混合动力电动汽车　（HEV）

混合动力电动汽车（HEV），是介于内燃机汽车和电动汽车之间的一种车型，它是一种内燃机汽车向EV（Electric Vehicle）过渡型的车辆，同时，也是一种独立型车辆。HEV将存在一个较长的历史时期，并且在21世纪的运载车辆中占有重要的地位。

一、HEV的主要技术总成

1. 发动机

HEV可以广泛地采用四冲程内燃机（包括汽油机和柴油机）、二冲程内燃机（包括汽油机和柴油机）、转子发动机、燃气涡轮发动机和斯特林发动机等。一般转子发动机和燃气涡轮发动机的燃烧效率比较高，排放也比较洁净，采用不同的发动机就可以组成不同的HEV。

2. 电动机

HEV可以采用直流电动机、交流感应电动机、永磁电动机和开关磁阻电动机等。随着HEV的发展，直流电动机已经很少采用，多数采用了感应电动机和永磁电动机，开关磁阻电动机应用也得到重视，还可以采用特种电动机作为HEV的驱动电动机，采用不同的电动机就可以组成不同的HEV。

3. 电池

HEV可以采用各种不同的蓄电池、燃料电池、储能器和超级电容器等作为电池，一般电池是作为HEV的辅助能源，只有在HEV用电动机起动发动机或电动机辅助驱动时才使用。

二、HEV发动机和电动机的组合

HEV可分为以下几种：

1. 串联式混合动力汽车（SHEV，Series Hybrid Electric Vehicle）

SHEV是由发动机、发电机和驱动电动机三大动力总成组成，发动机、发电机和驱动电动机采用“串联”的方式组成SHEV的驱动系统，发动机—发电机组均衡地发电，电能供应驱动电动机或动力电池组，使SHEV的行驶里程得到延长。实际上SHEV的发动机—发电机组只能看作一种电能供应系统，发动机并不直接参与SHEV的驱动。

特点：

SHEV驱动系统的结构比较简单，动力电池组、发动机—发电机组和驱动电动机在底盘上的布置有较大的自由度，控制系统也比较简单，因为只有唯一的电动机驱动模式，其特点是动力特性更加趋近于EV。SHEV必须装置一个大功率的发动机—发电机组，再用驱动电动机来驱动车辆。发动机、发电机和驱动电动机的功率都要求等于或接近于SHEV的最大驱动功率，在热能—电能—机械能之间的转换过程中，总效率低于内燃机汽车。三大动力总成的体积较大，质量也较大，还有庞大的动力电池组，使得在中小型汽车上布置有一定的困难，一般适合大型客车采用。

2. 并联式混合动力电动汽车（PHEV，Parallel Hybrid Electric Vehicle）

PHEV 是由发动机、电动/发电机或驱动电动机两大动力总成组成，发动机、电动/发电机或驱动电动机采用“并联”的方式组成 PHEV 的驱动系统。从 PHEV 的动力系统组成，可大致分为发动机—驱动系统（变速器和驱动桥）—驱动轮等，电动机的动力要与车辆驱动系统相组合，可以：① 在发动机输出轴处进行组合；② 在变速器（包括驱动桥）处进行组合；③ 在驱动轮处进行组合。因此 PHEV 的驱动力组合有以下不同的组合模式：

（1）发动机轴动力组合式 PHEV。

小贴士：

发动机轴动力组合式 PHEV 只有发动机和电动/发电机两大动力设备，发动机和电动/发电机的动力在发动机输出轴上进行组合，然后通过由离合器、变速器、驱动桥和半轴组成的传统的驱动系统带动车轮行驶，称为发动机轴动力组合式 PHEV。

（2）动力组合器动力组合式 PHEV。动力组合器动力组合式 PHEV 只有发动机和驱动电动机两大动力设备，发动机和驱动电动机的动力在动力组合器上进行组合，然后通过差速器和半轴带动车轮行驶。

小贴士：

由于发动机和驱动电动机的动力在动力组合器上进行组合，称为动力组合器动力组合式 PHEV。

（3）驱动轮动力组合式 PHEV。驱动轮动力组合式 PHEV 的发动机通过离合器、变速器和驱动桥独立驱动 PHEV 的后驱动轮（前轮），驱动电动机通过减速器独立地驱动 PHEV 前驱动轮（后轮）。在混合动力驱动模式时发动机与驱动电动机共同组成四轮驱动模式驱动 PHEV 的前驱动轮和后驱动轮。

小贴士：

由于在发动机与驱动电动机混合驱动时，发动机和驱动电动机的动力（牵引力）在驱动轮上组合，因此称为驱动轮动力组合式 PHEV。

虽然 PHEV 有不同的结构模型，但都是以发动机为主要驱动模式。发动机控制在低油耗、高效率和低污染的转速范围内稳定地运转。发动机直接带动 PHEV 的驱动系统，采用传动效率高的机械传动系统，没有 SHEV 在热能—电能—机械能的转换过程中的能量损耗。

PHEV 的发动机和驱动电动机两大动力总成都是驱动动力装置，在 PHEV 上可以实现发动机驱动模式，驱动电动机驱动模式和发动机—驱动电动机混合驱动模式等三种驱动模式。发动机和发电机各自的功率，可以是 PHEV 的最大驱动功率的 0.5 ~ 1 倍，两大动力总成的功率可以叠加，因此可以采用较小功率的发动机和驱动电动机，使得整个动力总成的尺寸较小，质量较小，造价也较低，可以应用在中小型 PHEV 上。由于是以发动机驱动模式为主要驱动模式，其特点是动力特性更加趋近于内燃机汽车。

3. 混联式（串、并联式）混合动力电动汽车（PSHEV，split Hybrid Electric Vehicle）

混动式混合动力电动汽车（PSHEV）是综合 SHEV 和 PHEV 结构特点组成的 PSHEV，由发动机、电动/发电机和驱动电动机三大动力总成组成。由于电动/发电机必然是装在发动机的输出轴上，才能起发动机飞轮和起动机的作用，也才能保持发动机稳定运转并进行发电。因此电动机的动力要与车辆驱动系统相组合，只有：① 在变速器（包括驱动桥）处进行组合；② 在驱动轮处进行组合。因此，PSHEV 的驱动力组合有以下不同的组合模式：

（1）动力组合器动力组合式 PSHEV。动力组合器动力组合式 PSHEV 有发动机、电动/发电机和驱动电动机三大动力总成，在发动机的输出轴上，装有一个电动/发电机，电动/发电机一般只用于快速起动发动机和发电。发动机和驱动电动机的动力在动力组合器上进行组合，然后通过差速器和半轴带动车轮行驶。

小贴士：

由于发动机和驱动电动机的动力在动力组合器上进行组合，所以称为动力组合器组合式 PSHEV。

（2）驱动轮动力组合式 PSHEV。驱动轮动力组合式 PSHEV 有发动机、电动/发电机和驱动电动机三大动力总成，在发动机的输出轴上，装有一个电动/发电机，电动/发电机一般只用于快速起动发动机和发电。发动机通过离合器、变速器和驱动桥独立驱动 PSHEV 的后驱动轮（前轮），驱动电动机通过减速器独立地驱动 PSHEV 前驱动轮（后轮）。在混合动力驱动模式时发动机与驱动电动机共同组成四轮驱动模式驱动 PHEV 的前驱动轮和后驱动轮。

小贴士：

由于在发动机与驱动电动机混合驱动时，发动机和驱动电动机的动力（牵引力）在驱动轮上组合，因此称为驱动轮动力组合式 PSHEV。

PSHEV 兼有 SHEV 和 PHEV 的优点，可以组合成更多种形式的混合驱动的驱动模式，发动机、电动/发电机和驱动电动机的功率可以是 PSHEV 总功率的 1/3 ~ 1 倍，车辆的整备质量可以降低，而且性能更加完善，经济性更好，在动力性能方面接近和达到内燃机汽车的水平，有害气体的排放更少，达到超低污染的标准要求。

三、HEV 的基本结构模型和驱动模式

HEV 的基本结构模型和驱动模式见表 4 – 1。

表 4 – 1　　HEV 的基本结构模型和驱动模式

结构模型	结构模型简图	驱动模式
SHEV 由发动机、发电机、驱动电动机三大动力总成	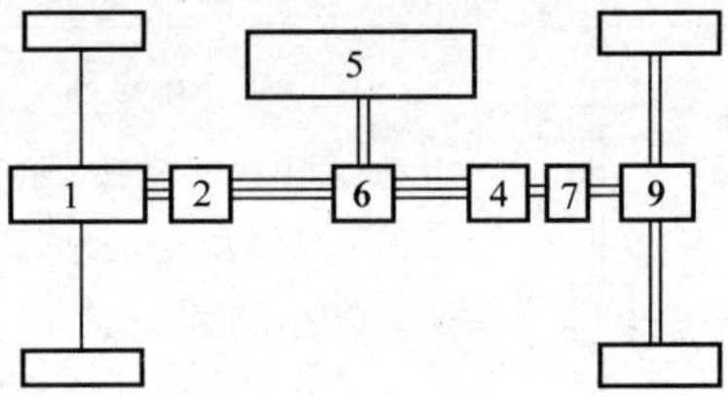	（1）以动力电池组的电能为主要动力源 （2）以发动机、发电机组发电为辅助动力源 （3）驱动电动机驱动是唯一的驱动模式
发动机轴动力组合式 PHEV 由发动机、电动/发电机两大动力总成	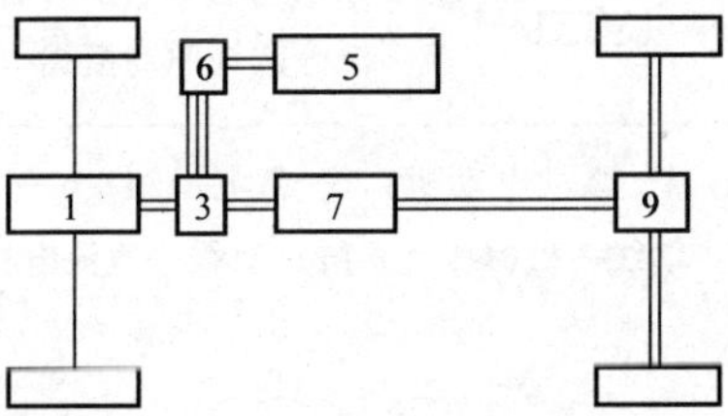	（1）以发动机驱动为基本驱动模式 （2）电动/发电机为辅助动力 （3）电动/发电机只在发动机起动，车辆加速、爬坡时起辅助作用，与发动机组成混合驱动模式 （4）在混合驱动时，发动机与电动/发电机动力在发动机上组合
动力组合器动力组合式 PNEV 由发动机、驱动电动机两大动力总成	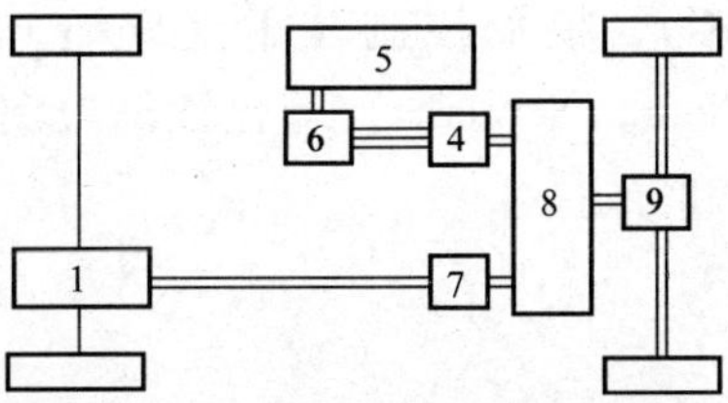	（1）以发动机驱动为基本驱动模式 （2）驱动电动机为辅助驱动模式，可以独立驱动 PHEV （3）在混合驱动时，发动机与驱动电动机的动力通过动力组合器组合
驱动轮动力组合式 PHEV 由发动机、驱动电动机两大动力总成	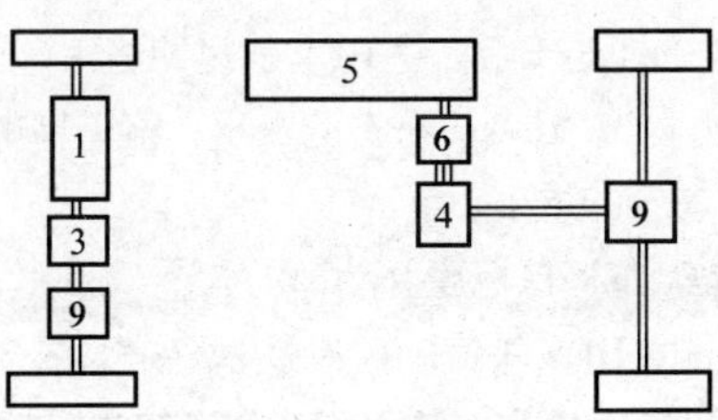	（1）以发动机驱动为基本驱动模式，独立驱动后驱动轮 （2）驱动电动机为辅助驱动模式，能独立驱动前驱动轮 （3）在混合驱动时，发动机驱动的后轮动力与驱动电动机驱动的前轮的动力进行组合，成为混合四轮驱动模式

续表

结构模型	结构模型简图	驱动模式
动力组合器组合式 PSHEV 由发动机、电动/发电机、驱动电动机三大动力总成	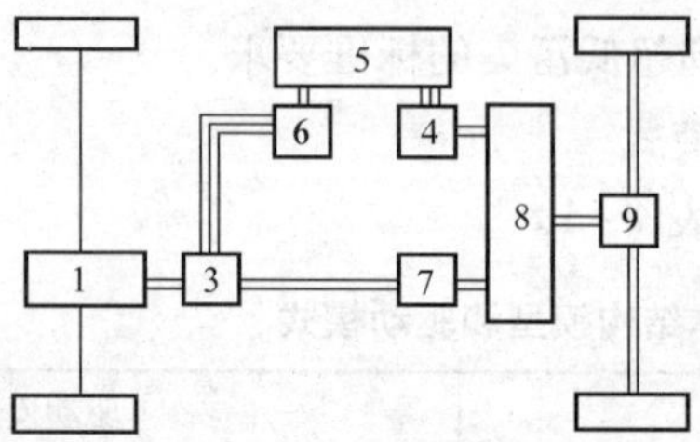	（1）以发动机驱动为基本驱动模式，带动电动/发电机，通过动力组合器驱动车辆行驶 （2）驱动电动机能够以电动机驱动模式，通过动力组合器驱动车辆行驶 （3）在加速、爬坡时，驱动电动机与发动机组成混合驱动模式，发动机与驱动电动机的动力通过动力组合器组合
驱动轮动力组合式 PSHEV 由发动机、电动/发电机、驱动电动机三大动力总成	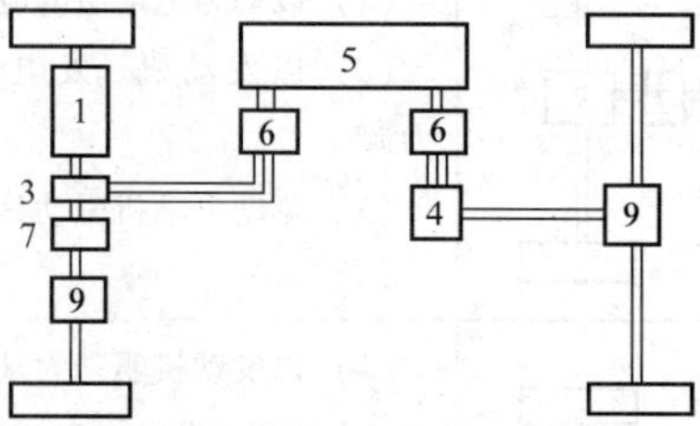	（1）以发动机驱动为基本驱动模式，带动电动/发电机，并独立驱动后驱动轮 （2）驱动电动机为辅助驱动模式，能独立驱动前驱动轮 （3）在混合驱动时，发动机驱动的后轮动力与驱动电动机驱动的前轮的动力进行组合，成为混合四轮驱动模式

注　1—发动机；2—发电机；3—电动/发电机；4—驱动电动机；5—蓄电池组；6—电流转换器；7—变速器或减速器；8—动力组合器；9—驱动桥。单线—机械传动系统；双线—直流电；三线—三相交流电。

四、HEV 的控制系统

在 HEV 上普遍地采用以计算机为核心的现代计算机技术和自动控制技术，各种智能控制系统包括自适应控制技术（MRAC），模糊控制技术（Fuzzy），专家控制系统（Expent System），神经网络控制系统（Neural Networks）等也逐渐应用到 EV、FCEV 和 HEV 上，使 HEV 更加安全、节能、环保和舒适。

HEV 的控制系统特点：

（1）使 HEV 的动力性能达到或接近现代内燃机汽车的水平，逐步实现 HEV 的实用化。

（2）最大限度地发挥了电动机驱动的辅助作用，使 HEV 的燃油消耗量尽量地降低，实现发动机的节能化。目前，HEV 轿车已达到 3L/100km 左右的水平，客车基本达到 100km 的油耗（L/100km）比内燃机客车降低 1/3 左右的水平。

（3）在环保方面，达到“超低污染”的环保标准。

（4）在 HEV 上实现多能源动力控制，HEV 关键的控制技术，是对内燃机驱动系统和对电动机驱动系统实现双重控制。发动机与电动机的动力系统应最有效的组合和实现最佳匹配，发动机和驱动系统，电动机和驱动系统都能具有高效率，能够回收再生制动能量，延长 HEV

的行驶里程，改进 HEV 的节能性。

（5）在操纵装置和操纵方法上继承或沿用内燃机汽车主要的操纵装置和操纵方法，适应驾驶员的操作习惯，使操作简单化和规范化。在整车控制系统中，采用全自动、机电一体化控制系统，达到安全、可靠、节能、环保和灵活的目的。

（6）采用流线型车身，降低车辆的迎风面积和空气阻力系数。采用轻金属材料，高强度复合材料和新型 EV 专用的车身和底盘结构，尽量减轻整车的整备质量。采用低滚动阻力的轮胎。降低车辆的行驶阻力。降低空调系统的能量消耗，实现空调器的节能化。HEV 的底盘、车身附件和电子、电气设备等尽可能的配备现代技术设备，要求 HEV 达到或接近内燃机汽车所具有的水平。

五、HEV 控制系统的基本组成

HEV 一般是内燃机汽车的替代和延伸，继承和沿用了很大一部分内燃机汽车的传动系统，保留了人们已经习惯的内燃机汽车的操纵装置，包括发动机控制装置、加速踏板（控制发动机的节气门和电动机）、制动踏板（控制制动反馈和机械式 ABS 制动）、离合器、自动离合器、变速器的操纵装置等。由这些操纵装置发出控制信号，通过以计算机 CPU 为核心的中央控制器各种控制模块，向内燃机的驱动系统或电动机驱动系统发出单独驱动指令或混合驱动指令，来获得不同的驱动模式，按照驾驶员的意图，实现 HEV 的起动、行驶、加速、爬坡、减速和制动时的驱动模式转换的控制。

HEV 控制系统组成：

（1）控制系统，由操纵装置、中央控制器和各种控制模块共同组成。

（2）发动机和驱动系统，发动机和发动机驱动系统的控制系统。

（3）电动机和驱动系统，电动机和电动机驱动系统的控制系统。

（4）信号反馈及检测装置，包括各种车速表、里程表、发动机转速表、电量检测装置（电压表、电流表等）、显示装置和自诊断系统等。

（5）汽车电气装备和电子装备，包括刮水器、喷淋器、安全气囊、空调系统、娱乐装置和导航系统等。

六、SHEV、PHEV 和 PSHEV 的性能比较

（一）串联式混合动力电动汽车（SHEV）的特点

1. 优点

（1）SHEV 以动力电池组为基本能源来驱动，使 SHEV 在城市中，实现零污染状态的行驶。发动机—发电机组所发出的电能向动力电池组充电，用于补充动力电池组的电能，

或直接供给驱动电动机，大大地延长 SHEV 续驶里程。

（2）SHEV 的发动机—发电机组的发动机能够保持在稳定、高效、低污染的状态下运转，将有害排放气体控制在最低范围。SHEV 还可采用燃气轮机、转子发动机等其他类型的发动机作为发动机，可进一步降低燃料消耗和排放有害气体。

（3）SHEV 可以采取电动机集中驱动系统或轮毂驱动系统。SHEV 还可以采用前轮驱动、后轮驱动和四轮驱动等多种驱动形式。

（4）SHEV 只有驱动电动机的电力驱动系统，其特点更加趋近于 EV。从总体结构上来看，比较简单，易于控制，三大动力总成之间没有机械联系，在电动汽车上布置起来，有较大的自由度，可以独立地布置。

2. 缺点

（1）在 SHEV 上，驱动电动机的功率必须是能够克服 SHEV 在行驶过程中的最大阻力，驱动电动机的功率要求较大，外形尺寸较大，质量也较大，由于不是经常在满负荷状态下运转，因此效率较低。要求动力电池组的容量要大，同时还需要装置一个较大功率的发动机—发电机组，一般发动机—发电机的功率接近和等于驱动电动机的功率。加上庞大的动力电池组，外形尺寸较大，质量也较大，在中小型 SHEV 上布置有一定的困难，SHEV 驱动系统较适合在大型客车上采用。

（2）在发动机—发电机—驱动电动机系统中的热能—电能—机械能的能量转换过程中，能量损失较大，在动力电池组的充、放电过程中也存在能量损耗，能量转换总的综合效率要比内燃机汽车低。

（3）发动机—发电机组与动力电池组之间的匹配要求较严格，要根据动力电池组荷电状态（SOC）的变化，自动起动或关闭发动机—发电机组，以避免动力电池组过放电，这就需要更大的电池容量。

（二）并联式混合动力电动汽车（PHEV）的特点

1. 优点

（1）PHEV 只有发动机和电动/发电机（或驱动电动机）两个动力总成，这两个动力总成本身的功率可以等于 50% ~100% 的车辆驱动功率，比 SHEV 的三个动力总成的功率、质量和体积要小很多。

（2）发动机驱动模式是 PHEV 的基本驱动模式，从发动机到车轮之间动力传递过程中，除摩擦损耗外，没有机械能—电能—机械能的转换过程，能量转换总的综合效率要比 SHEV 高。由于在车辆需要最大输出功率时，电动/发电机（或驱动电动机）可以给发动机提供额外的辅助动力，因此 PHEV 的发动机功率可以选择得较小，燃料经济性比 SHEV 要高。

（3）电动/发电机是 PHEV 的辅助动力，电动/发电机（或驱动电动机）的功率，根据多能源动力总成匹配的要求，可以选择得较小。与此相应电动/发电机（或驱动电动机）的质量和体积较小，与它们配套的动力电池组的容量也较小，使整车的整备质量大大地降低，例如福特汽车公司的P2000－LSR低储能型转矩合成型PHEV就是按这种原则进行动力匹配的。

（4）发动机用电动/发电机作为起动机、飞轮、辅助动力装置。电动/发电机可以带动发动机起动，在发动机运转时起平衡作用，消除发动机的振动，调节发动机的输出功率，使发动机基本稳定在高效率、低污染的状态下运转。发动机带动电动/发电机发电，所发出的电能向动力电池组充电，用于补充动力电池组的电能，可延长续驶里程。

2. 缺点

（1）发动机驱动模式是PHEV的基本驱动模式，需要配备与内燃机汽车相同的传动系统，在总布置上基本与内燃机汽车相同，动力性能接近内燃机汽车。发动机的工况会受到PHEV行驶工况的影响，发动机的有害气体的排放高于SHEV。

（2）发动机驱动模式需要装置离合器、变速器、传动轴和驱动器等传动等总成，另外还有电动/发电机（驱动电动机）、动力电池组，以及动力组合器等装置，因此PHEV的多能源动力系刻结构复杂，布置和控制也更加困难。

（三）混联式（串并联式）混合动力电动汽车（PSHEV）的特点

1. 优点

（1）PSHEV是在PHEV的基础上，再增加电动/发电机（或驱动电动机），因此PSHEV是由三个动力总成组成，三个动力总成的（本身）功率可以等于50%～100%的车辆驱动功率，但比SHEV的三个动力总成的功率、质量和体积要小很多。PSHEV可以有多种多样的驱动模式和混合驱动模式供选择，可以使PSHEV的节能最佳，有害气体的排放达到超低污染。

（2）发动机驱动模式是PSHEV的基本驱动模式之一，从发动机到车轮之间动力传递过程中除摩擦损耗外，没有机械能—电能—机械能的转换过程，能量转换总的综合效率要比内燃机汽车高。驱动电动机驱动模式也是PSHEV的基本驱动模式之一，可以独立驱动车辆行驶。在车辆起步时，发挥电动机低速—大转矩的特性，带动车辆起步，在城市中实现零污染的行驶。

在车辆需要最大输出功率时，驱动电动机可以给发动机提供额外的辅助动力，因此PSHEV的发动机功率可以选择得较小，燃料经济性比SHEV要高。

2. 缺点

（1）发动机驱动模式是PSHEV的基本驱动模式，驱动电动机驱动模式是PSHEV的辅助驱动模式，PSHEV的动力性能更接近内燃机汽车。发动机的工况会受到SHEV行驶工况的影响，发动机的有害气体的排放高于SHEV。

（2）在 PSHEV 上需要配备两套驱动系统，发动机传动系统需要装置离合器、变速器、传动轴和驱动桥等传动总成。另外还有电动/发电机、驱动电动机、减速器、动力电池组以及为多能源动力组合或协调发动机驱动力与驱动电动机驱动力的专用装置。因此 PSHEV 的多能源动力系统结构复杂，总布置也更加困难。

（3）多能源动力的匹配和组合有不同的组合形式，需要装配一个复杂的多能源动力总成控制系统，才能达到高的经济性和超低污染的控制目标。

（四）不同形式的 HEV 特点比较

不同形式的 HEV 特点比较见表 4－2。

表 4－2　　不同形式的 HEV 特点比较

结构模型	串联式	并联式	混联式
动力总成	发动机、发电机、驱动电动机等三大动力总成	发动机、电动/发电机两大动力总成	发动机、电动/发电机、驱动电动机等三大动力总成
发动机的选择范围、功率和排放	发动机的选择有多种形式 发动机功率较大 发动机工作稳定，排放较小	发动机一般为传统的内燃机 发动机功率较小 发动机工况变化大，排放较高	发动机的选择有多种形式 发动机功率较小 发动机排放介于串动式与并动式之间
驱动模式	电动机是唯一的驱动模式	发动机驱动模式、电动机驱动模式、发动机—电动机混合驱动模式	发动机驱动模式、电动机驱动模式、发动机—电动机混合驱动模式、电动机—电动机混合驱动模式
传动效率	发动机—电动/发电机—驱动电动机能量转换效率较低	发动机传动系统的传动效率较高	发动机传动系统的传动效率较高
制动能量回收	能够回收制动能量	能够回收制动能量	能够回收制动能量
整车总布置	三大动力总成之间没有机械式连接装置，结构布置的自由度较大，但三大动力总成的质量、尺寸都较大，在小型车辆上不好布置，一般在大型车辆上采用	发动机驱动系统保持机械式传动系统，发动机与电动机两大动力总成之间被不同的机械装置连接起来，结构复杂，使布置受到一定的限制	三大动力总成之间采用机械式连接装置，三大动力总成的质量、尺寸都较小，能够在小型车辆布置，但结构更加复杂，要求布置更加紧凑

续表

结构模型	串 联 式	并 联 式	混 联 式
适用条件	适用于大型客车或货车，适应在路况较复杂的城市道路和普通公路上行驶 更加接近电动汽车性能	适用于小型汽车 适应在城市道路和高速公路上行驶 接近普通的内燃机汽车性能	适用于各种类型的汽车 适应在各种道路上行驶 更加接近普通的内燃机汽车性能
造价	三大动力总成的功率较大，质量较大，制造成本较高	只有两大动力总成，两大动力总成的功率较小，质量较小，可利用普通内燃机汽车底盘改装，制造成本较低	虽然有三大动力总成，但三大动力总成的功率较小，质量较小，需要采用复杂的控制系统，制造成本较高

（五）HEV 的发展优势

HEV 用传统的发动机与电动机进行混合，得到多种多样不同组合形式的 HEV，包括 SHEV、PHEV 和 PSHEV 等，既保持了发动机汽车的优良性能，又在降低石油燃料的消耗和对环境污染方面有重大改进，突出体现了 HEV 的节能和环保的优越性。

HEV 还可以像内燃机汽车一样，直接从加油站添加燃料（汽油及代用燃料），可以利用现有的加油站和服务设施。在服务系统工程方面有继承性，不需要投入大量的改造资金，为推广 HEV 提供了良好的基础。

世界各大汽车公司充分利用其雄厚的技术基础和现代的制造工艺，以及在新技术、新材料和新工艺方面最新成果的应用，不断地研究和开发了各具特色的 HEV，对 HEV 的全方位进行创新，包括电力能源系统、电力驱动系统、车身、底盘、控制策略和控制系统都有飞速的发展，混合动力电动汽车是当代开发新一代低燃耗和低污染的首选车型。

第六节　分层充气发动机

一、分层充气发动机的结构特点

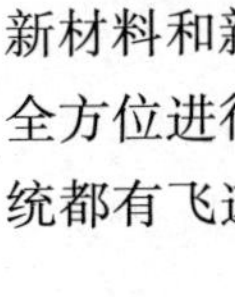

分层充气发动机的结构特点（见图 4－16）：

（1）结合汽油机和柴油机的优点对传统汽油发动机进行改造而成。

（2）在汽油发动机中设有主、副进气门，发动机稀、浓两种混合气分别受主、副进气门的控制而进入汽缸。

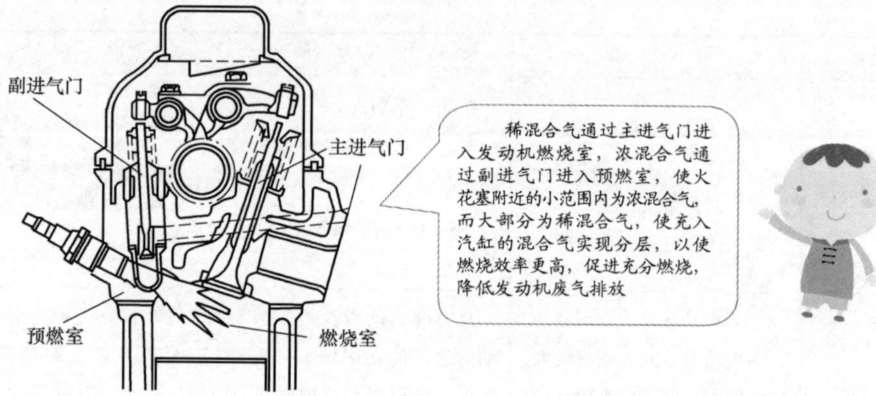

图4－16　典型分层充气发动机

二、分层充气发动机的工作过程及原理（见图4－17）

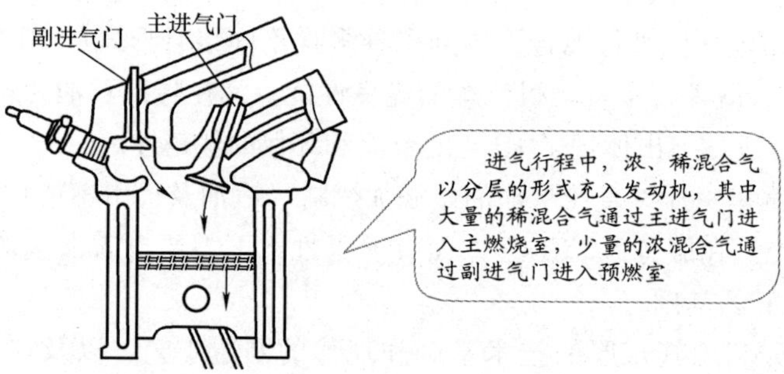

(a)

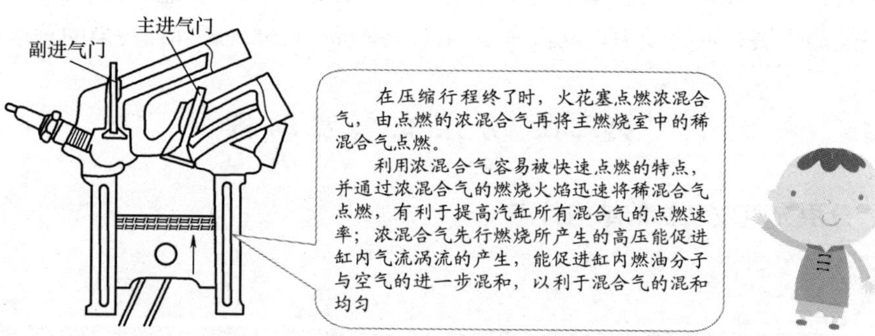

(b)

图4－17　分层充气发动机的工作过程及原理（一）

（a）进气行程；（b）压缩行程

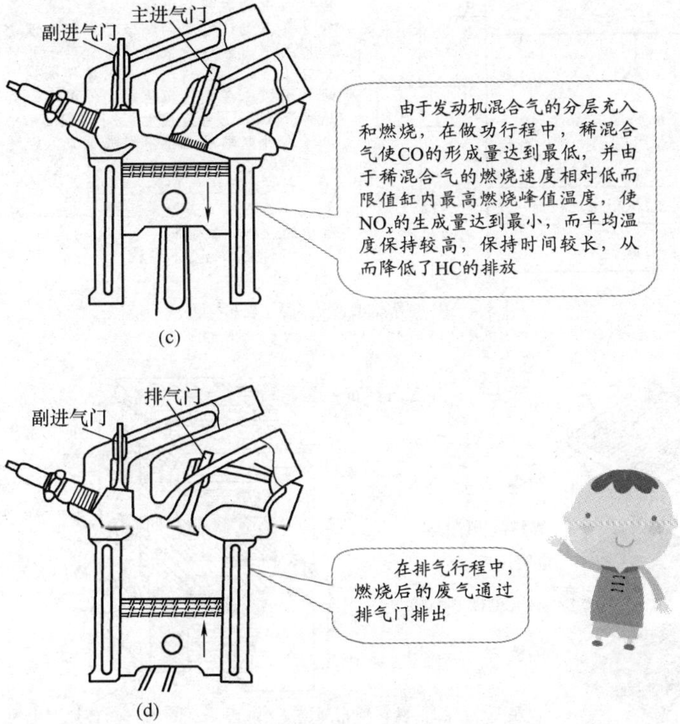

图 4－17　分层充气发动机的工作过程及原理（二）
（c）做功行程；（d）排气行程

第七节　燃料电池电动汽车　（FCEV）

一、燃料电池的基本原理

燃料电池的基本原理：

燃料电池的反应机理是将燃料中的化学能不经燃烧而直接转化为电能。氢氧燃料电池的基本原理，如图 4－18 所示。

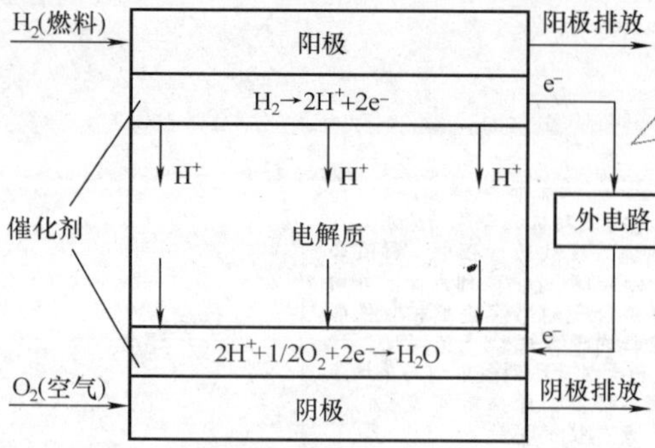

氢气和氧气分别是燃料电池在电化学反应过程中的燃料和氧化剂，氢气通过管道或导气板到达电池的阳极，在阳极催化剂的作用下，氢分子被分解为氢离子并释放出电子；而氧气通过管道或导气板到达电池的阴极，在阴极催化剂的作用下，氧和氢离子与电子发生反应生成水。在此过程中，电子在外电路的连接下形成电流，经适当地连接则可向负载输出电能。

该反应过程实质上就是电解水的逆过程。氢气和氧气分别是燃料电池在电化反应过程中的燃料和氧化剂。

燃料电池的基本结构，如图4-19所示

图 4－18　燃料电池的基本原理

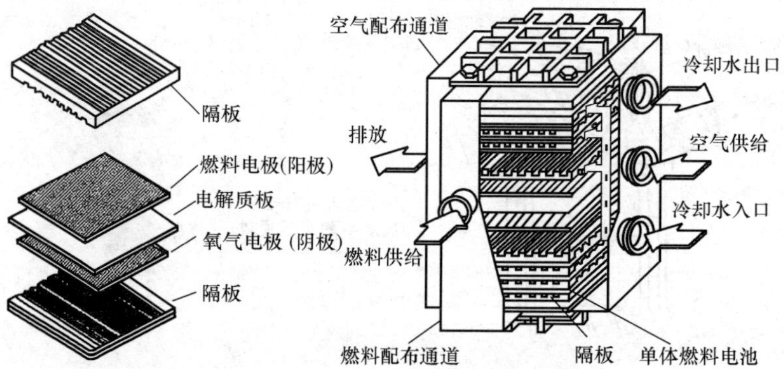

(a)　　　　(b)

图 4－19　燃料电池的基本结构

（a）单体燃料电池组成示意；（b）实际燃料电池结构示意

二、燃料电池的分类及其燃料种类

1. 燃料电池的分类（见图 4－20）
2. 燃料电池的燃料种类

燃料电池的燃料通常有：

（1）氢气。

（2）甲醇。

（3）汽油。

（4）其他烃类燃料。

氢气燃料是燃料电池最佳的直接燃料，而其他燃料均需要经过重整产生氢后，才能成为燃料电池可使用的燃料。

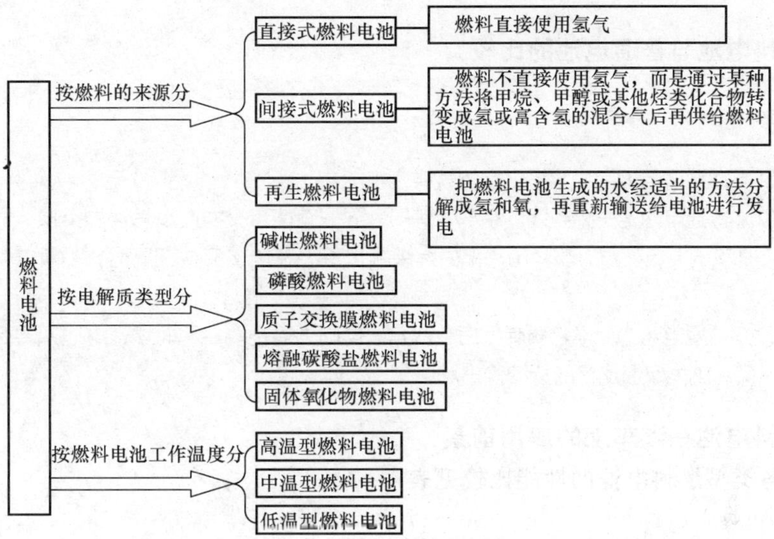

图 4－20　燃料电池的分类

（1）氢气。直接使用氢可以使燃料电池的辅助系统大大简化，效率提高，排放为零。但由于氢的制取工艺较复杂，成本也较高，目前通常以盐为原料制取氢气，可以降低费用。

（2）甲醇（CH_3OH）。甲醇是燃料电池的一种主要燃料，最常采用和最廉价的是用天然气作为原料来生产甲醇。将天然气转化为液体甲醇，可以提高储存、保管、充加、携带和运输等方面的便利性。并由于甲醇的能量密度较大，高纯度的甲醇具有单一的成分，可以在较低的温度条件下进行重整，使重整工艺简化，从而简化燃料处理的工艺和设备。但在轻型和微型燃料汽车的应用上，由于目前重整系统设备体积和质量仍较大，降低了采用燃料电池的可行性。

（3）汽油。汽油作为内燃机汽车的燃料，热效率仅为 11% 左右。而将汽油重整为氢气供燃料电池作为燃料，其在燃料汽车上的热效率可以达到 34% 左右，几乎超过 3 倍。

（4）其他种类的燃料。除常用的氢和甲醇燃料外，美国宾夕法尼亚大学在试验用甲醇以外的碳氢化合物（甲烷等）作为燃料电池的燃料，但它们在化学反应过程中容易在镍正极上产生积碳和一些聚合物。经过改用铜和陶瓷混合物烧结的正极后，有效地解决了正极上产生积碳和一些聚合物的问题，使得甲烷、乙烷、甲苯、丁烯、丁烷等碳氢化合物成为燃料电池的最佳燃料之一。

福特汽车公司也正在试验用汽油、柴油经过重整转化为氢后作为燃料电池的燃料。国际燃料电池公司与日本东芝（Toshiba）公司也在共同研发以汽油为燃料的燃料电池。

三、燃料电池与普通电池的比较

（1）均通过电化学反应将化学能转换成电能。

（2）普通电池是一个封闭的系统，其与外界只有能量交换而没有物质交换，而燃料电池是一个开放的发电装置，燃料由外部供给装置供给，在能量交换的同时，不断进行着物质的交换。

（3）普通电池的化学物质耗尽后，就无法再向外输出能量，而燃料电池只要保证物质的连续供应，就能保证能量的持续输出。

四、燃料电池在汽车上的应用前景

现阶段各类型燃料电池的性能比较见表4－3。

表4－3　　各类型燃料电池的性能比较

类　型	工作温度（℃）	应用范围	优　点	缺　点
碱性燃料电池	90～100	军事、航空、航天	在碱性电解液中阴极反应较快	需要除去燃料、氧化剂中的杂质气体，如 CO_2
磷酸燃料电池	175～200	电力工业、运输业	工作特性好、效率较高、对燃料的纯度要求不高	铂作催化剂，体积和质量较大、输出的电流及功率较低
质子交换膜燃料电池	60～100	运输业、便携式电源	工作温度低、起动快、质量小、结构紧凑	需要贵金属作为催化剂、成本高、对燃料纯度要求较高
熔融碳酸盐燃料电池	600～1000	电力工业	效率较高、成本较低，可使用多种材料作为催化剂	有腐蚀性，高温加速燃料电池部件的损坏
固体氧化物燃料电池	600～1000	电力工业	效率高，可用多种燃料和催化剂，成本低，便于维护	高温加速燃料电池部件的损坏

燃料电池同时兼备无污染、高效率、适用广、低噪声、可快速补充能量、具有模块化结构的特点，被公认为今后替代传统内燃机的最理想的汽车动力装置。随着世界石油能源紧张和环境污染等问题的日益严重，燃料电池的发展将会越来越被人们所重视。目前许多国家的政府和大汽车厂商纷纷投入巨资，开展燃料电池电动汽车的研究和开发，各种类型的燃料电池已相继出现。因此，汽车的“燃料电池时代”的到来只是一个时间问题。

目前，在已开发的商用电池中，质子交换膜燃料电池由于具有效率高、结构紧凑、质量轻、比功率大、无腐蚀性、不受二氧化碳的影响、燃料来源比较广、工作温度适宜性好（最佳工作温度 80 ~ 90℃）等特点，将是未来最有希望成为替代汽车内燃机的动力源。质子交换膜燃料电池的反应原理及电池结构如图 4 – 21、图 4 – 22 所示。

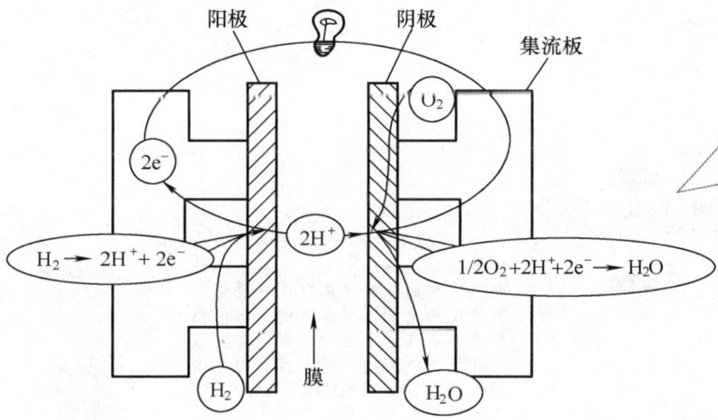

图 4 – 21　质子交换膜燃料电池反应原理

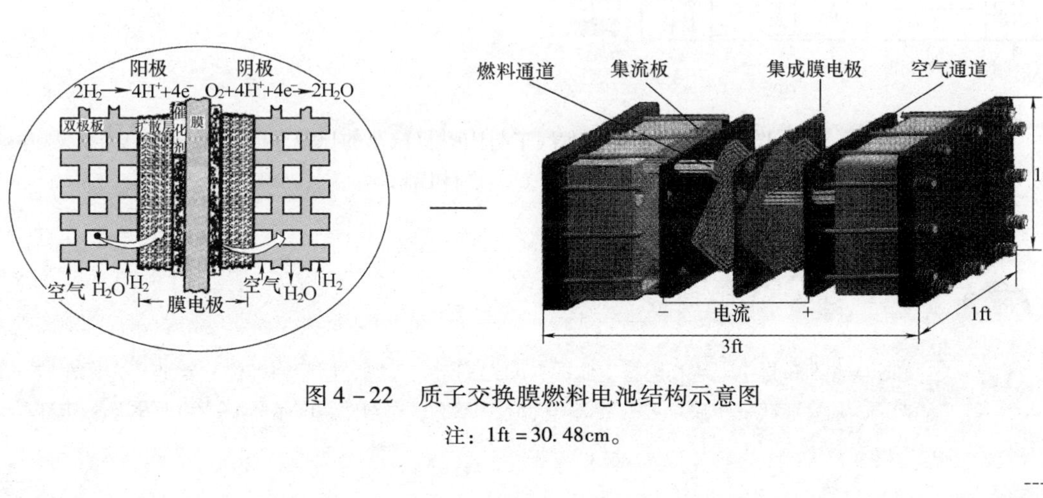

图 4 – 22　质子交换膜燃料电池结构示意图

注：1ft = 30. 48cm。

五、燃料电池系统的基本结构（见图 4－23）

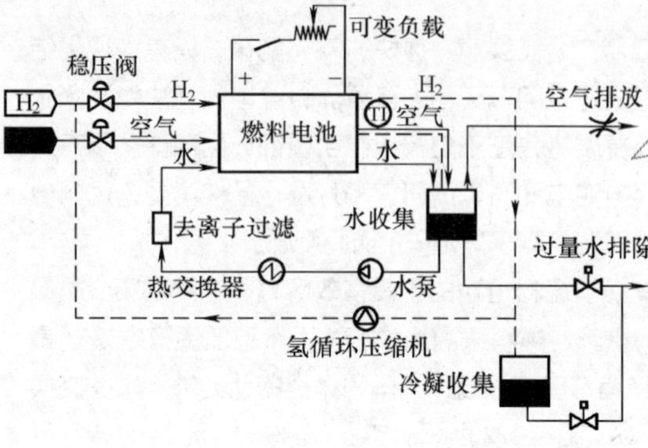

以氢气为燃料，系统结构相对简单，仅由氢源、稳压阀和循环回路组成。在燃料供给系统提供燃料的同时，循环回收阳极排气中未反应的燃料，图中所示虚线为燃料回收的路径。

控制系统根据负载对燃料电池的要求，或随燃料电池工作条件（压力、温度、电压等）的变化，对反应气体的流量、压力水/热循环系统的水流速等进行综合控制，保证电池正常有效地运行

图 4－23　典型的质子交换膜燃料电池系统图

六、燃料电池汽车的基本结构

1. 燃料电池汽车的结构特点（见图 4－24）

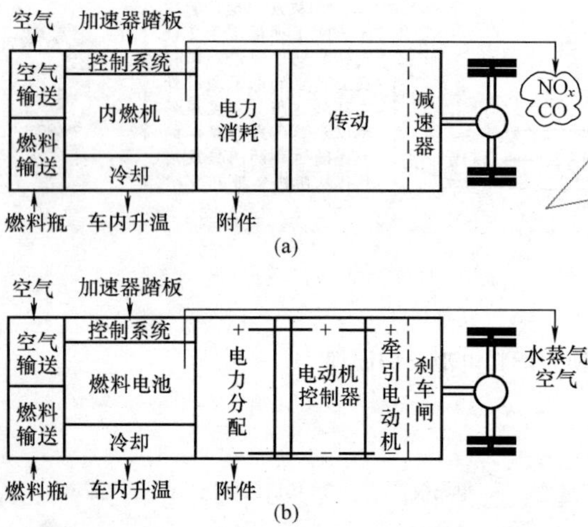

燃料电池汽车与内燃机汽车虽均需要供给燃料和空气，但由于燃料电池汽车的能量均来自于燃料电池所产生的电能，其在结构上与内燃机汽车存在着本质的区别，其实质上是电动汽车的一种，其动力传输系统、控制系统与电动汽车基本相同，主要区别是在于动力电池的工作原理不同

图 4－24　燃料电池汽车与内燃机汽车的比较

（a）内燃机汽车；（b）燃料电池汽车

2. 燃料电池汽车的混合动力系统

燃料电池汽车是由电池和燃料电池提供动力的电力车辆，但若将纯燃料电池作为汽车唯一动力源，则会存在一些缺点：① 燃料电池的功率增大导致使用成本增加；② 将对燃料电池

系统的动态性能和可靠性提出更高要求；③ 不能进行制动能量的回收。基于改善燃料电池的使用性能的考虑，目前燃料电池汽车主要采用混合驱动形式，即在燃料电池的基础上，增加了一组电池或超级电容作为另一个动力源，图 4－25 所示为采用“燃料电池＋电池”形式的“FC＋B”燃料电池汽车混合动力系统，图 4－26 所示为采用“燃料电池＋电池＋电容”形式的“FC＋B＋C”燃料电池汽车混合动力系统。

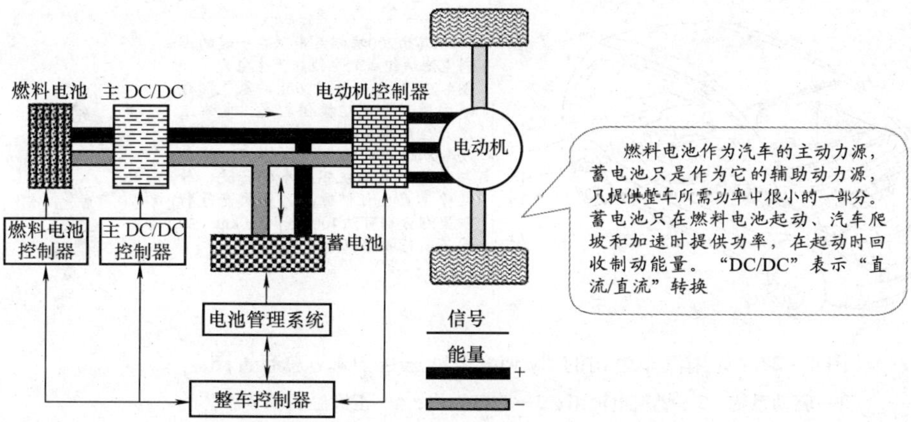

图 4－25　“FC＋B”燃料电池汽车混合动力系统

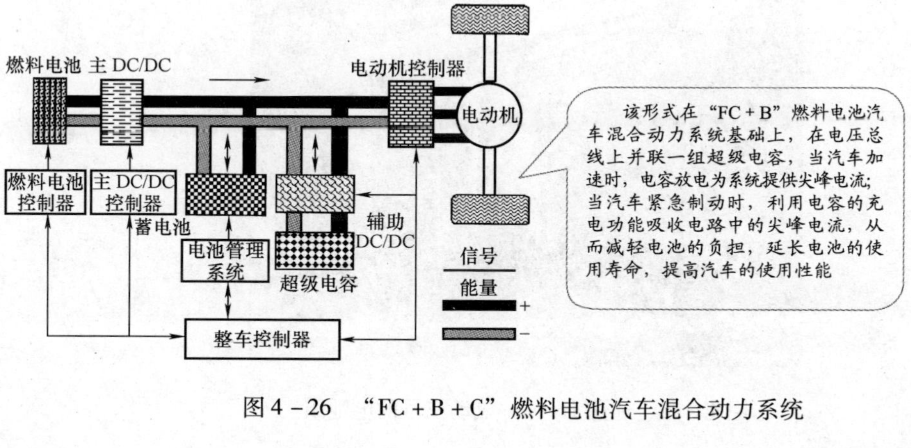

图 4－26　“FC＋B＋C”燃料电池汽车混合动力系统

七、燃料电池汽车的研发

1. 目前燃料汽车的研发进展

随着全球温室效应与能源问题的日益严峻，对低污染车辆的需求日益迫切。在各国政府的重视下，主要国家的污染法规越来越严格，促使汽车业界投入巨资致力开发氢燃料电池车。其中较为领先的有美国通用、日本丰田和本田等。国内有上海的超越号，东风的楚天一号。图4－27所示为通用汽车公司研制开发的一款燃料电池汽车。

其由200块相互串联在一起的燃料电池块组成的电池组产生电力（如图4-28所示），通过68L的氢气储存罐向燃料电池组提供氢气。电池组所产生的电能输入电动机后，通过功率为60kW/82马力（1马力=735.5W）三相异步电动机驱动车辆行驶，并几乎不产生任何噪声。一次充气行驶里程分别可达400km和270km（功率不同行驶里程也不同）

图4－27　通用汽车公司的Hy-wire氢动三号FCEV总布置图

1—驱动系统；2—燃料电池组；3—冷却模块；4—正极湿度调节器；5—水泵；6—水箱；7—动力DC/DC转换器；8—负极湿度调节器；9—储水罐；10—冷却液泵；11—液氢储存罐；12—辅助电池；13—空气滤清器；14—压缩机；15—燃烧器—扫气泵

图4－28　通用Hy-wire氢动三号的电池组

2. 未来燃料电池汽车尚需解决的问题

燃料电池汽车虽具有效率高（效率高达40%～50%）、环保、可持续发展的优点，但燃料电池汽车走下生产线投入市场，还需要解决以下一些实际问题：

（1）整车的开发设计有待进一步完善。

（2）车用燃料氢，其制备、储存和分配等环节尚存在一些问题，有待于在技术上进行突破。

（3）电池系统性能有待提高，应向小型化和轻型化要求发展。

（4）成本有待于降低，现有50kW质子交换膜燃料电池发动机的成本为300美分/kW，是内燃机的10倍。

第八节　太阳能汽车

一、太阳能电池工作原理（见图4－29）

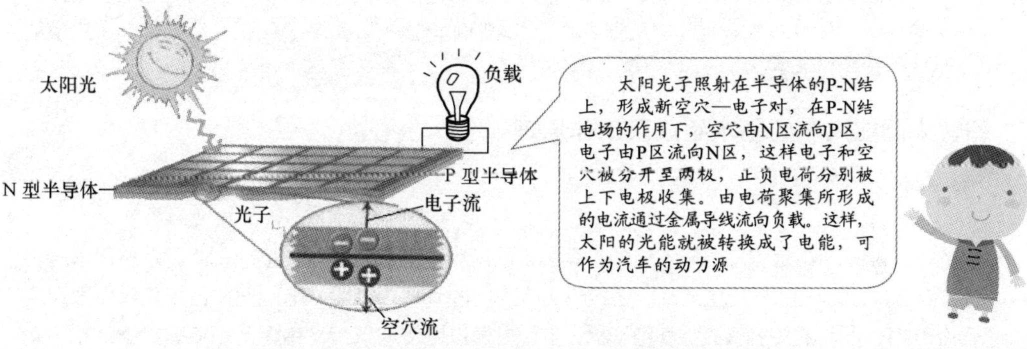

图4－29　太阳能电池的工作原理

二、太阳能电池板（见图4－30）

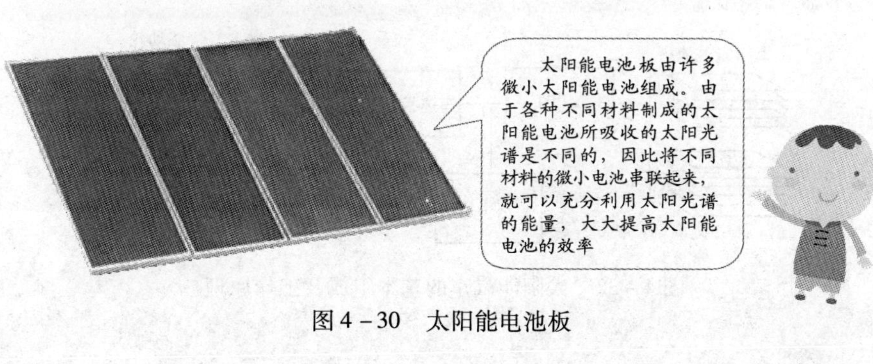

图4－30　太阳能电池板

三、太阳能电池的分类（见图 4－31）

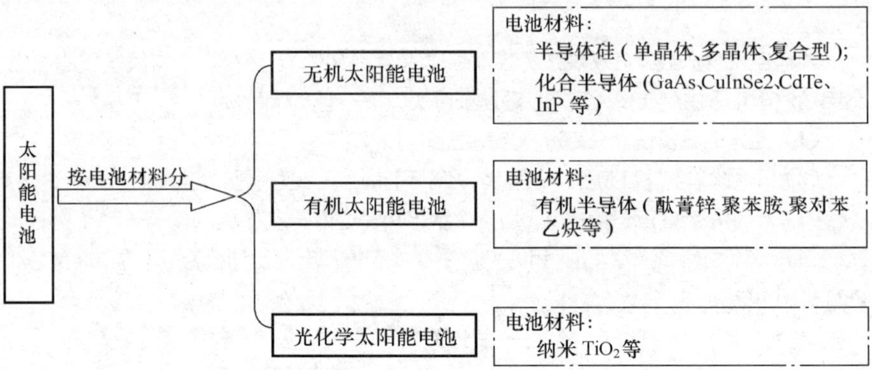

图 4－31　太阳能电池的分类

太阳能电池的光电转换效率是决定太阳能使用性能的关键，目前太阳能的光电转换效率一般可达 14%～29%。当前进入应用阶段的太阳能电池大多为多晶体和单晶体，近年来单晶体越来越成为主流。

四、太阳能汽车的基本组成及工作原理

太阳能汽车是电动汽车的一种，其由太阳能电池供给电能。如图 4－32 所示，在车身表面装有大面积的太阳能电池板，将接收到的太阳能转换为电能，电能通过最大功率点跟踪仪（MPPT）和车速控制装置驱动电动机，电动机通过链传动或传动带将动力传输给驱动轮，使汽车行驶。为了弥补能量不足以及日照不足时的行驶动力，通常在太阳能汽车上配置蓄电池。图 4－33 所示为 2002 年由中美大学生共同研制的一款太阳能汽车。

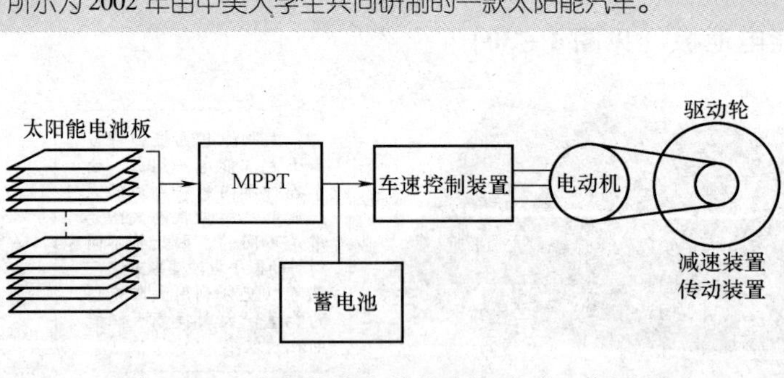

图 4－32　太阳能汽车的基本组成及工作原理

图 4－33 太阳能汽车

五、太阳能汽车的应用前景

太阳能汽车虽然具有清洁，安全，无噪声的优点，但由于太阳能的不稳定性、分散性以及太阳能收集效率低、成本高等缺点，将太阳能直接作为汽车的动力源，尚有许多技术瓶颈有待突破。目前，太阳能汽车尚处于"概念车"状态，据有关专家称，太阳能汽车正式走入人们的生活，还需 30～50 年的时间。随全球环保意识的不断加强，太阳能汽车越来越受到人们的关注，其终将以其独特的能源优势步入人们日常生活。图 4－34 所示为联合国秘书长潘基文正乘坐由瑞士工程师路易斯帕尔默驾驶的太阳能汽车前往办公地。

图 4－34 联合国秘书长乘坐太阳能汽车

第九节 氢 燃 料 汽 车

一、氢的燃料特点

1. 氢的物化特性

氢的物化特性见表 4－4。

表 4－4 氢 的 物 化 特 性

指标	相对于空气的密度	摩尔质量 (g/mol)	气体比热容 [kJ/(kg·K)]	汽化潜热 (kJ/kg)	沸点 (℃)	理论空燃比 (kg/kg)	低热值 (MJ/kg)	点火范围 A/F	最小点火能量 (A/F=34.2)
指标值	0.07	2.01	1.44	460	－253	34.2	120	17～359	0.02

2. 氢燃料的特点

（1）氢燃料不含碳元素，燃料燃烧后生成 H_2O，没有 CO_2，也不会排放 CO、HC 及硫化物，当燃烧温度较高时也会产生含量高于汽油机的 NO_x，但从总体分析，氢燃料是一种理想的环保燃料。

（2）氢极易燃，最小点火能量只有汽油的 1/3，火焰传播特性好，容易实现稀薄燃烧，利于提高发动机的经济性。由于自着火温度（在标准大气压下）高达 850K，均高于汽油和柴油，因而氢燃料发动机适宜于采用点燃燃烧方式。

（3）氢的沸点极低，在常温常压下为气态，给运输、携带及储存带来不方便，且安全性较差。

（4）氢燃料的低热值是汽油的 2.7 倍，而单位体积的发热量却只有汽油的 1/20，故其所要求的燃烧系统与汽油机存在一些区别。

二、氢燃料发动机的结构及原理（见图 4－35）

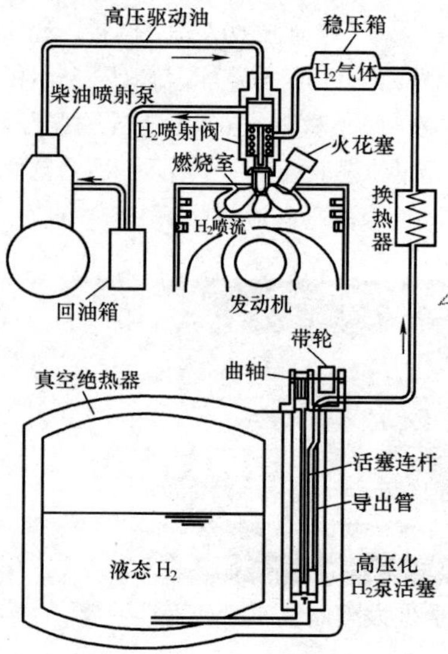

采用缸内直喷方式，液态氢被泵吸出来，汽化后到达特制的氢喷射阀，由氢喷射阀将氢气供入汽缸。喷射阀的开闭由柴油高压泵控制。液态氢在汽化过程中吸热，需要通过换热器提供热量促进其汽化。有些液氢燃料冷藏车将液态氢汽化过程中的吸热作为冷藏车的冷源

图 4－35　氢燃料发动机的结构及原理

三、氢在发动机中的供给方式

氢燃料发动机随供气方式不同，发动机的输出功率也不同。以燃料汽油为比较基准，如图 4－36（b）所示，将气态氢由进气管吸入的方式，输出功率为汽油的 86%；采用图 4－36（c）的方式，将液态氢由进气管吸入，其输出功率为汽油的 114%；采用图 4－36（d）的缸内直接喷射的方式，输出功率为汽油的 120%。

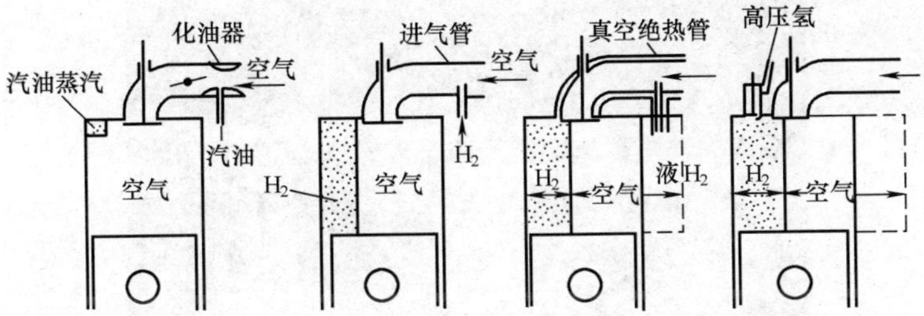

	(a)	(b)	(c)	(d)
燃料体积 (mL)	17	300	400	420
空气体积 (mL)	983	700	950	1000
热值 (J)	3515	3012	4017	4226
输出功率 (%)	100	86	114	120

图 4－36　氢的不同供给方式与输出功率

（a）汽油机；（b）常温氢气进气管吸入；（c）液态氢进气管吸入；（d）高压氢缸内直喷

四、氢燃料汽车的应用前景

氢能由各种可再生能源制造，是一种热值高、污染低的可持续燃料，并因为燃氢内燃机只需在传统汽油机的基础上适当做些改动就能实现，改制成本较低，且燃氢内燃机的各项性能优越，一直备受汽车行业的青睐。但由于目前氢的制造成本较高，并面临氢的储存和携带安全性的问题，影响了氢燃料汽车的实用性。故而未来氢燃料汽车能否走向实用化的关键，是解决如何廉价地获得氢和携带储运这两大问题。图 4－37、图 4－38 为福特公司生产的氢燃料内燃发动机和氢燃料内燃机汽车。

图 4－37　福特增压型 6. 8LV－10 氢燃料内燃发动机

图4－38　福特 e－450 型氢燃料内燃机汽车

参 考 文 献

[1] 王遂双．汽车电子控制系统的原理与检修．北京：北京理工大学出版社，2007.
[2] 韩玉敏．排放控制系统．北京：化学工业出版社，2004.
[3] JACK ERJAVEC. 汽车发动机及其诊断维修．北京：电子工业出版社，2006.
[4] 简晓春，杜仕武．现代汽车技术及应用．北京：人民交通出版社，2004.
[5] 王绍铣，夏群生，李建秋．汽车电子学．北京：清华大学出版社，2005.
[6] 吴基安，吴洋．汽车电子新技术．北京：电子工业出版社，2006.
[7] 凌永成，于京诺．汽车电子控制技术．北京：北京大学出版社，2006.
[8] 胡骅，宋慧．电动汽车．北京：人民交通出版社，2003.
[9] 张西振，田有为．汽车柴油机电控技术．北京：人民交通出版社，2007.
[10] 栾琪文．汽车电控柴油机结构原理与维修．北京：机械工业出版社，2006.